Migration und städtischer Raum

Felicitas Hillmann
Michael Windzio (Hrsg.)

Migration und städtischer Raum

Chancen und Risiken der Segregation und Integration

Budrich UniPress Ltd.
Opladen & Farmington Hills 2008

Bibliografische Informationen der Deutschen Nationalbibliothek
Die Deutsche Nationalbibliothek verzeichnet diese Publikation in der Deutschen Nationalbibliografie; detaillierte bibliografische Daten sind im Internet über http://dnb.d-nb.de abrufbar.

Die Drucklegung dieses Buches wurde freundlicherweise durch die Hans-Böckler-Stiftung unterstützt.

Gedruckt auf säurefreiem und alterungsbeständigem Papier.

www.budrich-unipress.de

ISBN 978-3-940755-17-9

Umschlaggestaltung: disegno visuelle kommunikation, Wuppertal – www.disenjo.de
Druck: paper&tinta, Warschau
Printed in Europe

Inhalt

Migranten als Akteure der Integration im sozialen und institutionellen Kontext

Vorwort

Der vorliegende Band fasst die Ergebnisse einer Tagung zusammen, die von der Bremer Arbeitsgruppe MIGREMUS initiiert wurde. MIGREMUS steht für „MIGration, REsidential Mobility and Urban Structure" und bezeichnet die Schwerpunkte der Arbeitsgruppe. Diese setzt sich aus Forschenden unterschiedlicher disziplinärer Herkunft zusammen, die Prozesse der Migration und der räumlichen Mobilität insbesondere vor dem Hintergrund urbaner Strukturen und deren Wandel untersuchen. Hauptsächlich Humangeographie, Stadt- und Regionalsoziologie wie auch die empirische Sozialforschung sind in dieser Arbeitsgruppe vertreten. Von der Homepage der Arbeitgruppe lassen sich übrigens farbige Versionen aller in den Beiträgen dieses Bandes verwendeten Karten herunterladen (http://www.migremus.uni-bremen.de).

Weder die Tagung noch die Herausgabe des Sammelbandes wären möglich gewesen ohne die zahlreichen UnterstützerInnen und HelferInnen, die ihre Aufgaben mit viel Engagement wahrgenommen haben. Zu nennen sind, stellvertretend für viele weitere am Institut für Geographie und am Institut für Soziologie, insbesondere Katharina Goethe, Janna Teltemann, Regina Otte, Matthias Scheibner und Dorothea von Koenen. Außerdem danken wir Thomas Krämer-Badoni für das einleitende Grußwort sowie Steffen Mau und Johannes Huinink für die Übernahme der Chairs während der Tagung.

„Woman- und Manpower" sind natürlich nicht die einzigen Voraussetzungen zur Durchführung einer solchen Tagung. Die finanzielle Unterstützung kam von der Deutschen Forschungsgemeinschaft und der Hans-Böckler-Stiftung. Beiden Institutionen gilt unser besonderer Dank. Ebenso möchten wir an dieser Stelle auch der Universität Bremen für ihre unbürokratische und kontinuierliche Unterstützung dieses Buchvorhabens danken.

Bremen, im Juli 2008

Felicitas Hillmann
Michael Windzio

Felicitas Hillmann, Michael Windzio

Migration und städtischer Raum: Chancen und Risiken der Segregation und Integration

Migration und residentielle Mobilität, verstanden als Wohnmobilität, gehören zu den grundlegenden Themen der geographischen und soziologischen Forschung. Und doch hatten wir bei der Einarbeitung in die Literaturlage den Eindruck, dass man trotz der hohen politischen Aktualität des Themas „Migration und Integration" in der Öffentlichkeit relativ wenig empirisch gestützte deutschsprachige wissenschaftliche Forschungsarbeiten findet. Schwerpunkt der Tagung, aus der dieser Sammelband hervorgegangen ist, war daher die Diskussion empirischer Befunde zu Ursachen und Folgen von Migration und kleinräumigen Wanderungen, insbesondere unter Berücksichtigung stadtsoziologischer und regionaler Aspekte.

In vielen Städten sind Prozesse der sozialen und ethnischen Segregation mittlerweile bestimmende Merkmale der Stadtentwicklung – welche Chancen und Möglichkeiten bergen diese Bevölkerungsbewegungen und –verfestigungen in den städtischen Räumen? Und vor allem: welche gesellschaftlichen Risiken könnten durch die Persistenz segregierter räumlicher Strukturen entstehen? Es geht in diesem Buch also um beides: um die mit Migration und Wanderung verbundenen Risiken *und* Chancen. Wir haben den Band folgendermaßen untergliedert: die Beiträge im Teil „*Segregation und Stadt im Wandel*" befassen sich vornehmlich mit der Darstellung von Wanderungsprozessen im städtischen Raum; der zweite Abschnitt „*Migration im Lebensverlauf*" bezieht sich stärker auf die Entscheidungsprozesse, die realisierten Wanderungen vorausgehen und eng mit biografischen Ereignissen verknüpft sind. Der dritte Abschnitt „*Migranten als Akteure der Integration im sozialen und institutionellen Kontext*" beschäftigt sich mit relativ neuen, stärker auf Partizipation angelegten Ausprägungen von Migration im städtischen Raum.

Bei allen drei vorgestellten übergreifenden Fragestellungen verzahnen sich soziologische und geographische Forschung direkt: wie hängen Raumstruktur und Gesellschaftsstruktur zusammen? Die hier präsentierten Beiträge versuchen der veränderten sozialen und räumlichen Realität wissenschaftlich Rechnung zu tragen, und zwar durch quantitative und qualitative Analyse, aber ebenso durch Mischformen und datengestützte theoretische Systematisierung. Die aktuelle Forschung muss einerseits auf die beobachtbaren Veränderungen im Migrationsgeschehen sowie andererseits auf den Wandel der Stadtstruktur reagieren. Vor allem die Fragen, wie Segregation und Ungleichheit durch räumliche Ungleichverteilungen von Gütern und Risiken reproduziert werden, welche Rolle das Herkunftsgebiet der Migrantinnen und Migranten spielen und wie sich beispielsweise die zeitliche Befristung individueller Migrationsprojekte auf die städtische Struktur auswirkt, können sowohl allgemein als auch anhand regionaler Fallbeispiele untersucht werden. Zweitens steht die Forschung vor der Frage, wie eine stärker durch Migrantinnen und Migranten geprägte Stadtstruktur auf die Gesellschaft zurückwirkt – welches sind die gängigen wissenschaftlichen Vorstellungen von Segregation und Integration? Drittens steht die Forschung vor methodischen Herausforderungen: zur Erfassung dieser neuen komplexen Strukturen in der Realität stand der Wissenschaft bisher nur ein relativ begrenztes quantitatives Datenmaterial zur Verfügung – auch wenn zu einigen Themenbereichen große Datensätze vorliegen. Ebenfalls haben qualitative Befragungen ihre Grenzen: sie sind im Zugang zur Untersuchungsgruppe langwierig, aufwändig in der Auswertung und Bewertung der erhobenen stärker subjektiv geprägten Daten und erfordern daher mindestens ebenso systematische konzeptionelle Arbeit.

1. Veränderungen im Migrationsgeschehen

Seit dem Ende des zweiten Weltkrieges hat sich die Zuwanderung in die Städte Deutschlands grundlegend gewandelt.[1] In den 1950er und 1960er Jahren prägten vor allem die Flüchtlingsströme aus Osteuropa und Übersiedler aus der DDR die Zusammensetzung der Migrationsbewegungen. Seit Mitte der 1960er Jahre und weit über den Anwerbestopp 1973 hinaus waren es dann Migrantinnen und Migranten aus den Anwerbeländern aus Südeuropa, die den Großteil der Zuwanderer in Deutschland ausmachten. Bis zur Drittstaatenregelung im Jahre 1993 war zusätzlich eine große Zahl an Asylbewerbern zur durch die Anwerbeabkommen eingewanderten Bevölkerung hinzugekommen.

Die Zuwanderer konzentrierten sich zunächst in den städtischen Ballungsregionen Westdeutschlands, insbesondere dort, wo Industrie, verarbeitendes Gewerbe und später dann spezialisierte einfache Dienstleistungen Beschäftigungsmöglichkeiten boten – im Rhein-Ruhrgebiet, in der Rhein-

1 Mit dem Ende des zweiten Weltkrieges endete der bis dahin vorherrschende Gewaltcharakter bzw. der indirekte Arbeitszwang, der die Beschäftigung der ausländischen Arbeitnehmer bis dahin geprägt hatte. Im Faschismus war die Polizei die eigentliche Rekrutierungsagentur und die Arbeitsverwaltung war mit der SS, der Gestapo und der Wehrmacht institutionell verbunden. Der Anteil der zivilen Zwangsarbeiter, Fremdarbeiter und Gefangenen machte während des zweiten Weltkriegs in den verschiedenen Wirtschaftszweigen mehr als ein Fünftel aller Beschäftigten aus. Die ab 1961 einsetzende Gastarbeiterzuwanderung folgte auf zwei in der Nachkriegszeit bereits abgelaufene Migrationswellen. Die erste große Wanderungswelle stellten zwischen 1944 – 1950 die Vertriebenen aus der SBZ (Sowjetische Besatzungszone) und später, in einer zweiten Welle, die Übersiedler aus der DDR. (Zur Entwicklung der Ausländerbeschäftigung vom Kaiserreich bis in die junge Bundesrepublik hinein, vgl. Dohse 1985).

Main Region sowie im Stuttgarter und Münchner Raum. Diese großen Verdichtungsräume besaßen teilweise einen mehr als doppelt so hohen Anteil an gemeldeter ausländischer Bevölkerung und die Kernstädte einen fast dreifach so hohen Ausländeranteil wie die ländlichen Räume. Man erwartete damals, dass die „traditionelle Sogwirkung der Wirtschaftszentren" sich durch die seitdem einsetzenden Prozesse der Deregulierung am Arbeitsmarkt weiter verstärken würden (Gesemann 2001). Bereits 1976 hatte das Bundesministerium für Arbeit und Sozialordnung für bestimmte Ballungsgebiete eine Zuzugssperre verfügt. Begründet wurde dies mit der Überlastung der sozialen Infrastruktur durch die „rasche Zunahme der Ausländerbeschäftigung vor dem Anwerbestopp", dem verstärkten Familiennachzug und der insgesamt längeren Aufenthaltsdauer der Ausländer (zit. nach Rist 1980: 83f). Städte und Kreise, in denen der Anteil der gemeldeten ausländischen Wohnbevölkerung 6 Prozent an der Gesamtbevölkerung überschritt, konnten bei der zuständigen Landesregierung einen Antrag auf den Status eines „überlasteten Gebietes" stellen. Die Überlastungsgrenze setzte man bei 12 Prozent an. Wurde dieser Status von der Landesregierung gewährt, so konnte die Stadt jeglichen Zuzug von Ausländern ablehnen. Im Januar 1977 hatten die fünf bundesdeutschen Großstädte Köln, Frankfurt, Hannover, München und Westberlin sich zum belasteten Gebiet erklärt und den Zuzug von Ausländern unterbunden (Rist 1980: 83f.). Diese Zuzugssperren haben sich allerdings als wirkungslos erwiesen und waren in der Praxis kaum durchführbar – aufgehoben wurden sie in den Bezirken Kreuzberg, Wedding und Tiergarten jedoch erst in den Jahren 1989/1990 (Kapphan 2001: 95). Doch Fragen der sozialräumlichen Segregation prägen die Städte weiterhin: Immer wieder waren die Kommunen vor große Herausforderungen gestellt und reagierten mit Förderprogrammen auf die sich abzeichnenden sozialen Probleme. Unter dem Obertitel „Benachteiligte Stadtteile" wird Zuwanderung heute als Thema der Stadtentwicklung diskutiert (vgl. Waltz 2001: 116f.). Solche marginalisierten und problembelasteten Quartiere sind gekennzeichnet durch eine hohe Bevölkerungsfluktuation, hohe und zunehmende Anteile ausländischer Bevölkerung (insbesondere Kinder und Jugendliche); hohe Arbeitslosigkeit und hohe Sozialhilfedichte, einen hohen Zuzug von Einwanderern aus dem Ausland sowie durch einen negativen Wanderungssaldo von Familien mit Kindern und Erwerbstätigen (Häußermann 2001: 66f.)

Abbildung 1 dokumentiert, dass sich die Migranten und Migrantinnen vor allem auf die urbanen Räume konzentrieren (vgl. Kemper 2007). Und in den Städten selbst wohnen sie vor allem in innerstädtischen, nicht-modernisierten Altbaugebieten mit schlechter Wohnumfeldqualität; in alten Arbieterquartieren und ehemaligen Soldatenwohnungen; an umweltbelasteten Standorten sowie in Sozialwohnungen und Großwohnsiedlungen (vgl. Häußermann /Siebel 2001: 35f.). Sie wohnen beengter und in schlecht ausgestatteten, älte-

ren Wohnungen. Bereits darin zeigt sich eine bis heute nicht in Gänze vollzogene soziale Integration.
Die unten stehende Bevölkerungspyramide zeigt, dass der Fokus auf Fragen der Integration zukünftig allein auf Grund der Altersstruktur der Bevölkerung an Gewicht gewinnen wird (vgl. Gans/Leibert 2007). Die Bevölkerung mit Migrationshintergrund ist deutlich jünger als die Bevölkerung ohne Migrationshintergrund, sie weist einen geringeren Bildungsstand auf und ist überdies bezüglich der Arbeitsmarktintegration benachteiligt. Es ist eben diese Kombination von sozialer und unfreiwilliger räumlicher Segregation, die sich in den Städten in Deutschland zeigt und die Befürchtungen um die Zunahme von sozialen Konflikten mit sich führt. Wird der Integrationsauftrag auf das Bildungssystem abgewälzt, führt dies möglicherweise zu einer Verschärfung der Integrationsdefizite, da die Benachteiligung von Migranten im deutschen Bildungssystem im Vergleich zur übrigen OECD–Welt außerordentlich stark ausgeprägt ist (OECD 2007).

Veränderungen in der Debatte über Migration

Die in Deutschland stattfindende Debatte über diese ganz unterschiedlichen sozialen Gruppen innerhalb der Migrationsbevölkerung beschränkte sich auf Fragen der Integration – wobei man davon ausging, dass ein großer Teil der Zuwanderer wieder in die „Heimat" zurückgehen würde. Während das Migrationsregime in der damaligen Bundesrepublik eine Integration der Zuwanderer grundsätzlich zuließ – und auch durch eine Reihe von Einzelmaßnahmen partiell förderte – war die Migration in der damaligen DDR restriktiv gesteuert und auf Rotation und Segregation angelegt.

In diesem Spannungsfeld von „Integration – Segregation" findet sich bis heute die gesamte Bandbreite aktueller Migrationsfragen wieder. Bis 1990 lag der Fokus der Forschungsarbeiten deutlich auf Integrationsfragen und bezog sich auf die Migrantinnen und Migranten aus den ehemaligen Anwerbeländern.

Abbildung 1: Bevölkerungspyramide

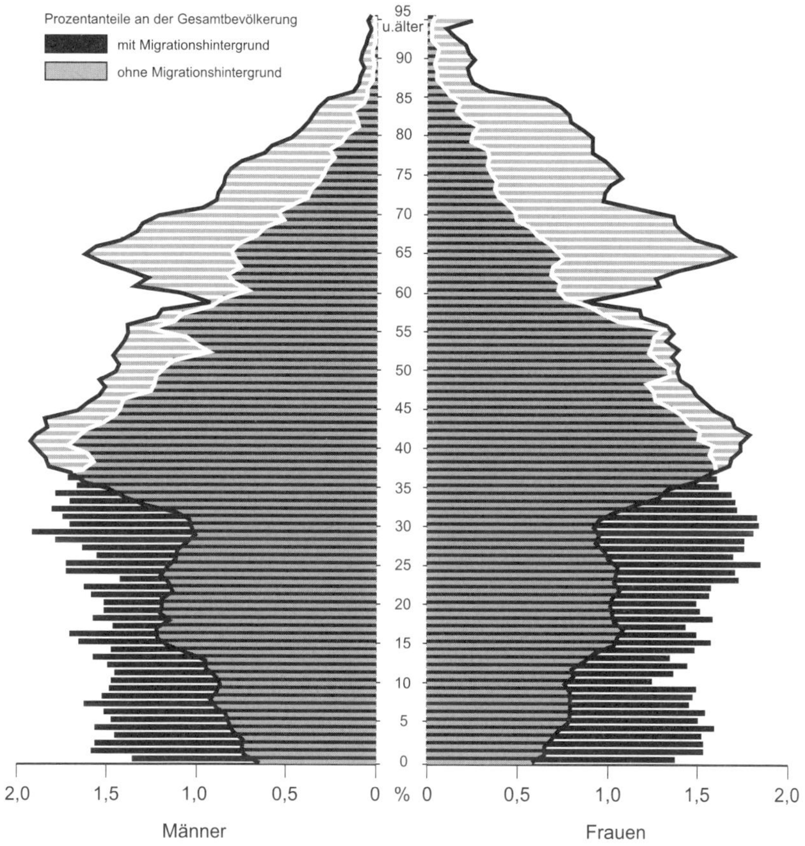

Quelle: Mikrozensus 2005, Bearbeitung BiB, Darstellung, M. Scheibner

Abbildung 2: Verteilung der Zuwanderer auf Kreisebene 2004

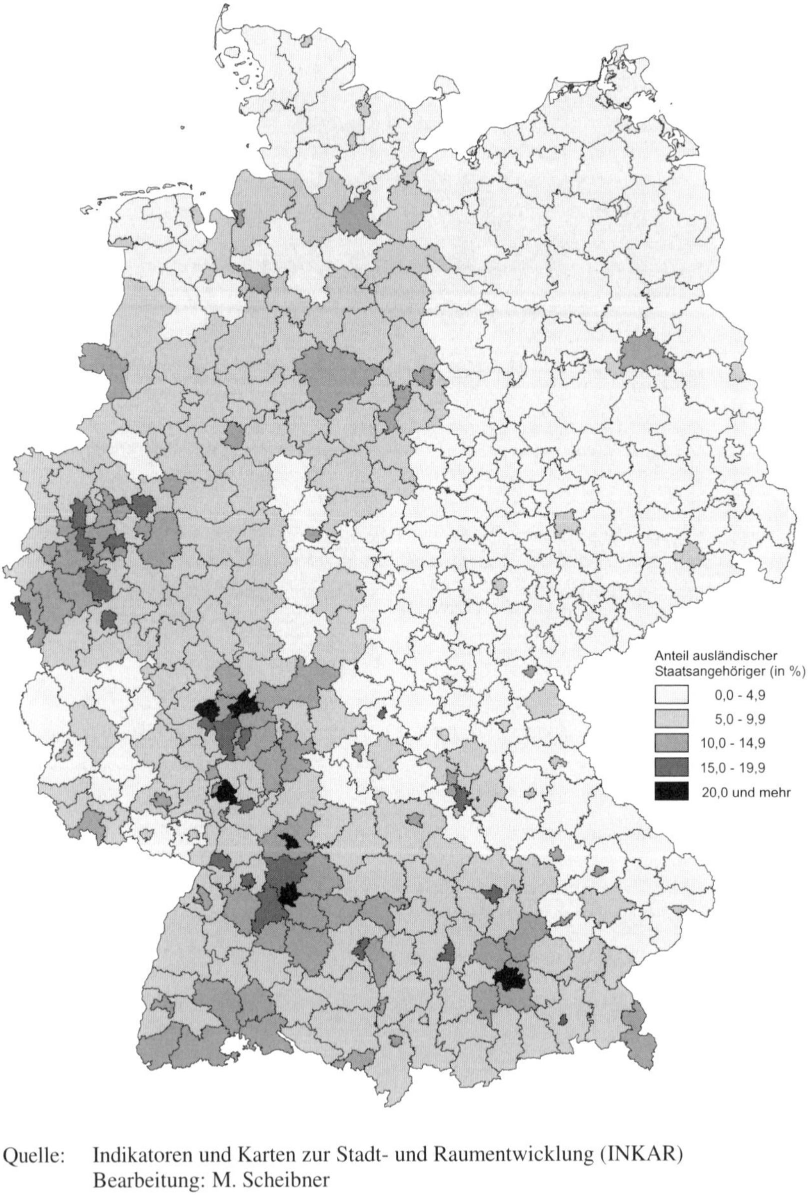

Quelle: Indikatoren und Karten zur Stadt- und Raumentwicklung (INKAR)
Bearbeitung: M. Scheibner

Mit der Wende 1990 und der damit verbundenen Öffnung änderten sich weltweit die Migrationsmuster: durch die Implosion der Sowjetunion und, damit verbunden, dem Wegfall vieler nationaler Grenzen kommt es zu einem Anstieg der internationalen Migration weltweit. Doch es ist nicht nur ein „Mehr" an Migration, es ändern sich im Zuge der Globalisierung und den damit einhergehenden technischen Möglichkeiten (verbilligte Flüge, Telefon, Internet) auch die Formen und die Geschwindigkeiten der Migration. Weltweit verändert sich nun auch die Diskussion über Migration. Die Forschung versucht dem sich jetzt herausbildenden Typus des internationalisierten Migranten gerecht zu werden – einem Typus von Migration, der sich weniger klar in die bis dahin gängigen wissenschaftlichen Vorstellungen von Integration und Assimilation einfügen lässt. Die insbesondere in der angelsächsischen Forschungsliteratur geführte Debatte über die transnationale Migration kündigt sich auch in Deutschland an. Neben konzeptionelle Arbeiten treten mittlerweile empirisch gestützte, auf Europa bezogene Forschungsarbeiten. Untersuchungsansätze, die sich allein auf eine reduzierte Sicht der Räume von Migranten und Migrantinnen als ethnische Nachbarschaften bezögen, könnten die wirklichen Lebenswelten nicht hinreichend abbilden – denn diese alimentierten sich längst durch internationale Beziehungen der verschiedenen Mitglieder untereinander. So argumentiert Caglar (2001: 343), dass bereits die Anerkennung der Präsenz von Migranten und Migrantinnen an bestimmten Orten und ihr Anspruch auf diese Bereiche der Stadt entscheidend sei für den Begriff der Zugehörigkeit.

Heute finden wir in der deutschsprachigen Forschungsliteratur zu der hier behandelten Thematik weiterhin mehrere Forschungsstränge nebeneinander, die bislang noch stark durch entsprechende methodische Zuordnungen geprägt sind. Die in diesen Forschungslinien zu Tage tretenden unterschiedlichen wissenschaftlichen Schulen rekurrieren auf ein Grundproblem der Sozial- und Raumwissenschaften: je höher der Abstraktionsgrad der Studien ist, desto höher ist der wissenschaftliche Aussagewert bezüglich der Vorstellungen über soziale Organisation und desto niedriger der Informationsgehalt über die tatsächlichen Veränderungen im Raum. Und umgekehrt: je konkreter sich die Analyse kleinräumig an Beispielen abarbeitet, desto geringer scheint der verallgemeinerbare Aussagewert auszufallen. Dies spiegelt sich auch in dem hier von uns vorgelegten Sammelband deutlich wider: sehr systematisches, jedoch gleichzeitig durch die zahlreichen Vorannahmen und definitorischen Einschränkungen geprägtes Datenmaterial ist Gegenstand vieler quantitativer Analysen. Viele Assimilationsmodelle schließen so von Daten repräsentativer Surveys auf eine soziale Wirklichkeit zurück, bei der der Raum zumindest im deutschen Sprachraum bisher eine untergeordnete Rolle spielt (vgl. jedoch Friedrichs/Oberwittler 2007). Ansätze aus den USA stellen dagegen auch in der empirischen Umsetzung explizit die Verbindung zwischen Raum und Assimilation her. Beispielsweise zeigten Massey und Denton (1985) einen deutlichen Zusammenhang zwischen residentieller Segregation und sozialem Status ethnischer Minderheiten. Obwohl die Idee einer „spatial assimilation" bereits in der frühen Chicago School Soziologie ausgearbeitet war (Burgess 1967) und einen Zusammenhang sozialer Ungleichheit und räumlicher Distanz der Wohnstandorte postulierte, fand der Ansatz in der deutschen Forschung kaum Berücksichtigung. Das Gegenmodell zu den großen Surveys bilden kleinräumige Studien, die von einem bestimmten räumlichen Ereignis (z.B. von einer Schulreform oder einem „Problemgebiet") ausgehen und so Rückschlüsse auf die übergeordnete soziale Organisation ermöglichen. Solch ein Vorgehen rekurriert auf eine simmelianische Denktradition, die davon ausgeht, dass sich soziologische Tatsachen auch räumlich formen – und hier findet sich der Grundgedanke vieler Segregationsstudien wieder. Dieser Grundkonflikt zwischen einer Auffassung des städtischen Raumes als nachgelagerte Variable und einer Raumauffassung, die dem städtischen Raum eine eigenständige und individuell gestalterische Kraft zuschreibt, konnte in diesem Buch nicht aufgelöst werden. Dennoch haben wir uns um eine integrative Sichtweise bemüht.

2. *Migration und Stadtstruktur – gängige Modelle der Segregation und Integration*

Die Frage, in welchem Ausmaß Personen und Personengruppen in das institutionelle Grundgefüge einer Gesellschaft eingebunden sind und wer wie woran partizipiert, ist eine der grundlegenden Fragen der Sozialwissenschaften. Das Spezifische an der Integration von Zuwanderern ist die doppelte Perspektive, die sich aus deren Integration in die Mehrheitsgesellschaft ergibt: sie sind Teil einer Herkunftsgesellschaft und einer Aufnahmegesellschaft und so müssen sich alle Annahmen über diese Gruppen auf zwei Gesellschaften beziehen (vgl. Fassmann 2007: 3f). Unter Integration werden in dieser doppelten Sichtweise ganz unterschiedliche Stadien, Zustände und Ereignisse innerhalb des Migrationsprozesses gefasst: Marginalität und Randständigkeit, Mehrfachintegration sowie Assimilation oder Segregation (Esser 2004).

Die Einsicht, dass Formen der Integration auch räumlich strukturiert sind, wurde bereits von der frühen Chicago School Soziologie vollzogen. Bei Park stand die gesellschaftliche Position des Individuums im Mittelpunkt des Interesses, die spätere Chicago School konzentrierte sich auf die sozialen Gruppen im Raum. Ein Grundgedanke dieser stadtsoziologischen Pioniere besagt, dass räumliche Segregation zwischen Einheimischen, Migranten und Migrantinnen und anderen ethnischen Minderheiten die soziale Ungleichheit zwischen diesen Gruppen widerspiegelt, also die Ungleichheit hinsichtlich Status, Beruf und Einkommen (Burgess 1967). Gelingen den Migranten oder der nachfolgenden Generation soziale Aufstiege im Aufnahmeland, gleichen sich aufgrund der sozialstrukturellen Assimilation (Gordon 1964; Esser 2004) auch die Wohnstandorte an. Die räumliche Segregation der Gruppen geht daher, so die frühen Assimilationstheoretiker, im Zeitverlauf zurück. Weil die nachfolgenden Generationen wesentlich reibungsloser in Kultur und Institutionen des Aufnahmelandes hineinwachsen, sollte der Assimilationsprozess zwar Zeit benötigen, aber letztlich wie ein unaufhaltbarer Automatismus ablaufen: Unterstellt wurde, dass die Anpassung an das Aufnahmeland in einem Zyklus abläuft (race-relation cycle mit den Stufen Kontakt, Wettbewerb/Konflikt, Akkomodation, Assimilation. Eisenstadt (1954) spricht sogar von „Absorption"). Ziel ist also die weitgehende Angleichung der Einwanderer an eben dieses Einwanderungsland. Langfristig, so Park, würde nicht nur die USA, sondern die ganze Welt zum „melting pot" – eben einem Schmelztiegel von Rassen und Kulturen. Gegen diese Annahme des Automatismus lässt sich einwenden, dass sich in der gegenwärtigen deutschen Realität weder ein eindeutiger Zusammenhang zwischen der mittleren Aufenthaltsdauer einzelner Zuwanderergruppen und der residentiellen Segregation feststellen lässt (Friedrichs 2000), noch dass man pauschal sagen könnte, die zweite Generation sei gegenüber ihren Eltern stets besser assimiliert (Portes/Zhou 1993; Zhou 1999). Im Gegenteil: Segregation und Probleme der Integration sind auch nach längerem Aufenthalt im Zielland weiter virulent. Weiterentwicklungen der Theorie gehen deshalb nicht von einer vollständigen, sondern von einer partiellen Assimilation aus (vgl. Treibel 1999: 96ff.). In diese Richtung argumentieren auch Anhänger der Transnationalismusforschung. Sie wollen explizit Formen einer partiellen, segmentierten oder multiplen Inkorporation mit berücksichtigen, die in den klassischen Assimilationsmodellen noch als „abweichend", als „rückständig" oder aber, so Esser (2004: 47), als zu voraussetzungsvoll angesehen werden, um in gesellschaftlich relevantem Maße realisiert werden zu können. Die Autoren sprechen von „Inkorporation" statt Integration und fassen diesen als zukunfts- und ergebnisoffenen Prozess, gekennzeichnet durch Fragilität, Veränderbarkeit und Revidierbarkeit über die Generationen und über die verschiedenen sozialräumlichen Ebenen hinweg. Die von Befürwortern des Transnationalismusansatzes vollzogene analytische Differenzierung in eine lokale, nationale und transnationale Ebene zielt darauf, die von den Assimilationsmodellen implizierte traditionelle Raumvorstellung zu überwinden (vgl. Goebel/Pries 2003: 35).

Sicherlich sind deutsche Städte kaum mit den teilweise extrem segregierten US-amerikanischen Städten vergleichbar. Umfang, Form und (historische) Bedingungen der Immigration in diese beiden Einwanderungsländer waren und sind grundsätzlich unterschiedlich. Weder haben sich die deutschen Städte mit dem US-typischen Rassenproblematiken auseinandersetzen müssen, noch existieren hier vergleichbare sozialräumliche Verfestigungen im Sinne von Ghettos oder *no Go-areas*. In Deutschland gehören zu den sichtbarsten Zeichen von „Problemgebieten" bislang die Schilder, die auf eine vergleichweise hohe Dichte von Betreuungsinstitutionen verweisen (Alisch/Dangschat 1998; vgl. auch Häußermann/Siebel 2001: 41) – also im Prinzip das genaue Gegenteil der Auflösung von Institutionen im „amerikanischen Ghetto“ (Waquant 2004). Dennoch lässt sich auch in deutschen Städten ein Zusammenhang zwischen sozialer Ungleichheit und Verteilung der Haushalte über den Raum feststellen (Dangschat 1998, Janssen 2004, Janßen/Schroedter 2007, Farwick 2005).

Aber was sind die Konsequenzen der Segregation für die Betroffenen? Wie wirken Mobilitäts- und Segregationsprozesse im Raum als Kontextfaktoren auf die Individualebene der Personen und Haushalte zurück? Zwar dürfen physische Bedingungen der Lebenschancen eines Wohnstandortes, wie etwa lokale Umweltbelastungen, nicht vernachlässigt werden. Faktisch korrelieren physische Belastungen nämlich hoch mit der sozialstrukturellen Zusammensetzung der Bewohner (Wolf 2004). In erster Linie sind es jedoch vor allem die Chancen und Risiken sozialer Beziehungen und die Qualität von Institutionen, durch die ein Nachbarschaftskontext seine Wirkung auf die Mikroebene entfaltet.

Räumliche Segregation bedeutet, abstrakt betrachtet, zunächst nichts Anderes als die Ungleichverteilung von Personen oder Haushalten über Kategorien des Raumes gemäß sozial relevanter Merkmale. Je stärker die Streuung von Wohnstandorten einer sozialen Gruppe von der Zufallsverteilung abweicht, desto höher ist die Segregation. Segregation lässt sich an verschiedenen Merkmalen festmachen: an sozialstrukturellen (Einkommen, Stellung im Beruf, Bildungsstatus), demographischen (Geschlecht, Alter, Haushaltstypus, Stellung im Lebenszyklus, Nationalität) und kulturellen Merkmalen (Lebensstile, Religion, Ethnizität) (vgl. Häußermann/Siebel 2001: 29). Im Falle einer hypothetischen Gleichverteilung oder einer rein zufälligen Verteilung sozialer oder ethnischer Gruppen über den städtischen Raum (Entropie) ließe sich statistisch keine Wirkung der Nachbarschaftskontexte auf das Verhalten und die Lebenschancen der Bewohner feststellen, da gleichsam der soziale Gehalt der Nachbarschaften nicht variieren würde. Unter der Bedingung der Segregation hingegen variiert auch die soziale bzw. ethnische Zusammensetzung der Akteure zwischen den Stadtteilen. Aber warum sollte soziale oder ethnische Segregation überhaupt in irgendeiner Weise verhaltensrelevant sein? Nicht zuletzt die sozialräumlichen Analysen von Determinanten des Verhaltens lieferten diesbezüglich interessante theoretische Ansatzpunkte zur Erklärung der Verhaltensrelevanz städtischer Räume.

In einer Studie von Shaw und McKay (1942), die Ernest W. Burgess' (1967) Modell der konzentrischen Stadtstruktur auf die Analyse sozialräumlicher Determinanten der Jugenddelinquenz anwandten, zeigte sich, dass die Delinquenzraten in der Nähe des Stadtzentrums am höchsten waren und die Delinquenzbelastung damit unterschiedlich über den Raum verteilt war. Es ergaben sich außerdem über längere Zeiträume hinweg bemerkenswert konstante stadtteilspezifische Kriminalitätsraten, obwohl die Fluktuation, bzw. der Austausch der Bewohner im Stadtteil, sehr dynamisch war. Sie folgerten daraus, Delinquenz könne nicht allein von individuellen Faktoren abhängen, sondern resultiere ebenso aus Merkmalen der Stadtviertel, da Personen, die in einen belasteten Stadtteil zuzogen, selbst eine erhöhte Delinquenzneigung entwickelten. Es zeigte sich zudem, dass die lokale Delinquenzrate umso geringer war, je verbreiteter, stärker und inklusiver die sozialen Organisationen und Institutionen und je strukturierter und dichter die sozialen Beziehungen zwischen den Bewohnern des Stadtteils waren. Kehrseite dieses sozialen Zusammenhaltes war die soziale Desorganisation, die auf schwach ausgeprägtes Sozialkapital der Nachbarschaft hindeutet und als Ursache sozialer Probleme angesehen wurde. Die Nachbarschaft als sozialer Kontext wirkte in diesem Fall also über den Grad der sozialen Organisation bzw. Desorganisation auf die Akteure zurück.

Ebenfalls auf der Ebene der Nachbarschaft angesiedelt sind Ansätze, die von einer Diffusion von Verhaltensformen ausgehen. Positive Rollenmodelle können dabei auch von den in der Nachbarschaft wohnenden Personen repräsentiert werden (Jencks/Mayer 1990). Da sich empirisch insbesondere für Migranten deutliche Effekte dieser Rollenmodelle unter anderem auf den Bildungserfolg (Pong/Hao 2007) und auf das Schulabbruchrisiko (Crowder/South 2003) zeigten, hat die räumliche Segregation also durchaus Folgen für den Prozess der strukturellen Assimilation.

In der empirischen Stadtforschung existieren weitere Ansätze zur Erklärung von Kontexteffekten der Nachbarschaft, die allesamt Varianten des Sozialkapitals zur theoretischen Begründung von Kontexteffekten heranziehen (Sampson/Morenoff/Gannon-Rowley 2002: 447, Friedrichs/Oberwittler 2007: 453). Jüngere Tendenzen der Erosion von Nachbarschaftsnetzwerken werden durch das Konzept der *collective efficacy* (Sampson/Raudenbush /Earls 1997) in die Sozialkapitaltheorie integriert. Dabei stehen weniger die konkreten sozialen Beziehungen im Mittelpunkt, sondern die von den Bewohnern unterstellte Interventionsbereitschaft ihrer Nachbarn. Sind Personen und Haushalte hinsichtlich sozial relevanter Merkmale ungleich über den Raum verteilt, variiert also mit der sozialen Zusammensetzung der Bewohner zugleich das lokale soziale Kapital. Wie stark die unterschiedlichen Migrantengruppen räumlich segregiert und wie die lokalen Formen des sozialen Kapitals der Migranten ausgeprägt sind, bleibt jedoch eine empirisch offene Frage. Ebenso offen ist, ob Segregation sich grundsätzlich eher negativ auf die Integration auswirkt, wie es das Konzept der „Parallelgesellschaft" (Heitmeyer 1996) nahelegt, oder ob dichte soziale Netzwerke in ethnischen Kolonien (Heckmann 1991, Salentin 2004) ebenso positive Effekte auf den Eingliederungsprozess haben können. Womöglich ist Assimilation kein eindeutig gerichteter und „natürlicher" Prozess der Eingliederung, sondern kann unterschiedliche Pfade einschlagen, weshalb Zhou (1999) von „segmentierter Assimilation" spricht. Sie weist darauf hin, dass sich der „ethnische Faktor" in Verbindung mit räumlicher Segregation und Gruppensolidarität auch positiv auf den Eingliederungsprozess auswirken kann. Unter anderem die engen sozialen Netzwerke und die informelle soziale Kontrolle innerhalb der Migranten-Communities sowie die Aufrechterhaltung rigider traditioneller Normen des Herkunftslandes sind ursächlich dafür, dass Kinder asiatischer Einwanderer in den USA deutliche bessere Schulleistungen ereichen als die Kinder der Einheimischen (Zhou 1999: 990; Pong/Hao 2007).

Esser (2004), der in seinen Studien die US-amerikanischen Forschungen aufgreift, sie in ein Vier-Dimensionen bzw. Vierphasenmodell überträgt und diese handlungstheoretisch einbettet, sieht die emotionale Assimilation als Endpunkt der Assimilationsreihenfolge. Er argumentiert gleichzeitig, dass es zur strukturellen Assimilation von Migranten keine Alternative gäbe. Blieben Migranten oder ethnische Minderheiten auf bestimmte Statuspositionen und Berufsgruppen beschränkt, bestünde die Gefahr einer Transformation von sozialen Konflikten, die differenzierte demokratische Institutionen mehr oder weniger problemlos verarbeiten würden, in ethnische Konflikte, die die Systemintegration auf Dauer belasteten. Kalter (2006) zeigt, dass die Chancen auf strukturelle Assimilation (gemessen durch eine qualifizierte Berufstätigkeit) der türkischen Migranten und Migrantinnen dann doch davon abhängen, ob sie sozial assimiliert sind oder nicht. Je größer der Anteil an deutschen Freunden und Freundinnen, desto höher sind *ceteris paribus* die Chancen auf eine qualifizierte Position. Wenngleich man die von Kalter (2006: 150) anhand der SOEP-Daten gemessene Netzwerkzusammensetzung (Anteil von Deutschen unter den besten Freunden) nicht mit einer Fixierung auf die eigenethnische Enklave gleichsetzen sollte, so deutet dieser Befund zumindest darauf hin, dass sich der „ethnische Faktor" bei türkischen Migranten nicht in derselben Weise positiv auf die Integration auswirkt wie bei den asiatischen Einwanderern in den USA. Es liegt daher nahe, dass Kontexteffekte räumlich konzentrierter ethnischer sozialer Netzwerke in den beiden Ländern in unterschiedlicher Weise wirken. Die grundlegende, entscheidende Frage bezüglich Sozialstatus und residentieller Segregation lautet daher vielmehr, ob Quartiere und Nachbarschaften mit großen Anteilen an ausgegrenzter Bevölkerung auch als ausgrenzende Quartiere bzw. Nachbarschaften funktionieren und ob eine starke ethnische Segregation der Integration hinderlich ist. Fügen also benachteiligte Quartiere zusätzlich zur benachteiligenden sozialen Lage eine eigene Ausgrenzungsdimension hinzu? Kronauer (2002: 217f.) weist darauf hin, dass es erstens keine empirisch eindeutigen Befunde gibt; zweitens, dass die Erwartungen an die Lebensbedingungen im Quartier und die Einschränkungen, mit denen man sich konfrontiert sieht, mit dem Alter sowie mit der Haushalts- und Lebensform variieren. Beides muss die Forschung in ihre Analysen einbeziehen und gewichten: die Quartierskonstellationen, die Lebenslagen, Lebensläufe und Bedürfnisse der jeweiligen Bewohner.

3. *Methodische Fragen und verfügbare Daten*

In Deutschland liegen verschiedene Datenquellen vor, die Aufschluss über die quantitativen Dimensionen von Migration und Integration in Deutschland geben können und die in manchen Fällen auch eine Regionalisierung, d.h. eine Rückführung auf die verschiedenen räumlichen Maßeinheiten (Kreise, Gemeinden und Kommunen, sehr selten: Nachbarschaften), zulassen. Insgesamt erweist sich die Datenlage als widersprüchlich, vielfach wenig präzise und von definitorischen Schwierigkeiten geprägt. Prinzipiell ist zwischen dem sehr weit gefassten und an die internationale Forschungsliteratur angelehnten Begriff des „Migranten" und dem des „Ausländers" zu unterscheiden. Ersterer fasst ganz unterschiedliche Typen von Einwanderern: nachziehende Familienangehörige, Flüchtlinge/Asylbewerber, Spätaussiedler, Personen ohne gesicherten Aufenthaltsstatus sowie Gastarbeiter und Werkvertragsarbeitnehmer und Saisonarbeiter. Hingegen bezieht sich die amtliche Statistik mit dem Begriff des Ausländers auf das Merkmal der Staatsangehörigkeit, d.h., dass alle in Deutschland lebenden Personen mit einem ausländischen Pass erfasst werden. Sowohl die Wanderungsdaten (im internationalen Gebrauch: *flow-data*) über die Summe der zu- und abwandernden Personen, als auch die Bestanddaten (im internationalen Gebrauch: *stock data*) sind nach Nationalitäten unterteilt erhältlich.

Das Ausländerzentralregister weist die in Deutschland ständig wohnenden Ausländer in regionaler Gliederung, auf Landes- und Kreisebene, aus. Die Datenbestände weichen zum Teil deutlich von den durch die statistischen Landesämter zusammen getragenen Daten ab. Diese entleihen ihre Daten aus den Bevölkerungsregistern und beziehen sich damit auf die Meldedaten (gemeldet werden Aufenthalte, die länger als zwei Monate betragen), die den statistischen Ämtern vorliegen. Petrowsky (2001: 184) weist auf die Unschärfe dieser Zahlen hin: das Volkszählungsgesetz von 1987 hatte keine Rechtsgrundlage für die Korrektur der Daten der Melderegister anhand der Ergebnisse vorgesehen. Damals schon vorhandene Ungenauigkeiten wurden so in einigen Städten perpetuiert. Zweitens weist der Autor darauf hin, dass das Meldeverhalten bei den verschiedenen Nationalitäten unterschiedlich ausgeprägt ist. Die amtliche Bevölkerungsfortschreibung erweist sich ebenfalls in der Praxis als stark fehlerbehaftet (ebd. 185f.). Die vorhandenen Statistiken zur Arbeitsmarktintegration sind wiederum nur teilweise nach Nationalität differenziert und regionalisiert erhältlich.

Umso wichtiger sind für die Migrations- und Stadtforschung darum personenbezogene Individualdaten. Wie in anderen sozialwissenschaftlichen Disziplinen ist die methodische Herangehensweise der Stadt- und Migrationsforschung entweder qualitativ, quantitativ oder integrativ im Sinne eines *mixed-methods* Ansatzes. Im Verlauf der letzten Jahre sind einige größere Individualdatensätze entstanden, die für die Migrations- und Stadtforschung große Potenziale beinhalten und für Sekundäranalysen zugänglich sind. Die Aufbereitung, Dokumentation, Archivierung und Weitergabe quantitativer Daten und die dadurch mögliche Replikation empirischer Befunde hat in Deutschland eine lange Tradition. So sind heute über das Zentralarchiv für empirische Sozialforschung, aber auch über die Forschungsdatenzentren, Datensätze zugänglich, deren Potenzial auch in Verbindung mit räumlichen Strukturen noch lange nicht ausgeschöpft ist. Die Archivierung qualitativer Daten befindet sich hingegen erst im Aufbau, so dass Sekundäranalysen nicht im selben Maße möglich und häufig auch nicht sinnvoll sind.

Im Folgenden wird ein kleiner, selektiver Ausschnitt von hochwertigen Datensätzen beschrieben, die für die Migrations- und Stadtforschung auch künftig ein wichtiges Fundament liefern werden. Die Darstellung beschränkt sich auf Individualdaten, da Prozesse der Segregation und Integration mit Individualdaten zum einen wesentlich besser erklärt werden können, und zum anderen aufgrund des Umfanges der erfassten Merkmale die Analysemöglichkeiten besonders reichhaltig sind.

So enthält der *ALLBUS 2006* (http://www.gesis.org/ZA/) Fragen über Einstellungen zu ethnischen Gruppen und Migranten in der Nachbarschaft, zur Segregation, aber auch *Items* zur Wohnform und Wohnsituation. Zudem ist ein spezielles graphisches Modul integriert, mit dem individuelle *tipping points* im Sinne von Thomas Schelling (1978) erhoben werden können. Anhand des *ALLBUS 2006* lässt sich beispielsweise zeigen, dass Migranten (Nichtdeutsche und zugewanderte Eingebürgerte) gegenüber einheimischen Deutschen ein um das 1.46fache erhöhtes Risiko aufweisen, in einem mindestens „etwas" renovierungsbedürftigen Gebäude zu wohnen – und zwar unter Kontrolle u.a. des Haushaltsnettoäquivalenzeinkommens, der Bildung, des Alters, und des Wohneigentums. Weitere Analysen, die z.B. den Gebäudetyp, das Wohneigentum sowie die (wahrgenommene) Konzentration von Migranten in der unmittelbaren Nachbarschaft einschließen, sind möglich. Allerdings erlaubt die Verwendung des Public Use Files des *ALLBUS 2006* keine Zuordnung zu Landkreisen/kreisfreien Städten und damit auch keine kleinräumige Verortung der Nachbarschaften.

Hervorzuheben ist des Weiteren die 2005er Erhebung des *Mikrozensus* (http://www.gesis.org/ZUMA/), die für die sozialstrukturell orientierte Migrations- und Integrationsforschung zahlreiche Möglichkeiten bietet. Da es sich um eine Haushaltsstichprobe handelt, sind auch Merkmale der unmittelbaren sozialen Nahumgebung erfasst. Aufgrund der Information zu Staatsbürgerschaft und Migrationsbiographie der Eltern lassen sich im Mikrozensus erstmals differenzierte Konzepte des Migrationshintergrunds empirisch umsetzen. Im Mikrozensus 2002 finden sich dagegen recht umfassende Abfragen zur Wohnsituation wie Miethöhe, Wohnfläche sowie Alter und Art des Gebäudes und Art der Heizung. Auch die Ungleichverteilung von Migranten über Kategorien und Qualitäten von Wohnungstypen ist ein Indikator für Segregation.

Janßen und Schrödter (2007) haben gezeigt, wie man die Mikrozensus-Auswahlbezirke für sehr kleinräumige Analysen der Segregation von Migranten nutzen kann – ohne dann allerdings die Bezirke Städten oder Ortschaften zuordnen zu können.

Für die Analyse von Lebensläufen der großen Migrantengruppen aus der Türkei, Griechenland, Jugoslawien, Spanien und Italien liefert das Sample B des *Sozioökonomischen Panels* (SOEP) des DIW (Deutsches Institut für Wirtschaftsforschung) Informationen über insgesamt 1393 Haushalte (Haisken-DeNew/Frick 2005: 19). Die umfassende Erhebung sozialstruktureller Merkmale wurde durch retrospektive Angaben über Lebensverläufe ergänzt. Über die hohe Anzahl der Wellen hinweg (Welle 21 im Jahr 2006) ermöglichen changierende Fragemodule die Erfassung auch einiger Merkmale, die auf transnationale soziale Aktivitäten bezogen sind, darunter etwa Rücküberweisungen, Reisen ins Heimatland und soziale Beziehungsnetzwerke. Ergänzt ist das Sample B durch eine kleine Haushaltsstichprobe von Migranten, Sample D (N=522 Haushalte), die nicht den oben genannten großen Gruppen angehören. Spezielle Arrangements mit dem DIW und dem Forschungsdatenzentrum ermöglichen lokale Zuordnungen der Daten, so dass theoretisch auch Informationen über Kontexteffekte der Nachbarschaften – sofern verfügbar – dem SOEP zugespielt werden könnten. Wichtig ist, dass die Datei Perspektiven kausaler Analyse durch Panelmodelle eröffnet, die herkömmliche Querschnittsdaten nicht leisten können (Frees 2004). Letztlich werden nur Längsschnittdaten dem Prozesscharakter der Inkorporation, Integration und Assimilation von Migranten gerecht.

Neuerdings erhebt das Bundesinstitut für Bevölkerungsforschung den *Gender and Generations Survey*. Die Erhebung ist in ein internationales Programm eingebettet, so dass auch vergleichende Analysen möglich sein werden. In Deutschland wurde im Jahr 2006 eine Zufallsstichprobe von 10017 Personen erhoben, die retrospektiv über ihre Familien- und Erwerbsbiographie sowie über ihre Lebenslagen und Wertorientierungen befragt wurden. Dieser Datensatz wurde ergänzt um eine Stichprobe von 4045 in Deutschland lebenden Türkinnen und Türken. Zumindest für die größte in Deutschland lebende Migrantengruppe lassen sich so detaillierte Lebensverlaufsanalysen durchführen, die zudem über die Regierungsbezirke räumlich zugeordnet werden können. Auf diese Weise lassen sich beispielsweise 225 Türkinnen und Türken im Regierungsbezirk Stuttgart mit 192 Türkinnen und Türken in Berlin, und 62 in Hamburg vergleichen. Auch diese Erhebung ist als Panel angelegt.

Analysen auf Basis dieser großen Surveys sind notwendig und stellen ein wichtiges Korrektiv dar. Denn einige Themenfelder der Migrationsforschung legen es nahe, Daten selektiv bezüglich der abhängigen Variable auszuwählen. In der angelsächsischen Literatur wird dies als „*sampling on the dependent variable*" bezeichnet (Pries 2004: 4). Werden beispielsweise Migranten als Unternehmer oder transnationale soziale Aktivitäten untersucht, sind Deskriptionen der interessierenden Phänomene zwar hilfreich. Aber weder ihre quantitative Bedeutsamkeit noch ihre Ursachen lassen sich herausarbeiten, wenn das Sample nur aus ethnischen Unternehmern bzw. transnational aktiven Migranten besteht. Es fehlt gleichsam die Kontrollgruppe. Zudem ist bei Sozialstrukturanalysen letztlich eine Kontrastierung der Phänomene mit den einheimischen Deutschen aufschlussreich. Da manche Phänomene in der Grundgesamtheit eher selten auftreten und der Anteil einiger Migrantengruppen ohnehin eher klein ist, sind große Datensätze unverzichtbar. Viele Fragestellungen erfordern allerdings eigens entworfene Befragungen – hier lässt sich der Anspruch auf Repräsentativität ohnehin nur schwer erfüllen.

Hinzu kommt, dass in der praxisnahen Forschung häufig kausale Aussagen anvisiert werden, um anhand der Befunde Interventionsmaßnahmen zu konzipieren. Da randomisierte Designs nur in Ausnahmefällen durchführbar sind (Jungmann/Kurtz/Brand 2008), stellt die Längsschnittanalyse eine wichtige Methode der kausalen Analyse dar. Im Längsschnitt geht eine Ursache ihrer Wirkung zeitlich voran und Panelmodelle erlauben die Schätzung kausaler Effekte unter Berücksichtigung unbeobachteter Heterogenität (Frees 2004). Sie bilden daher – bei korrekter Spezifikation des Modells – die kausalen Effekte in „reiner" Form ab.

Wenngleich die bestehende Datenlage natürlich niemals alle Informationen bereithält, die sich die Forschenden wünschen, so zeigen diese ausgewählten Beispiele doch, dass bisher unausgeschöpftes Datenmaterial verfügbar ist. Davon sollte die Migrations- und Stadtforschung künftig vermehrt Gebrauch machen. Ebenso sollten diese Daten noch stärker als bisher qualitativ vertiefende Untersuchungen anregen. Insgesamt stellen wir fest, dass Mehrebenenanalysen, die sich durch einen Methodenmix auszeichnen und eine klare Fragestellung bearbeiten, am besten zur Erfassung sowohl von Prozessen der Integration als auch der Segregation geeignet sind. Und in dieser schwierigen, da immer wieder neu zu gewichtenden, Kombination von Analyseebenen und Methoden liegt, in unserer Wahrnehmung, auch die große Herausforderung an die zukünftige raumbezogene Migrationsforschung. Vor allem wenn es gelingt, Fragestellungen zu Segregation und Integration unter Berücksichtigung der verschiedenen im Migrationsprozess gebündelten sozialen und räumlichen Ebenen mit Hilfe qualitativer und quantitativer Methoden zu entwickeln und zu bearbeiten, wird es zu wissenschaftlichem Fortschritt kommen.

So unterschiedlich die Disziplinen, theoretischen Perspektiven und methodischen Ansätze der in diesem Band versammelten Beiträge auch sind, sie vereint der *empirische* Zugang zu den Phänomenen der Migrations- und Stadtforschung. Die Beiträge decken ein breites Themenspektrum ab. Allerdings beantworten sie längst nicht jede der von uns aufgeworfenen Fragen. Wie sollten sie auch? Unsere Fragen sollen vielmehr als Orientierungsrahmen für künftige empirische Forschung dienen und darauf hinweisen, dass in diesem überaus relevanten Themenfeld noch längst nicht alle Möglichkeiten der empirischen Forschung ausgeschöpft sind.

Die Herausgeber erhoffen sich durch diesen Band eine Verstärkung jener Richtung der Stadt- und Migrationsforschung, die soziologische und geographische empirische Analysen miteinander in Einklang bringt und die in der Lage ist, aus deren Schnittmenge Forschungsfortschritte abzuleiten.

Literatur

Alisch, Monika; Jens S. Dangschat (1998): Armut und soziale Integration. Strategien sozialer Stadtentwicklung und lokaler Nachhaltigkeit. Opladen.

Burgess, Ernest W. (1967): The ecological approach to the study of the human community. In: Park, R. E., E. W. Burgess (Hrsg.): The city. Chicago. S. 47-62.

Caglar, Ayse (2001): Stigmatisierende Metaphern und die Transnationalisierung sozialer Räume in Berlin. In: Gesemann, Frank (Hrsg.): Migration und Integration in Berlin. Opladen. S. 333-348.

Crowder, Kyle; Scott J. South (2003): Neigborhood distress and school dropout: the variable significance of community context. In: Social Science Research 32: 659-698.

Dangschat, Jens S. (1998): Warum ziehen Gegensätze sich nicht an? In: Heitmeyer, Wilhelm, Günter Albrecht (Hrsg.): Die Krise der Städte. Frankfurt/M.

Eisenstadt, Shmuel N. (1954). The absorption of immigrants. London.

Esser, Hartmut (2004): Welche Alternative zur „Assimilation“ gibt es eigentlich? In: IMIS Beiträge 23: 41-59.

Farwick, Andreas (2005): Soziale Segregation in schrumpfenden Städten – Entwicklung und soziale Folgen. In: Forum Wohneigentum 5: 257-261.

Fassmann, Heinz (2007): Integration und Segregation: eine Erläuterung. In: Meyer, Frank (Hrsg.): Wohnen – Arbeit – Zuwanderung. Stand und Perspektiven der Segregationsforschung. Beiträge zur europäischen Stadt- und Regionalforschung. Münster. S. 1-17.

Friedrichs, Jürgen; Dietrich Oberwittler (2007). Soziales Kapital in Wohngebieten. In: Franzen, Axel; Markus Freitag (Hrsg.): Sozialkapital. Sonderband 47 der Kölner Zeitschrift für Soziologie und Sozialpsychologie. Wiesbaden. S. 450-486.

Gans, Paul; Franz-Josef Kemper (2003): Ost-West-Wanderungen in Deutschland – Verlust von Humankapital für die neuen Länder? In: Geographische Rundschau 55: 16-18.

Gans, Paul; Tim Leibert (2007): Zweiter demographischer Wandel in den EU-15-Staaten. In: Geographische Rundschau 59: 4-13.

Gesemann, Frank (2001): Einleitung: Migration und Integration in Berlin. In: Gesemann, Frank (Hrsg.): Migration und Integration in Berlin. Opladen. S. 11-30.

Goebel, Dorothea; Ludger Pries (2003): Transnationale Migration und die Inkorporation von Migranten. In: Swiaczny, Frank; Sonja Haug (Hrsg.): Migration – Integration – Minderheiten. Neuere interdisziplinäre Forschungsergebnisse. Reihe: Materialien zur Bevölkerungswissenschaft. Heft 107. S. 35-48.

Gordon, Milton (1964): Assimilation in American Life. New York: Oxford.
Haisken-DeNew, John P.; Joachim R. Frick (2008): DTC: Desktop Companion to the German Socio-Economic Panel. www.diw.de/deutsch/sop/service/dtc/dtc.pdf.
Häußermann, Hartmut (2001): Marginalisierung als Folge sozialräumlichen Wandels in der Großstadt. In: Migration und Integration in Berlin. In: Gesemann, Frank (Hrsg.): Migration und Integration in Berlin. Opladen. S. 63-88.
Häußermann, Hartmut; Walter Siebel (2001): Soziale Integration und ethnische Schichtung – Zusammenhänge zwischen räumlicher und sozialer Integration. Gutachten im Auftrag der unabhängigen Kommission „Zuwanderung".
Heckmann, Friedrich (1991): Ethnische Kolonien. In: Österreichische Zeitschrift für Soziologie 16: 25-41.
Heitmeyer, Wilhelm (1996): Für türkische Jugendliche in Deutschland spielt der Islam eine wichtige Rolle. Erste empirische Studie: 27 Prozent befürworten Gewalt zur Durchsetzung religiöser Ziele. In: Die Zeit vom 23.08.1996.
Janßen, Andrea (2004): Segregation in Großstädten. Das Problem von Messung und Interpretation. In: Stadtforschung und Statistik 1: 19-22.
Janßen, Andrea; Julia H. Schroedter, 2007: Kleinräumliche Segregation der ausländischen Bevölkerung in Deutschland: Eine Analyse auf der Basis des Mikrozensus. In: Zeitschrift für Soziologie 36: 453-472.
Jencks, Christopher; Susan E. Mayer (1990): The social consequences of growing up in a poor neighborhood. In: Lynn, Laurence E.; Michael G. MacGeary (Hrsg.): Inner-city poverty in the United States. Washington, DC. S. 111-186.
Jungmann, Tanja; Vivien Kurtz; Tilmann Brand (2008). Das Modellprojekt „Pro Kind" – Eine Verortung in der Landschaft früher Hilfen. In: Frühförderung Interdisziplinär, im Erscheinen.
Kalter, Frank (2005): Spezifisches Kapital und strukturelle Assimilation. In: Deutsche Gesellschaft für Soziologie (Hg.): 32. Kongress der DGS in München. Verhandlungsband (CD-Rom). S. 2080-2089.
Kapphan, Andreas (2001): Migration und Stadtentwicklung. Die Entstehung ethnischer Konzentrationen und ihre Auswirkungen. In: Gesemann, Frank (Hrsg.): Migration und Integration in Berlin. Opladen. S. 89-108.
Kemper, Franz-Josef (2007): Ethnisch-kulturelle Heterogenität in Deutschland. Die regionale Perspektive. In: Geographische Rundschau 59: 32-39.
Kronauer, Martin (2002): Exklusion. Die Gefährdung des Sozialen im hoch entwickelten Kapitalismus. Frankfurt/M..
Massey, Douglas S.; Nancy A. Denton (1985): Spatial assimilation as a socioeconomic outcome. In: American Sociological Review 50: 94-106.
OECD (2007): International Migration Outlook. Paris: OECD.
Petrowsky, Werner (2001): Die Einwanderungsstadt und die amtliche Statistik. In: Norbert Gesting, Herbert Glasauer u.a. (Hrsg.): Jahrbuch Stadtregion. Schwerpunkt Einwandererstadt. Opladen. S. 179-204.
Pong, Suet-Ling; Lingxin Hao (2007): Neighborhood and School Factors in the School Performance of Immigrants' Children. In: International Migration Review 41: 206-241.
Portes, Alejandro, Min Zhou (1993): The New Second Generation: Segmented Assimilation and Its Variants among Post-1965 Immigrant Youth. In: Annals of the American Academy of Political and Social Science 530: 74-98.

Pries, Ludger (2004): Determining the Causes and Durability of Transnational Labour Migration between Mexico and the United States: Some Empirical Findings. In: International Migration 42: 3-37.

Rist, Ray C. (1980): Die ungewisse Zukunft der Gastarbeiter. Stuttgart.

Salentin, Kurt (2004): Ziehen sich Migranten in >ethnische Kolonien< zurück? In: Bade, Klaus J.; Michael Bommes; Rainer Münz (Hrsg.): Migrationsreport. 2004. Frankfurt/Main. S. 97-116.

Sampson, Robert J., Jeffrey D. Morenoff, Thomas Gannon-Rowley (2002): Assessing neighborhood effects: Social Processes and New Directions in Research. In: Annual Review of Sociology 28: 443-478.

Sampson, Robert J., Stephen W. Raudenbush, Felton Earls (1997): Neighborhoods and Violent Crime: A Multilevel Study of Collective Efficacy. In: Science 277: 918-924.

Schelling, Thomas C. (1978): Sorting and mixing: Race and Sex. Chp. 4 in ders.: Micromotives and Macrobehavior. New York.

Shaw, Clifford R.; Henry D. McKay (1942): Juvenile Delinquency in Urban Areas. Chicago.

Treibel, Annette (1999): Migration in modernen Gesellschaften. Soziale Folgen von Einwanderung, Gastarbeit und Flucht. Grundlagentexte Soziologie. Weinheim.

Waltz, Viktoria (2001): Migration und Stadt: Best practise- Beispiele in Nordrhein-Westfalen. In: Gestring, Norbert; Herbert Glasauer u.a. (Hrsg.):. Jahrbuch Stadtregion. Schwerpunkt Einwandererstadt. Opladen. S. 115-132.

Waquant, Loic J.D. (2004): Roter Gürtel, Schwarzer Gürtel. Rassentrennung, Klassenungleichheit und der Staat in der französischen städtischen Peripherie und im amerikanischen Ghetto. In: Häußermann, Hartmut; Martin Kronauer, Walter Siebel (Hrsg.): An den Rändern der Städte. Armut und Ausgrenzung. Frankfurt/M.: S. 148-200.

Zhou, Min (1997): Segmented Assimilation: Issues, Controversies, and Recent Research on the New Second Generation. In: International Migration Review 31: 975-1008.

Segregation und Stadt im Wandel

Jürgen Friedrichs, Alexandra Nonnenmacher

Führen innerstädtische Wanderungen zu einer ethnischen Entmischung von Stadtteilen?

1. Problemstellung

Die soziologische und sozialgeographische Analyse von Wanderungen richtet sich ganz überwiegend auf Wanderungen zwischen Städten, zu einem geringeren Maße auf solche zwischen Kernstadt und Umland, aber nur sehr selten auf innerstädtische Wanderungen. Das ist erstaunlich, denn ein beachtlicher Teil der Bewohner/Haushalte einer Großstadt zieht jährlich um. Im Jahr 2005 waren es in Köln 8,8 Prozent, ähnliche Werte berichtet Böhnisch (2007) für das Jahr 2004: Essen: 7,1, Oberhausen: 8,1, Gelsenkirchen: 8,2, Duisburg: 8,4; in Dresden lag die Quote im Jahr 2005 bei 9,5 Prozent (Landeshauptstadt Dresden 2007: 7). In Erfurt ist sogar jeder Fünfte im Jahre 1999 umgezogen (Landeshauptstadt Erfurt 2000: 14).

Im Gegensatz zu den berufsbedingten Fernwanderungen sind Nahwanderungen, sei es in das Umland oder innerhalb der Stadt, wohnungsbedingt. Der Umzug dient dazu, die Wohnbedingungen zu verbessern, u. a. die Lage und/oder Größe der Wohnung, Miethöhe, Wechsel in Eigentum sowie eine andere physische und soziale Umgebung zu haben. Das schließt jene Fälle ein, in denen der Haushalt eine Wohnung mit einer geringeren oder preiswerteren Miete sucht.

Innerstädtische Wanderungen beruhen auf Entscheidungen einzelner Haushalte. Folgt man den Annahmen von Schelling (1971, 1978; Kecskes und Knäble 1988), so ist zu erwarten, dass die deutschen Haushalte aus Wohngebieten mit einem hohen Anteil von Ausländern ausziehen bzw. bei ihrer Wohnungssuche solche Angebote ausschlagen, die in Gebieten mit hohem Ausländeranteil liegen. Die unbeabsichtigte Folge der aggregierten Entscheidungen ist dann eine Entmischung von Stadtteilen und eine stärkere Segregation einer ethnischen Minorität. Dieser Prozess ist in der nordamerikanischen Forschung zur Segregation und zur Armut für die Jahre 1970-1990 nachgewiesen worden (Jargowsky 1997, Massey und Denton 1993). Auf eben diese Frage nach der ethnischen Entmischung richtet sich die folgende Analyse. Ihr liegen drei Fragen zugrunde:

1. Ist durch die innerstädtischen Wanderungen eine Entmischung von Deutschen und Ausländern in den Stadtteilen eingetreten?

2. Gibt es unterschiedliche Entwicklungen (Mischung, Entmischung) in einzelnen Stadtteilen?
3. Welche Stadtteilmerkmale begünstigen die Mischung, welche die Entmischung? Welche Merkmale haben die Stadtteile, die viele Deutsche/Ausländer gewonnen oder verloren haben?

Wir untersuchen diese Fragen anhand der Daten zur innerstädtischen Wanderung im Köln im Jahr 2005.

2. *Theorie*

Es ist schwierig, für unsere Studie eine klare theoretische Grundlage zu formulieren. Dafür gibt es zwei Gründe. Es bestehen unterschiedliche Theorien, die Wanderungen erklären sollen (u. a. Gravitationstheorie, push-pull-Theorie, Theorie der intervening opportunities, verhaltenstheoretische Modelle, vgl. Bähr 2004: 254-272, Kalter 2000, 2003). Es ist bis heute fraglich, welcher dieser Ansätze fruchtbarer ist. Noch problematischer ist, dass sich diese Theorien darauf richten, Wanderungen über die Stadtgrenzen zu erklären. Es ist selbst in der sozialgeographischen Literatur nicht erkennbar, ob sie auch geeignet sind, auch innerstädtische Wanderungen (Umzüge) zu erklären.

Die meisten Mikromodelle der Wanderung richten sich auf die Wanderungen zwischen zwei Städten (u. a. Lee 1972, Lowry 1966), weshalb sie auch Annahmen über das Humankapital enthalten, denn der Akteur oder Haushalt wägt die Einkünfte am gegenwärtigen gegenüber dem künftigen Wohnort ab (u. a. Sjastaad 1962, Speare 1971). Diese Mikrotheorien sind deshalb nur bedingt auf innerstädtische Wanderungen oder solche zwischen Kernstadt und Umland anwendbar. Wir müssen daher innerstädtische Wanderungen durch eine allgemeinere Mikrotheorie erklären, wozu sich, wie Kalter (1997: 48f.) überzeugend ausgeführt hat, die Rational Choice Theorie (oder deren Subjective Expected Utility-Interpretation) eignet, weil in sie die Variablen der unterschiedlichen Theorien integriert werden können. Diese Theorie anzuwenden, um innerstädtische Wanderungen zu erklären, liegt insofern nahe, als es eine Tradition verhaltenstheoretischer Erklärungen in der Sozialgeographie gibt. Bereits Wolpert (1965) interpretierte Migration als Entscheidungsverhalten, suchte mithin eine Erklärung auf der Mikroebene; andere Autoren sind diesem Ansatz gefolgt (Kottwitz und Vanberg 1971, Langenheder 1968, Vanberg 1975, vgl. Steinführer 2004: 17-22); Wir folgen auch seiner Formulierung eines (sequentiellen) Modells der Wanderungsentscheidung (Kalter 1997, 2000: 460-470), spezifizieren dabei die Nutzen (und Kosten) mithilfe des Konzepts der „place utility" von Wolpert (1965, 1966; vgl. auch Speare 1974: „residential satisfaction").

Grundsätzlich lassen sich bei innerstädtischen Wanderungen (Umzügen) zwei Arten von Gründen unterscheiden: Merkmale der Wohnung und Merkmale der Umgebung. Zu den ersten gehören die in der Wanderungsforschung immer wieder aufgeführten Gründe: dass die Wohnung entweder zu klein geworden sei, weil z. B. ein zweites Kind geboren wurde oder zu groß, weil ein Mitglied des Haushalts ausgezogen ist, ferner, dass die Wohnung zu teuer geworden sei und man eine preiswertere Wohnung wünscht, schließlich, dass man Eigentum erwerben möchte.

Zu den Merkmalen der Wohnumgebung, also der „place utility", zählt der Wunsch, im Grünen zu wohnen und eine angenehme Umgebung für Kinder zu gewinnen, wie zahlreiche Studien zur Stadt-Umland-Wanderung belegt haben (u. a. Aring und Herfert 2001, Baldermann, Hecking und Knauß 1976, Bleck 2005, Deutscher Städtetag 1976, Friedrichs 1975, Ismaier 2002, Kaufmann 1975). Ferner können dies Merkmale der Nachbarschaft sein, darunter positive wie Nähe zur Arbeitsstätte, Nähe zum ÖPNV, Ausstattung iit infrastrukturellen Einrichtungen (vom Grün bis zu Schulen, Arztpraxen bis zu Einkaufsmöglichkeiten) oder aber negative wie z. B. Furcht vor Kriminalität oder physischem Verfall (vgl. Skogan 1990). Das gegenüber Kalter erweiterte Modell der innerstädtischen Wanderungen ist in Abbildung 1 dargestellt.

Abbildung 1: Modell innerstädtischer Wanderungen (Umzüge), modifiziert nach Kalter (1997: 67)

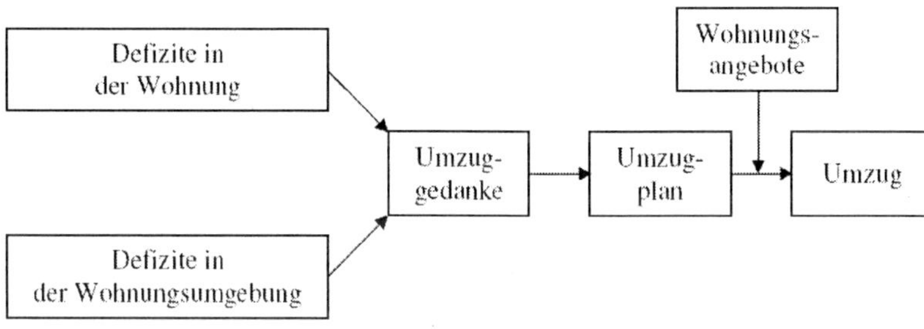

Unsere Absicht ist, die Effekte von innerstädtischen Wanderungen auf die ethnische Mischung oder Entmischung von Stadtteilen zu untersuchen. Das können wir nur auf der Makroebene der Umzüge, quasi als „revealed preferences". Was die Haushalte tatsächlich bewogen hat, den Wohnstandort zu wechseln, wissen wir nicht. Wichtiger noch: Wir wissen nicht, ob der von einem Haushalt wahrgenommene Anteil von Migranten (oder Ausländern) im alten und neuen Stadtteil einen Einfluss auf die Wanderungsentscheidung hatte und wie hoch dieser Effekt war. Die dafür erforderlichen Individualdaten liegen uns nicht vor.

Wir können demnach nur eine Hilfskonstruktion wählen: Wir wenden die mikrosoziologische Theorie heuristisch an, um hieraus testbare Hypothesen abzuleiten, die wir allerdings nur als Konsequenzen aggregierter individueller Handlungen, also auf der Aggregatebene von Stadtteilen, untersuchen können. Die wichtigsten Annahmen zu innerstädtischen Wanderungen sind:

1. Der Akteur, ein Haushalt, nimmt Mängel in der gegenwärtigen Wohnsituation und zwar in den Bedingungen der Wohnung (Größe, Miete, Lage, Eigentumsform) und /oder denen der Wohnumgebung (physische und soziale Merkmale) wahr. Diese können sich auf den Umzugsgedanken (nach Kalter: die Möglichkeit einer Wanderung wird als Alternative wahrgenommen), aber vermutlich auch auf die Umzugsabsicht (nach Kalter: es wurde für eine Wanderung entschieden) auswirken. Wir diskutieren hier nicht die Probleme, die mit der Diskrepanz von „Gedanke" und „Plan" verbunden sind (vgl. Steinführer 2004: 211).
2. Der Akteur wägt die Nutzen und Kosten der gegenwärtigen Wohnsituation gegen andere verfügbare Wohnsituationen ab. Man könnte auch sagen: die place utilities der gegenwärtigen und der potenziellen Wohnung.
3. Der Akteur hat Suchkosten; er wird daher danach streben, sie zu verringern. Deshalb suchen die meisten Akteure die neue Wohnung im gleichen Stadtteil, dem benachbarten oder in dem Sektor (Tortenstück) der Stadt, in dem sie wohnen.
4. Hinzu kommt, dass die meisten Stadtbewohner die Stadtteile ihrer Stadt nicht oder nur sehr unzureichend kennen. Die Forschungen zu den Aktionsräumen von Stadtbewohnern haben gezeigt, dass die Stadtbewohner nur einen Teil der Stadt kennen und von diesem wiederum nur einen Teil aufsuchen. Meist kennen sie die Stadtteile in demjenigen Sektor, in dem ihre Wohnung liegt, am (relativ) Besten. Aus diesem Grund finden die Umzüge auch zumeist in die jeweils zum Stadtrand nächstgelegenen Stadtteile des Sektors statt (Friedrichs 1981: 146).

So stellt Böhnisch (2007) in ihrer Studie der fünf Ruhrgebiets-Städte fest, dass die Wanderungsverflechtungen der benachbarten Stadtteile am höchsten waren. Auch bei Wanderungen zwischen den fünf Städten traten die höchsten Verflechtungen der Essener Stadtteile mit den Stadtteilen der angrenzenden Städte auf. „Innerstädtische Wanderungen erfolgen vornehmlich im Nahbereich des alten und damit räumlich vertrauten Wohnstandortes. Im Jahr 2004 wurden jeweils mehr als ein Drittel (35,3 Prozent bzw. 34,3 Prozent) aller innerstädtischen Wanderungen als Zu- bzw. Fortzüge innerhalb von Ortsamts- bzw. Ortschaftsbereichen realisiert" (Landeshauptstadt Dresden 2007: 8). Ähnliche Befunde berichten für Amsterdam Kok u. a. (2002: 16, 20).

5. Weil es immer noch eine (theoretische) bessere Lösung gibt, wird der Akteur mit einer befriedigenden Lösung vorlieb nehmen („satisfycing“, Simon 1957). Hinzu kommt, dass zwischen der Kündigung der jeweiligen Wohnung und dem erforderlichen Auszug in der Regel maximal drei Monate Zeit sind, in denen der Akteur eine neue Wohnung gefunden und gemietet haben muss. (Also muss der Vermieter diesen Haushalt auch akzeptieren.

Welche Annahmen können wir zur Entmischung formulieren? Die (ethnische) Minorität ist bereit, in einem Wohngebiet zu wohnen, in dem ein höherer Anteil von Angehörigen der Majorität wohnt, hingegen akzeptiert die Majorität nur einen geringeren Anteil Angehöriger der Minorität (Schelling 1971, 1978, vgl. die deutsche Studie von Kecskes und Knäble 1988). Diese Abneigung findet sich auch, wenn man die Daten des Allbus 2006 heranzieht. Dort wurde ermittelt, ob Deutsche bereit sind, in Wohngebieten mit einem mehr oder minder hohen Anteil von Ausländern zu leben. Den Befragten wurden 13 Bilder mit je 7x7 Häusern vorgelegt, von denen jeweils ein unterschiedlicher Anteil von Häusern grau markiert war; diese Häuser symbolisierten den Anteil der Ausländer. Die Befragten sollten nun angeben, ob sie in dem jeweiligen Wohngebiet leben möchten. Von den westdeutschen Befragten mit deutscher Staatsangehörigkeit (N = 1926) bejahten dies 58 % für die Mischung mit einem Anteil von (nur) 8 % Ausländern, bei einem Anteil von 33 % Ausländern waren es 39 %, und bei einem Anteil von 73 % Ausländern nur noch 5 % der Befragten (eigene Berechnungen).

In seiner Analyse der innerstädtischen Umzüge von rd. 2.500 Stadtteilen, die im Bund-Länder-Programm „Soziale Stadt“ sind, zeigt Böltken (2004: 116), dass je stärker ein Gebiet benachteiligt ist, desto höher auch die (gleich hohe!) Quote der Zu- und Fortzüge ist – obgleich man vermutet hätte, in den stärker benachteiligten Gebieten bestünde auch ein stark negativer Wanderungssaldo. Er findet ferner, dass Deutsche stärker aus Gebieten mit städtebaulichen Maßnahmen aus- als zuziehen, während bei den Ausländern kein Unterschied besteht. Er folgert (ibid.: 119): „Maßnahmen scheinen im Jahr 2002 die soziale Selektivität und damit die Polarisierung innerhalb der Stadt eher zu verstärken als abzubauen“ .Würden sich Böltkens Ergebnisse auch in späteren Studien zeigen, so hätten die Maßnahmen des Programms genau den entgegen gesetzten Effekt dessen, den sie erreichen wollten.

Die Ergebnisse von Böltken sind für unsere Studie deshalb wichtig, weil sie einen Zusammenhang zwischen vier Merkmalen herstellen: dem Grad der Benachteiligung eines Stadtteils, dem Ausländeranteil, dem Ausmaß der Zu- und der Fortzüge und dem Wanderungssaldo. Wir können vermuten, die Höhe der Zu- und der Fortzüge sei in Stadtteilen mit hoher Benachteiligung höher als in solchen mit geringer Benachteiligung (gemessen z. B. über den Anteil der Sozialhilfeempfänger).

Für die Stadtteile der fünf von ihr untersuchten Städte findet Böhnisch (2007) eine Korrelation von Sozialhilfe und Ausländeranteil („Internationalität") von .72, mit der Wohnungsdichte von r=.70, sowie eine positive Beziehung zwischen Sozialhilfe und dem Ausmaß innerstädtischer Wanderungen und den Umzügen im Stadtteil. Auf der Basis dieser Überlegungen werden wir die folgenden Hypothesen testen:

H1 (zu Frage 1 und 2): Die Wohnstandortpräferenzen von Deutschen (Majorität) und Ausländern (Minorität) führen zu einer steigenden Entmischung (Allbus 2006, Hegselmann und Flache 1998, Schelling 1971, 1978; Sarkoda 1971).

H2 (Zu Frage 3): Je größer der Ausländeranteil in einem städtischen Teilgebiet ist, desto stärker überwiegt der Wanderungssaldo der Ausländer den Wanderungssaldo der Deutschen.

H3 (Zu Frage 3): Der Ausländeranteil in einem städtischen Teilgebiet weist einen negativen Zusammenhang mit dem Wanderungssaldo deutscher Einwohner und einen positiven Zusammenhang mit dem Wanderungssaldo ausländischer Einwohner auf.

3. Daten und Methoden

Die Daten unserer empirischen Analyse sind alle Wanderungen zwischen den 85 Stadtteilen in Köln im Jahre 2005. Dieser Datensatz wurde für uns vom Amt für Stadtentwicklung und Statistik erstellt. Dabei gibt es so genannte „ungültige Stadtteile", für die aufgrund unklarer Angaben im Formular nicht erkennbar ist, für welche Anschrift im Stadtteil die Anmeldung erfolgte. Der Datensatz enthält neben den Zu- und Fortzügen auch Variablen zu den Personen u. a. deren Nationalität, Alter und Familienstand.

Eine Betrachtung von Personen mit Migrationshintergrund, ungeachtet ihrer Staatsangehörigkeit, war nicht möglich, da die Wanderungsdaten pro Stadtteil auf den Ummeldungen bei Umzügen innerhalb des Stadtgebiets basieren. Bei solchen Ummeldungen müssen neben Namen und Adresse der Umziehenden zwar auch das Geburtsdatum, der Erwerbsstatus, der Familienstand und sogar die Religionsgemeinschaft angegeben werden, darüber hinaus aber „nur" die Staatsangehörigkeit.

Um zu prüfen, inwieweit sich die folgenden Analysen auch auf Personen mit Migrationshintergrund beziehen lassen, die die deutsche Staatsangehörigkeit haben, wurde der Ausländeranteil mit dem Anteil Eingebürgerter im Stadtteil korreliert. Die Korrelation beträgt $r = .70$ ($p < .001$). Problematisch ist, dass der Anteil Eingebürgerter stärker streut, je größer der Ausländeranteil im Stadtteil ist. Sämtliche folgenden Analysen wurden deshalb zur Überprüfung noch einmal ohne die vier Stadtteile durchgeführt, in denen der Anteil Eingebürgerter am stärksten vom Ausländeranteil abweicht. Die Ergebnisse blieben aber auch unter dieser Bedingung stabil.

4. Ergebnisse

Insgesamt entfallen im Jahr 2005 rund 30% der innerstädtischen Umzüge in Köln auf den eigenen Stadtteil. Die Ausländer machen 17 % der Bevölkerung von Köln aus, aber 23 % aller innerstädtischen Wanderungen. Es zieht entweder ein höherer Anteil oder eine höhere Zahl von Haushalten häufiger um.

Das Stadtgebiet Kölns ist durch den Rhein getrennt, die dicht bebaute Innenstadt befindet sich linksrheinisch; die rechtsrheinischen innenstadtnahen Gebiete waren früher stark durch produzierende Betriebe geprägt (vor allem chemische und Metall verarbeitende Industrie). Nach deren Schließung bzw. Verkleinerung fiel ein erheblicher Teil der Arbeitsplätze für die Bewohner der nahe liegenden Stadtteile fort. Der durchschnittliche Arbeitslosenanteil betrug zum 31. 12. 2005 für die rechtsrheinischen Stadtteile 14,9 %, für die linksrheinischen Stadtteile 11,4 %.

Der Ausländeranteil korreliert in Köln, wie in vielen Städten, mit $r = .84$ ($p < .001$) sehr hoch mit dem Arbeitslosenanteil. Entsprechend ist auch der Ausländeranteil mit durchschnittlich 19,0 % in den rechtsrheinischen Stadtteilen höher als im Linksrheinischen (16,5 %). Insgesamt hatte Köln zum Ende des Jahres 2005 einen Ausländeranteil von 17,2 %.

Karte 2a zeigt den Wanderungssaldo jedes Stadtteils für deutsche Einwohner, anteilig an allen deutschen Einwohnern des Stadtteils, in vier Kategorien. Karte 2b zeigt die entsprechenden Informationen für die nichtdeutschen Einwohner der Stadtteile. Je dunkler ein Stadtteil markiert ist, desto positiver ist der Wanderungssaldo: Die hellgrau markierten Stadtteile weisen einen negativen Saldo auf, die dunkelgrau markierten einen positiven Saldo. Die Kategoriengrenzen entsprechen in beiden Abbildungen relativ genau einer Standardabweichung über und unter dem Mittelwert, sie wurden lediglich der besseren Übersichtlichkeit halber gerundet.

Die Karte 2a mit den *Wanderungssalden der Deutschen* zeigt ein klares Muster: Die an der Peripherie von Köln gelegenen Stadtteile weisen in den meisten Fällen einen negativen Saldo auf, während die innerstädtischen und innenstadtnahen Gebiete Deutsche „dazu gewonnen" haben. Weiterhin ist der Saldo der Deutschen in fast allen rechtsrheinischen Gebieten negativ, mit Ausnahme einiger innenstadtnaher Stadtteile und dreier Gebiete im Südosten von Köln.

Abbildung 2: Wanderungssalden der Deutschen (2a) und Ausländer (2b)

2a 2b

Bei den *Wanderungssalden der Ausländer*, dargestellt in Karte 2b, fällt zunächst auf, dass die Salden eine breitere Spanne umfassen, d. h. ein größerer Teil der Ausländer aus einem Stadtteil fortzieht oder einzieht als es bei den Deutschen der Fall ist. Ein Grund hierfür dürfte sein, dass überproportional viele Ausländer umgezogen sind: 2005 machten sie 17,2 % der Einwohner von Köln aus, es entfielen aber 23,1 % aller innerstädtischen Umzüge auf sie. Es zieht entweder ein höherer Anteil oder eine höhere Zahl von Haushalten häufiger um. Eine weitere Ursache ist, dass Deutsche häufiger innerhalb desselben Stadtteils umziehen, was ihre Wanderungssalden stärker gegen Null tendieren lässt. Insgesamt entfallen 28,8 % der gesamten innerstädtischen Umzüge auf den eigenen Stadtteil, bei Deutschen sind es 29,5 %, bei Ausländern 26,7 %. Eine dritte mögliche Erklärung wurde geprüft, musste aber verworfen werden: Es wäre möglich, dass Ausländer vor allem aus Stadtteilen mit einer geringen *Zahl* an Ausländern fort- und in ebensolche Stadtteile zugezogen sind. In diesem Fall würde schon der Umzug weniger Personen einen relativ großen prozentualen Verlust/Gewinn bedeuten. Diese Annahme konnte aber nicht bestätigt werden.

Um die *Folgen der Wanderungsbewegungen* von Deutschen und Ausländern zu untersuchen, wurde die Differenz der absoluten Wanderungssalden von Deutschen und Ausländern berechnet, bezogen auf die Gesamtbevölkerung der Stadtteile. Negative Werte bedeuten, dass am Ende des Jahres 2005 mehr Ausländer als Deutsche im Stadtteil wohnen als es am Ende des Vorjahres der Fall war. Positive Werte bedeuten entsprechend, dass nach 2005 mehr Ausländer als vorher im Stadtteil wohnen.

Abbildung 3: Differenz der Wanderungssalden Deutsche-Ausländer

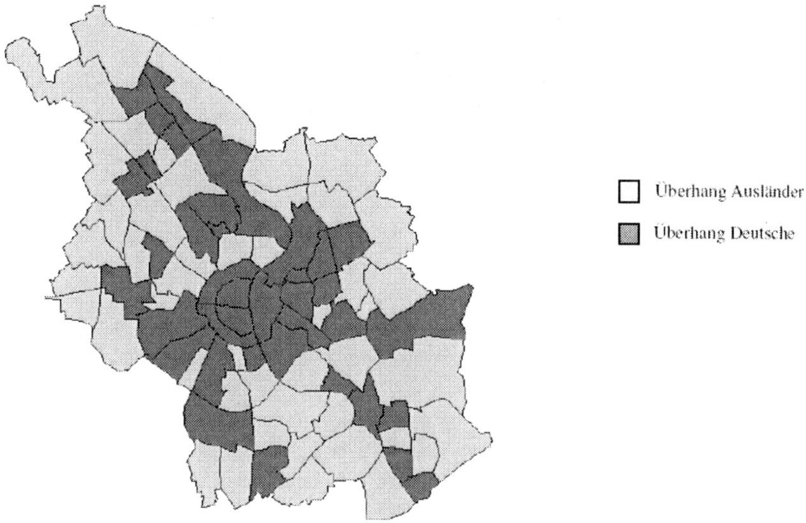

Aus Abbildung 3 wird deutlich, dass Stadtteile mit einem Überhang an Ausländern eher am Rand des Stadtgebiets und umgekehrt die Stadtteile mit einem Überhang an Deutschen eher im Bereich der Innenstadt liegen. Darüber hinaus ist kein eindeutiges Muster erkennbar. Auffällig ist aber schon bei diesem Überblick, dass auch die innenstadtnah gelegenen *rechtsrheinischen* Gebiete, die einen relativ hohen Ausländeranteil aufweisen, beinahe ausschließlich einen Überhang an Deutschen verzeichnen. Dies spricht eher für eine Tendenz zur zunehmenden Mischung von Deutschen und Ausländern als für die vermutete Entmischung.

Zeigen die innerstädtischen Wanderungen im Jahr 2005, dass eine Entmischung stattfindet? Um dies beurteilen zu können, haben wir den Ausländeranteil im Stadtteil zum Ende des Jahres 2004 mit der Differenz der Wanderungssalden Deutscher-Ausländer (bezogen auf Gesamtbevölkerung des Stadtteils) in Beziehung gesetzt. Negative Werte bedeuten einen Überhang an Ausländern am Ende des Jahres 2005, positive Werte einen Überhang an Deutschen (vgl. Abbildung 4).

Abbildung 4: Zusammenhang zwischen dem Ausländeranteil und der Differenz der Wanderungssalden

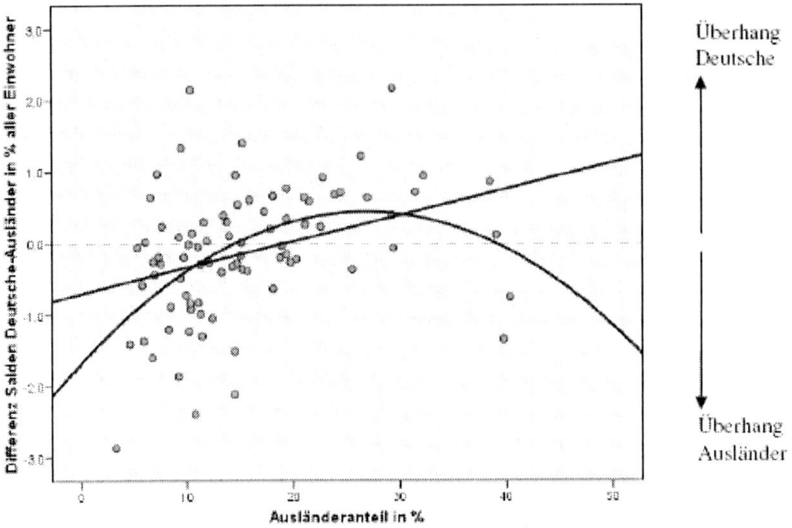

Grundsätzlich gibt es, wie die lineare Anpassung zeigt, einen positiven Zusammenhang zwischen dem Ausländeranteil und der Differenz der Wanderungssalden, d. h. je höher der Ausländeranteil ist, desto geringer wird der Überhang der Ausländer und desto stärker wird der Überhang der Deutschen nach allen Wanderungsbewegungen. Die Korrelation zwischen den beiden Merkmalen beträgt $r = 0,34$ ($p < .01$).

Dieses Ergebnis spricht für eine zunehmende Entmischung. Die ebenfalls dargestellte quadratische Anpassung zeigt allerdings auch, dass es einen – allerdings nicht gewichtigen – gegenläufigen Trend gibt: Unter den Stadtteilen mit einem extrem hohen Ausländeranteil gibt es zwei, die einen Überhang an Ausländern aufweisen und deren Ausländeranteil sich demnach weiter erhöht. In einem Regressionsmodell mit allen 85 Stadtteilen hat der quadrierte Ausländeranteil einen statistisch signifikanten Einfluss auf die Saldendifferenz.

Dieses Ergebnis spricht für eine Kombination von stärkerer Mischung und geringerer Entmischung: Stadtteile, die zum Anfang des Jahres 2005 einen relativ niedrigen Ausländeranteil haben, weisen zum Ende des Jahres einen Überhang an Ausländern auf. Hier findet also eine Vermischung statt. Prägnanter: Alle Stadtteile, die einen extrem hohen Überhang an Ausländern aufweisen, hatten vorher einen unterdurchschnittlichen Ausländeranteil (Durchschnitt 15,8 %). Das liegt nicht daran, dass diese Stadtteile extrem wenige Bewohner haben.[2] Stadtteile, die vorher schon einen extrem hohen Ausländeranteil hatten, haben aber teilweise auch Ausländer dazu gewonnen. Das vorläufige Ergebnis lautet demnach, dass neben der Vermischung von Deutschen und Ausländern insbesondere in Gebieten mit einem extrem hohen Ausländeranteil eine fortschreitende Entmischung zu beobachten ist, allerdings handelt es sich nur um zwei Stadtteile.

Ein Problem, das bei der Betrachtung der Abbildung offensichtlich ist, ist die extreme Heteroskedastizität: In Stadtteilen mit geringem Ausländeranteil streut die Saldendifferenz stärker als in Stadtteilen mit hohem Ausländeranteil. Diese Heteroskedastizität lässt sich zumindest teilweise erklären, wenn die Stadtteile am Median der Einwohnerzahl aufgeteilt werden. Die getrennte Betrachtung zeigt, dass die starke Streuung nur in Stadtteilen zu finden ist, die eine relativ geringe Einwohnerzahl haben, und dass diese Stadtteile gleichzeitig einen geringen Ausländeranteil haben. Die Streuung dürfte also durch den größeren Einfluss einer geringen Zahl von Umzügen bedingt sein.

Abbildung 5a: Zusammenhang zwischen Ausländeranteil und der Differenz der Wanderungssalden, nach Einwohneranteil unterhalb des Medians

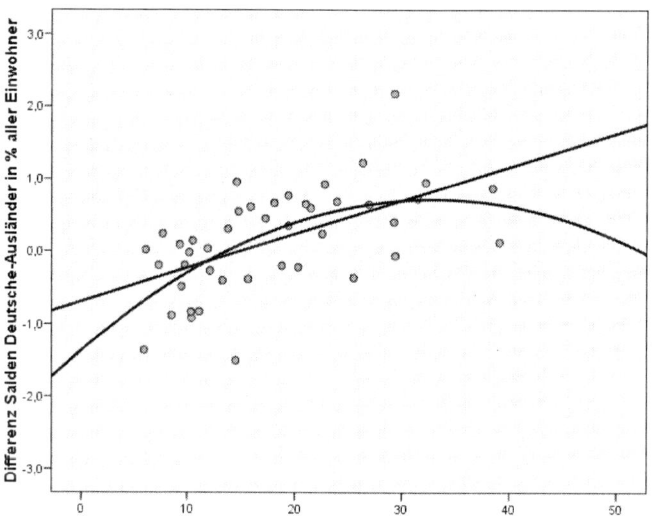

2 Wäre das der Fall, könnte es sein, dass die Stadteile nur deshalb einen so großen Überhang an Ausländern haben, weil sie vorher mit einer geringen Bevölkerungszahl und einem geringen Ausländeranteil einfach so wenige Ausländer hatten, dass der Zuzug von nur einigen Ausländern die Saldendifferenz in die Höhe treibt. Zur Prüfung wurde in ein Regressionsmodell die Einwohnerzahl aufgenommen, dies verändert die Ergebnisse nicht.

Abbildung 5b: Zusammenhang zwischen Ausländeranteil und der Differenz der Wanderungssalden, nach Einwohneranteil oberhalb des Medians

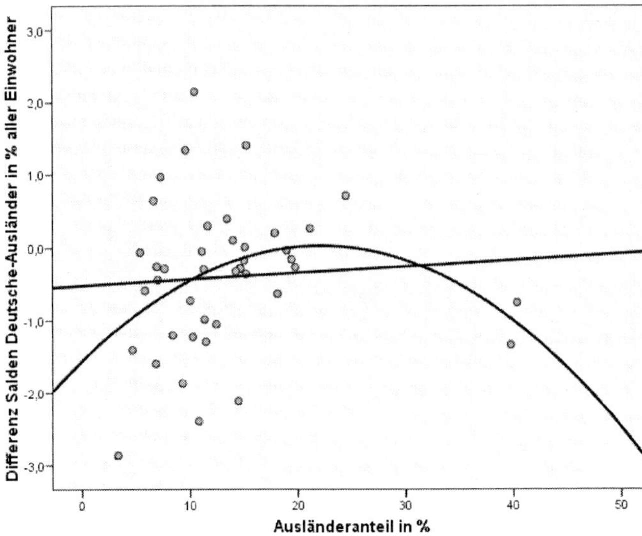

Betrachtet man nun den Zusammenhang zwischen dem Ausländeranteil im Stadtteil und der Differenz der Wanderungssalden getrennt für einwohnerschwache und einwohnerstarke Gebiete, zeigt sich, dass für die Stadtteile mit weniger als 10.000 Einwohnern keine Aussage getroffen werden kann. Der Ausländeranteil und der quadrierte Ausländeranteil erklären lediglich 5,9 % der Varianz der Saldendifferenz. Da zu den Stadtteilen mit vergleichsweise geringer Einwohnerzahl auch die beiden Gebiete gehören, in denen eine zunehmende Entmischung zu beobachten ist, muss der oben formulierte Schluss, dass in Gebieten mit extrem hohem Ausländeranteil eine Entmischung zu beobachten ist, in Frage gestellt werden. Es ist möglich, dass der Überhang von zuziehenden Ausländern ein Zufallsergebnis ist. Diese Frage kann nur durch den Vergleich der Wanderungsbewegungen im Jahr 2005 mit denen anderer Jahre beantwortet werden.

Für die einwohnerstarken Stadtteile mit mindestens 10.000 Einwohnern zeigt sich deutlich, dass eine Vermischung zwischen Deutschen und Ausländern stattfindet. Je größer der Ausländeranteil im Gebiet ist, desto stärker überwiegt der Wanderungssaldo der Deutschen den der Ausländer. Die Beziehung zwischen den beiden Merkmalen ist nicht linear; in einem Regressionsmodell haben sowohl der Ausländeranteil als auch der quadrierte Ausländeranteil einen statistisch signifikanten Einfluss auf die Saldendifferenz. Die beiden Merkmale erklären 33,7 % der Varianz der Saldendifferenz. Diese Ergebnisse sind ein weiterer Hinweis auf die Richtigkeit der These von Galster (2003, 2008), dass sich die Beziehungen zwischen Merkmalen von Stadtteilen (oder census tracts) häufig kurvilinear sind, was darauf verweist, es lägen Schwellenwerte vor.

Nach der Entmischungs-Hypothese sollten a) die deutschen Bewohner aus Stadtteilen mit einem hohen Anteil von Ausländern ausziehen, und b) sie in Stadtteile mit einem niedrigen Anteil von Ausländern einziehen. Die Ausländer sollten stärker in Stadtteile mit einem hohen Anteil von Ausländern als in solche mit einem niedrigen Anteil einziehen. Letztere Hypothese ist keineswegs zwingend. Man könnte ebenso vermuten, dass die Ausländer zwar bei Ankunft in einer Stadt in Gebiete mit einem hohen Anteil ihrer eigenen ethnischen Gruppe ziehen, dann aber mit steigender Integration und Wohlstand aus Gebieten mit einem hohen Ausländer-Anteil ausziehen, um in Stadtteilen mit zumindest einem mittleren (oder sogar hohen) Anteil von deutschen Bewohnern zu ziehen. Diese Wanderungen entsprächen dem Aufstieg der Norweger in New York, die Jonassen (1949) beschrieben hat.

Um diese Hypothese zu testen, haben wir die Korrelation zwischen den Wanderungssalden und dem Ausländeranteil berechnet. Die Ergebnisse in Tabelle 1 zeigen, dass für die Deutschen ein hochsignifikanter positiver Zusammenhang von r = 0,42 besteht, hingegen der Saldo der Ausländer keinen Zusammenhang aufweist. Die Deutschen ziehen demnach in Stadtteile mit einem hohen Ausländeranteil, nicht aber die Ausländer – was sich als Mischung interpretieren lässt. Für diese Interpretation spricht zusätzlich, dass der Saldo der Ausländer signifikant negativ mit der Entwicklung des Ausländeranteils in den Stadtteilen korreliert.

Tabelle 1: Zusammenhang von Wanderungssalden und Stadtteilmerkmalen

Wanderungssaldo	Ausländeranteil in %	Anteil Sozialwohnungen in %	Einwohner pro km²	Entwicklung Ausländeranteil seit 1995 in Pp.
Deutsche	0,40***	0,24*	0,39***	-0,03
Ausländer	0,10	-0,14	0,09	-0,31**
Korrelation mit Ausländeranteil	-	0,48***	0,41***	0,01

*** $p < 0{,}001$; ** $p < 0{,}01$; * $p < 0{,}05$; + $p < 0{,}1$; n = 85

Ferner deutet die positive Korrelation der Salden der Deutschen mit der Dichte (r = 0,39) darauf hin, dass die Deutschen eher in innenstadtnahe Stadtteile ziehen, da die Einwohnerdichte von Stadtteilen in Köln wie in den meisten Städte vom Zentrum zur Peripherie hin abnimmt. Dieses Ergebnis entspricht dem in Abbildung 2a und 2b. Schließlich ist der Tabelle ein relativ enger

Zusammenhang von Ausländeranteil und Anteil von Sozialwohnungen zu entnehmen

Diese Befunde lassen sich durch zwei Hypothesen erklären, die wir leider mit unseren Daten nicht prüfen können: 1. Ausländer sind zunächst überproportional in Stadtteile mit einem hohen Anteil an Sozialwohnungen und preiswerten Mieten gezogen. Mit der Zunahme ärmerer deutscher Haushalte sind diese deutschen Haushalte gezwungen, eine Wohnung in solchen Stadtteilen zu suchen. 2. Es ist zu vermuten, dass bei einem Wettbewerb deutscher und ausländischer Haushalte um eine preiswerte Wohnung, die Vermieter eher an den deutschen Haushalt vermieten. Dafür sprechen die Ergebnisse einer Untersuchung von Wohnungs-Anbietern; ihr zufolge wurden Bewerber aus der Türkei, Kenia und Russland überproportional benachteiligt (Krefft 2007: 60).

5. *Zusammenfassung und Folgerungen*

Die Studie der innerstädtischen Wanderungen im Jahr 2005 in Köln zeigt zuerst, dass die Wanderungssalden der Ausländer höher sind als die der deutschen. Bei den deutschen Haushalten gewinnen überwiegend die Stadtteile in der Mitte von Köln, bei den Migranten hingegen solche an der Peripherie.

Die Fort- und Zuzugsquoten haben nichts mit der Einwohnerzahl eines Stadtteils zu tun: Es ziehen z.B. nicht mehr Personen in Stadtteile mit geringer Einwohnerzahl und „verursachen" so einen hohen Wanderungssaldo. Wir stellen sehr unterschiedliche Entwicklungen fest. Es besteht keine lineare Beziehung zwischen dem Anteil der Ausländer in einem Stadtteil und der Differenz der Salden (Saldo Deutsche minus Saldo Ausländer). In den Stadtteilen mit einer unterdurchschnittlichen Einwohnerzahl (unter 10.000 Einw.) gibt es sehr starke Streuungen; es liegt keine klare Beziehung zwischen dem Ausländeranteil und der Differenz der Salden vor.

Die Hypothese, die Wohnstandortpräferenzen von Deutschen (Majorität) und Ausländern (Minorität) führten zu einer steigenden Entmischung, hat sich nicht bewährt. Im Gegenteil: Das Ausmaß der Mischung nimmt zu – wenngleich hier nur untersucht für 2005. Würde dieses Ergebnis auch für andere Jahre zutreffen, so müsste die Segregation der Ausländer abnehmen. Das ist in der Tat der Fall: Von den 15 größten deutschen Städte ist in den meisten die Segregation der Ausländer zwischen 1990 und 2005 geringer geworden, in Köln von einem IS = 22,3 auf IS = 19,3 (Friedrichs und Triemer 2008). In Nordrhein-Westfalen hat die ethnische Segregation in Gelsenkirchen, Wuppertal, Essen und Monheim Mitte bis Ende der 1990er leicht zugenommen, in Bielefeld und Köln hingegen abgenommen (ILS, Strohmeier und Häußermann 2003). Sowohl in der wissenschaftlichen als auch der planerischen Literatur wird seit Gans (1961) bis heute eine soziale Mischung als positiv angesehen, weil sie ein soziales Lernen und Toleranz zwischen verschiedenen Bevölkerungsgruppen ermöglicht und fördert (Galster 2007, Kleinhans 2004, Musterd und Anderssson 2005). Unklar ist allerdings, wie groß die Bevölkerungsheterogenität genau sein darf, um nicht zu selektiven Auszügen zu führen.

Auch die zweite Hypothese: Je größer der Ausländeranteil in einem städtischen Teilgebiet ist, desto stärker überwiegt der Wanderungssaldo der Ausländer den Wanderungssaldo der Deutschen, hat sich nicht bewährt. In den Gebieten, in denen eine gesicherte Aussage gemacht werden kann, überwiegt der Wanderungssaldo der Deutschen den der Ausländer bei steigendem Ausländeranteil; bei extrem hohen Anteilen schwächt sich dieser Zusammenhang allerdings ab.

Schließlich hat sich auch die dritte Hypothese, der Ausländeranteil in einem städtischen Teilgebiet weise einen negativen Zusammenhang mit dem Wanderungssaldo deutscher Einwohner und einen positiven Zusammenhang mit dem Wanderungssaldo ausländischer Einwohner auf, nicht bewährt. Es besteht eine positive Korrelation mit dem Saldo der Deutschen, aber kein Zusammenhang mit dem Saldo der Ausländer. Ähnliche Zusammenhänge beobachten wir für die Einwohnerdichte und den Anteil an Sozialwohnungen, obwohl beide Merkmale mit dem Ausländeranteil korrelieren. Die Deutschen ziehen aus der Peripherie a) in die zentralen Gebiete und b) in Gebiete mit niedrigem Sozialstatus, die gleichzeitig (noch) einen hohen Ausländeranteil aufweisen. Zugleich verlassen Ausländer (wieder?) diejenigen Stadtteile, in denen der Ausländeranteil in den Vorjahren zugenommen hat und ziehen in die Gebiete, deren Ausländeranteil bisher abgenommen hat.

Zusammenfassend: Ethnische Vermischung wird durch Deutsche und Ausländer gefördert, aber es bestehen unterschiedliche Wanderungsprozesse. Eine Analyse der Ursachen für diese Unterschiede ist mit den uns vorliegenden Daten nicht möglich, da sie sich auf nur einen Zeitpunkt beziehen. Künftige Studien sollten sich auf mehrere Zeitpunkte richten. Sie sollten ferner die innerstädtischen Wanderungen nach sozio-demographischen Gruppen differenzieren, was hier aufgrund der dann kleinen Fallzahlen nicht möglich war.

Literatur

Aring, Jürgen; Günter Herfert, (2001): Neue Muster der Wohnsuburbanisierung. In: Brake, Klaus; Jens S. Dangschat; Günter Herfert (Hrsg.): Suburbanisierung in Deutschland. Opladen. S. 43-56.

Bähr, Jürgen (2004): Bevölkerungsgeographie. 4. Aufl. Stuttgart

Baldermann, Joachim; Georg Hecking; Knauß, Erich, 1976: Wanderungsmotive und Stadtstruktur. Stuttgart

Benenson, Itzhak (2004): Agent-Based Modeling: From Individual Residential Choice to Urban Residential Dynamicsin. In: Goodchild, Michael F.; Donald G. Janelle (Hrsg.): Spatially Integrated Social Science: Examples in Best Practice. Oxford. S. 67-95.

Bleck, Markus (2005): Stadt-Umland-Wanderungen in Nordrhein-Westfalen. Eine Meta-Analyse. Unveröff. Magisterarbeit. Köln: Seminar für Soziologie.

Böhnisch, Simone (2007): Stabilität versus Stadtflucht? Vortrag, gehalten auf der Fachtagung „Die Stadtregion als Wohnstandort – Kommunen im Wettbewerb um Einwohner", Wuppertal, 22. Mai 2007. (www.demografie-und-raum.nrw.de /download/070522_beitrag_boehnisch.pdf).

Böltken, Ferdinand (2004): Stadtstruktur und Bevölkerungsentwicklung – vergleichende Analysen auf der Basis der Innerstädtischen Raumbeobachtung (IRB). Frankfurter Statistische Berichte 2/3: 108-122.

Deutscher Städtetag (Hrsg.) (1976). Arbeitshilfe für Wanderungsmotivuntersuchungen. Köln.

Farwick, Andreas (2001): Segregierte Armut in der Stadt. Opladen.

Friedrichs, Jürgen (1975): Soziologische Analyse der Bevölkerungs-Suburbanisierung. in: Akademie für Raumforschung und Landesplanung (Hrsg.) Beiträge zum Problem der Suburbanisierung. Hannover. S. 39-80.

Friedrichs, Jürgen (1981): Stadtanalyse. Soziale und räumliche Organisation der Gesellschaft. 2. Aufl. Opladen: Westdeutscher Verlag.

Friedrichs, Jürgen (1995): Stadtsoziologie. Opladen: Leske + Budrich.

Friedrichs, Jürgen; Sascha Triemer (2008): Gespaltene Städte? Soziale und ethnische Segregation in deutschen Großstädten. Wiesbaden (In Vorbereitung) .

Galster, George C.; Robert G. Quercia; Alvaro Cortes (2000): Identifying Neighborhood Thresholds: An Empirical Investigation. Housing Policy Debate 11: 701-732.

Gans, Paul (2005): Tendenzen der räumlich-demographischen Entwicklung. S. 42-53 in: Wendelin Strubelt und Horst Zimmermann (Hrsg.): Demographischer Wandel im Raum: Was tun wir? Hannover.

Galster, George C. (2003): Investigating Behavioral Impacts of Poor Neighborhoods: Towards New Data and Analytic Strategies. Housing Studies 18: 893-914.

Galster, George C. (2008): Quantifying the Effects of Neighbourhood on Individuals: Challenges, Alternative Approaches, and Promising Directions. Paper, presented at the Workshop „Neighbourhood Effects Studies on the Basis of European Micro-Data". Berlin: Humboldt Universität, Berlin, March 29-30, 2007. Schmollers Jahrbuch (im Druck).

Galster, George C. (2007): Neighborhood Social Mix as a Goal of Housing Policy: A Theoretical Analysis. European Journal of Housing Policy 7: 19-43.

Gans, Herbert J. (1961): The Balanced Community: Homogeneity or Heterogeneity in Residential Areas? Journal of the American Institute of Planners 27: 176-184.

Hegselmann, Rainer; Andreas Flache (1998): Understanding Complex Social Dynamics: A Plea for Cellular Automata Based Modelling. Journal of Artificial Societies and Social Simulation 1 (3): 1-27. (http://jasss.soc. surrey.ac.uk/1/3/1.html).

Heye, Corinna; Heiri Leuthold (2004): Segregation und Umzüge in der Stadt und Agglomeration Zürich. Zürich: Statistisches Amt der Stadt Zürich.

Institut für Landes- und Stadtentwicklungsforschung des Landes Nordrhein-Westfalen (ILS), Klaus Peter Strohmeier; Hartmut Häußermann (2003): Sozialraumanalyse – Soziale, ethnische und demografische Segregation in den nordrhein-westfälischen Städten. Dortmund-Bochum.

Ismaier, Florian (2002): Strukturen und Motive der Stadt-Umland-Wanderung. Trends in westdeutschen Verdichtungsräumen. S. 19-29 in: Frank Schröter (Hrsg.): Städte im Spagat zwischen Wohnungsleerstand und Baulandmangel – Wohnungsmarktentwicklung bis 2020. Raumplanung spezial 4. Dortmund: Informationskreis für Raumplanung.

Jargowsky, Paul A. (1997): Poverty and Place. Ghettos, Barrios, and the American City. New York.

Jonassen, Christen T. (1949): Cultural Variables in the Ecology of an Ethnic Group. American Sociological Review 14: 32-41.

Kalter, Frank (1997): Wohnortwechsel in Deutschland. Opladen.

Kalter, Frank (2000): Theorien der Migration. in: Ulrich Mueller, Bernd Nauck und Andreas Diekmann (Hrsg.): Handbuch der Demographie 1. Modelle und Methoden. Berlin. S. 438-475.

Kalter, Frank (2003): Stand und Perspektiven der Migrationssoziologie. in: Barbara. Orth, Thomas Schwietring, und Johannes Weiß (Hrsg.): Soziologische Forschung. Stand und Perspektiven. Opladen. S. 323-338.

Kaufmann, Albert (1975): Umfang und Struktur der Wohnungsmobilität. Wien: Institut für Stadtforschung.

Kleinhans, Reinout. (2004): Social Implications of Housing Diversification in Urban Renewal: A Review of Recent Literature. Journal of Housing and the Built Environment 19: 367-390.

Kok, Jan; Kees Mandermakers; Henk Wals (2002): City Nomads. Moving House as a Coping Strategy, Amsterdam 1890-1940. Paper, presented at the European Social Science History Conference, The Hague, February 27-March 2, 2002.

Kottwitz, Gisela; Monika Vanberg (1971): Ein Modell der Wanderungsentscheidung. Berlin: Institut für Soziologie der TU Berlin. (Arbeitsgruppe Wanderungsforschung, Heft 3).

Krefft, Oksana (2007): Migranten auf dem Kölner Wohnungsmarkt. Eine empirische Untersuchung zur Benachteiligung von Migranten als einer Ursache der ethnischen Segregation. Unveröff. Magisterarbeit. Köln: Universität, Forschungsinstitut für Soziologie.

Landeshauptstadt Dresden (2007): Wohnungsmarktbericht 2006. Dresden: Stadtplanungsamt. www.dresden.de/wohnen.

Landeshauptstadt Erfurt (2000): Erfurter Statistik. Statistischer Quartalsbericht I/2000. Landeshauptstadt Erfurt: Amt für Stadtentwicklung, Statistik und Wahlen.

Langenheder, Wolfgang (1968): Ansatz zu einer allgemeinen Verhaltenstheorie in den Sozialwissenschaften – dargestellt und überprüft an Ergebnissen empirischer Untersuchungen über Ursachen von Wanderungen. Opladen.

Lee, Everett S. (1966): A Theory of Migration. Demography 3: 47-57.

Lowry, Ira S. (1966): Migration and Metropolitan Growth: Two Analytical Models. San Francisco: Chandler.

Massey, Douglas S. und Nancy A. Denton (1993): American Apartheid. Segregation and the Making of the Underclass. Cambridge, MA: Harvard University Press.

Miodek, Wolfgang (1986): Innerstädtische Umzüge und Stadtentwicklung in Mannheim 1977-1983. Mannheim: Geographisches Institut der Universität. (Mannheimer Geographische Arbeiten, Heft 19).

Musterd, Sako, und Roger Andersson (2005): Housing Mix, Social Mix and Social Opportunities. Urban Affairs Review 40: 761-790.

Rossi, Peter H. (1951): Why People Move. Glencoe, IL.

Sakoda, James M. (1971): The Checkerboard Model of Social Interaction. Journal of Mathematical Sociology 1: 119-132.

Schelling, Thomas C. (1971): Dynamic Models of Segregation. Journal of Mathematical Sociology 1: 143-186.

Schelling, Thomas C. (1978): Micromotives and Macrobehavior. New York-London

Sjastaad, Larry A. (1962): The Costs and Returns of Human Migration. Journal of Political Economy 70: 80-93.

Skogan, Wesley G. (2001): Disorder and Decline. Berkeley, CA.

South, Scott J.;Kyle D. Crowder (1997): Escaping Distressed Neighborhoods: Individual, Community, and Metropolitan Influences. American Journal of Sociology 102: 1040-1084.

Speare, Alden (1971): A Cost-Benefit Model of Rural to Urban Migration in Taiwan. Population Studies 25: 117-130.

Speare, Alden (1974): Residential Satisfaction as an Intervening Variable in Residential Mobility. Demography 11: 173-188.

Stadt Köln (2003): Kölner Statistische Nachrichten: Das Wanderungsgeschehen in Köln. Köln: Stadt Köln, Der Oberbürgermeister – Amt für Stadtentwicklung und Statistik.

Steinführer, Annett (2004): Wohnstandortentscheidungen und städtische Transformation. Wiesbaden.

Vanberg, Monika (1975): Ansätze der Wanderungsforschung – Folgerungen für ein Modell der Wanderungsentscheidung. in: Akademie für Raumforschung und Landesplanung (Hrsg.): Untersuchungen zur kleinräumigen Bevölkerungsbewegung. Hannover. S. 3-20.

Wolpert, Julian (1965): Behavioral Aspects of the Decision to Migrate. Papers and Proceedings of the Regional Science Association 15: 159-169.

Wolpert, Julian (1966): Migration as an Adjustment to Environmental Stress. Journal of Social Issues 22: 92-102.

Josef Kohlbacher, Ursula Reeger

Die Dynamik ethnischer Wohnviertel in Wien von 1981 bis 2005 im Spiegel der Zuwanderung aus dem ehemaligen Jugoslawien

Die exjugoslawische Zuwanderung nach Wien seit den 1960er Jahren – Erbe von Gastarbeitermigration und Balkankrieg

Wien ist seit den 1960er Jahren zum Zielgebiet von Arbeitsmigration aus dem ehemaligen Vielvölkerstaat Jugoslawien geworden. Diese „Gastarbeiter" repräsentieren hier eine der „ältesten" und nach wie vor auch die zahlenmäßig größte Gruppe von Zuwanderern. Gemäß Daten der Bundespolizeidirektion Wien waren 1974 69.565 jugoslawische Staatsbürger in Wien gemeldet. 1981 lebten 58.587 Bürger des damaligen Jugoslawien in Wien, was einem Anteil von 51,7% aller Ausländer entsprach. Die amtliche Statistik wies für das Volkszählungsjahr 2001 in Wien eine Wohnbevölkerung mit Staatsbürgerschaften der Nachfolgerepubliken des ehemaligen Jugoslawien von insgesamt 114.811 Personen aus. Mit 71.662 stammte das Gros davon aus Serbien und Montenegro. Bis 2005 war die Zahl der nunmehrigen Exjugoslawen auf 119.656 (davon 76.666 aus Serbien und Montenegro) angestiegen, gleichzeitig sank ihr Anteil an allen in Wien lebenden ausländischen Staatsbürgern aber auf 38,7%. Derzeit leben in Wien über 150.000 Personen mit Migrationshintergrund aus dem ehemaligen Jugoslawien – dies entspricht rund 10% der gesamten Wohnbevölkerung. Die Bevölkerung mit (ex)jugoslawischem Migrationshintergrund gehört zu einem erheblichen Teil der unterschichtenden Komponente der Arbeitsmigration an und konzentriert sich nach wie vor in einem hohen Maße auf Wohngebiete mit älterer, schlecht ausgestatteter Bausubstanz sowie auf den privaten Mietshausbestand (vgl. Gartner & Müllner 1998; Giffinger & Reeger 1997; Kaufmann 1999: 80 ff.; Mahidi & Vollmann 1999; Zuser 2001). Diese „Gastarbeiter" nahmen zum Zeitpunkt der ersten Erhebung 1981 eine residuale Position auf dem Wiener Wohnungsmarkt ein. Von nachhaltigem Einfluss auf die Wohnsituation der Exjugoslawen war erstens das Wegbrechen des Segments der Substandardwohnungen infolge von Haus- und Blocksanierungen (vgl. Lichtenberger 1990) seit den 1980er Jahren und zweitens die Novellierung des Mietrechtsgesetzes. Diese hat Wohnungsverbesserungen gefördert, indem Hausbesitzer für standardmäßig aufgewertete Wohnungen einen frei vereinbarten anstatt des Richtwertmietzinses einfordern dürfen (Rogy & Haumer 1997: 35).

Eine wichtige theoretische Basis dieses Beitrags bildet das von der sozialökologischen Schule eingeführte Konzept der residentiellen Segregation, welche z.B. von Friedrichs (1995: 217) als *„das Ausmaß der ungleichen Verteilung von Elementen über städtische Teilgebiete eines Gebiets"* definiert wurde. Sie ist ein Indikator der sozialen Distanz auf der Makroebene. Als ein primärer Kausalfaktor konzentrierten Wohnens der „Gastarbeiter" wurde von Hoffmann-Nowotny & Hondrich (1981: 598) *„vornehmlich – wenn auch nicht allein – ökonomische und sozio-kulturelle Zwänge, die [...] von den Einheimischen ausgehen"* identifiziert. Segregation ist ein Ergebnis sozialer Ungleichheit, d.h. ungleicher Chancen und Präferenzen von Bevölkerungsgruppen. Einen basalen Faktor repräsentiert das Haushaltseinkommen. Ein Problem ist, dass eine geschlossene Segregationstheorie fehlt, welche die eindeutige Bewertung residentieller Segregation zulassen würde (Dangschat 1997: 643). Die Sozialökologie strebte *„Gleichgewichtszustände an"* (ders.: 630), was eine Negativbewertung von Segregation bedingte. Häussermann & Oswald (1997) u.a. Stadtsoziologen aber schrieben der lokalen „ethnic community" auch positive Aspekte, z.B. für die Arbeitsmarktintegration, zu.

In den 1980er Jahren galt für Wien, dass keine viertelsweise Segregation der Gastarbeiter aus Jugoslawien stattfand, sondern dass hausweise Segregationsprozesse die Regel darstellten und es zu einer gewissen Akzentuierung der Segregation in Teilen des städtischen Verdichtungsraumes kam (vgl. Lichtenberger 1984). Traf dies auf exjugoslawische Haushalte im Jahr 2005 immer noch zu oder ist es im Verlauf des Integrationsprozesses zu wesentlichen Veränderungen residentieller Segregationsmuster auf der Zählbezirksebene und zur Auflösung hausweiser Konzentrationen gekommen? – dies stellt die Kernfrage des vorliegenden Beitrages dar.

Sozialräumliche Segregationsmuster der Wohnbevölkerung aus dem ehemaligen Jugoslawien: Veränderungen zwischen 1981 und 2001

Seit 1981, dem Jahr der ersten Hauserhebung, haben sich grundlegende politische und raumrelevante Veränderungen vollzogen. Der Fall des Eisernen Vorhanges, der Beitritt Österreichs zur Europäischen Union und deren Erweiterung in Richtung Ost(mittel)europa haben eine Veränderung der Positionierung Wiens in Europa bewirkt. Neue Mobilitätsmuster haben die „Gastarbeit" der 1960er und 1970er Jahre abgelöst. Die Karten 1 bis 3 spiegeln die sozialräumlichen Verteilungsmuster der Wohnbevölkerung aus dem ehemaligen Vielvölkerstaat Jugoslawien wider und dokumentieren die Dynamik der Wohnsegregationsmuster seit 1981.

Karte 1: Anteile der jugoslawischen Wohnbevölkerung auf der Ebene der Zählbezirke 1981

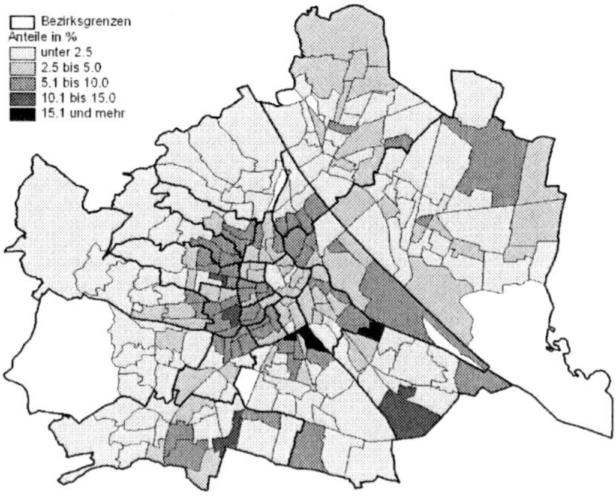

Quelle: Daten der Volkszählung 1981, eigener Entwurf.

Die Zuwanderung von Gastarbeitern erfolgte in Österreich seit den 1960er Jahren vorwiegend in die Agglomerationsräume. Bereits 1981 waren Verdichtungsprozesse in den gürtelnahen Zählbezirken nachweisbar. Die meisten der inner- und außerhalb an den „Gürtel" (eine verkehrsreiche, sechsspurige Verkehrsachse und gleichzeitig die Grenze zwischen inneren und äußeren Bezirken) angelagerten Zählbezirke wiesen 1981 Ausländeranteile zwischen 5,1 und 10% auf. Höhere Konzentrationen jugoslawischer Gastarbeiter waren auf wenige Zählsprengel beschränkt. Im 10. und im 11. Gemeindebezirk überschritten die Anteile jugoslawischer Bevölkerung in drei Zählsprengeln die Marke von 15,1% – damals ein Spitzenwert! Schwach repräsentiert waren Jugoslawen in den Innenbezirken 1 bis 9, in den westlichen Außenbezirken sowie in den Neubaugebieten jenseits der Donau.

Karte 2: Anteile der jugoslawischen Wohnbevölkerung auf der Ebene der Zählbezirke 1991

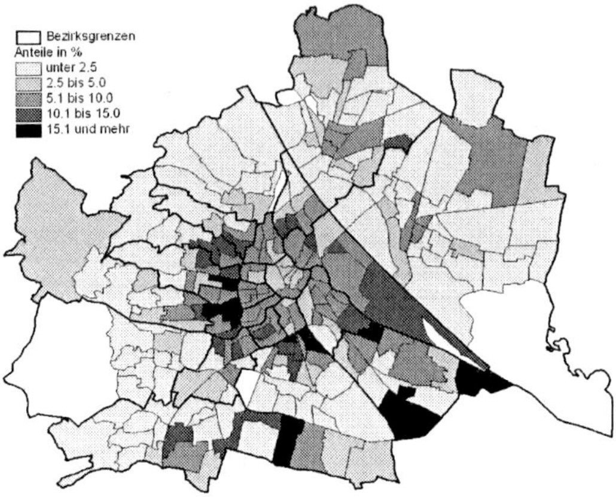

Quelle: Daten der Volkszählung 1991, eigener Entwurf.

1991 hatte sich am Gürtel bereits ein Dichtemuster von Zählbezirken mit über 5,1% sowie in den Arbeiterbezirken 17, 16 und 15 teilweise bei über 10,1% liegenden Anteilen ausländischer Wohnbevölkerung gebildet. Innerhalb von nur einer Dekade verstärkte sich also die Wohnkonzentration jugoslawischer Arbeitsmigranten im gründerzeitlichen Baubestand inner- und außerhalb des Gürtels massiv (vgl. Karte 2). Vor allem die räumlichen Entitäten, in denen die Jugoslawenanteile 15,1% überschritten, nahmen zu. Sie bildeten 1991 zwar nach wie vor kein zusammenhängendes Muster, waren aber im 15. und 16. Bezirk ebenso vorhanden wie in Favoriten und Simmering. Bei über 5,1% lag die Präsenz jugoslawischer Migranten auch in zahlreichen Zählbezirken der Gemeindebezirke 1 bis 9. Die jugoslawische Bevölkerung war auch bereits in einem stärkeren Ausmaß in die Stadtteile jenseits der Donau diffundiert, hier lag aber der zählbezirksbezogene Anteil dieser Herkunftsgruppe nur in einem Fall bei über 10,1%.

2001 war bereits die Mehrzahl der Zählbezirke inner- und außerhalb des Gürtels durch Exjugoslawenanteile von 5,1% oder sogar mehr als 10,1% gekennzeichnet (vgl. Karte 3). Die äußere „Gürtelzone“ wies in den Arbeiterbezirken 17, 16, 15, 12 und 10 darüber hinaus in vielen räumlichen Einheiten Konzentrationen exjugoslawischer Immigranten von mehr als 15,1% auf. Analoge Konzentrationswerte wurden auch in Zählbezirken im 20. Bezirk erreicht. Im Süden an den Gürtel angelagert waren 2001 Zählsprengel mit hohen Anteilen exjugoslawischer Wohnbevölkerung im 10. und vereinzelt auch im 11. Bezirk zu finden. Der Vergleich mit der Verteilung der Wohngebiete der Exjugoslawen im Jahr 1991 dokumentiert, dass die Konzentrationstendenz dieser Migrantengruppe in Gürtelnähe, vor allem in den Gastarbeiterbezirken, weiterhin aufrecht war und sich in einigen Zählbezirken sogar verstärkte. Wenig hat sich diesbezüglich am westlichen Stadtrand, in Hietzing, Penzing, Währing und Döbling, aber auch in Teilen des 23. Bezirks verändert. In den Bezirken jenseits der Donau haben sich unterschiedliche Entwicklungen vollzogen: Zählbezirken mit Anstiegen an exjugoslawischer Wohnbevölkerung stehen solche mit stagnierenden Anteilen gegenüber.

Karte 3: Anteile der exjugoslawischen Wohnbevölkerung auf der Ebene der Zählbezirke 2001

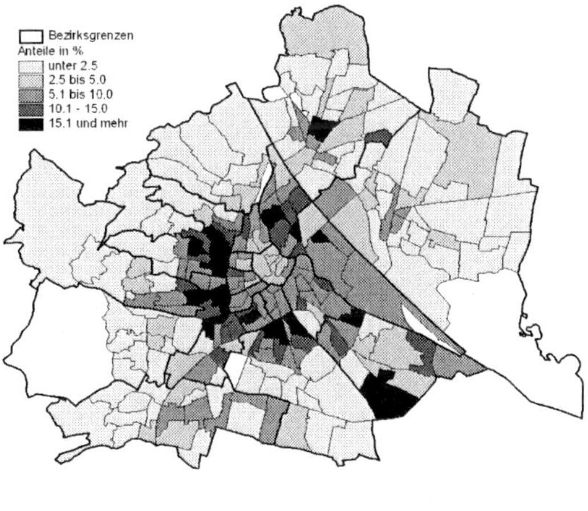

Quelle: Daten der Volkszählung 2001, eigener Entwurf.

Die komparative Analyse der Karten belegt, dass ein Diffusionsprozess von exjugoslawischer Wohnbevölkerung in große Teile des Wiener Stadtraumes ebenso stattfand wie Konzentrationsprozesse in den traditionellen Arbeiterbezirken. Allerdings stehen Zählbezirken mit hohen und steigenden Exjugoslawenanteilen nach wie vor solche mit anteilsmäßig geringer exjugoslawischer Wohnbevölkerung gegenüber. Wohnkonzentrationen auf kleinräumiger Ebene bestehen also, gleichzeitig sind auch Diffusions- und Sukzessionsprozesse nachzuweisen. Der Vergleich der Segregationsindices auf Zählbezirksbasis (1981: 31,9; 2001: 34,6) dokumentiert für die vergangenen beiden Dekaden den Anstieg der Wohnsegregation der exjugoslawischen Bevölkerung gegenüber dem Rest der Wohnbevölkerung. Die Segregationsmuster sind je nach ethnonationaler Gruppe aus dem ehemaligen Jugoslawien unterschiedlich ausgeprägt. Die Serben segregieren sich „anders“ als die Kroaten oder die Migranten bosnischer Herkunft (vgl. Kohlbacher & Reeger 2006: 23 ff.). Das Charakteristische der residentiellen Segregation der aus dem ehemaligen Jugoslawien stammenden Wohnbevölkerung in Wien ist deren Kleinräumigkeit (Bockstefl et al. 1996; Lichtenberger 1990: 51, 176). Das derzeitige Verhältnis zwischen den Migranten aus dem ehemaligen Jugoslawien und den Einheimischen könnte man für Wien daher am Treffendsten als „ungeplante“ Integration bezeichnen.

Die Positionierung der Exjugoslawen auf dem Wiener Wohnungsmarkt: Marginalisierung und prekäre Wohnstandards

Wie in anderen europäischen Metropolen muss auch in Wien die „unterschichtende“ Komponente der Migration vor allem in unattraktiveren Stadtteilen leben, da durch ökonomische Rahmenbedingungen in vielen Segmenten des Wohnungsmarktes beschränkte Möglichkeiten der Wohnstandortwahl bestehen. Die Wohnsituation vieler exjugoslawischer Migranten wird durch eine *„Kumulation sowohl von vertikalen als auch von horizontalen Disparitäten“* (Gartner & Müllner 1998: 54) bestimmt, wobei nicht ausschließlich die Struktur des Wohnungsmarkts, sondern auch legistische und faktische Kausalfaktoren wirken. Sozioökonomische Determinanten sind ebenso relevant wie rechtliche Rahmenbedingungen. Gruppenmerkmale wie der Rechtsstatus oder die Nationalität sowie individuelle Faktoren (Familiengröße, Einkommen, Wanderungsmotiv, Sozialstatus) üben Einfluss auf die Chance aus, angemessene Wohnungen in bestimmten Wohngegenden zu finden. Die Chancen für Migranten (dies gilt nicht für Elitemigranten, also für jene mit hohem Bildungsniveau und in gehobenen beruflichen Positionen) sind häufig schlechter als die der inländischen Bevölkerung, sodass erstere häufiger in Gebieten mit niedrigem sozialem Status, in abgewohnter Bausubstanz sowie in ungünstiger verkehrsmäßiger Lage wohnen.

Die Wohnsituation resultiert aus Wechselwirkungen zwischen den ökonomischen Ressourcen von Haushalten, deren Wohnpräferenzen sowie dem Wohnungsangebot. Diese komplexen Interdependenzen vollziehen sich in einem Rahmen von ökonomischen, demographischen, soziokulturellen, politischen und räumlichen Strukturen (Fernandez de la Hoz & Pflegerl 2001). Die Situation auf dem Wohnungsmarkt ist an die Stellung der Exjugoslawen auf dem Wiener Arbeitsmarkt gekoppelt. Weiters spielen soziale und soziokulturelle Merkmale eine Rolle (vgl. Pflegerl & Fernandez de la Hoz 2001: 42 ff.). Diese Faktorenbündel stehen in vielfachen Wechselwirkungen zueinander. Gastarbeiter wurden überwiegend in konjunkturanfälligen Wirtschaftsklassen und auf unteren Ebenen der Berufshierarchie im unsicheren sekundären Segment des Arbeitsmarkts beschäftigt und waren arbeitsrechtlich gegenüber Inländern benachteiligt (Fassmann et al. 2001: 12 ff.; Gartner & Müllner 1998: 54). Die damit einhergehenden niedrigeren Einkommen schränkten die Dispositionsmöglichkeiten auf dem Wohnungsmarkt ein. Die Wohnmarginalisierung ist kein von den Migrantenhaushalten selbst gewählter Zustand, sondern ihre Wohnansprüche begannen sich mit der Dauer ihres Aufenthalts den Standards der Inländer anzunähern. Ein wichtiger Faktor bestand auch darin, dass bis 1.1.2006 für ausländische Staatsbürger kein Zugang zum kommunalen Wohnbau bestand. Die Gemeinde Wien ist nach wie vor der größte Wohnungseigentümer (in Europa!) und disponiert gegenwärtig über rund 214.000 Wohnungen, die von 31% der Wiener Bevölkerung bewohnt werden. Offiziell wurde die Disposition über den kommunalen Wohnungsbestand im Jahr 2000 dem magistratischen Unternehmen „Stadt Wien – Wiener Wohnen“ übertragen. Damit wurde eine gewisse Autonomie für wirtschaftliche Entscheidungen im Rahmen des kommunalen Wohnbaus und dessen Verwaltung geschaffen.

Die Wiener Baualtersstruktur ist durch einen sehr hohen Anteil älterer Bausubstanz gekennzeichnet, der sich negativ auf die Ausstattungsqualität der Wohnungen auswirkt. 1991 betrug der Anteil gründerzeitlichen Wohnungsbestandes noch mehr als ein Drittel (37,7%). Etwas über ein Zehntel (11,9%) der Wohnungen war zwischen 1891 und 1944 errichtet worden, 13,5% entstammten der Wiederaufbauphase nach dem Zweiten Weltkrieg (zwischen 1945 und 1960), auf neuere Bausubstanz aus den 1960er und 1970er Jahren entfielen 27,6% und dem Wohnbau der 1980er Jahre hatten 9,4% der Wohnungen Wiens ihre Entstehung zu verdanken.

Hinsichtlich der Ausstattungsqualität der Wohnungen waren Kategorie-A-Wohnungen mit 248.927 im Jahr 1981 eine Minderheit. Bis 1991 hatte sich ihre Zahl bereits mehr als verdoppelt (513.743). Im selben Zeitraum war eine Reduktion der schlechtesten Ausstattungskategorie auf weniger als die Hälfte der Absolutzahl von 1981 erfolgt (von 48.891 auf 22.012). 2001 wurden bloß noch 2.368 Wohneinheiten des Substandardsegments gezählt. Auch die schlecht ausgestatteten Wohnungen mit einer Wasserentnahmemöglichkeit innerhalb der Wohnung erfuhren eine gravierende Reduktion. Ihr Bestand war in der Dekade 1981–1991 von 85.041 auf 52.748 zurückgegangen. Bis 2001 erfolgte eine weitere Reduzierung um nahezu drei Viertel auf 13.650 (vgl. Tabelle 1).

Tabelle 1: Wiener Hauptwohnsitzwohnungen nach Ausstattungskategorien (1981, 1991, 2001)

	1981	1991	2001	1981 = 100
mit Bad einschl. Duschnische u. Zentralheizung	248.927	513.743	680.148	273,2
mit Bad einschl. Duschnische	256.958	102.463	62.920	24,5
mit WC u. Wasserentnahme innerhalb d. Whg.	77.431	47.998	11.869	15,3
mit Wasserentnahme innerhalb der Wohnung	85.401	52.746	13.650	16,0
ohne WC u. Wasserentnahme innerhalb d. Whg.	48.891	22.012	2.368	4,8
insgesamt	**717.608**	**738.962**	**770.955**	**107,4**

Quelle: Häuser- und Wohnungszählung 1981, 1991, 2001.

Besonders illustrativ ist in diesem Zusammenhang eine Analyse der Indexwerte. Während die 680.148 Kategorie-A-Wohnungen des Jahres 2001 einem Indexwert von 273,2 entsprachen, sich seit 1981 also nahezu verdreifachten, dokumentiert der Wert von 4,8 den drastischen Rückgang des schlechtesten Substandardsegments. Die Wohneinheiten mit Wasserentnahme waren gegenüber 1981 auf 16% ihres Ausgangsbestandes zurückgegangen.

Tabelle 2 illustriert für 2001 die Verteilung ausgewählter Migrantengruppen auf unterschiedliche Ausstattungskategorien und stellt diese der inländischen Wohnbevölkerung gegenüber. Fast 90% der Wiener und 91% der Deutschen lebten 2001 in Kategorie-A-Wohnungen. Mit Substandardwohnungen hatten sich bloß 4% der deutschen und 5% der österreichischen Haushaltsrepräsentanten zu begnügen. Im krassen Gegensatz dazu stehen die Wohnverhältnisse der ehemaligen „Gastarbeiter". Den schlechtesten Ausstattungsstandard wiesen die Wohnungen der türkischen Migranten auf. Nur 46,1% von ihnen bewohnten 2001 Wohneinheiten der besten Ausstattungsklasse, mehr als 40% konzentrierten sich auf das am schlechtesten ausgestattete Segment.

Tabelle 2: Wiener Hauptsitzwohnungen nach Ausstattungskategorie und Staatsangehörigkeit des Haushaltsrepräsentanten 2001

	Kat. A	Kat. B	Kat. C	Kat. D	insgesamt
Österreich	88,0	5,4	1,6	5,0	100,0
ehem. Jugoslawien	46,7	11,5	2,4	39,3	100,0
Türkei	46,1	11,7	1,5	40,8	100,0
Deutschland	90,8	4,8	0,7	4,0	100,0
insgesamt	**85,0**	**5,9**	**1,5**	**7,6**	**100,0**

Quelle: Statistik Austria – Wohnsituation der Bevölkerung 2001.

Etwas besser war die Wohnsituation der Exjugoslawen. Knapp 47% konnten A-Wohnungen ihr Eigen nennen, während 39% in D-Wohnungen logierten. Die Tabelle belegt, dass eine durchgehende Angleichung der Wohnverhältnise der exjugoslawischen „Gastarbeiter" an die Standards der österreichischen Bevölkerung bislang noch nicht stattfand. Allerdings soll ein Aspekt nicht gänzlich außer Acht gelassen werden: So wenig zufrieden stellend die Wohnqualität in Kategorie D auch sein mag, so ermöglicht sie einkommensschwachen Haushalten doch den Zugang zu erschwinglichem Wohnraum und damit die (Erst)Integration auf dem Wohnungsmarkt. Die Bewertung des Wohnens im Substandard muss also aus der Perspektive kaufkraftschwächerer Bevölkerungsschichten nicht zwingend negativ sein.

Die Gastarbeiterhäusererhebung des ISR

Aufschlussreiche Resultate konnten aus der Hauserhebung des ISR gewonnen werden. Die Grundlage stellten die im Zuge der „Gastarbeiterenquete“ von 1981 von E. Lichtenberger erhobenen Daten sowie eine Neuerhebung desselben Gebäudesamples in den Jahren 2004/05 dar. Die Basis bildeten die rund 750 Gebäudeerhebungsbögen von 1981. Zur Gewährleistung der Vergleichbarkeit wurden daher auch keine zusätzlichen Gebäude in das Sample aufgenommen.

Karte 4 dokumentiert, dass jene Gebäude, in denen sich Veränderungen der Nutzung vollzogen haben, ungleichmäßig über den Stadtraum verteilt sind. Jene ehemaligen Gastarbeiterwohnhäuser, in denen 2005 keine Wohnnutzung mehr nachweisbar war, konzentrierten sich vor allem auf die Innenstadt und die inneren Gemeindebezirke (vgl. den Detailausschnitt in der Karte). Neubauten mit Wohnnutzung waren in den westlichen Bezirken, zum Teil innerhalb, vor allem aber außerhalb des Gürtels, errichtet worden. Die wenigen Neubauten ohne Wohnnutzung sowie die unbebauten Liegenschaften verteilen sich dispers im Stadtraum. Bei einem Großteil der Gebäude hat sich keine Nutzungsveränderung vollzogen.

Karte 4: Veränderung der Nutzungsmodalitäten der Häuser im Vergleich zwischen 1981 und 2005

Die anteilsmäßigen Relationen der Nutzungsarten zu den beiden Erhebungszeitpunkten weisen eine nur geringe Variation auf. Sowohl 1981 als auch 2005 überwogen die Nutzungen als Wohnhaus sowie als Wohnhaus mit Büros und Geschäftslokalen. Nur 7 (1981: 5) Häuser waren als überwiegende Geschäfts- bzw. Bürogebäude zu klassifizieren. Für zwei Drittel der Häuser im Sample ließ sich eine Nutzungsstabilität feststellen. Mit 32,6% waren Häuser vertreten, welche zu beiden Erhebungszeitpunkten als Wohngebäude genutzt waren. 33,7% präsentierten sich in beiden Analysejahren als Wohnhaus mit Büros oder Geschäften. Veränderungen hinsichtlich der Nutzung hatten sich bei rund 30% ergeben: Bei 16,3% hatte innerhalb des Analysezeitraumes eine Verschiebung von überwiegender zu reiner Wohnnutzung stattgefunden, in 14,4% der Fälle war ein Nutzungswandel vom reinen Wohnhaus zur überwiegenden Nutzung als Wohnhaus mit Büros und Geschäftslokalen erfolgt.

Die komparative Analyse des Erhaltungszustandes der Gastarbeiterhäuser lässt Rückschlüsse auf das Ausmaß an zwischen den beiden Erhebungszeitpunkten durch Verwaltungen und vielfach private Hausherren getätigten Investitionen in das Gebäude zu. Als Indikatoren fungierten der bauliche Zustand von Fassade, Hausflur und Innenhof, wobei diese zu einer Variablen kumuliert wurden. Im Durchschnitt ist für den Untersuchungszeitraum seit 1981 eine Verschlechterung des Erhaltungszustands der Gebäude zu konstatieren, wobei sich ein Zusammenhang mit der Zahl der im jeweiligen Gebäude ansässigen Migrantenhaushalte herausstellte. Waren 1981 noch bei 28,9% alle drei Bereiche in Ordnung, so sank dieser Anteil 2005 auf nur noch 12,6%. Reduziert hatte sich auch die Präsenz von Gebäuden, in denen ein bzw. zwei Bereiche als beschädigt zu klassifizieren war(en): von 23,3% auf 16,9% bzw. vom 27,4% auf 25,7%. Drastisch war der Anstieg des Anteils jener Häuser mit deutlichen Beschädigungen von Fassade, Flur und Innenhof: von 20,4% auf 44,9%.

Karte 5: Klassifikation der Gastarbeiterhäuser nach dem zusammengefassten Erhaltungszustand von Fassade, Hausflur und Innenhof

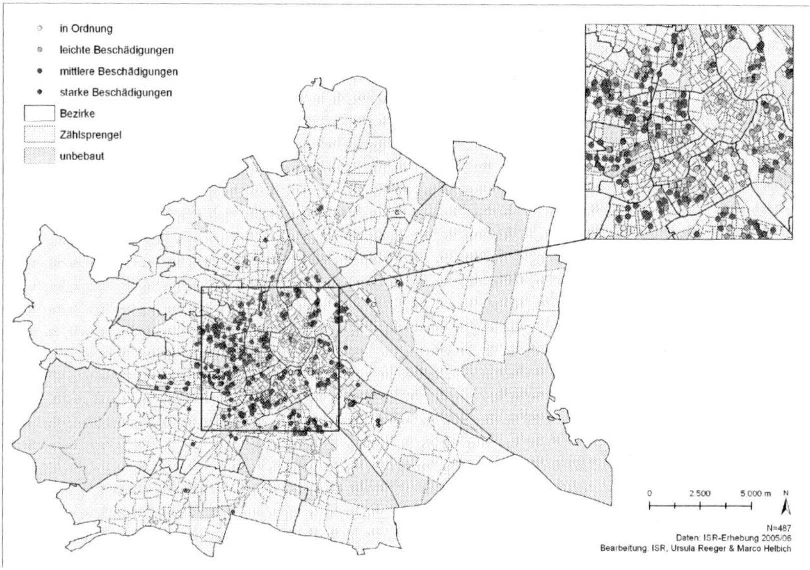

Karte 5 visualisiert die räumliche Verteilung der Gebäude differenziert nach dem kumulierten Erhaltungszustand. Die baulich in Ordnung befindlichen Gastarbeiterwohnhäuser konzentrieren sich auf die inneren Bezirke, sind aber auch in der nördlichen und südlichen Peripherie der Stadt zu finden. Die Subgruppe mit leichten Beschädigungen weist ein großräumiges Verteilungsmuster auf. Diese Gebäude finden sich sowohl in den inneren Bezirken als auch in den Gastarbeiterbezirken entlang der Gürtelzone sowie weit in den Westen des Hauptuntersuchungsgebietes hinein. Auch die Gebäude mit mittelschweren Beschädigungen verteilen sich sehr großräumig. Sie waren in den Gemeindebezirken innerhalb des Gürtels zu finden, noch mehr aber in den traditionellen Arbeiterquartieren entlang und außerhalb der Gürtelzone. Die Häuser mit starken Bauschäden konzentrieren sich auf die Gastarbeiterwohngebiete von Ottakring, Hernals, Rudolfsheim-Fünfhaus, Meidling und Favoriten, finden sich in Form eines klumpigen Verteilungsmusters aber auch in der Leopoldstadt sowie in der Brigittenau. Schwer beschädigte Häuser liegen deutlich seltener in den bürgerlichen Innen- und westlichen Randbezirken der Stadt.

Karte 6: Räumliche Verteilung der Gastarbeiterwohnhäuser nach dem Kriterium der Sanierungsmaßnahmen von 1981 bis 2005

Karte 6 veranschaulicht die Verteilung der feststellbaren Sanierungsmaßnahmen am erhobenen Hausbestand. Am häufigsten wurden Teilsanierungen vorgenommen. Diese partiell sanierten Häuser verteilen sich über große Teile des Stadtraumes und sind sowohl in gutbürgerlichen Wohnvierteln als auch in Arbeiterbezirken sowie jenseits der Donau und im äußersten Süden zu finden. Die beiden gegensätzlichen Kategorien der komplett sanierten sowie der völlig unsanierten Gebäude weisen auch ein gegensätzliches räumliches Muster auf. Komplettsanierungen konzentrieren sich in erster Linie auf die bürgerlichen Innenbezirke im Süden und Südwesten (7., 5., 4. und 3.). Im Gegensatz dazu wurden keinerlei Investitionen in eine Sanierung vor allem Häusern zuteil, die in den westlichen und südlichen Arbeiterbezirken außerhalb des Gürtels (Ottakring, Hernals, Meidling und Favoriten) lokalisiert sind. Vereinzelt finden sich unsanierte Gebäude zwar auch in den inneren Bezirken, dies jedoch in geringer Zahl. Basierend auf den Analysen zum Hausbestand lassen sich also zwei räumliche Kategorien mit deutlich divergierenden Entwicklungen unterscheiden:

1) die Arbeiterbezirke: Der Erhaltungszustand des von Exjugoslawen bewohnten Hausbestandes ist hier erheblich schlechter und es werden seitens der Hauseigentümer deutlich geringere Investitionen in Erhaltung oder Aufwertung der Gebäude getätigt. Die Persistenz der Migrantenhäuser sowie der von Exjugoslawen bewohnten Zählbezirke entlang des Gürtels repräsentiert ein räumliches Faktum, welches sich im Analysezeitraum 1981 bis 2005 verstärkt hat.

2) die „bürgerlichen" Bezirke: Hier befinden sich hohe Anteile baulich in Ordnung befindlicher Objekte und hier wurden in den vergangenen zweieinhalb Dekaden auch die meisten Sockelsanierungen durchgeführt. Diese Bezirke erlebten eine deutliche Attraktivitätssteigerung als Wohnstandorte, welche aber auch von den Prozessen der Gentrification und der Wohnsukzession begleitet war. Die ehemaligen jugoslawischen Gastarbeiter sind zum Teil abgewandert, kapitalkräftigere Nutzergruppen haben sich im sanierten Wohnungsbestand angesiedelt.

Die Dynamik der Entwicklung der Bewohnerstrukturen 1981 bis 2005

Die Basis für die Erstellung von Karte 7 wurde mittels der Auszählung (ex)jugoslawischer Familiennamen geschaffen. Häuser, für welche zum Zeitpunkt der Neuerhebung keine Hauspartei exjugoslawischer Provenienz identifiziert werden konnte (blaue Punkte), bilden einen Dichtering in den inneren Bezirken – vom Alsergrund im Norden bis nach Wieden und Landstraße im Süden reichend. An diesen Ring angelagert finden sich auch viele Häuser, in welchen die Anteile serbokroatischer bzw. kosovarischer Familiennamen Anteile von 15% oder höchstens 25% nicht übersteigen. Mit steigender Distanz zum ersten Bezirk nehmen jene Wohnhäuser zu, in denen die Familiennamen der Hausbewohner auf hohe Anteile an Bewohnern mit exjugoslawischem Migrationshintergrund schließen lassen. In den meisten liegen die Anteile exjugoslawischer Hausparteien bei 25 bis 50% oder sogar bei 50 bis 75%. Diese Häuser bilden klumpige Verteilungsmuster im 17., 16., 15., 12. und 5. Bezirk und treten gehäuft auch in Favoriten auf. Gebäude mit extrem hohen mononationalen Konzentrationen (mehr als 75%) exjugoslawischer Bewohner treten nur sehr vereinzelt auf. Sie verteilen sich weiters ohne feststellbare Konzentrationen äußerst dispers über das Stadtgebiet – ein Indiz für die in Wien typischen hausweisen Segregationsprozesse.

Was die Zahl der Wohnungen im Haus anbelangt, so variierte diese überaus stark, es konnte jedoch keine systematische Variation zwischen Gebäuden in Citynähe und jenen an der Peripherie festgestellt werden. Das heißt, sowohl in den inneren als auch in den äußeren Bezirken wurden „kleine" und „große" Häuser in die Erhebung einbezogen. Die Zahl der im Haus befindlichen Wohnungen bildete zum Zeitpunkt der Ersterhebung auch kein Selektionskriterium für die Aufnahme in das Gebäudesample.

In einem Drittel (207) der analysierten Häuser war 1981 nur jeweils ein jugoslawischer Haushalt ansässig. Hierbei handelte es sich oft um Hausbesorgerwohnungen. Zählt man jene Gebäude (177 bzw. 28,3%) hinzu, in denen zwei oder höchstens drei Wohnungen von Jugoslawen belegt waren, so muss man feststellen, dass nahezu zwei Drittel der Wohnhäuser höchstens drei Gastarbeiterwohnungen aufwiesen. Vier bzw. fünf Gastarbeiterhaushalte waren in 78 Gebäuden (12,6%) ansässig. In weiteren 94 Gebäuden, diese entsprachen einem Anteil von 15%, lag die Zahl der Gastarbeiterwohneinheiten zwischen sechs und zehn. Zwischen 11 und 20 Gastarbeiterwohnungen waren 1981 für 55 Gebäude (15,6%) nachweisbar. In einzelnen Fällen (5) waren auch hohe Zahlen (36 bis 55) von jugoslawischen Wohneinheiten vorhanden.

Karte 7: Klassifikation der Gastarbeiterhäuser nach dem Anteil exjugoslawischer Haushalte

In mehr als einem Drittel (35,8%) der Häuser (221) war 2005 kein exjugoslawischer Haushalt mehr wohnhaft, in 130 Gebäuden (20,8%) konnte jeweils ein Haushalt nachgewiesen werden, in einem Fünftel (125) der Gebäude wurden zwei oder drei Wohnungen von Exjugoslawen bewohnt. In einem Zehntel (63 Häuser) der insgesamt 624 untersuchten Wohnbauten belief sich die Zahl exjugoslawischer Haushalte auf vier bis fünf. In 40 Gebäuden waren sechs oder sieben Wohnungen mit exjugoslawischen Haushalten belegt. Häuser mit einer stärkeren Präsenz exjugoslawischer Bewohner bildeten insgesamt nur einen geringen Teil des Samples von 2005. In 21 Gebäuden waren zwischen 11 und 20 Haushalte aus Exjugoslawien nachweisbar. In drei Fällen lagen hohe Konzentrationen exjugoslawischer Bewohner (22, 24 und 46 Haushalte) vor.

Wie haben sich die Bewohnerstrukturen entwickelt? Faktisch ist nur in einem kleinen Teil der Häuser (89 bzw. 14,3%) die Zahl der von Exjugoslawen bewohnten Wohnungen stabil geblieben. 305 Gebäude (49%) hatten eine (zum Teil wesentliche) Reduktion in Bezug auf die Wohnnutzung durch exjugoslawische Haushalte zu verzeichnen. Zählt man noch jene Subkategorie hinzu, in denen der einzige exjugoslawische Haushalt von 1981 im Erhebungsjahr 2005 nicht mehr vorhanden war, so gelangt man zu dem Resultat, dass sich in 416 Wohnhäusern (66,4%), ein Rückgang der exjugoslawischen Wohnbevölkerung vollzogen hat. Ein Teil der frei gewordenen Wohneinheiten ist durch Wohnungszusammenlegungen verloren gegangen, weiters hat eine Wohnsukzession durch andere Nutzergruppen stattgefunden. Dabei handelt es sich vor allem um Migranten türkischer oder arabischer Herkunft, zum Teil auch um Süd- (Inder, Pakistani) oder Ostasiaten (zumeist Chinesen). Die vormaligen Gastarbeiterhäuser weisen gegenwärtig ein ungleich vielfältigeres Bewohnergemisch auf als 1981. Im untersuchten Hausbestand waren 2005 auch viele Ost-West-Migranten (Polen, Ungarn, Slowaken) wohnhaft. Ein Anstieg der Präsenz der exjugoslawischen Migranten im Haus war in 117 Gebäuden (18,8%) zu verzeichnen.

Karte 8: Veränderung der Zahl exjugoslawischer Haushalte auf Hausebene nach Bezirken 2005

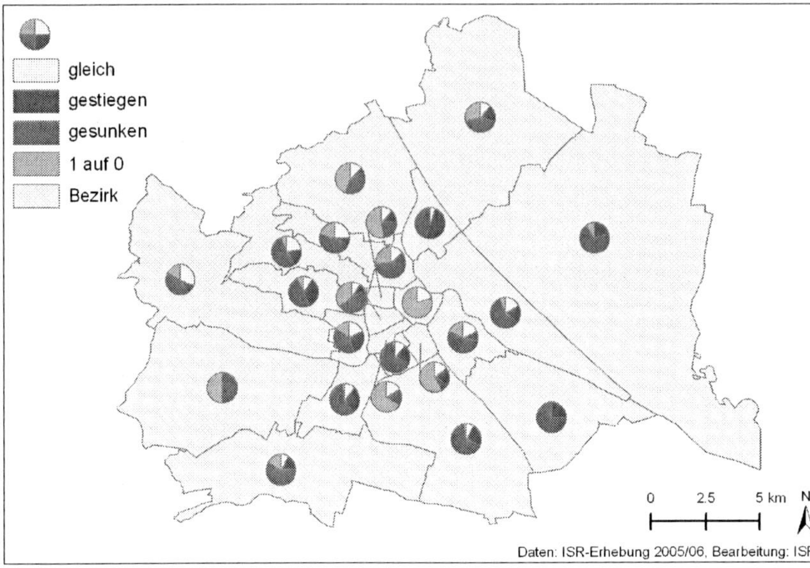

Zu interessanten Resultaten gelangten wir im Rahmen der Detailanalyse der Veränderungen der Zahlen exjugoslawischer Haushalte auf Bezirksebene (vgl. Karte 8). Jeweils bezogen auf die Gesamtzahl der erhobenen Häuser im entsprechenden Gemeindebezirk ist der höchste Anteil jener Häuser, in denen zwischen 1981 und 2005 ein Anstieg der Zahl exjugoslawischer Haushalte erfolgte, mit 50% in Brigittenau zu verorten. An zweiter Stelle, wenngleich mit deutlichem Abstand, lag Ottakring mit 24 Häusern (33,3%), gefolgt von den Bezirken Meidling (29,7%), Rudolfsheim-Fünfhaus (27,3%) und Simmering (25%). Im 1., 6., und 13. Bezirk war es in keinem Haus zu einem Anstieg der Gastarbeiterpräsenz gekommen, im 7., 9., 18. und 20. Bezirk lag der Anteil der Häuser mit Anstiegen unter 10%. Die markantesten Prozentsätze von Häusern mit Rückgängen der exjugoslawischen Bevölkerung waren in Simmering (75%) und Donaustadt (70%) sowie ex aequo in Favoriten und Margareten (65,8%) zu verzeichnen. Weitere Bezirke, in denen auf die Häuser mit Rückgängen exjugoslawischer Bewohner Anteile von bis zu 50% entfielen, waren der 2., 3., 12., 13. 17. und 23. Gemeindebezirk. Eine spezielle Kategorie bilden auch hier jene Gebäude, in denen der einzige Gastarbeiterhaushalt des Jahres 1981 zum Zeitpunkt der Zweiterhebung nicht mehr vorhanden war. Die ausgeprägteste Präsenz dieser Kategorie war mit 80% in der Inneren Stadt zu verzeichnen, weiters in Mariahilf (66,7%), Wieden

(59,1%), Josefstadt (52,1%) und Hietzing (50%). Die höchste Präsenz von Wohnbauten mit gleich bleibenden Zahlen exjugoslawischer Wohnnutzung war für Penzing (31%), Hernals (22,9%) und Währing (24,2%) zu konstatieren.

Stellt man die Bezirke, in denen es zu ausgeprägten Rückgängen bei der exjugoslawischen Bevölkerung kam, jenen gegenüber, in deren Gebäudebestand sich Anstiege vollzogen oder wo eine Konstanz vorliegt, so lassen sich folgende Regelhaftigkeiten erkennen:

Jene Wohnhäuser, in denen seit 1981 Anstiege der exjugoslawischen Hausparteien erfolgten, liegen in einigen Gastarbeiterbezirken der Gürtelzone sowie in Simmering und kaum in den bürgerlichen Wohnbezirken.

Inhomogener präsentiert sich die Verteilung der Gebäude mit Rückgängen der Gastarbeiterwohnungen. Es sind vor allem Arbeiterbezirke, in denen sich markante Reduktionen ergaben, wobei Simmering die Spitzenposition einnimmt. Starke Reduktionen vollzogen sich auch in Favoriten und Margareten sowie im 22. Bezirk, der nicht zu den Gastarbeiterbezirken zu zählen ist. Ausgeprägte Rückgänge sind darüber hinaus auch in den gutbürgerlichen Bezirken 3 und 13 und sowie im 23. zu verzeichnen.

Welche Bezirke weisen besonders hohe Anteile jener Gebäude auf, in denen der einzige exjugoslawische Haushalt von 1981 abwanderte? Das räumliche Muster ist ziemlich klar: Von diesem Phänomen sind vor allem bürgerliche Innenbezirke sowie der Nobelbezirk Hietzing betroffen.

Resultate und Schlussfolgerungen

Im vorliegenden Beitrag wurde die residentielle Verteilung der Migrantenbevölkerung aus dem ehemaligen Jugoslawien im Wiener Stadtraum im Vergleich zwischen 1981 und 2001 bzw. 2005 analysiert. Für diese Herkunftsgruppe sind nach wie vor Tendenzen der Wohnkonzentration festzustellen. Diese Konzentrationsphänomene bestehen bereits seit der Ära der Gastarbeiterzuwanderung und sind als Indikatoren für ethnische Segregation und eine (langjährige) Exklusion der Immigranten von bestimmten Segmenten des Wiener Wohnungsmarkts (z.B. Kommunalwohnungen) zu bewerten. Eine gewisse räumliche Marginalisierung ist also für die „alte" Immigrantengruppe der Exjugoslawen nachweisbar.

Das Sample der gebäudebezogenen Analysen umfasste ausschließlich Wohnhäuser, in denen 1981 jugoslawische Gastarbeiterhaushalte ansässig waren. Die Stichprobenziehung erfolgte auf der Grundlage von Meldedaten der Fremdenpolizei. Der Wohndistribution der Exjugoslawen im Stadtraum entsprechend sind die Arbeiterbezirke deutlich überrepräsentiert gegenüber den bürgerlichen Wohnvierteln. Ottakring nahm mit einem Anteil von 10,6% (74 Häuser) den Spitzenplatz in der Stichprobe ein.

In summa hat die Neuerhebung von 2005 ergeben, dass sich bezüglich des Erhaltungszustands der Gebäude seit 1981 beträchtliche Verschlechterungen vollzogen haben. Nur mehr ein deutlich niedrigerer Prozentanteil als 1981 konnte als in Ordnung befindlich eingestuft werden.

Die räumliche Analyse des Bauzustandes der Häuser zeigte bezirksspezifische Variationen. Diese hängen mit dem Status des Bezirks als „Nobel-" oder „Arbeiterbezirk" zusammen. Die räumliche Verteilung der Gebäude, differenziert nach dem Erhaltungszustand, zeigt, dass sich die baulich in Ordnung befindlichen Wohnhäuser auf die inneren Bezirke konzentrieren, aber auch in der nördlichen und südlichen Peripherie der Stadt zu finden sind. Die meisten baulichen Verbesserungen waren für die Oberschichtwohnbezirke zu konstatieren, allen voran die Innere Stadt, gefolgt von den bürgerlichen Bezirken Wieden, Döbling, Landstraße und Hietzing. Die starke Bauschäden aufweisenden Häuser verteilen sich vor allem auf die klassischen Gastarbeiterwohngebiete von Ottakring, Hernals, Rudolfsheim-Fünfhaus, Meidling und Favoriten, aber auch auf die Leopoldstadt sowie die Brigittenau. Obwohl auch in den traditionellen Gastarbeiterbezirken Hauseigentümer Investitionen in die Gebäudeerhaltung getätigt haben, ist der generelle Bauzustand des dortigen Hausbestandes als erheblich schlechter einzustufen. Der Status des Bezirks spielt also eine erhebliche Rolle.

Wie haben sich die Bewohnerstrukturen der ehemaligen Gastarbeiterhäuser seit 1981 entwickelt? In einer großen Zahl an Gebäuden (221 oder 35,4%) war 2005 kein einziger exjugoslawischer Haushalt mehr ansässig. Zurückgegangen ist auch der Anteil jener Wohnhäuser, in denen nur eine Wohnung von Exjugoslawen bewohnt war (von 33,2% auf 20,8%). Dies hängt mit der Tatsache zusammen, dass sich zwischenzeitlich die Zahl der exjugoslawischen Hausbesorger stark verringerte. Reduziert hat sich auch der Anteil jener Gebäude mit zwei oder drei Gastarbeiterwohnungen (von 28,4% auf 20,1%). In summa zeigt die Wohnpräsenz exjugoslawischer Haushalte in den untersuchten Wohnhäusern also einen rückläufigen Trend.

Faktisch ist nur in 89 Häusern (14,3%) die Zahl der von Exjugoslawen bewohnten Wohnungen stabil geblieben. 66,4% aller Gebäude im Sample hatten eine Reduktion der Wohnnutzung durch exjugoslawische Haushalte zu verzeichnen. In diesen Gebäuden haben Prozesse der Wohnsukzession durch andere ethnonationale Bewohnergruppen stattgefunden. Dabei handelt es sich in erster Linie um Immigranten türkischer oder arabischer Herkunft, um Süd- oder Ostasiaten sowie um Ost-West-Migranten. Die vormaligen Gastarbeiterhäuser weisen gegenwärtig eine ungleich vielfältigere Bewohnerstruktur auf als 1981.

Aus räumlicher Perspektive sind jene Wohnhäuser, in denen seit 1981 Anstiege bei den exjugoslawischen Hausparteien erfolgten, vor allem in den traditionellen (Gast)Arbeiterwohngebieten der Gürtelzone sowie im Arbeiterbezirk Simmering zu verorten und kaum in den bürgerlichen Wohnbezirken. Ungleichmäßiger verteilen sich die Gebäude mit Rückgängen bei den Gastarbeiterwohnungen. Es waren aber vor allem Arbeiterbezirke, in denen sich markante Reduktionen ergaben. Dies gilt für den 11., aber auch für den 10. und 5. Bezirk. Eine Ausnahme bildet hier der 22., der nicht zu den Gastarbeitervierteln zu zählen ist. Dennoch haben viele Exjugoslawen den dort lokalisierten Wohnbaubestand verlassen. Rückgänge waren aber auch in den Bezirken 3, 13 und 23 zu verzeichnen. Die bürgerlichen Innenbezirke sowie Hietzing sind durch hohe Anteilswerte an Gebäuden charakterisiert, in denen der einzige exjugoslawische Haushalt von 1981 abwanderte.

Es bestehen empirisch nachweisbare Zusammenhänge zwischen der Zahl der in den Häusern ansässigen exjugoslawischen Haushalte und dem baulichen Zustand: Mit der steigenden Zahl exjugoslawischer Haushalte im Gebäude verschlechtert sich der bauliche Erhaltungszustand. Bereits bei zwei bis fünf Gastarbeiterhaushalten nimmt der Anteil der baulich in Ordnung befindlichen Gebäude deutlich ab. In den Wohnbauten mit der stärksten Präsenz von exjugoslawischen sowie anderen Immigrantenhaushalten manifestiert sich somit auch die ausgeprägteste Sanierungsbedürftigkeit. Anhand bivariater Analysen und Chi-Quadrat-Tests konnte nachgewiesen werden, dass mit dem Anstieg des Anteils der Migrantenhaushalte im Haus eine Verschlechterung des baulichen Erhaltungszustands von Fassade, Flur und Innenhof einhergeht.

Die Frage nach der Persistenz der Gastarbeiterwohnviertel ist für Wien mit einem „Ja“ zu beantworten. Diese ist in den Arbeiterbezirken und in Gürtelnähe sehr ausgeprägt. In den innenstadtnahen bürgerlichen Wohnbezirken wird diese Persistenz durch wohnungsmarktwirtschaftlichen Druck vermindert und in manchen Fällen sogar aufgelöst. Maßnahmen auf Seiten des Bezirks erleichtern es einzelnen Häusern, sich vom Stigma des Ausländerhauses zu befreien, wobei die Attraktivitätssteigerung des Bezirks als Wohnstandort eine wesentliche Rolle spielt und Prozesse der Gentrification in Gang gesetzt werden. Diese spielen sich sowohl auf der kleinräumigen (Haus-)Ebene als auch im großräumigeren Kontext (bezirksbezogen) ab. Die Hausherren können also für die in ihrem Eigentum befindlichen Häuser einen Paradigmenwechsel einleiten. Dieser Wechsel spielt sich in Form eines Übergangs von Einkünften aus der Vermietung an Zuwanderer zur baulichen Aufwertung ab. Sodann kann die Vermietung der aufgewerteten Wohneinheiten auch an andere Nutzergruppen erfolgen. Die Regelhaftigkeit „einmal Ausländerhaus – immer Ausländerhaus“ wird räumlich nur dort durchbrochen, wo sich auf Bezirksebene positive Veränderungen ergeben.

Die Wiener „Arbeiterbezirke“ sind zweifach belastet. Einerseits fällt ihnen die schwierige Aufgabe der Wohnintegration der Migranten zu und andererseits existieren nur wenig private Investitionen zur Sanierung des Baubestands. Für die Kommunalpolitik bestehen zwei Handlungsoptionen, um aus diesem Dilemma herauszukommen:

1) die Gegensteuerung durch (finanzielle) Hilfestellungen an private Hauseigentümer zur Sanierung und

2) die Hebung der Wohnumfeldqualität über geeignete Infrastrukturmaßnahmen. Damit wären die Voraussetzungen geschaffen, dass private Hauseigentümer mitziehen und ihrerseits Investitionen tätigen.

In Wien besteht in Form der Vergabe des großen Bestandes an Kommunalwohnungen ein im Vergleich zu anderen Metropolen größerer Spielraum der Einflussnahme auf urbane Segregationsmuster. Eine Kombination von Sanierungsmaßnahmen des Altbaubestandes („sanfte Stadterneuerung") mit dem Wohnungsneubau sowie mit Programmen der integrierten Stadtentwicklung wird in Wien praktiziert und sollte in Zukunft fortgesetzt werden.

Literatur

Bockstefl, J. et al. (1996): Sozialdynamik und Wohnmilieu in Wien. Zur Analyse und Bewertung städtischer Wohnqualität und städtischer Segregation anhand ausgewählter Wiener Stadtteilgebiete. Institut für Stadt und Regionalforschung der TU Wien. Manuskript. Wien.

Dangschat, Jens S. (1997): „Sag' mir, wo Du wohnst, und ich sag Dir, wer Du bist!" Zum aktuellen Stand der deutschen Segregationsforschung. Prokla 109: 619–647.

Fassmann, Heinz; Jürgen Kohlbacher; Ursula Reeger (in Zusammenarbeit mit K. Demel & I. Stacher) (2001): „Integration durch berufliche Mobilität? – Eine empirische Analyse der beruflichen Mobilität ausländischer Arbeitskräfte in Wien". ISR-Forschungsbericht 25. Wien.

Fernández de la Hoz, Paloma; Johannes Pflegerl (2001): „Uns kann man alles verkaufen". Verschlechterung der Wohnverhältnisse trifft MigrantInnen sehr. Aus: Dieselben: Die Bedeutung des Wohnens für Migrantenfamilien in Österreich. ÖIF-Materialiensammlung 8. Wien. (http://www.oif.ac.at/presse/bzw/artikel.asp?Rubrik=3&ID_Art=1&BZWArtikel=527).

Friedrichs, Jürgen (1995): Stadtsoziologie. Opladen.

Gartner, Barbara; Annemarie Müllner (1998): Wohnsituation von Ausländer/innen in Graz. Studie im Auftrag des Ausländerbeirates der Stadt Graz. Graz.

Giffinger, Rudolf; Ursula Reeger (1997): Turks in Austria: Backgrounds, Geographical Distribution and Housing Conditions. In: Özüekren, Sule; Ronald van Kempen (Hrsg.) Turks in European Cities: Housing and Urban Segregation. Utrecht. S. 41–66.

Häussermann, Hartmut; Ingrid. Oswald (1997): Zuwanderung und Stadtentwicklung. In: Dies. (Hrsg.). Leviathan Sonderheft 17. Opladen. S. 9–29.

Hoffmann-Nowotny, Hans-Joachim; Karl-Otto Hondrich (Hrsg.) (1981) Ausländer in der Bundesrepublik Deutschland und in der Schweiz. Segregation und Integration. Eine vergleichende Untersuchung. Frankfurt, New York.

Kaufmann, Albert (1999): Wohnversorgung und räumliche Verteilung von Zuwanderern im Wiener Stadtgebiet. Kurswechsel 2: 76–91.

Kohlbacher Jürgen; Ursula Reeger (2006): Die Dynamik ethnischer Wohnviertel in Wien. Eine sozialräumliche Longitudinalanalyse 1981 und 2005. ISR-Forschungsbericht 33. Wien.

Lichtenberger, Elisabeth (1984): Gastarbeiter. Leben in zwei Gesellschaften. Wien.

Lichtenberger, Elisabeth (1990): Stadtverfall und Stadterneuerung. Beiträge zur Stadt- und Regionalforschung 10. Wien.

Mahidi, Margareta; Kurt Vollmann (1999): Wohnverhältnisse nach der Staatsbürgerschaft. Zusatzauswertungen der Großzählung 1991 mit Mikrozensus-Ergebnisse 1997. Statistische Nachrichten 1: 17–26.

Pflegerl, Johannes; Paloma Fernandez de la Hoz (2001): Die Bedeutung des Wohnens für Migrantenfamilien in Österreich. Österreichisches Institut für Familienforschung (ÖIF), Materialiensammlung 8. Wien.

Rogy, A. & H. V. Haumer (1997): Wien wächst aus Substandard. Kurier 12.7.1997: 35.

Zuser, Peter (2001): Schwerpunktthema Wohnen. Wohnsituation von MigrantInnen in Österreich. In: Wiener Integrationsfonds (Hrsg.). MigrantInnen in Wien 2000. Wien. S: 38–49.

Andreas Farwick

Ethnische Segregation und soziale Distanz

Zum Einfluss ethnisch geprägter Wohnquartiere auf das Ausmaß ablehnender Einstellungen gegenüber Migranten

Soziale Distanzierungen der ansässigen Bevölkerung gegenüber Migranten in Form von negativen Stereotypen, Vorurteilen und Diskriminierungen stellen als Handlungsbarrieren und -beschränkungen eine wesentliche Determinante des Eingliederungsprozesses der Zuwanderer dar (Esser 1980, 210). Während den Mitgliedern der eigenen ethnischen Gruppe mit Gefühlen der Sympathie, des Verständnisses und der Offenheit begegnet wird, erscheinen Personen anderer Ethnien dem gegenüber als Fremde, Außenseiter oder sogar als Feinde. Über die rein gefühlsmäßige Betrachtungsweise hinaus stellen ablehnende Haltungen den zentralen Bestimmungsgrund für ein mögliches negatives Handeln gegenüber den Migranten dar (Ajzen/Fischbein 1980, 40ff). Sie strukturieren die Erwartungen, Bewertungen und Präferenzen von Akteuren, die sich in bestimmten Situationen gegenüber den Mitgliedern einzelner ethnischer Gruppen entsprechend verhalten, unabhängig davon, ob die Interpretation der Situation „objektiv" richtig ist (vgl. Ganter 1997, 1).

Der bei der Herausbildung von sozial distanzierten Einstellungen gegenüber Migranten so zentrale Aspekt der Ethnizität ist als ein *askriptives* Merkmal zu beschreiben, das nicht nach Belieben erworben oder abgelegt werden kann. Es beruht vielmehr auf den Selbst- oder/und Fremdzuschreibungen kollektiver Identitäten, die sich auf der Grundlage eines subjektiven Glaubens an eine Abstammungsgemeinschaft bilden (vgl. Barth 1969, 9ff).

Die Kriterien dieser Abgrenzung z. B. in Form von Sprache, Religion, Hautfarbe, Habitus und Lebensstil sind beliebig. Oft werden sie zum Zwecke der eindeutigen Abgrenzbarkeit erst nachträglich eingeführt oder besonders hervorgehoben. Von Bedeutung ist, dass die Selbstzuschreibung von kollektiver ethnischer Identität nicht immer einen Akt des freien Willens darstellt. Sie zeigt sich häufig erst als eine Reaktion auf eine bereits vorausgegangene soziale Distanzierung von Seiten der ansässigen Bevölkerung (Elwert 1989, 449).

Im vorliegenden Beitrag wird anhand von Daten einer Befragung in der Stadt Bremen untersucht, unter welchen Umständen bei den Mitgliedern der Mehrheitsbevölkerung verstärkt sozial distanzierte Einstellungen gegenüber den Migranten entstehen. Insbesondere soll überprüft werden, ob ein Einfluss räumlicher Strukturen in Form einer erhöhten Konzentration von Zuwanderern in bestimmten Stadtgebieten auf das Ausmaß ablehnender Haltungen besteht.

Determinanten der Entstehung von sozialer Distanz

Vor allem mikroanalytische Ansätze, die verstärkt die Orientierungen einzelner Akteure in den Blick nehmen, sind hinsichtlich der Erklärung von Ursachen sozialer Distanzierungen relevant (Farwick 2008). Ein früher, ausschließlich auf der Individualebene operierender Ansatz zur Erklärung sozialer Distanz besteht in der Theorie der *autoritären Persönlichkeit*. Nach dieser lassen sich sozial distanzierte Einstellungen durch eine spezifische ideologische Grundhaltung erklären, die durch eine dem Autoritarismus eigene Persönlichkeitsstruktur geprägt ist. Der Autoritarismus wiederum stellt die Folge eines restriktiven elterlichen Erziehungsverhaltens dar. Bekannt wurde diese These durch die Mitte der 1940er Jahre in den USA durchgeführte Untersuchung von Adorno, Frenkel-Brunswik, Levinson und Sanford (1964 [1950]), die einen Zusammenhang zwischen einer antisemitischen, ethnozentrischen sowie politisch-ökonomisch konservativen Einstellung und einer autoritären Persönlichkeitsstruktur empirisch belegt.

Einen weiteren Ansatz bildet die so genannte „Sündenbock“-Hypothese, nach der Prozesse der sozialen Distanzierung vor allem als das Resultat durch Frustration erzeugter Aggressionen angesehen werden. Wird eine Person durch irgendwelche Umstände davon abgehalten, ein wünschenswertes Ziel zu erreichen, entsteht Frustration. Die dadurch erzeugte Aggression richtet sich in der Regel gegen den Verursacher. Ist dieser jedoch abwesend, nicht identifizierbar oder zu mächtig, kann der aggressive Trieb auf andere, weniger einflussreiche Personen oder Gruppen (z. B. ethnische Minderheiten) umgeleitet werden (Dollard u. a. 1939, 41f). Die so *verschobene* Aggression wird anschließend durch Beschuldigungen, Projektionen und Stereotypisierungen rationalisiert und legitimiert (Allport 1954, 350).

Eine Erweiterung der „Sündenbock“-Hypothese besteht in der Überlegung, dass weniger die *absolute* Benachteiligung und die damit verbundene Frustration zu Aggressionen gegenüber Minderheiten führen, sondern vielmehr die durch eine *relative Deprivation* erlebte Enttäuschung (Gurr 1970; Runciman 1966). Diese relative Deprivation entsteht aus dem wahrgenommenen Unterschied zwischen dem, was man hat, und dem, wozu man sich berechtigt fühlt.

Zwei Arten der relativen Deprivation sind zu unterscheiden: Während sich die *egoistische relative Deprivation* auf ein individuelles Gefühl der Herabsetzung gegenüber anderen Personen bezieht, besteht die *fraternalistische relative Deprivation* aus dem Empfinden der Benachteiligung einer

Gruppe relativ zu anderen Gruppen. Empirische Studien zeigen, dass insbesondere die fraternalistische relative Deprivation deutliche Formen der ethnischen Grenzziehung erzeugt (vgl. Farwick 2008).

Der Ansatz des realistischen Gruppenkonflikts geht von *realen* Interessenkonflikten z. B. aufgrund des Wettbewerbs um knappe Ressourcen wie Status, Reichtum und Macht zwischen Gruppen aus (LeVine/Campbell 1972; Sherif 1967). Die Gültigkeit dieser Theorie wurde schon in den 1960er Jahren durch Muzafer Sherif (zusammenfassend Sherif 1967) im Rahmen einer Reihe sehr bekannt gewordener Experimente in amerikanischen Ferienlagern demonstriert. Diese Theorie kann jedoch jene Situationen nicht erklären, in denen Formen ethnischer Grenzziehung bestehen, ohne dass ein realer Gruppenkonflikt vorliegt. Hier setzen kognitionstheoretische Ansätze an, die Stereotype und Vorurteile als das Ergebnis einer strukturell bedingten Überforderung menschlicher Kapazitäten der Informationsverarbeitung beschreiben, aufgrund der eine Reduktion derer nicht bewältigten Komplexität durch Kategorisierung einsetzt (Tajfel 1969).

Allerdings bleibt innerhalb der kognitionstheoretischen Ansätze offen, warum bei den alltäglichen Kategorisierungen und Differenzierungen Mitglieder der Eigengruppe in der Regel positiver beurteilt werden. Genau diese Frage behandelt die von *Henri Tajfel* und *John C. Turner* (1979) entwickelte *Theorie der sozialen Identität*, die davon ausgeht, dass die positive Absetzung der Eigengruppe von Mitgliedern der Fremdgruppe der Stabilisierung der sozialen Identität der Individuen als Teil des Selbstkonzeptes dient. Somit werden Formen der ethnischen Grenzziehung nicht mehr in erster Linie als individuell verursachte Phänomene, sondern explizit als das Ergebnis von Gruppenbeziehungen verstanden.

Einer auf Gruppenbeziehungen gerichteten Sichtweise bedient sich auch das von *Herbert Blumer* bereits Ende der 1950er Jahre entwickelte Modell der *group position*. Es geht davon aus, dass mit der Konzeptionalisierung der eigenen Gruppe zwangsläufig immer auch eine Positionierung in Relation zu den Fremdgruppen erfolgt (Blumer 1958, 4). Dieser Vorgang erzeugt bei der Mehrheitsbevölkerung Gefühle der Dominanz gegenüber den Minderheitengruppen. Formen sozialer Distanz treten dann zu Tage, wenn die übergeordnete Position der Eigengruppe durch Mitglieder der Fremdgruppe als bedroht empfunden wird.

Sowohl das von Tajfel und Turner beschriebene Moment der Destabilisierung der sozialen Identität, als auch das von Blumer hervorgehobene Gefühl der Bedrohung der sozialen Position der Gruppe können durch einen erhöhten Anteil an Fremdgruppenmitgliedern innerhalb eines Kontextes ausgelöst und weiter verfestigt werden. Derartige Gefühle sind insbesondere in Phasen instabiler ökonomischer oder sozialer Entwicklungen und vor allem bei sozial schwachen Bevölkerungsgruppen zu erwarten.

Ergebnisse einer Untersuchung von Quillian (1995) auf der Basis von Daten des Eurobarometers bestätigen, dass sowohl der Anteil der Ausländer als auch die ökonomische Situation einen signifikant verstärkenden Einfluss auf das durchschnittliche Ausmaß an Vorurteilen gegenüber Ausländern in den jeweiligen Ländern hat (ebd., 602). Weitere von verschiedenen Autoren unternommene Analysen des Eurobarometers unterstützen diese Hypothese (zusammenfassend Farwick 2008). Darüber hinaus können zahlreiche in den USA durchgeführte Studien auf der Grundlage kleinräumigerer Aggregatebenen – wie der Counties oder Metropolitanregionen – einen signifikanten Einfluss des Anteils der afro-amerikanischen Bevölkerung auf das Ausmaß sozialer Distanzierung aufzeigen (vgl. z.B. Oliver/Wong 2003, 577). Analysen auf der räumlichen Ebene von *Wohnquartieren* zeigen dagegen, sowohl im US-amerikanischen als auch im deutschen Kontext, zumeist *keinen* Zusammenhang zwischen der ethnischen Segregation und einem erhöhten Ausmaß sozialer Distanz (zusammenfassend Farwick 2008). Böltken (2000, 154) und Hill (1984, 369) können jedoch auf der Basis eines *subjektiv* wahrgenommenen Ausländeranteils eine Auswirkung der ethnischen Segregation auf den Grad an sozialer Distanzierung belegen.

Sowohl Böltken (2000, 155) als auch Hill (1984, 366f) bemerken, dass es sich bei den Wohnquartieren mit hohem bis sehr hohem Ausländeranteil gleichzeitig um Gebiete mit einer sozial schwachen Bewohnerstruktur handelt. Unklar bleibt daher, inwieweit die soziale Distanz durch den Anteil der Ausländer oder die prekäre Situation der Bewohner ausgelöst wird. Oliver und Mendelberg (2000) vertreten diesbezüglich die These, dass es allein der sozioökonomische Status eines Wohnquartiers ist – und zwar unabhängig vom Anteil der Ausländer –, der einen signifikanten Einfluss auf das Ausmaß sozialer Distanzierungen der weißen gegenüber der afro-amerikanischen Bevölkerung erzeugt. Dieser Zusammenhang, so argumentieren Oliver und Mendelberg (ebd., 586), ist weniger durch das Gefühl einer direkten, aufgrund der Anwesenheit von Migranten im Quartier ausgelösten, Bedrohung begründet. Er ist vielmehr als das Resultat negativer psychologischer Reaktionen auf eine als sozial belastend empfundene Wohnumgebung zu werten.

Strategien des Abbaus von sozialer Distanz

Eine Strategie des Abbaus sozial distanzierter Gefühle bildet die von *Gordon W. Allport* in seinem klassischen Werk *The Nature of Prejudice* (1954) beschriebene Kontakt-Hypothese. Sie geht im Kern davon aus, dass die Interaktion zwischen Mitgliedern verschiedener Gruppen – unter bestimmten Voraussetzungen – hilft, feindselige Gefühle gegenüber der Fremdgruppe abzubauen. Allport hat insgesamt vier grundlegende Bedingungen formuliert, unter denen Intergruppen-Kontakte zu einer Verminderung von Vorurteilen führen können (Allport 1959, 281; vgl. auch Brown 1995, 237f):

Gleicher Status. Es sind Kontaktsituationen zu vermeiden, in denen sich die jeweiligen Gruppenmitglieder durch einen stark abweichenden sozialen Status auszeichnen (Amir 1976, 255ff).

Gute Gelegenheit des besseren Kennenlernens. Enge, persönliche Kontakte zu Mitgliedern einer Fremdgruppe tragen zu einer positiven Einstellung gegenüber der Fremdgruppe als Ganzer bei (Brewer/Gaertner 2001, 452).

Gemeinsame Ziele. Die Anstrengung zur Erreichung gemeinsamer Ziele fördert das Gefühl der Solidarität zwischen den beteiligten Gruppen und trägt zu einem Ausbau von Gruppen übergreifenden, freundschaftlichen Beziehungen bei (Pettigrew 1998, 67).

Institutionelle Unterstützung. Institutionen können ein soziales Klima fördern, in dem sich Normen der gegenseitigen Toleranz und Akzeptanz entwickeln (vgl. Amir 1976, 277ff; Brewer/Gaertner 2001, 453).

Ein zentraler Aspekt in Bezug auf einen positiven Ausgang von Intergruppen-Kontakten ist der Prozess der *Generalisierung*, d. h. der Verallgemeinerung von Haltungen gegenüber Fremdgruppenmitgliedern über die konkrete Situation des Kontakts hinaus (Brewer/Gaertner 2001, 454; Hewstone/Brown 1986, 16). Dieser ist von entscheidender Bedeutung, wenn Intergruppen-Kontakte einen umfassenden und zugleich nachhaltigen Effekt auf die Beziehungen zwischen den ethnischen Gruppierungen als Ganze haben sollen (vgl. Pettigrew 1998, 70). Hewstone (2004, 10) betont, dass eine Generalisierung von Einstellungen über die beteiligten Individuen hinaus gerade durch Situationen begünstigt wird, in denen während der Begegnung zweier Gruppen deren Grenzen weiterhin erhalten bleiben.

Sowohl in den USA als auch in Deutschland vorgenommene Untersuchungen können einen deutlich positiven Einfluss von Kontakten zu ausländischen Mitbürgern auf den Grad sozialer Distanzierung belegen (vgl. zusammenfassend Farwick 2008). Hamberger und Hewstone (1997, 180) stellen auf der Basis einer Analyse von Daten des Eurobarometers für Deutschland heraus, dass es insbesondere die Freundschaftskontakte sind, die unter Berücksichtigung weiterer bedeutender Merkmale wie Bildung, Nationalstolz und Wertorientierung einen positiven Einfluss auf das Ausmaß von Vorurteilen ausüben. Demgegenüber haben Kontakte am Arbeitsplatz nur einen geringen und rein nachbarliche Kontakte überhaupt keinen signifikanten Einfluss. Pettigrew und Meertens (1995, 67) sowie Pettigrew (1998, 73) bestätigen dieses Ergebnis für das gesamte Sample des Eurobarometers (Deutschland, Frankreich, Großbritannien, Niederlande).

Anzumerken ist, dass bei den genannten, allesamt auf Querschnittsdaten beruhenden Analysen, ein Problem bei der Interpretation der Richtung des kausalen Zusammenhangs zwischen Kontakt und den Grad der sozialen Distanz besteht (Hewstone/Brown 1986, 12). So kann anstatt der These „Kontakt verringert soziale Distanz“ auch in umgekehrter Richtung argumentiert werden: Personen mit negativer Einstellung vermeiden den Kontakt zu Mitgliedern der betreffenden Fremdgruppe bzw. Personen mit positiver Haltung suchen verstärkt die Nähe zu Mitgliedern der Fremdgruppe. Dieses Problem lässt sich befriedigend nur mit Hilfe von Längsschnittdaten lösen, die es erlauben, die Veränderung der Einstellung von Individuen über einen längeren Zeitraum zu beobachten. Die auf Querschnittsdaten basierenden Analyseergebnisse sind demgegenüber immer mit einer gewissen Vorsicht zu deuten.

Neben dem Einfluss eines *direkten* Kontakts wurde vielfach auch überprüft, inwieweit allein die Anwesenheit von Fremdgruppen im Wohnquartier eine Auswirkung auf das Ausmaß einer negativen Einstellung hat. In diesen Arbeiten wird zum einen angenommen, dass die räumliche Nähe zu Fremdgruppen auch den direkten Kontakt zu Mitgliedern dieser Gruppen in Form gelegentlicher Begegnungen, Bekanntschaften oder Freundschaften begünstigt. Ein solcher Zusammenhang konnte im Rahmen verschiedener Studien belegt werden (vgl. Farwick 2008).

Über den Aspekt der verbesserten Möglichkeiten einer Aufnahme direkter enger Beziehungen hinaus wird zudem angenommen, dass auch weniger intensive Kontakte zu Fremdgruppenmitgliedern (z. B. beim Einkauf) oder nur sporadische Begegnungen im Wohnbereich relevante Informationen über Lebensumstände und Verhaltensweisen vermitteln. Diese neu gewonnenen Erkenntnisse stehen möglicherweise in Widerspruch zu den bisherigen, vielfach durch Massenmedien oder Sozialisationsagenten wie Familie oder Peers weitergegebenen Stereotypen und können infolgedessen zu einer Veränderung von Einstellungen gegenüber der Fremdgruppe führen. Aufgrund der Präsenz einzelner Fremdgruppenmitglieder werden diese zudem in stärkerem Maße als Individuen wahrgenommen und daher weniger undifferenziert mit den Stereotypen der jeweiligen Gruppe in Verbindung gebracht. Auch kann die Konfrontation mit Personen einer Fremdgruppe einen Anreiz bieten, sich mit der Problematik dieser Gemeinschaft auseinander zu setzen und dadurch mehr Verständnis für deren Lebenssituation zu entwickeln. Verschiedene Arbeiten bestätigen einen Einfluss der räumlichen Nähe von ethnischen Fremdgruppen auf das Ausmaß sozialer Distanz (vgl. Farwick 2008).

Oliver und Wong (2003) konstatieren auf der Basis ihrer Daten aus Atlanta, Boston, Detroit und Los Angeles, dass bei der Betrachtung des Zusammenhangs zwischen der Präsenz einer Fremdgruppe und dem Ausmaß von Vorurteilen zwei Faktoren zum Tragen kommen: Zum einen kann die Anzahl von Fremdgruppenmitgliedern in einer Gebietseinheit – im Sinne der Kontakt-Hypothese – zu einer Verringerung der sozialen Distanz führen. Zum anderen kann ein erhöhter Anteil eben dieser Gruppe – vor dem Hintergrund des Modells der *group position* von Blumer (1958) – auch eine Bedrohung für die Mehrheitsbevölkerung darstellen. Nach Oliver und Wong (2003,

572ff) wirken diese beiden Effekte auf zwei verschiedenen räumlichen Ebenen. So führt eine erhöhte Zahl von Fremdgruppenmitgliedern auf der *Nachbarschaftsebene* der census tracts zu einer Verringerung von Vorurteilen. Auf der Ebene der *Stadtregionen* bewirkt ein höherer Prozentsatz dagegen ein stärkeres Ausmaß an Gefühlen der Bedrohung (ebd., 577). In Bezug auf die Richtung des kausalen Zusammenhangs stellen die Autoren fest, dass auch bei Kontrolle der Wohnstandortpräferenz hinsichtlich der ethnischen Zusammensetzung der Nachbarschaft ein deutlicher Effekt des Anteils von Fremdgruppenmitgliedern auf das Ausmaß von Vorurteilen bestehen bleibt (ebd., 578).

Auf einen derartigen Zusammenhang verweisen auch die bereits zitierten Studien von Böltken (1994, 338f; 2000, 152f), der zunächst eine positive Wirkung der subjektiven Wahrnehmung von Ausländern im Wohnquartier auf den Grad an genereller „Integrationsbereitschaft" der deutschen Mehrheitsbevölkerung aufzeigt. Allerdings sank der Prozentsatz integrationsbereiter Deutscher in Wohnquartieren mit einem als sehr hoch wahrgenommenen Ausländeranteil wiederum auf 46 Prozent ab. Böltken (2000, 155) führt diesen Rückgang der Integrationsbereitschaft von Seiten der deutschen Bevölkerung in Gebieten mit einem sehr hohen Ausländeranteil auf den gleichzeitig hohen Prozentsatz an „sozial benachteiligten" deutschen Bewohnern und den damit verbundenen belastenden Faktoren dieser Gebiete zurück.

Der Einfluss der ethnischen Segregation auf das Ausmaß von sozialer Distanz

Die Daten für die nachfolgende Analyse entstammen einer telefonischen Befragung von Bewohnern aus 17 Ortsteilen der Stadt Bremen. Die überwiegende Zahl dieser Ortsteile ist aufgrund einer gravierenden sozialen Problematik in das Bund-Länder-Programm „Soziale Stadt" und die vom Land Bremen initiierte Maßnahme „Wohnen in Nachbarschaften (WiN)" einbezogen.[3] Die Befragung wurde im Rahmen einer Evaluation der Programme mit dem Ziel durchgeführt, Informationen über die Wohn- und Lebenssituation der Bewohner sowie über die Bekanntheit und Bewertung der im Rahmen der Programme durchgeführten Projekte zu gewinnen. Insgesamt wurden 1.000 Personen befragt, wobei 703 Personen die deutsche Staatsangehörigkeit besaßen sowie in Deutschland geboren wurden, und damit der einheimischen Mehrheitsbevölkerung zuzurechnen sind. Nur dieser Personenkreis wird in den folgenden Analysen berücksichtigt.

---

1 Lediglich die Ortsteile „Mittelshuchting" und „Rönnebeck" sind aufgrund einer geringeren bzw. kaum vorhandenen sozialen Problemlage nicht in die Programme „Soziale Stadt" und „WiN" eingeschlossen.

Innerhalb der Befragung wurde nach den drängendsten Problemen im Stadtteil gefragt. Aus einem breiten Katalog möglicher Negativa konnten bis zu drei Antworten gegeben werden. Als drängendste Schwierigkeit der Wohnquartiere wurde von 43 Prozent der ansässigen deutschen Bevölkerung genannt, dass es „zu viele Ausländer" im Stadtteil gebe. Dabei ist die Aussage einer als zu stark empfundenen Repräsentanz der Ausländer, als eine klar negativ bewertende Einstellung zu deuten (Fuchs, Gerhards und Roller 1993, 241; Küchler 1996, 252). Sie impliziert, dass die Anzahl der im Wohnquartier subjektiv wahrgenommenen Migranten unerwünscht hoch ist und dass es folglich weniger Ausländer im Wohnquartier geben sollte. Somit wird angenommen, dass bei den Befragten, die als drängendstes Problem im Stadtteil eine zu hohe Zahl an Ausländern genannt haben, eine deutliche soziale Distanzierung von der Gruppe der Migranten vorliegt.

Deskriptive Analyse von sozialer Distanz

Erste Hinweise auf die Frage, durch welche Faktoren das Ausmaß sozialer Distanz gegenüber den im Wohnquartier lebenden Ausländern beeinflusst wird, zeigen sich in Tabelle 1. In dieser sind die Anteile der Befragten, die sich distanziert gegenüber Ausländern äußerten, nach personen- und gebietsbezogenen Merkmalen aufgeführt.

Personenbezogene Merkmale

Auch wenn bezüglich des Einflusses des Geschlechts umfassende eigenständige Thesen und Theorien bisher kaum bestehen, kann vielfach aufgezeigt werden, dass weibliche Befragte in geringerem Umfang zu sozialer Distanzierung neigen als männliche (vgl. z. B. Zick 1997, 218). Dies bestätigt sich in Tabelle 1. Weibliche Personen äußerten sich mit einem Anteil von 41 Prozent in geringerem Maße distanziert als die männlichen Befragten mit 45 Prozent. Eine Ursache für diesen Befund kann nach Quillian (1995, 595) darin bestehen, dass männliche Personen häufiger dem Charakter der „autoritären Persönlichkeit" entsprechen. Als ein weiterer Grund ist anzuführen, dass Frauen – aufgrund ihrer allgemein geringeren Erwerbsbeteiligung – weniger mit Migranten auf dem Arbeitsmarkt konkurrieren.

Mit dem Alter der Befragten wird ein bestimmter Abschnitt im Lebenszyklus beschrieben. Anzunehmen ist, dass insbesondere unter Personen im mittleren Alter ein hohes Ausmaß an sozialer Distanz gegenüber Migranten Verbreitung findet, da diese Bevölkerungsgruppe sich in einer ökonomisch sehr aktiven Phase befindet und sich somit in stärkerem Maße der Konkurrenz mit Migranten ausgesetzt sieht. Die nach dem Alter unterschiedenen Anteilswerte der Bremer Befragung sprechen für diese These. So sind es vor allem die ökonomisch aktiveren mittleren Altersgruppen der 25 bis 44-Jährigen und der 45 bis 65-Jährigen, die verstärkt sozial distanzierte Einstellungen aufweisen.

Tabelle 1: Anteil der deutschen Bewohner mit sozial distanzierter Einstellung gegenüber Ausländern nach demographischen Merkmalen

Merkmal		**Prozent**
Gesamt		43
Geschlecht	männlich	45
	weiblich	41
Alter	unter 25 Jahre	32
	25-44 Jahre	45
	45-64 Jahre	49
	über 64 Jahre	35
Bildung	keinen Abschuss	38
	allg. Schulabschluss bis Kl. 10	41
	Facharbeiter, Meister	47
	Abitur, Fachochschul- bzw. Hochschulabschl.	44
Erwerbsstatus	berufstätig	44
	arbeitslos	50
	nicht erwerbstätig	57
	in Ausbildung	41
	Rentner	39

Quelle: Eigene Berechnungen. Datenbasis: Bewohnerbefragung einer Evaluation der Programme „Soziale Stadt“ und „WiN“, 2004

Der Grad an formaler *Bildung* zählt zu einem der einflussreichsten Faktoren, um Formen der ethnischen Grenzziehung zu erklären (z. B. Hamberger/Hewstone 1997, 180). Mit einer geringen schulischen sowie beruflichen Ausbildung ist in der Regel eine schlechtere ökonomische Lage verbunden. Somit steigt die Gefahr der Entstehung von Frustrationen und – im Sinne der „Sündenbock“-Hypothese – der Verschiebung von Aggressionen auf sozial schwächere Gruppen wie die der Ausländer. Zudem ist bei einem geringeren Bildungsstand ein höheres Ausmaß an Konkurrenz, z. B. auf dem Arbeits- und Wohnungsmarkt – im Sinne eines *realistischen Gruppenkonflikts* – zu erwarten. Auch können in stärkerem Umfang subjektiv wahrgenommene Gefühle der Bedrohung im Sinne der *Theorie der sozialen Identität* sowie des Modells der *group position* entstehen. Schließlich, so zeigen empirische Analysen, weisen Personen mit geringer formaler Bildung häufiger autoritäre Dispositionen auf (vgl. z. B. Rippl/Seipel 2002, 88f). Entgegen diesen Vermutungen stellen die nach der schulischen und beruflichen Bildung differenzierten Werte in Tabelle 1 jedoch keinen einfachen linearen Zusammenhang dar. So zeigt sich für die Gruppe der Personen ohne Schulabschluss das geringste Ausmaß an sozialer Distanz. Vielmehr sind es die mittleren Statusgruppen der Facharbeiter und Meister, die in höherem Maße eine negative Einstellung gegenüber den Ausländern im Wohnquartier haben.

Unmittelbarer als die schulische bzw. berufliche Bildung spiegelt der Zustand der Arbeitslosigkeit eine prekäre ökonomische Lage wider. Es ist daher anzunehmen, dass eine sozial distanzierte Haltung gegenüber Migranten gerade bei arbeitslosen Personen eine sehr starke Verbreitung findet. Auch innerhalb der Bremer Befragung schlägt sich die ökonomisch prekäre Lage der Arbeitslosen in einem mit 50 Prozent sehr hohen Anteil sozial distanzierter Äußerungen nieder. Den höchsten Anteil unter allen Charakteristika erreicht jedoch die Gruppe der nicht Erwerbstätigen. Hier äußerten sich 57 Prozent der Befragten abweisend gegenüber den Ausländern im Wohnquartier.

Gebietsbezogene Merkmale

Die Ansätze zur Beschreibung der Ursachen sowie der Strategien des Abbaus von sozialer Distanz haben verdeutlicht, dass hinsichtlich der Wirkung des Anteils von Ausländern im Wohnquartier zwei gegenläufige Hypothesen vertreten werden. Einerseits kann – im Sinne der *Theorie der sozialen Identität* sowie des Modells der *group position* – unterstellt werden, dass ein höherer Anteil an Ausländern von der deutschen Mehrheitsbevölkerung als Bedrohung empfunden wird. Zudem können – nach der Theorie des realistischen Gruppenkonflikts – bei einem hohen Ausländeranteil auch reale Interessenkonflikte zwischen ansässigen Deutschen und den Ausländern im Quartier vorliegen. Somit ist bei einem stärkeren Anteil dieser Gruppe zunächst von einem Anstieg negativer Einstellungen und sozialer Distanzierungen auszugehen. Demgegenüber besagt die *Kontakt-Hypothese*, dass die Anwesenheit von Ausländern im Wohnquartier die Beurteilung dieser Bevölkerungsgruppe positiv beeinflusst.

Des Weiteren hat sich gezeigt, dass Formen sozialer Distanzierungen gegenüber Migranten insbesondere dann zu erwarten sind, wenn das Ausmaß sozialer Belastungen im Wohnquartier, z. B. aufgrund eines beträchtlichen Anteils benachteiligter Bevölkerungsgruppen, sehr hoch ausfällt. Diese negative Einstellung gegenüber den Migranten kann – im Sinne der fraternalistischen relativen Deprivation – aufgrund von Gefühlen einer Benachteiligung der ansässigen Mehrheitsbevölkerung im Quartier gedeutet werden, die wiederum im Sinne der „Sündenbock“-Hypothese auf die Gruppe der Migranten verschoben werden. Zudem können diffuse Gefühle der Bedrohung der sozialen Identität sowie der Position der Gruppe, die nicht auf den unmittelbaren Kontakt mit Migranten im Wohnquartier beruhen, sondern etwa durch Medien gestützt werden, für die Herausbildung von sozialer Distanz von Bedeutung sein.

Abbildung 1: Der Zusammenhang zwischen dem Ausländeranteil und dem Anteil der Befragten mit sozialer distanzierter Einstellung gegen über Ausländern in den Ortsteilen von Bremen (Angaben in %)

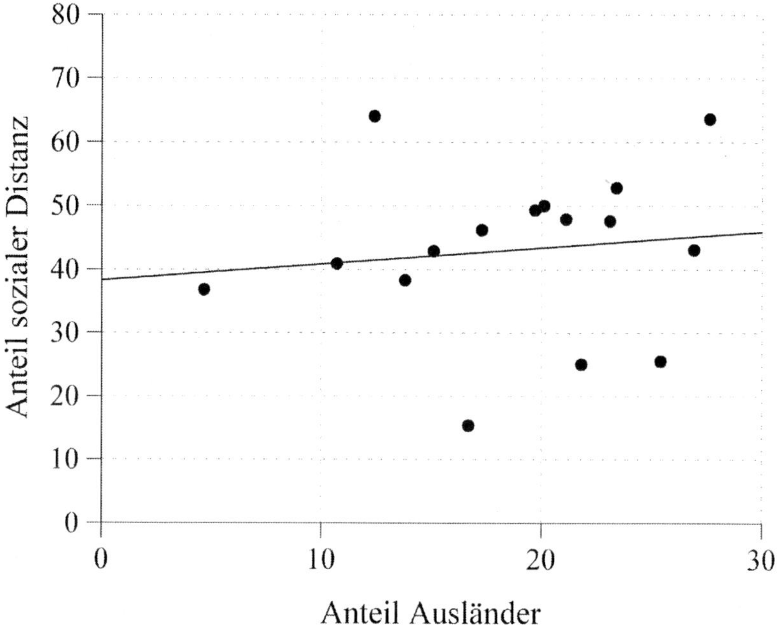

Datenbasis: Bewohnerbefragung einer Evaluation der Programme „Soziale Stadt" und „WiN", 2004

Abbildung 2: Der Zusammenhang zwischen der Sozialhilfedichte und dem Anteil der Befragten mit sozialer distanzierter Einstellung gegen über Ausländern in den Ortsteilen von Bremen (Angaben in %)

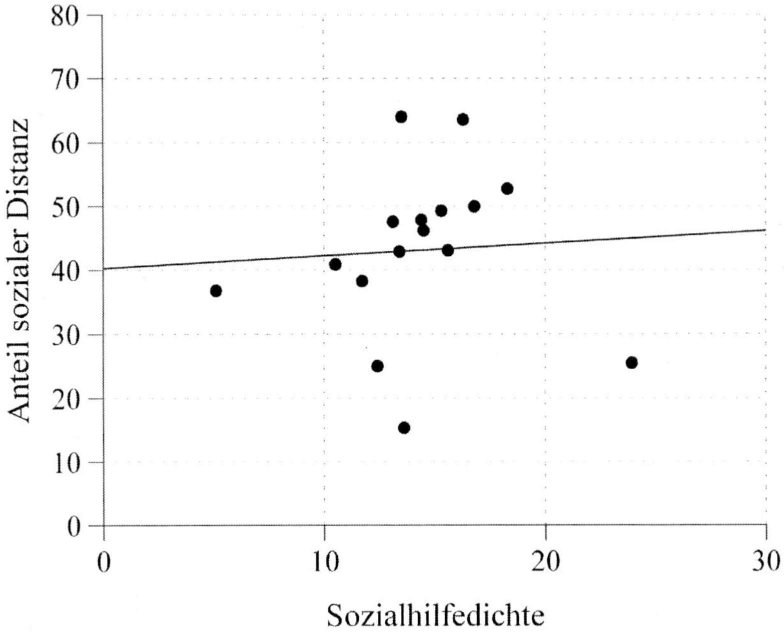

Datenbasis: Bewohnerbefragung einer Evaluation der Programme „Soziale Stadt" und „WiN", 2004

Mit Hilfe von Streudiagrammen sowie den jeweils zugeordneten Regressionsgeraden wird der Zusammenhang zwischen der ethnischen Segregation und einem erhöhten Anteil von Problemgruppen (Beziehern von Sozialhilfe) auf das Ausmaß sozialer Distanz – zunächst einmal auf der Aggregatebene der einzelnen Ortsteile – untersucht. Bezogen auf den Prozentsatz der Ausländer im Wohnquartier (vgl. Abbildung 1) lässt sich ein schwach positiver linearer Zusammenhang aufzeigen: je höher der Anteil der Ausländer, desto höher das Ausmaß sozialer Distanz. Dieser Befund steht damit zunächst konträr zu den nach der Kontakt-Hypothese formulierten Erwartungen, und ist damit im Sinne eines Gefühls von erhöhter Bedrohung der deutschen Mehrheitsbevölkerung durch einen zunehmenden Anteil von Ausländern zu interpretieren.

Demgegenüber entspricht der, wenn auch nur gering ausgeprägte, positive Zusammenhang zwischen der Sozialhilfedichte und dem Ausmaß an sozial distanzierter Einstellung (vgl. Abbildung 2) der zuvor prognostizierten Richtung: je größer der Anteil der Sozialhilfebezieher im Quartier, desto höher die soziale Distanz gegenüber den Ausländern. Bei genauer Analyse ist ein gleichgerichteter Zusammenhang zwischen dem Ausländeranteil bzw. der Sozialhilfedichte und dem Ausmaß sozialer Distanz gar nicht verwunderlich, da beide sehr stark miteinander korrelieren.

Multivariate Analyse von sozialer Distanz

In einem nächsten Schritt werden die im Rahmen der deskriptiven Analyse ermittelten Zusammenhänge mit Hilfe einer logistischen Regression auf ihre statistische Signifikanz hin überprüft.[4] Im Rahmen dieses statistischen Verfahrens wird im Folgenden das Risiko berechnet, mit dem eine Person eine sozial distanzierte Einstellung gegenüber den Ausländern im Wohnquartier aufweist. Das Verfahren erlaubt es, den Einfluss der personen- und gebietsbezogenen Merkmale in der Zusammenschau aller Eigenschaften zu überprüfen, um so den etwaigen Effekt einzelner Merkmale – unter Kontrolle weiterer Attribute – in einer „reinen" Form zu bestimmen.

Zunächst werden in einem Modell 1 (vgl. Tabelle 2) ausschließlich personenbezogene, sozio-demographische Merkmale analysiert. Im Wesentlichen können die in der deskriptiven Betrachtung ausgewiesenen Zusammenhänge bestätigt werden. So besteht insbesondere bei Personen im Alter von 45 bis 64 Jahren ein hohes Risiko, soziale Distanz gegenüber Ausländern zu empfinden. Aber auch bei Facharbeitern und Meistern zeigt sich ein hoher Grad an sozialer Distanz. Der stärkste Effekt ist allerdings bei den nicht erwerbstätigen Bewohnern festzustellen. Bei dieser Gruppe erhöht sich das Risiko einer sozial distanzierten Einstellung im Vergleich zu der Referenzgruppe der übrigen Bewohner um 116 Prozent. Allein der in der deskriptiven Analyse aufgezeigte Effekt des Geschlechts erweist sich innerhalb der multivariate Analysen als nicht signifikant und wird daher in den Modellen nicht weiter verfolgt.

---

2 Im Ortsteil Tenever war zum Zeitpunkt der Befragung ein großer Teil des Gebäude- und Wohnungsbestands aufgrund der Insolvenz eines Immobilienunternehmers von einer mangelnden Instandhaltung und einer zunehmenden Verwahrlosung geprägt. Daher ist anzunehmen, dass die Ausländerproblematik aufgrund der vermeintlich drängenderen Themen des „Zustands der Wohngebäude" sowie der Anhäufung von „Müll, Schmutz und Dreck" stark in den Hintergrund gerückt war. Aufgrund der besonderen Situation wird der Ortsteil Tenever daher von den nachfolgenden Analysen ausgeschlossen (vgl. Farwick 2008).

Tabelle 2: Risiko der Herausbildung von sozialer Distanz gegenüber Ausländern im Wohnquartier nach personen- und gebietsbezogenen Merkmalen (logistische Regression)

	Model 1		Model 2		Model 3		Model 4	
	Individual-merkmale		Individualmerkmale + gebietsbezogene Merkmale		Individualmerkmale + gebietsbezogene Merkmale		Individualmerkmale + gebietsbezogene Merkmale	
	b	*Δr*	*b*	*Δr*	*b*	*Δr*	*b*	*Δr*
Konstante	-0,520 ***		-1,919 ***		-0,663 ***		-0,815 ***	
Gebietsbezogene Merkmale								
Ausländeranteil			-0,053 **	-5,2				
Sozialhilfedichte			0,175 ***	19,1				
Ausländeranteil über 15 %					-0,705 ***	-50,6		
Sozialhilfedichte über 13 %					1,027 ***	179,3		
Ausländeranteil über 15 %							-0,721 ***	-51,4
Sozialhilfedichte über 13 % × Wohndauer im Quartier über 5 Jahre							1,211 ***	235,7
Personenbezogene Merkmale								
Alter 25-44 Jahre	-	-	-	-	-	-	0,516 **	67,5
Alter 45-64 Jahre	0,432 ***	54,0	0,432 ***	54,0	0,462 ***	58,7	0,628 ***	87,4
Facharbeiter, Meister	0,368 *	44,5	0,342 *	40,8	-	-	-	-
Nicht erwerbstätig	0,772 **	116,4	0,801 **	122,8	0,762 **	114,3	0,711 *	103,6
Fälle	652		652		652		652	
LR chi^2 (FG)	15,69(3)***		28,51(5)***		36,28(4)***		55,04(5)***	
Pseudo-R^2 (McF)	0,02		0,03		0,04		0,06	

Signifikanz: p < 0,01:***; p < 0,05:** p < 0,10:*; Berechnung der prozentualen Veränderung des Risikos: *Δr = ((exp(b)-1)* 100;*
Quelle: Eigene Berechnungen; Datenbasis: Bewohnerbefragung Evaluation der Programme „Soziale Stadt“ und „WiN“, 2004

In einem Modell 2 werden nun die gebietsbezogenen Merkmale des Anteils der Ausländer und der Sozialhilfedichte im Ortsteil zusätzlich überprüft. Anhand der Zunahme des Verhältniswerts „G" des Likelihood-Ratio-Tests wird deutlich, dass die gebietsbezogenen Merkmale einen zusätzlichen Teil der Varianz an sozialer Distanz unter den deutschen Bewohnern erklären. Zudem bleiben die Effekte der personenbezogenen Merkmale hoch signifikant und die Ausprägungen der Koeffizienten stabil – ein Sachverhalt, der sowohl die Erklärungskraft der personenbezogenen Charakteristika, als auch der beiden neu einbezogenen gebietsbezogenen Merkmale unterstreicht.

Wesentlich ist, dass die beiden gebietsbezogenen Merkmale einen statistisch hoch signifikanten linearen Zusammenhang mit dem Risiko der sozialen Distanz aufweisen und zwar – und das ist besonders bedeutsam – in den auf der Basis der theoretischen Überlegungen prognostizierten Richtungen. Den stärkeren *positiven* (distanzverstärkenden) Effekt weist die Sozialhilfedichte auf. So nimmt das Risiko der sozialen Distanz der Bewohner bei einer Erhöhung der Sozialhilfedichte im Ortsteil um einen Prozentpunkt um einen Wert von 19 Prozent zu. Unter Kontrolle des negativen Effekts der Sozialhilfedichte weist der Anteil der Ausländer zudem einen *negativen* (distanzverringernden) Effekt auf. Demnach vermindert sich das Risiko der sozialen Distanz der Bewohner bei einer Erhöhung des Ausländeranteils im Ortsteil um einen Prozentpunkt um einen Wert von 5 Prozent.

Die Analysen verdeutlichen, dass es sich bei den gebietsbezogenen Auswirkungen des Ausländeranteils und der Sozialhilfedichte um zwei sich gegenseitig überlagernde, unabhängige und – gemäß der theoretischen Überlegungen – entgegengesetzt wirkende Zusammenhänge handelt: Wird der durch die Sozialhilfedichte beschriebene Effekt einer steigenden sozialen Distanz, der sich aus einer verstärkten sozialen Belastung im Quartier ergibt, regressionsanalytisch kontrolliert, dann lässt sich gleichzeitig ein distanzvermindernder Effekt des Ausländeranteils im Sinne der *Kontakt-Hypothese* aufzeigen.

Die Einflüsse der beiden gebietsbezogenen Merkmale gewinnen weiter an Bedeutung, wenn diese für festgeschriebene Schwellenwerte des Ausländeranteils sowie der Sozialhilfedichte berechnet werden (vgl. Modell 3). Zunächst zeigt der Verhältniswert des Likelihood-Ratio-Tests (G), dass sich der Anteil an erklärter Varianz durch das Modell 3 weiter verbessert. Zudem verliert das personenbezogene Merkmal des Facharbeiters bzw. Meisters seinen signifikanten Einfluss. Wesentlich ist, dass sich die Koeffizienten der beiden gebietsbezogenen Merkmale unter der Betrachtung von Schwellenwerten deutlich erhöhen. So nimmt das Risiko der sozialen Distanz in den Ortsteilen mit einer Sozialhilfedichte von über 13 Prozent gegenüber der Referenzgruppe der Bewohner in den übrigen Gebieten um 179 Prozent zu. Entsprechend vermindert sich das Risiko der sozialen Distanz in Ortsteilen mit einem Ausländeranteil von über 15 Prozent gegenüber der entsprechenden Referenzgruppe in den übrigen Gebieten um 51 Prozent.

In einem Modell 4 wird schließlich die Wohndauer als Interaktionseffekt in die Analysen einbezogen. Einerseits ist zu vermuten, dass eine lange Wohndauer in Gebieten mit einem hohen Ausländeranteil die positiven Effekte der im Rahmen der Kontakt-Hypothese beschriebenen Prozesse noch verstärkt. Eine gegenteilige Auswirkung ist andererseits dann zu erwarten, wenn sich die lange Wohndauer auf sozial belastete Gebiete mit einer hohen Sozialhilfedichte bezieht. Auf der Grundlage vorhergehender Berechnungen hat sich gezeigt, dass eine lange Wohndauer im Quartier von über fünf Jahren insbesondere in Verbindung mit einer hohen Sozialhilfedichte auf das Ausmaß der sozialen Distanz wirkt. Daher wird dieser Interaktionseffekt in Modell 4 überprüft. Der noch einmal gestiegene Verhältniswert des Likelihood-Ratio-Tests (G) verweist auf eine weitere Verbesserung des Anteils an erklärter Varianz des Ausmaßes an sozialer Distanz unter den deutschen Bewohnern. Zudem stellt sich unter Einschluss der Wohndauer nun auch ein distanzverstärkender Effekt bei Personen im Alter von 25 bis 44 Jahren ein. Hinsichtlich der gebietsbezogenen Merkmale wird ein weiter erhöhtes Risiko der sozialen Distanz für Bewohner, die fünf Jahre und länger in einem Gebiet mit einer Sozialhilfedichte von über 15 Prozent leben, deutlich. So steigt das Risiko einer sozial distanzierten Einstellung in diesen Gebieten gegenüber der Referenzgruppe der Bewohner in den übrigen Quartieren um 236 Prozent. Es sind also im Wesentlichen die schon länger ansässigen deutschen Bewohner von Quartieren mit einer hohen Sozialhilfedichte, die aufgrund von Gefühlen einer fraternalistischen relativen Deprivation eine verstärkt sozial distanzierte Einstellung gegenüber den Ausländern äußern. Darüber hinaus können gerade bei diesen Bewohnern diffuse Gefühle der Bedrohung der sozialen Identität sowie der Position der Gruppe, die aber nicht auf die erhöhte unmittelbare Präsenz von Migranten im Wohnquartier zurückzuführen sind, eine verstärkte soziale Distanz gegenüber den Ausländern bedingen.

Zusammenfassung

Sozial distanzierte Einstellungen der ansässigen Bevölkerung gegenüber den Migranten stellen eine große Barriere sowohl für die strukturelle als auch soziale Eingliederung der Migranten im Aufnahmeland dar. Die Betrachtung von Ursachen der Herausbildung von sozialer Distanz zeigt, dass ein Einfluss der ethnischen Segregation im Wohnquartier – im Sinne der Theorie der sozialen Identität sowie des Modells der group position – in einem von den Migranten ausgelösten Gefühl der Bedrohung der sozialen Identität bzw. des sozialen Status der ansässigen Bevölkerung bestehen kann. Darüber hinaus kann ein Effekt der ethnischen Segregation – im Sinne der Theorie des realistischen Gruppenkonflikts – durch die Existenz lokaler Interessenkonflikte zwischen ansässigen Deutschen und den Ausländern im Quartier verursacht sein. Ausgehend von der Kontakt-Hypothese ist demgegenüber bei einem höheren Anteil der Migranten im Wohnquartier – aufgrund der verbesserten Möglichkeiten von Intergruppen-Kontakten – ein positiver Effekt zu vermuten.

Erste deskriptive Analysen auf der Basis einer Telefonbefragung in verschiedenen Ortsteilen der Stadt Bremen zeigten zunächst einen bivariaten negativen Zusammenhang zwischen dem Anteil der Ausländer in den Ortsteilen und dem Ausmaß sozialer Distanz. Im Rahmen multivariater Analysen – unter Kontrolle der Sozialhilfedichte der Quartiere (als Indikator für ein sozial belastendes Umfeld) sowie weiterer bedeutender Individualmerkmale – stellte sich aber ein positiver (distanzvermindernder) Effekt des Ausländeranteils im Sinne der Kontakt-Hypothese heraus, während sich mit einem Anstieg der Sozialhilfedichte ein gleichzeitiger, durch Prozesse der fraternalistischen relativen Deprivation begründbarer, Anstieg einer sozial distanzierten Einstellung verband. Unter Berücksichtigung der Wohndauer im Quartier wird schließlich deutlich, dass es vor allem die schon länger ansässigen deutschen Bewohner in sozial belasteten Quartieren sind, bei denen sich die, auf Gefühle der Benachteiligung der Eigengruppe zurückzuführende, soziale Distanzierung gegenüber Ausländern besonders ausgeprägt zeigt.

Literatur

Adorno, Theodor W.; Else Frenkel-Brunswik et al. (1964): The Authoritarian Personality (repr., zuerst 1950). New York.

Ajzen, Icek; Martin Fishbein (1980): Understanding Attitudes and Predicting Social Behavior. Englewood Cliffs, NJ.

Allport, Gordon W. (1954): The Nature of Prejudice. Cambridge, Mass.

Amir, Yehuda (1976): The Role of Intergroup Contact in Change of Prejudice and Ethnic Relations. In: Katz, P.A. (Hrsg.), Towards the Elimination of Racism. New York. S. 245-308.

Barth, Frederik (1996): Introduction. In: Barth, F. (Hrsg.), Ethnic Groups and Boundaries. The Organization of Culture Difference. Boston. S. 9-38.

Blumer, Herbert (1958): Race Prejudice as a Sense of Group Position. In: Pacific Sociological Review 1: 3-7.

Böltken, Ferdinand (1994): Angleichung und Ungleichheit. Einstellungen zur Integration von Ausländern in Wohngebieten in Ost- und Westdeutschland drei Jahre nach der Einheit. In: Informationen zur Raumentwicklung, Heft 5/6: 335-362.

Böltken, Ferdinand (2000): Soziale Distanz und räumliche Nähe. Einstellungen und Erfahrungen im alltäglichen Zusammenleben von Ausländern und Deutschen im Wohngebiet. In: R.; Schmidt, P.; Wasmer, M. (Hrsg.), Deutsche und Ausländer. Freunde, Fremde oder Feinde? Empirische Befunde und theoretische Erklärungen, Wiesbaden. S. 147-194.

Brewer, Marilynn B.; Samuel L. Gaertner (2001): Toward Reduction of Prejudice. Intergroup Contact and Social Categorization. In: Brown, R.; Gaertner, S.L. (Hrsg.): Blackwell Handbook of Social Psychology. Intergroup Processes, Oxford. S. 451-472.
Brown, Rupert (1995): Prejudice. Its Social Psychology. Oxford.
Dollard, John; Leonard W. Doob et al. (1939): Frustration and Aggression. New Haven.
Elwert, Georg (1989): Nationalismus und Ethnizität. Über die Bildung von Wir-Gruppen. In: Kölner Zeitschrift für Soziologie und Sozialpsychologie 41: 440-464.
Esser, Hartmut (1980): Aspekte der Wanderungssoziologie. Assimilation und Integration von Wanderern, ethnischen Gruppen und Minderheiten. Eine handlungstheoretische Analyse. Darmstadt.
Farwick, Andreas (2008): Segregation und Eingliederung. Zum Einfluss der räumlichen Konzentration von Zuwanderern in städtischen Gebieten auf den Eingliederungsprozess. Wiesbaden (im Erscheinen).
Fuchs, Dieter; Gerhards, Jürgen; Roller, Edeltraut (1993): Ethnozentrismus in den zwölf Ländern der europäischen Gemeinschaft. In: Kölner Zeitschrift für Soziologie und Sozialpsychologie 45: 238-253.
Ganter, Stephan (1997): Determinanten ethnischer Grenzziehung. Mikroanalytische Grundlagen und Erklärungsansätze. Arbeitspapier Arbeitsbereich III/ Nr. 21, Mannheim: Zentrum für Europäische Sozialforschung.
Gurr, Ted R. (1970): Why Men Rebel. Princeton, NJ.
Hamberger, Jürgen; Miles Hewstone (1997): Inter-ethnic Contact as a Predictor of Blatant and Subtle Prejudice. Tests of a Model in Four West European Nations. In: British Journal of Social Psychology 36: 173-190.
Hewstone, Miles (2004): Neuere Forschungen über Intergruppenkonflikte. Konsequenzen für den Umgang mit Migration und Integration. Veröffentlichung der Arbeitsstelle Interkulturelle Konflikte und gesellschaftliche Integration. Wissenschaftszentrum Berlin für Sozialforschung (WZB).
Hewstone, Miles; Rupert Brown (1986): The Intergroup Contact Hypothesis Reconsidered. In: Hewstone, M.; Brown, R. (Hrsg.): Contact and Conflict in Intergroup Encounters. Oxford. S. 1-44.
Hill, Paul Bernhard (1984): Räumliche Nähe und soziale Distanz zu ethnischen Minderheiten. In: Zeitschrift für Soziologie 13: 363-370.
Küchler, Manfred (1996): Xenophobie im internationalen Vergleich. In: Falter, J.; Jaschke, H.G.; Winkler, J.R. (Hrsg.): Rechtsextremismus. Ergebnisse und Perspektiven der Forschung. Opladen. S. 248-262.
LeVine, Robert A.; Donald T. Campbell (1972): Ethnocentrism. Theories of Conflict, Ethnic Attitudes, and Group Behavior. New York.
Oliver, J. Eric; Tali Mendelberg (2000): Reconsidering the Environmental Determinants of White Racial Attitudes. In American Journal of Political Science 44: 574-589.
Oliver, J. Eric; Janelle Wong (2003): Intergroup Prejudice in Multiethnic Settings, in: American Journal of Political Science 47: 567-582.
Park, Robert E. (1950): The Concept of Social Distance (repr., zuerst 1924). In: Park, R.E.: Race and Culture. Glencoe, IL. S. 256-260.

Pettigrew, Thomas F. (1998): Intergroup Contact Theory. In: Annual Review of Psychology 49: 65-85.

Pettigrew, Thomas F.; Roel W. Meertens (1995): Subtle and Blatant Prejudice in Western Europe. In: European Journal of Social Psychology 25: 57-75.

Quillian, Lincoln (1995): Prejudice as a Response to Perceived Group Threat. Population Composition and Anti-Immigrant and Racial Prejudice in Europe. In: American Sociological Review 60: 586-611.

Rippl, Susanne; Christian Seipel (2002): Ökonomische Lage, Bildungsniveau und Fremdenfeindlichkeit. Die Bedeutung von Autoritarismus und Anomie. Ein theoriegeleitetes Modell. In: Boenke, K. u.a. (Hrsg.), Jugendgewalt und Rechtsextremismus. Weinheim. S. 79-92.

Runciman, W.G. (1966): Relative Deprivation and Social Justice. A Study of Attitudes to Social Inequality in Twentieth-Century England. London.

Sherif, Muzafer (1967): Group Conflict and Co-Operation. Their Social Psychology, London.

Tajfel, Henri (1969): Cognitive Aspects of Prejudice. In: Journal of Social Issues 25: 79-97.

Tajfel, Henri; Turner, John C. (1979): An Integrative Theory of Intergroup Conflict. In: Austin, W.G.; Worchel, S. (Hrsg,): The Social Psychology of Intergroup Relations, Monterey. S. 33-47.

Zick, Andreas (1997): Vorurteile und Rassismus. Eine sozialpsychologische Analyse. Münster.

Ayça Polat

Zu den Ursachen und Folgen sozialer und ethnischer Segregation an Grundschulen

Einleitung

Der jüngste Bildungsbericht der Bundesregierung bestätigt einmal mehr, dass Kinder und Jugendliche aus bildungsfernen Schichten und aus Migrantenfamilien die schlechtesten Bildungschancen in Deutschland haben. Auch sieben Jahre nach der Veröffentlichung der Ergebnisse der ersten PISA-Studie sind deutliche Diskrepanzen zwischen den Bildungsabschlüssen der Kinder mit und ohne Migrationshintergrund festzustellen. Was ein Hinweis dafür ist, dass das deutsche Bildungssystem dem eigenen Postulat, dass soziale, kulturelle oder ethnische Ungleichheiten vermieden werden oder durch eine optimale Förderung ausgeglichen werden sollten, nicht gerecht werden kann (Loeber/Scholz 2003). So lautet ein zentrales Ergebnis des Bildungsberichtes von 2008: „Mit einem höheren sozioökonomischen Status gehen bis zu dreimal geringere Hauptschul- und bis zu fünfmal höhere Gymnasialbesuchsquoten einher. Internationale Schulleistungsstudien zeigen, dass die Kopplung zwischen sozialem Status der Herkunftsfamilie und erworbenen Kompetenzen in Deutschland nach wie vor stärker ausgeprägt ist als in anderen Staaten. Auch der Hochschulzugang erzeugt neue Disparitäten: Kinder aus Akademikerfamilien nehmen bei gleichen Abiturnoten häufiger ein Studium auf als Kinder aus nichtakademischen Elternhäusern“ (Bildungsbericht 2008: 11). Insgesamt wird der Einfluss des sozialen Status der Herkunftsfamilie bis zum Übergang in die Hochschule verstärkt. Verstärkt wird der Effekt der Benachteiligung durch den Migrationshintergrund der Schüler und Schülerinnen: „Migrationshintergrund führt in allen Stufen des Schulsystems zu Benachteiligungen. Schülerinnen und Schüler mit Migrationshintergrund sind selbst bei gleichem Sozialstatus seltener auf dem Gymnasium und häufiger in den niedriger qualifizierenden Schularten. Ausländische Jugendliche verlassen doppelt so häufig wie deutsche eine allgemeinbildende Schule, ohne zumindest den Hauptschulabschluss zu erreichen, während deutsche dreimal so häufig die Hochschulreife erwerben“ (ebd.). Etwa 48 Prozent der Jugendlichen mit Migrationshintergrund der Jahrgangsstufe 9, mit einem niedrigen sozioökonomischen Status, besuchen die Hauptschule und lediglich 10 Prozent von ihnen das Gymnasium.

Bei der Vergleichsgruppe ohne Migrationshintergrund liegt der Anteil an den Hauptschulen bei 33 Prozent und an den Gymnasien bei 15 Prozent (ebd.: 254).[1]

Diese Ergebnisse sind umso besorgniserregender, als das mittlerweile in vielen Städten Deutschlands der Anteil der Kinder mit Migrationshintergrund über 25 Prozent ausmacht (in den Großstädten liegt der Anteil z.T. bei über 50 Prozent) und diese Tendenz steigend ist.

Als Erklärung für den Bildungserfolg der Kinder werden neben der Schichtzugehörigkeit der Eltern, die Sprachkenntnisse des Kindes, vorheriger Kindergartenbesuch und die Zusammensetzung der Schülerschaft an der jeweiligen Schule oftmals genannt. Die internationalen Vergleichsstudien haben aber auch verdeutlicht, dass die Schulsysteme und Schulkonzepte der Länder sich jeweils förderlich und hinderlich auf die Bildungschancen von benachteiligten Kindern auswirken (vgl. Pisa-Konsortium Deutschland 2004). In den Ländern, in denen spät selektiert wird (z.B. Finnland oder Kanada), ist die Bildungsbenachteiligung am geringsten. Deutschland gehört zu den Ländern, die am frühesten selektieren. Durch das dreigliedrige Schulsystem werden entscheidende Weichenstellungen hinsichtlich der Schullaufbahn bereits nach der vierten Klasse gelegt. Ein Wechsel von einer weiterführenden Schule auf eine andere „höhere" Schule stellt später eher die Ausnahme als den Regelfall dar. Ditton (2004) kritisiert hierbei auch das Empfehlungsverhalten der Lehrer in Abhängigkeit vom Bildungsstand der Eltern. Die Brisanz bestehe in der ungleichen Behandlung, die in Unabhängigkeit von der eigentlichen Leistung geschieht und an der entscheidenden Gelenkstelle des deutschen Schulsystems, dem Übergang von der Grundschule auf eine weiterführende Schulform, stattfindet (Ditton 2004: 258f.). Damit stellen die Grundschulen die zentralen Institutionen für Bildungsverläufe dar.

Die Bedingungen an Grundschulen können nicht losgelöst von ihrem sozialräumlichen Kontext betrachtet werden, oftmals schlagen sich soziale und ethnische Entmischungsprozesse in Stadtteilen auch in der Zusammensetzung der Schülerschaft nieder. Wenn sich die Bewohnerschaft eines Quartiers aus vielen Benachteiligten und aus Migrantenfamilien zusammensetzt, geht damit auch ein prozentual hoher Anteil an Kindern mit Migrationshintergrund und aus sozial benachteiligten Familien an den im Quartier liegenden Schulen einher. Diese Zusammensetzung der Schülerschaft stellt eine große Herausforderung an die Schulen im Quartier dar. Häufig werden diese Schulen als sogenannte „Problemschulen" von der Öffentlichkeit wahrgenommen (ein besonders markantes Beispiel dafür ist die Rütli-Schule in Berlin-Neukölln). Gleichwohl gibt es Schulen, die trotz eines hohen Anteils an Schülern und Schülerinnen aus benachteiligten Familien hervorragende Integrationsarbeit

1 Hierbei zeigen sich geschlechtsspezifische Unterschiede auf; das Risiko des Scheiterns im Bildungssystem hat insbesondere für die Schüler mit Migrationshintergrund zugenommen (ebd.: 12).

leisten (auf konkrete Beispiele soll noch eingegangen werden) – diese erlangen allerdings selten öffentliche Aufmerksamkeit.

Ausgehend von der These, dass benachteiligte Wohngebiete selbst benachteiligend auf die Bildungschancen der Kinder im Quartier wirken können, wird in diesem Beitrag, am Beispiel eines Stadtteils im Ruhrgebiet, auf die folgenden Fragen eingegangen:

Welche Ursachen haben soziale und ethnische Entmischungsprozesse an Grundschulen?

Welche Konsequenzen können Ausschließungsprozesse an Schulen für Kinder aus bildungsfernen Schichten bzw. aus Migrantenfamilien haben?

Wie wirken sich die Entmischungsprozesse an Grundschulen auf das Zusammenleben im Quartier aus?

Dazu wird im Folgenden der Stadtteil in kurzer Form vorgestellt und anschließend auf die Hintergründe für Entmischungsprozesse an den Grundschulen eingegangen. Auf die Nennung des Quartiers und der Grundschulen wird bewusst verzichtet, da es hier um ein Beispiel für Ausschließungsprozesse auf institutioneller Ebene gehen soll.

Merkmale des Stadtteils S.

S. ist als klassisches Arbeiterviertel entstanden, gewachsen in der unmittelbaren Nähe der Industrie. Werkswohnungsbau und Mietwohnungsbau für die Arbeiter haben die Baustruktur des Stadtteils geprägt. Über die großen Werke ist auch die erste Einwanderergeneration in den Stadtteil gekommen. Inzwischen hat S. einen vergleichsweise hohen und weiter wachsenden Bevölkerungsanteil von Menschen mit Migrationshintergrund. In einzelnen Straßenzügen oder Wohnanlagen haben sich ethnisch segregierte Standorte herausentwickelt. 2006 hatten ca. 17,1 Prozent der Einwohner von S. einen ausländischen Pass (bzw. 23,9 Prozent, wenn man die Doppelstaatler dazu rechnet). Die Gesamtzahl aller Personen mit Migrationshintergrund dürfte um einiges höher sein als die Zahl der Personen mit ausländischem Pass. Die türkischen Migranten stellen mit Abstand die größte Gruppe unter den Bewohnern nichtdeutscher Herkunft in S. dar.

Etwa 33 Prozent der Gesamtbevölkerung von S. im Alter von 0–17 hat eine ausländische Staatsbürgerschaft bzw. neben der deutschen noch eine weitere Staatsbürgerschaft. Die Tendenz ist steigend, so dass die Integrationschancen dieser jüngeren Bevölkerungsgruppe von besonderer Relevanz sind. Mit dem Anstieg des Anteils der Bevölkerung mit Migrationshintergrund nahm in den letzten Jahren, im Zuge des wirtschaftlichen Strukturwandels und dem Anstieg des Arbeitslosenanteils, auch die soziale Segregation im Quartier zu. Ein Indikator für die Betroffenheit von Arbeitslosigkeit und Armut im Stadtteil ist der hohe Anteil der Bezieher von Transferleistungen an der Wohnbevölkerung. 2006 bezogen in S. 20,9 Prozent der Bewohner Transferleistungen. Dabei war der Anteil der Migranten, die auf Transferleistungen angewiesen sind, mit 38,3 Prozent deutlich höher als der Durchschnitt des Stadtteils. Wenn man als 'Armutsrisiko' ein Pro-Kopf-Einkommen definiert, das unter fünfzig Prozent des durchschnittlichen Pro-Kopf-Einkommens liegt, dann waren im südlichen Teil des Stadtteils 21,6 Prozent der Einwohner potenziell von Armut betroffen.

Die soziale Segregation in S. ist auch eine Folge selektiver Wanderungsprozesse von Haushalten, die über ausreichendes soziales und ökonomisches Kapital für einen Wohnungswechsel verfügen. Viele der so genannten „besseren Haushalte" sind aus dem als problembelastet und unattraktiv geltendem Quartier weggezogen. Die (Grund-)Schulwahl kann als Motor von Entmischungsprozessen in Quartieren angesehen werden. Aus Angst um die Qualität der Bildung für ihre Kinder verlassen Eltern ein Quartier, wenn die anliegenden Schulen einen hohen Anteil von Kindern mit Migrationshintergrund haben. In manchen Regionen Hamburgs konnte festgestellt werden, dass bis zu 27 Prozent der Neuanmeldungen aus einem „fremden" Einschulungsbereich ausgingen (Schulz 2000: 466).

Auch für die Abwanderungsprozesse im Stadtteil S. dürfte das schlechte Image einzelner Schulen im Quartier eine nicht zu unterschätzende Wirkung gehabt haben. Trotz der Abwanderungsprozesse gibt es in S. aber auch Straßenzüge mit ökonomisch besser gestellten Haushalten, deren Interessen bei Schulstandortentscheidungen eine bedeutende Rolle spielen bzw. gespielt haben. Darauf soll im Folgenden genauer eingegangen werden.

Soziale und ethnische Segregation an den Grundschulen in S.

In S. gibt es derzeit vier Grundschulen, zwei städtische, eine katholische und eine evangelische. Während die städtischen Grundschulen mit über 50 Prozent bzw. 95 Prozent einen sehr hohen Anteil an Schülern und Schülerinnen mit Migrationshintergrund aufweisen, liegen die Höchstquoten für die Aufnahme von Kindern mit Migrationshintergrund an den konfessionellen Grundschulen bei 10 Prozent bzw. bei 25 Prozent. Dies kommt im Wesentlichen dadurch zustande, dass sich die konfessionellen Grundschulen ihre Schülerschaft aussuchen können und die städtischen Grundschulen prinzipiell alle aufnehmen müssen. Aber auch die Tatsache, dass Eltern aus den höheren sozialen Schichten ihre Kinder an den konfessionsfreien Schulen abmelden, führt zu starken Entmischungsprozessen an den Schulen. Wie eine Expertin berichtete, gehen dafür bildungsbewusste Eltern manchmal auch den Weg, ihr Kind nur deshalb taufen zu lassen, damit es auf einer Konfessionsschule aufgenommen wird. Dabei wird oft davon ausgegangen, dass ein hoher Anteil an Kindern mit Migrationshintergrund, z.B. aufgrund von Sprachproblemen, zwangsläufig zu Leistungsabfall an einer Schule führen muss.

Derzeit gibt es in Deutschland nur wenige Studien, die den Zusammenhang zwischen der sozialen und ethnischen Zusammensetzung einer Klasse und dem erreichten Leistungsniveau untersuchen. Innerhalb der wissenschaftlichen Diskussion über solche so genannten Kompositionseffekte gibt es unterschiedliche Positionen. Die wissenschaftliche Diskussion über solche so genannten Kompositionseffekte, die mit der Zusammensetzung der Schülerschaft einhergehen, ist allerdings recht uneinig über das tatsächliche Ausmaß der Auswirkungen. Zwei Grundpositionen liegen ihr zu Grunde: „Auf der einen Seite steht Colemans berühmte Studie von 1966 ‚Equality of Educational Oppurtunity', in der er feststellt, dass die soziale Zusammensetzung der stärkste die Schulleistung beeinflussende Faktor einer Schule sei, auf der anderen Seite sind die grundlegenden Arbeiten von Hauser (1970) und Hauser, Sewell und Alwin (1976) zu nennen, in denen diese zum Schluss kommen, dass die meisten berichteten Kontexteffekte nicht weiter als das Resultat fehlspezifischer Modelle seien" (Baumert et al. 2006: 104).

Eine in diesem Zusammenhang relevante deutsche Studie ist die von Ditton und Kriskon (2006). Sie haben die Auswirkungen sozialräumlicher Segregation auf den schulischen Kompetenzerwerb im Rahmen einer Vollerhebung an Grundschulen in Berlin untersucht. Ein zentrales Ergebnis der Studie ist, dass die Zusammensetzung der Schulklassen nach sozialen Merkmalen wie Muttersprachlichkeit, Bildungsstatus der Eltern oder Buchbesitz im Elternhaus für den Lernerfolg bedeutsam ist. Selbst unter Kontrolle der kognitiven Grundfähigkeiten der Schülerschaft, damit sind die unterschiedlichen Eingangsbedingungen der Schüler und Schülerinnen gemeint, wird von erheblichen Kompositionseffekten ausgegangen. Für den weiteren Schulverlauf prognostizieren die Autoren: „Die Hoffnung darauf, dass sich im weiteren Verlauf der Schulzeit eine Angleichung der Leistungsniveaus abzeichnen könnte, ist nicht hoch anzusetzen. Vielmehr ist wahrscheinlich, dass das Leistungsgefälle weiter zunehmen wird, (...) und insofern auch die Grundschulen im Vergleich untereinander als differenzielle Entwicklungsmilieus anzusehen sind." (Ditton/Krüsken 2006: 153). Eine weitere Studie, die sich mit dem Einfluss des Migrantenanteils an Schulen auf den Bildungserfolg beschäftigt, ist die von Schulz (2000). Er hat dazu in den Berliner Bezirken Kreuzberg und Steglitz Grundschulen nach ihren Gymnasialempfehlungen in Abhängigkeit der sozioökonomischen Stellung und des Migrantenanteils in der Schülerschaft untersucht. Verglichen wurden die Daten für die Schuljahre 1991/92 und 1998/99. Schulz kann in seiner Studie feststellen, dass ein enger Zusammenhang zwischen den Sozialindizes eines Stadtteils und dem Anteil der Gymnasialempfehlungen besteht. Für Kreuzberg konstatiert er eine Bildungsbenachteiligung durch den Schulstandort (ebd.).

Daten aus PISA weisen ebenfalls auf einen Zusammenhang zwischen dem Kompetenzerwerb und der Zusammensetzung der Schülerschaft an einer Schule hin. Eine von Stanat (2003) durchgeführte Mehrebenenanalyse auf Grundlage von PISA-Daten kommt zu dem Ergebnis, dass Schüler aus bildungsfernen Schichten durch den Besuch von sozial und ethnisch segregierten Schulen eine zusätzliche Benachteiligung erfahren. Allerdings weist Stanat darauf hin, dass es sich bei diesen Kompositionseffekten um nicht lineare handelt. Es lassen sich bei den Schülern und Schülerinnen dieser Schulen Rückgänge in den Testleistungen feststellen, aber das Leistungsniveau verringert sich nicht weiter, wenn ein bestimmter Anteil überschritten ist (Stanat 2003). So lässt sich bei einem Anstieg des Migrantenanteils von über 20 Prozent keine weitere Benachteiligung feststellen (ebd.).

Mittlerweile gibt es gerade in den Großstädten Deutschlands viele Schulen, an denen die 20-Prozentmarke (Migrantenanteil) überschritten wird.[2] Die Heterogenität in der Klassenzusammensetzung wird also immer mehr zum „Normalfall". Dass dieser „Normalfall" nicht zwangsläufig mit Leistungsabfall einhergehen muss, zeigen gute Beispiele. Hervorzuheben ist in diesem Zusammenhang z.B. die Grundschule „Kleine Kielstraße" in Dortmund Nordstadt. Sie ist die Gewinnerin des Deutschen Schulpreises 2006 und liegt mitten in der Nordstadt von Dortmund. 83 Prozent der Schüler kommen aus Migrantenfamilien. Die Schule ist hinsichtlich pädagogischer Konzepte neue Wege gegangen und nimmt die Eltern in die Pflicht. Ihr gelingt es, den hohen Anteil ihrer Schülerschaft mit Migrationshintergrund als positive Herausforderung wahrzunehmen und für sie Chancengleichheit zu gewährleisten. Zwei Drittel des Jahrgangs 2004 konnte ihren Schulbesuch auf einem Gymnasium bzw. einer Gesamtschule fortsetzen. Die überwiegende Mehrheit von ihnen hat einen Migrationshintergrund. Weitere positive Beispiele sind die Gesamtschulen Mümmelmannsberg und Max Brauer-Schule in Hamburg.

Als vorbildhaft konnte bislang auch die Integrationsarbeit an einer der beiden nichtkonfessionellen Grundschulen in S. bezeichnet werden. An dieser Grundschule lag der Anteil der Kinder aus bildungsfernen Schichten bzw. mit Migrationshintergrund bei über 95 Prozent. Die Schule hat vor dieser Herausforderung nicht kapituliert, statt dessen wurden innovative Schulkonzepte entwickelt bzw. durchgeführt. Besondere Merkmale der Schule sind eine gezielte Sprachförderung in der Schuleingangsphase für Schüler und ihre Eltern, klassenübergreifende Arbeit, Montessori-Pädagogik, ein Förderkonzept im Bereich Mathematik und Sprache in den 3. und 4. Klassen, muttersprachlicher Unterricht in türkischer Sprache, Hausaufgabenbetreuungsgruppen bis 16.00 Uhr und vorschulische Kurse. Darüber hinaus kooperiert die Schule eng mit außerschulischen Einrichtungen vor Ort. Sie ist zu den 390 innovativsten Schulen Deutschlands gewählt worden. Durch ihre Konzepte

2 Dies gilt zum Beispiel für über die Hälfte der Schulen in Bremen.

gelingt es der Schule, trotz der überwiegend schlechten Ausgangsbedingungen der Schülerschaft, vielen Kindern den Sprung auf das Gymnasium oder auf die Realschule zu ermöglichen und sie vor einer Überweisung auf eine Förderschule zu retten.

Als Folge des Rückgangs von Schülerzahlen in der gesamten Stadt um rund 20 Prozent mussten Schulstandorte geschlossen werden, die nicht mindestens zweizügig sind. In S. musste die Entscheidung darüber getroffen werden, welche der vier Grundschulen geschlossen wird. Die Konfessionsschulen des Stadtteils und ihre Interessensgruppen reagierten auf die Schließungspläne mit zahlreichen öffentlichkeitswirksamen Kampagnen und Veranstaltungen (Demos, Lichterketten, Presseerklärungen, Bürger-Foren mit Internetseiten). Letztendlich wurde beschlossen, die nichtkonfessionelle Grundschule zu schließen, die bislang vorbildhafte Integrationsarbeit geleistet hat.

Von den Experten und Expertinnen wird die Schließung ausgerechnet dieser Grundschule als eine katastrophale Entwicklung für die Kinder aus bildungsfernen Schichten bezeichnet. Es wird als eine Entscheidung gesehen, die im Wesentlichen den Interessen der Kirchen und der Mittelschicht entspricht. Die politische Lobby der konfessionellen Schulen und der Mittelschichtsangehörigen im Quartier wird als sehr stark eingeschätzt, die der Migrantenfamilien hingegen als sehr schwach. Kritisiert wird hierbei die Orientierung der konfessionellen Grundschulen an einen bestimmten Schülertypus, die Vernachlässigung der Kinder aus bildungsfernen Schichten und die mangelnde Anerkennung der Bikulturalität und Zweisprachigkeit als Ressource. Der Bildungsexperte Radtke (2003) beschreibt solche Selektionsprozesse als die Reproduktion von gesellschaftlichen Strukturen durch das Bildungssystem und spricht von „indirekter institutioneller Diskriminierung“.

Das Auftreten der Interessengruppen der Konfessionsschulen hat nicht nur Folgen für die Bildungschancen von Migrantenkindern, es hat auch zu Polarisierungsprozessen innerhalb der Bewohnerschaft geführt und dem Klima im Stadtteil deutlich geschadet. Dass es bei diesen Konflikten nicht immer um eine sachliche Diskussion ging, in der die Verbesserung der Bildungschancen der Kinder im Vordergrund stand, wird auch aus der folgenden Aussage einer Expertin deutlich: „Die konfessionellen Schulen sehen sich als Bollwerk gegenüber Islamisierungstendenzen im Stadtteil“.

Die Schließung der Schule wird zur Folge haben, dass das vorbildliche Schulkonzept der Schule nicht fortgeführt werden kann und die Segregation an der verbleibenden nichtkonfessionellen Grundschule im Stadtteil zunehmen wird. Es ist auch nicht zu erwarten ist, dass die konfessionellen Schulen in Zukunft mehr Kinder mit Migrationshintergrund aufnehmen werden. Zudem lässt sich die Landesvorgabe „kurze Beine – kurze Wege“, damit ist die wohnortnahe Versorgung aller Kinder mit einer Grundschule gemeint, mit diesem Entschluss nicht mehr realisieren.

Für die Kinder, die nicht an den konfessionellen Schulen aufgenommen werden, wird es in Zukunft bedeuten, dass sie weitere Schulwege in Kauf nehmen müssen.

Fazit

An diesem Beispiel wird deutlich, dass eine Schule, die sich der zunehmenden Heterogenisierung der Schülerschaft in positiver Weise gestellt hat, gegenüber Schulen, in denen die soziale, ethnische und religiöse Homogenität der Schülerschaft im Vordergrund steht, aus rein politischen Gründen, sich geschlagen geben muss. Die Interessen der Kirchen und ihrer politischen Vertreter folgen hier einer anderen Logik, als das was bildungspolitisch in einem Stadtteil wie S. notwendig gewesen wäre. Das Beispiel zeigt auch, dass solche Abgrenzungstendenzen von Vertretern relevanter Bildungsinstitutionen nicht nur zu Entmischungsprozessen an Schulen führen, sie können auch soziale Spaltungen im Quartier verfestigen. Es ist anzunehmen, dass diese Tendenzen durch den Wegfall von Schulbezirksgrenzen und der freien Schulwahl für Eltern weiter zunehmen werden.

Wenn Bildungsinstitutionen und politisch Verantwortliche es mit der Herstellung von Chancengleichheit ernst nehmen, müssen sie sich von der Orientierung an einem monokulturellen Habitus und der sozialen Homogenität der Schülerschaft loslösen und über gemeinsame Strategien und Konzepte im Umgang mit einem hohen Anteil an Kindern aus bildungsfernen Schichten nachdenken. Erforderlich sind hierbei Maßnahmen, die die Potentiale aller Kinder soweit wie möglich ausschöpfen und fördern. Dies gilt besonders für die Bildungsinstitutionen in sozial und ethnisch segregierten Quartieren. Gerade in solchen Quartieren können Schulen eine Schlüsselfunktion für die Integration der Bewohnerschaft haben. Sie sind nicht nur Orte, in denen über Bildungsverläufe entschieden wird, als Stadtteilschulen können sie auch entscheidend für den (interkulturellen) Austausch im Quartier sein und durch die Stadtteilöffnung etwas zur Verbesserung des Bildungsniveaus der Bewohner beitragen.

Schulsegregation kann zu dauerhaften Veränderungen in der sozialen Zusammensetzung eines Quartiers führen und gefährdet damit die kulturelle und soziale Integrationskraft einer Stadt (Häußermann 2002: 78). Um das Mischungsverhältnis in Quartieren zu verbessern, sollten Grundschulen in benachteiligten Quartieren durch gezielte Maßnahmen und Angebote für die ökonomisch besser gestellten Haushalte zu „attraktiven" Schulen werden.

Ein hoher Anteil an Kindern mit Migrationshintergrund muss nicht per se mit einem Leistungsabfall an Schulen einhergehen. Entscheidend sind, wie das Beispiel der Grundschule „Kleine Kielstraße" zeigt, vielmehr die Schulkonzepte und der allgemeine Umgang mit einer heterogenen Schülerschaft.

Schulen in benachteiligten Quartieren, die sich der Einwanderungsrealität konzeptionell erfolgreich stellen, sollten finanziell und personell gefördert werden. Anzuregen sind in diesem Zusammenhang Selbst- und/oder Fremdevaluationen von Schulen als Steuerungsinstrumente für Qualitätsentwicklungsprozesse, wie z.B. „SEIS" (www.das-macht-schule.de). Solche Instrumente können nicht nur sehr hilfreich für Schulentwicklungsprozesse sein, sie bieten auch gute Möglichkeiten des Erfahrungsaustausches.

Nachzudenken wäre in der Diskussion um die Verbesserung des deutschen Bildungssystems auch über mehr kommunale Handlungsspielräume in der Bildungspolitik, so wie sie in der „Aachener Erklärung" des Deutschen Städtetages im November letzten Jahres formuliert wurden.

Literatur

Autorengruppe Bildungsberichterstattung (Bildungsbericht) (2008): Bildung in Deutschland 2008. http://www.bildungsbericht.de/daten2008/bb_2008.pdf: 25.06.2008.

Baumert, Jürgen, Petra Stanat; Rainer Watermann (2006): Schulstruktur und die Entstehung differenzieller Lern- und Entwicklungsmilieus. In: Dies. (Hrsg.): Herkunftsbedingte Disparitäten im Bildungswesen. Differenzielle Bildungsprozesse und Probleme der Verteilungsgerechtigkeit. Vertiefende Analysen im Rahmen von PISA 2000. Wiesbaden. S. 95-188.

Ditton, Hartmut (2004): Der Beitrag von Schule und Lehrern zur Reproduktion von Bildungsungleichheit. In Becker, Rolf und Wolfgang Lauterbach (Hg.): Bildung als Privileg. Erklärungen und Befunde zu den Ursachen der Bildungsungleichheit. Wiesbaden. S. 243-271.

Ditton, Hartmut; Jan Kriskon (2006): Sozialer Kontext und schulische Leistungen – zur Bildungsrelevanz segregierter Armut. In: Zeitschrift für Soziologie der Erziehung und Sozialisation, Jg. 26, Heft2/2006: 135-157.

Häußermann, Hartmut (2002): Global, lokal, sozial. Von der Unteilbarkeit der Stadt. In: Walther, Uwe-Jens (Hrsg.): Soziale Stadt – Zwischenbilanzen. Ein Programm auf dem Weg zur sozialen Stadt? Opladen. S. 71-84.

Loeber, Heinz-Dieter; Wolf-Dieter Scholz (2003): Von der Bildungskatastrophe zum PISA-Schock – Zur Kontinuität sozialer Benachteiligung durch das deutsche Bildungssystem. In: Kattmann; Ulrich, Hanna Kiper; Barbara Moschner (Hrsg.): PISA 2000 als Herausforderung – Perspektiven für Lehren und Lernen, Baltmannsweiler. S. 241-286.

Radkte, Frank-Olaf (2003): Integrationsleistungen der Schule. Zur Differenz von Bildungsqualität und Beteiligungsgerechtigkeit. In: Grimm, Andrea (Hrsg.): Nach dem PISA-Schock. Wie gelingt eine Neuorientierung in der Bildungspolitk? Loccumer Protokolle 63/02. Rehburg-Loccum. S. 53-68.

Schulz, Andreas (2000): Grundschule und soziale Ungleichheiten. Bildungsperspektiven in großstädtischen Regionen. In: Die Deutsche Schule 4: 464-479.

Stanat, Petra (2003): Schulleistungen von Jugendlichen mit Migrationshintergrund. Differenzierung deskriptiver Befunde aus PISA und PISA-E. In: Deutsches PISA-Konsortium (Hrsg.): PISA 2000 – Ein differenzierter Blick auf die Länder der Bundesrepublik Deutschland. Opladen.S. 243-260.
PISA-Konsortium Deutschland (Hrsg.) (2004): PISA 2003 – Der Bildungsstand der Jugendlichen in Deutschland. Ergebnisse des zweiten internationalen Vergleichs. Münster.

Migration im Lebensverlauf

Till Kathmann, Steffen Mau, Nana Seidel, Roland Verwiebe

Die Auslöser von Wanderungsgedanken

Ergebnisse einer empirischen Studie zur Wanderung von Deutschen innerhalb Europas

1. Einleitung

Der vorliegende Beitrag versteht Wanderung als sequentiellen Prozess, beginnend mit einer Ausgangssituation, in der sich Wanderungsgedanken entwickeln über die Wanderungsplanung bis hin zur tatsächlichen Realisierung der Wanderung. Mit Kalter (u.a. 1997) kann man diesen idealtypischen Ablauf als Migrationsentscheidungsprozess verstehen. Durch diese Forschungsperspektive wird Wanderung nicht als zeitlich eng begrenzter Akt der Veränderung des Lebensmittelpunktes angesehen, sondern es wird möglich, die Wanderung in einen längeren und lebensverlaufsbezogenen Zusammenhang einzubetten. Zugleich kann die Dynamik und zeitliche Abfolge jeder Wanderungsentscheidung genauer abgebildet werden, inklusive der Aspekte, die dazu führen, dass eine geplante Wanderung möglicherweise nicht realisiert wird.

Vor dem Hintergrund dieser Sicht auf Migrationsentscheidungsprozesse beschäftigen wir uns auf der Grundlage einer qualitativen empirischen Studie mit der innereuropäischen Wanderung von deutschen Facharbeitern.[1] Auch wir fassen Migration als dynamischen Prozess auf und haben das Untersuchungsdesign so angelegt, dass dieses prozesshafte Element abgebildet werden kann. Deshalb haben wir unsere Studie als Wiederholungsbefragung konzipiert: Die erste Befragung findet vor der Migration statt, die zweite nach erfolgter Migration bzw. der Entscheidung, die ursprüngliche Wanderungsabsicht doch nicht zu realisieren. In diesem Beitrag beziehen wir uns auf die Ergebnisse der ersten Welle. Dabei fokussieren wir auf eine bestimmte Phase des Migrationsentscheidungsprozesses, die der Wanderungsgedanken, und fragen danach, wodurch diese ausgelöst wurden. In diesem Kontext untersuchen wir, ob es sich bei den Auslösern von Wanderungsgedanken um (kriti-

1 Aus Gründen der Vereinfachung des Lesens wird im Folgenden auf die weibliche Schreibform verzichtet. Die allgemein gehaltenen Personennennungen schließen jedoch sowohl Männer als auch Frauen ein.

sche) Lebensereignisse[2] im soziologischen Sinne handelt (Hoerning 1987: 243) – wie zum Beispiel eine Entlassung und damit ein Übergang von Beschäftigung in Arbeitslosigkeit – oder ob Wanderungsgedanken durch andere Ereignisse wie z.B. den Informationsaustausch innerhalb sozialer Netzwerke induziert werden.

Der empirische Schwerpunkt des Beitrages liegt darin, eine Klassifikation der Auslöser von Wanderungsgedanken für unsere Untersuchungsgruppe zu erarbeiten. Diese besteht aus 41 Männern und Frauen mit mittleren Qualifikationen (v. a. Facharbeiter- aber auch Personen mit Fachschul- und Technikerabschlüssen), die im Winterhalbjahr 2006/07 mittels problemzentrierter berufsbiographischer Interviews in Schleswig-Holstein, Hamburg, Bremen, Niedersachsen und dem Großraum Berlin befragt wurden. Wir richten den Fokus vor allem aus zwei Gründen auf diese Gruppe. Erstens ist die Auswanderung von Deutschen bislang kaum Gegenstand wissenschaftlicher Forschung. Erst in jüngster Zeit sind einige Arbeiten zu diesem quantitativ zunehmenden Phänomen veröffentlicht worden (Diehl et al. 2008; Mau et al. 2008; Sauer/Ette 2007; Schupp et al. 2005). Ein Teil der Forschung beschränkt sich jedoch auf hoch Qualifizierte und geht der Frage nach, ob die Wanderungen temporärer Art sind oder ob es sich um einen langfristigen brain drain handelt (Diehl/Dixon 2005). Die Migration von hoch Qualifizierten stellt jedoch quantitativ nur einen geringen Anteil des deutschen Auswanderungsgeschehens dar. Überwiegend wandern Personen mit mittlerem Qualifikationsniveau aus (Schupp et al. 2005). Deswegen widmen wir uns dieser Untersuchungsgruppe. Unsere Untersuchungsgruppe ist zweitens soziologisch relevant, weil in der Forschung zu räumlicher Mobilität innerhalb Deutschlands bislang angenommen wird, dass Personen mit mittleren Qualifikationen recht immobil sind, insbesondere wenn sie arbeitslos sind (z.B. Ebenrett et al. 2003; Häußermann 1995). Von anderen Wanderungsbewegungen innerhalb Europas (insbesondere Ost-West-Wanderungen) wissen wir aber, dass es gerade Arbeitslose sind, die wandern (Williams/Balá 2002). In diesem Kontext wird i.d.R. argumentiert, dass aufgrund des Arbeitskräftemangels für qualifizierte Arbeitskräfte in anderen Ländern Europas für diese Gruppe neue Opportunitäten entstanden sind.

Im theoretischen ersten Teil des Beitrages wird das Migrationsentscheidungsmodell von Kalter (1997), an welchem wir uns konzeptionell orientieren, vorgestellt. Danach werden Auslöser von Wanderungsgedanken im Kontext von (kritischen) Lebensereignissen diskutiert. Anschließend spe-

2 Mit einer solchen Perspektive würde man davon ausgehen, dass eine Migration in bestimmten Lebensphasen gehäuft auftritt und sie sich durch bestimmte Lebensereignisse oder Veränderungen im Lebenslauf erklären lässt. Die dahinterliegende Annahme ist, dass sich durch solche kritischen Lebensereignisse eine Veränderung der individuellen Präferenzstruktur ergibt, wodurch neue Bedürfnisse entstehen, die durch Mobilität befriedigt werden können.

zifizieren wir unsere Forschungsfragen, an denen entlang wir das Untersuchungsfeld systematisch aufbereiten. Danach skizzieren wir unseren methodischen Ansatz und gehen auf die Datengrundlage ein. Im empirischen zweiten Teil ordnen wir die unterschiedlichen Auslöser von Wanderungsgedanken, die wir in unserer Studie finden konnten, anhand eines fallübergreifenden Vergleichs. Auf dieser Grundlage nehmen wir anschließend eine Klassifizierung dieser Auslöser vor. Im Schlussteil fassen wir unsere Ergebnisse zusammen und betten unsere Studie in die Forschung zu Auslösern von Migrationsgedanken als Bestandteil des Migrationsprozesses ein.

2. *Konzeptionelle Einbettung des Untersuchungsgegenstandes*

Wir untersuchen Wanderungen in temporaler Perspektive und interessieren uns dabei für die Abfolge des Migrationsentscheidungsprozesses. In Anlehnung an Kalters (1997) sequentielles Wanderungsmodell unterscheiden wir drei Stufen des Migrationsentscheidungsprozesses:

1. die Ausgangssituation, in der Wanderungsgedanken entstehen,
2. die Phase der Wanderungsplanung, in der ein konkreter Wanderungsbeschluss gefasst wird (oder ggf. auch Wanderungsentscheidungen verschoben werden),
3. die Realisierung der Wanderung

In diesem Zusammenhang ist zu betonen, dass es sich bei diesem Modell um einen idealtypischen Verlauf des Migrationsentscheidungsprozesses handelt. Empirisch zeigt sich, dass Stufen übersprungen werden können und die Entscheidung zu wandern auf jeder Stufe abgebrochen werden kann.

Die Ausgangssituation ist bei Migrationsentscheidungsprozessen individuell unterschiedlich angelegt. Gemeinsam ist allen eine Ausgangssituation, in der es dazu „kommen muss, dass ein Wanderungsgedanke entsteht“ (Kalter 1997: 66), dass also der Status quo des Alltags verändert wird, in dem im „Normalfall ... keinerlei Überlegungen in Bezug auf etwaige Wanderungen angestellt werden“ (Kalter 1997: 67). Konkrete Wanderungsgedanken liegen dann vor, wenn eine Person eine Migration als eine mögliche Handlungsalternative wahrnimmt (Kalter 1997: 70). Die Wahrscheinlichkeit, dass Wanderungsgedanken entstehen, wird zum einen aus unterschiedlichen Präferenzen, zum anderen aus der Antizipation von bestimmten Lebenszielen bestimmt. Kalter arbeitet heraus, dass vor allem soziale Faktoren, und hier insbesondere die familiäre Situation, Wanderungsgedanken bedingen. Dies lässt sich teilweise daraus erklären, dass in Haushalten, in denen zunächst eine Person wandern möchte, die anderen Haushaltsmitglieder sich quasi automatisch mit der Wanderung beschäftigen. Weitere Faktoren, die nach Kalters Studie über die Binnenmigration in Deutschland zu Wanderungsgedanken führen, stammen aus dem beruflichen Kontext, dem Wohnumfeld oder sind an den gesundheitlichen Zustand geknüpft.[3] Als berufliche Faktoren sind die Zufriedenheit mit der derzeitigen Beschäftigungssituation wie auch berufliche Zukunftsaussichten wichtig.

Wir verstehen unseren Beitrag als Erweiterung des sequentiellen Wanderungsmodells von Kalter, da wir sein Modell auf die grenzüberschreitende Migration übertragen, seine Studie hingegen ausschließlich die Binnenmigration untersucht. Bei der Anwendung des sequentiellen Wanderungsentscheidungsmodells konzentrieren wir uns weiterhin auf die Auslöser von Wanderungsgedanken, da uns der Beginn von Wanderungsentscheidungsprozessen interessiert. Unter Auslösern von Wanderungsgedanken verstehen wir zeitlich genauer einzuordnende soziale Situationen, in denen Wanderungsgedanken evoziert werden. Dies können beispielsweise Kommunikation mit anderen Personen, konkrete Anlässe, Informationsaustausch und -weitergabe, spezifische Erfahrungsmomente oder (kritische) Lebensereignisse sein. Im Rahmen des dargestellten Wanderungsentscheidungsprozesses ist dies der Moment, an dem zum ersten Mal ernsthaft über Wanderung nachgedacht wird –entweder durch einen Impuls von außen, der vor dem Hintergrund einer gegebenen Lebenssituation zur Wahrnehmung der Handlungsalternative Wanderung führt oder durch eine Veränderung der Lebenssituation selbst, so durch bestimmte Lebensereignisse, die dann diese Handlungsalternative nahe legen. Analytisch unterscheiden wir Auslöser von Wanderungsgedanken von Migrationsgründen bzw. Migrationsmotiven. Während Auslöser Ereignisse oder Erfahrungen meist temporärer Art sind, haben Migrationsgründe und Migrationsmotive häufig über einen längeren Zeitraum hinweg Bestand und können auch schon vor dem Aufkommen der Wanderungsgedanken vorliegen. Zudem dauern sie bis zur Realisierung der Wanderung an (zu Migrationsgründen von deutschen Facharbeitern siehe: Mau et al. 2008).

Empirisch sind Migrationsgründe/-motive und Auslöser von Migrationsgedanken aber gelegentlich miteinander verwoben (was eine genauere soziologische Untersuchung vor nicht geringe Herausforderungen stellt). In vielen Fällen sind Migrationsgründe allerdings keine Auslöser von Migrationsgedanken. Beispielsweise gilt eine hohe Lohndifferenz zwischen Herkunfts- und Zielland in der Literatur als ein wichtiger Migrationsgrund (bspw. Hicks 1963; Todaro 1986). Als Auslöser von Wanderungsgedanken können solche Lohndifferenzen nicht in Frage kommen. Vielmehr ist plausibel, dass Wanderungsgedanken erst durch den Bericht einer Person aus dem sozialen Umfeld über attraktive Arbeitsbedingungen und hohe Löhne in einem potentiellen

3 Die Relevanz dieser Faktoren wird in Kalters Arbeit sehr differenziert abgebildet, beispielsweise werden Unterschiede zwischen Ost- und Westdeutschen herausgearbeitet oder bei der Erörterung der Antizipation von Lebenszielen wird danach gefragt, inwiefern eine Verbesserung bzw. Verschlechterung der Situation eher dazu beiträgt, Wanderungsgedanken zu hegen.

Zielland erzeugt werden, oder dass der erste konkrete Gedanke an eine Wanderung durch ein gänzlich anderes Lebensereignis ausgelöst wird. Auslöser von Migrationsgedanken sind somit zeitlich verdichtete soziale Ereignisse.

Auslöser von Migrationsgedanken, wie wir sie fassen, sind nur teilweise mit den in der Literatur genannten Migrationsauslösern identisch, nämlich dann, wenn sie gleichzeitig bei den Individuen Migrationsgedanken hervorrufen.[4] Hier ist zunächst ein ganzes Spektrum an Lebensereignissen[5] zu nennen, die häufig dazu führen, dass sich Individuen verändern und, auch im Hinblick auf den Wohnort und das Lebensumfeld, neue Möglichkeiten erschließen. Eine bedeutende Auswirkung von Lebensereignissen ist, „daß bisherige Erfahrungsregeln ihre Anwendungskraft verlieren, einbüßen oder überflüssig werden" (Hoerning 1987: 240). Wanderungsgedanken können also Folge von Lebensereignissen sein, wenn sie Veränderungsbereitschaft und Neuorientierung mit sich bringen (Fuchs-Heinritz 2000: 52). Ähnliche Prozesse geschehen auch in Folge von kritischen Lebensereignissen. Nach Filipp (1995a: 23) sind kritische Lebensereignisse „im Leben einer Person auftretende Ereignisse (...), die durch Veränderungen der (sozialen) Lebenssituation der Person gekennzeichnet sind und die mit entsprechenden Anpassungsleistungen durch die Person beantwortet werden müssen." Selbst wenn gelegentlich der Versuch unternommen wurde, Lebensereignisse von kritischen Lebensereignissen zu unterscheiden (u.a. Struck-Möbbeck et al. 1996), erweist er sich nicht als tragfähig, bzw. in der Literatur ist auf diese Unterscheidung gleich verzichtet worden (z.B. Dierks 1997). Wir nehmen deshalb im Folgenden die geschilderten Charakteristika auf und sprechen einheitlich von kritischen Lebensereignissen.

Sowohl die Ansätze zur Beschreibung von Lebenszyklen wie auch die Literatur zu Lebensereignissen legen die Annahme nahe, dass es Ereignisse im Lebensverlauf sind, die Wanderungen auslösen können. Fokussiert man entsprechend dem von uns genutzten Sequenzmodell nicht auf Wanderungen allgemein, sondern auf die Entstehung von Wanderungsgedanken, so ist mit den aufgeführten Aspekten zunächst ein erstes Spektrum von Faktoren benannt. Bestimmte Passagen im Lebenszyklus wie auch kritische Lebensereignisse können Impulsgeber dafür sein, dass Menschen Wanderungsgedanken entwickeln. Darüber hinaus aber kann vermutet werden, dass es eine ganze

---

4 Dass spezifische Auslöser möglicherweise abhängig sind von einer empfänglichen Persönlichkeitsstruktur und nur dann als solche wirken, erfordert weitere persönlichkeitspsychologische Ausführungen, die jedoch den Umfang dieses Beitrages übersteigen würden.

5 In der Lebenslaufforschung werden unterschiedliche Terminologien in Bezug auf Lebensereignisse verwendet. Während einerseits von Lebensereignissen gesprochen wird (Bertram 1995; Faltermaier 1984, 1987; Hoerning 1987), wird andererseits der Begriff der kritischen Lebensereignisse benutzt (exemplarisch: Filipp 1995a; Filipp 1995b). Beiden Konzepten gemein ist die Grundannahme, dass (kritische) Lebensereignisse Erlebnisse sind, die eine zentrale Bedeutung für das Individuum aufweisen und die seinen weiteren Werdegang maßgeblich bestimmen.

Klasse weiterer Ereignisse oder Erfahrungen gibt, die nicht den genannten Ansätzen zuzuordnen sind und die dennoch Wanderungsgedanken auslösen können. Für unsere Untersuchung besonders relevant wären Informationen über mögliche Beschäftigungschancen in einem potentiellen Migrationszielland. Andere berufliche bzw. ökonomische Auslöser, die auch aus Sicht der Forschung zu kritischen Lebensereignissen relevant sind, können ebenso wichtig werden: Zu nennen wäre eine drohende Arbeitslosigkeit in Deutschland oder auch dauerhafte Perspektivlosigkeit auf dem deutschen Arbeitsmarkt. Aus migrationssoziologischer Sicht ist es ferner sinnvoll, den Stellenwert von Netzwerken für das Entstehen von Wanderungsgedanken zu prüfen (u.a. Faist 1997; Greenwood 1975; Haug 2000; Hillmann 2000; Johnston et al. 2006; Pries 1998, 2001b). Es ist vorstellbar, dass innerhalb von sozialen Netzwerken wichtige Informationen weitergegeben werden – beispielsweise. durch Akteure, die bereits über Migrationserfahrungen verfügen – und so Wanderungsgedanken induziert werden. Schließlich ist im Kontext innereuropäischer Wanderungen der Stellenwert europäischer Institutionen für das Entstehen von Wanderungsgedanken zu hinterfragen (z.B. Europaservice der BA, EURES etc.), die programmatisch Mobilität über Ländergrenzen innerhalb Europas befördern.

Aus der geführten Diskussion über mögliche Auslöser von Wanderungsgedanken ergeben sich erste Anhaltspunkte dafür, wie unser empirisches Material systematisiert werden könnte. Das verfügbare Forschungswissen fließt als Vorwissen in unsere Untersuchung mit ein. Die Forschungsliteratur ist gleichzeitig Ausgangspunkt für die zentralen Forschungsfragen, denen wir in diesem Beitrag nachgehen:

1. Welche Auslöser von Wanderungsgedanken lassen sich bei deutschen Männern und Frauen mit mittleren Qualifikationen empirisch auffinden?
2. Handelt es sich bei den Auslösern von Wanderungsgedanken primär um kritische Lebensereignisse? Welche anderen Auslöser von Wanderungsgedanken lassen sich finden?

3. Methoden und Daten

Da die Migration von Deutschen mit mittleren Qualifikationen bislang unerforscht geblieben ist, trägt die angewandte Methode diesem Umstand Rechnung. Sie ist explorativ angelegt und weist eine große Offenheit gegenüber dem Forschungsgegenstand auf, wie dies in der qualitativ orientierten Forschung entlang der Prinzipien der grounded theory praktiziert wird (Glaser/Strauss 1967; Kelle/Kluge 1999; Lueger 2000; Strauss 1994; Strauss/Corbin 1990). Der vorliegende Artikel basiert auf einer Studie, in deren Verlauf leitfadengestützte, problemzentrierte Interviews (Flick 2000;

Witzel 1985) mit deutschen Facharbeitern und Technikern realisiert werden. Die Studie ist als Mehrfachbefragung konzipiert, wobei die Datenerhebung unmittelbar vor und ca. ein Jahr nach dem Migrationsereignis erfolgt. Damit lässt sich der Migrationsprozess von der Wanderungsentscheidung bis hin zur eventuellen Verstetigung der Wanderung abbilden. Diese Anlage der Untersuchung entspricht der Beobachtung, dass „processes of migration are developmental and longitudinal, and surveys taken at a single point in time cannot capture this inherent dynamism“ (Durand/Massey 1992: 12f.).

Für den Beitrag nutzen wir Befunde aus der ersten Feldphase, die von Oktober 2006 bis April 2007 dauerte. Unser Sample besteht aus 41 Frauen und Männern mit mittleren Qualifikationen (Facharbeiter-, Fachschul- und Technikerabschlüsse), die die Absicht haben, in naher Zukunft ins Ausland zu gehen. Der Zugang zu dieser Personengruppe erfolgte zum überwiegenden Teil über den Europaservice der Bundesagentur für Arbeit,[6] der in Deutschland Informationen zu und Arbeitsangebote in Europa (z. B. über Jobbörsen) vermittelt. Daneben konnten zu einem geringen Teil weitere Interviewpartner über ein Schneeballverfahren gewonnen werden.

Das Alter der Befragten variiert zwischen 21 und 63 Jahren. Etwas mehr als die Hälfte der Interviewten sind Männer. Die Befragten haben in der Regel eine oder mehrere Ausbildungen im dualen Ausbildungssystem absolviert. Ein kleinerer Teil der Befragten verfügt (zusätzlich) über Fachschul- oder Technikerabschlüsse. Die Teilnehmer kommen aus Norddeutschland (Schleswig-Holstein, Hamburg, Bremen und Niedersachsen) und dem Großraum Berlin. Die wichtigsten Zielländer der Befragten sind Norwegen, Dänemark, Schweiz, Österreich, Irland und Schweden. Alle Angaben zu Personen, Firmen oder anderen Einrichtungen, aus denen Rückschlüsse auf die Interviewten zu ziehen wären, wurden für diesen Beitrag anonymisiert.

Die Auswertung der Daten erfolgt auf Basis der Arbeiten von Witzel (1996) zur Auswertung von problemzentrierten Interviews. Das gewählte Verfahren enthält daher sowohl induktive als auch deduktive Elemente. Das Einbeziehen von vorhandenem Vorwissen wird bei dieser Auswertungsmethode betont (Meinefeld 1997, 2003) und ist eine Konsequenz der Fortentwicklung der datenbasierten (grounded) Vorgehensweise, auf deren Grundlage das Verfahren des problemzentrierten Interviews entwickelt wurde. Vorbedingung für die systematische Interpretation des verwendeten Datenmaterials war dessen vollständige Verschriftlichung.

Die Interpretation der Daten für diesen Beitrag zielt letzten Endes auf eine Klassifikation verschiedener Wanderungsauslöser ab. Wir orientieren uns methodisch dabei an Kelle/Kluge (1999) bzw. Miles/Huberman (1994). Eine

6 Hier sind auch einige der europaweit 700 EURES-Berater tätig, einem Kooperationswerk der Europäischen Kommission mit den öffentlichen Arbeitsverwaltungen und anderen Partnerorganisationen der EWR-Mitgliedsstaaten (EU-Mitgliedsstaaten plus Norwegen, Island, Liechtenstein, Schweiz).

Klasse besteht auf der Grundlage dieser Vorschläge aus Einzelfällen, die gemeinsame Merkmale aufweisen (hier: ähnliche Auslöser von Wanderungen) und die Teil- und Untergruppen aufweisen können. Für den Beitrag haben wir in einem ersten Schritt mithilfe von Einzelfallanalysen die Textpassagen ausgewertet, in denen die Auslöser der Wanderungsgedanken zur Sprache kommen und eine Deskription der Auslöser vorgenommen. In einem zweiten Schritt haben wir die Fälle fallübergreifend miteinander verglichen, um so Gemeinsamkeiten und Unterschiede herausarbeiten zu können. In einem dritten und letzten Schritt wurden die während des Fallvergleichs entstandenen Gruppierungen in ein Klassifikationsschema überführt.

4. *Auslöser von Wanderungsgedanken: empirische Ergebnisse*

In einem ersten Schritt haben wir als Einzelfallanalysen auf der Basis des empirischen Materials eine Übersicht über die Auslöser erstellt. Dabei haben wir nur solche Ereignisse berücksichtigt, in denen konkrete Auslöser genannt wurden. In einigen Fällen konnte auf unsere Fragen nach den Auslösern nur ein Zeitpunkt bzw. -raum benannt werden. In einem zweiten Schritt vergleichen wir die durch die Einzelfallanalyse heraus gearbeiteten Passagen zu Auslösern von Wanderungsgedanken miteinander und fassen ähnliche Auslöser zusammen. Ziel ist es, möglichst trennscharfe Klassen zu bilden unter der Beachtung von interner Homogenität und externer Heterogenität (vgl. Kluge 1999: 26ff.). Dabei ergibt sich die Schwierigkeit, dass bei etwa einem Viertel der Interviewpartner mehr als ein wanderungsauslösendes Moment genannt wird (z.B. ein Bündel beruflicher und sozialer Faktoren). Dies ist besonders offensichtlich bei denjenigen, die zum wiederholten Male wandern. Durch diese Heterogenität der Auslöser wird das fallübergreifende Vergleichen erschwert. Aus diesem Grund ist die hier vorgestellte Klassifizierung als erste Annäherung zu verstehen. Erst mit weiteren empirischen Studien lassen sich zusätzliche Belege für die Klassifizierung finden. Um sowohl der Forderung nach größtmöglicher Trennschärfe gerecht zu werden als auch die Heterogenität der Auslöser nicht zu simplifizieren und damit die empirische Wirklichkeit verkürzt darzustellen, haben wir das Verfahren der minimalen und maximalen Kontrastierung verwendet (Gerhardt 1986: 438). Dabei ergeben sich nicht nur Gemeinsamkeiten und Unterschiede zwischen den Fällen, sondern auch eine „übergreifende Struktur" (Gerhardt 1986: 90f.), die bei den Fällen sichtbar wird, bei denen ein Bündel von Auslösern für das Entstehen von Wanderungsgedanken verantwortlich sind.

Klassifikation der Auslöser von Wanderungsgedanken

Die Klassifikation von Auslösern von Wanderungsgedanken wurde auf der Grundlage der voran gegangenen Einzellfallanalyse vorgenommen. Im Ergebnis haben wir die Auslöser von Wanderungsgedanken in vier Klassen eingeteilt, die durch eine Subklasse ergänzt wird (siehe Abb. 1):

Klasse 1: soziales Umfeld als Auslöser
Klasse 1a: Konflikte im sozialen Umfeld als Auslöser
Klasse 2: Medienberichte als Auslöser
Klasse 3: beruflich-ökonomische Auslöser
Klasse 4: institutionelle Akteure als Auslöser

Abbildung 1: Klassifikation der Auslöser von Wanderungsgedanken deutscher Migranten

Interviewkennziffer / Klasse	1	2	3	4	5	6	7	8	9	10	11	12	13	14	15	16	17	18	19	20
Klasse 1: soziales Umfeld als Auslöser	X			X		X		X			X		X	X	X			X		X
Klasse 1a: Konflikte im soz. Umfeld als Auslöser												X				X	X			
Klasse 2: Medienberichte als Auslöser				X																
Klasse 3: beruflich-ökonomische Auslöser					X	X			X			X								
Klasse 4: Institutionen als Auslöser		X	X																	

Interviewkennziffer / Klasse	21	22	23	24	25	26	27	28	29	30	31	32	33	34	35	36	37	38	39	40	41	Gesamt
Klasse 1: soziales Umfeld als Auslöser	X								X	X					X				X		X	16
Klasse 1a: Konflikte im sozialen Umfeld als Auslöser																		X				4
Klasse 2: Medienberichte als Auslöser	X	X		X																		4
Klasse 3: beruflich-ökonomische Auslöser		X		X	X								X	X		X		X		X		12
Klasse 4: Institutionen als Auslöser								X														3

Unter Auslösern aus dem sozialen Umfeld (Klasse 1) verstehen wir alle Ereignisse, in denen das soziale Umfeld die Interviewpersonen zur Wanderung anregt. Den Anstoß zur Wanderung geben fast ausschließlich Netzwerke im Heimatland, wesentlich weniger entscheidend sind Netzwerke im Zielland (Int. 18, 41). Vor allem Erzählungen von Personen, die bereits im Ausland gewesen sind oder vorhaben zu wandern, sind wanderungsauslösend. Empirisch zeigt sich nun, dass Wanderungsgedanken sehr häufig durch Personen induziert werden, die aus dem näheren sozialen Umfeld der Befragten stammen. Wanderungsgedanken entstehen danach häufig durch Informationsvermittlung. Dabei handelt es sich um positive Informationen, die eine Wanderung als erstrebenswert erscheinen lassen und die zusätzlich verstärkt werden, wenn die Schilderung der schlechten Situation im Herkunftsland als Kontrastfolie dient. Die Informationen beziehen sich in der Regel auf zentrale Themen wie Lebens- und Arbeitsbedingungen, im folgenden Beispiel konkret auf die bessere Lohnsituation im Zielland.

„Der Gedanke kam auf, als ... meine Kumpels reihenweise sagten, hier in Dänemark kann man ‚n büschen mehr Geld verdienen" (Int. 4: 150-152).

Im geschilderten Fall geben die sozialen Netzwerkkontakte Informationen weiter, die diese von anderen erhalten haben. In anderen Fällen vermitteln Personen aus dem sozialen Umfeld Informationen über eigene positive Wanderungserfahrungen. Dies wird anschaulich im folgenden Fall, der davon berichtet, wie es bei ihm zu ersten Wanderungsgedanken kam.

„Ja, das war eigentlich, wie gesagt, ganz einfach. Kollegen von mir waren da und erzählten, wie's da ist" (Int. 11: 765f).

In der Regel sind die Informationen, die aus der eigenen Wanderungserfahrung gewonnen werden, wesentlich konkreter und erscheinen durch den direkten Erfahrungsgehalt anschaulicher und eindrücklicher. Allerdings zeigt sich hier auch, dass die Informationen sehr persönlich gefärbt sind und damit die Wanderungswilligen nur einen eingeschränkten Ausschnitt der erhältlichen Informationen bekommen.

In den nächsten Fällen zeigt sich, dass die sozialen Netzwerke nicht nur Informationsquellen sind. Vielmehr erzeugen andere Wanderungswillige durch ihre Handlungen bzw. Handlungsabsichten Wanderungsgedanken bei den Interviewten, wodurch diese auch zur Wanderung angeregt werden. Dabei kann es sich um Personen handeln, die selber das erste Mal ins Ausland gehen wollen (Beispiel 1) oder aber es handelt sich um Ausländer, die schon gewandert sind und nun eine Rück- oder Weiterwanderung anstreben (Beispiel 2).

Beispiel 1:

„Der erste Gedanke? ... Von meinem Vater. Mein Vater hat gesagt, im Krankenhaus da war ein Fahrer von XYZ oder irgendein Kurierfahrer. Der hat gesagt, (...) als Maler will er wieder arbeiten. In Dänemark sagt er. Er sagt, ... er könne sofort arbeiten, die suchen Leute ohne Ende ... Von daher war das das erste Mal, dass ich davon gehört habe“ (Int. 1: 159-174).

Beispiel 2:

„Das war schon während der Zeit, wo ich da in A. als (undeutlich) gearbeitet hab', wo ich dann öfter schon mal drüber nachgedacht hab und so, ne? Und davor aber auch schon. Wie ich in der Eisfabrik war, wie ich mit den Dänen da zu tun hatte und – das war auch schon (undeutlich), weil der Chef da von den Dänen mich auch immer geködert hat, er wollte unbedingt nach Russland, Eis machen und wollte mich unbedingt mit haben“ (Int. 6: 1325-1331).

Neben dem sozialen Umfeld im Heimatland, können soziale Netzwerke im Zielland Wanderungsgedanken auslösen. Auf diese Art der Netzwerke können jedoch die wenigsten Interviewpartner zurückgreifen.[7] In den wenigen vorhandenen Fällen handelt es sich zumeist um eine Familienwanderung, d. h. ein Familienmitglied ist bereits ins Ausland gewandert, während die übrige Familie bisher im Herkunftsland verblieben ist, nun aber auch wandert. Im nächsten Beispiel ist der Partner bereits in Irland.

„Das fing eigentlich letztes Jahr, ja, im Mai fing das eigentlich an bei mir, dass ich gesagt hab': So, jetzt musst du irgendwas machen, sonst wird ja auch die Familie auseinander gehen. Also dass ich gesagt hab', also ich merkte, dass dieses sich Alle-acht-bis-zehn-Wochen-mal-sehen – ja, ist gut, der Kleine, der hängt natürlich auch sehr an seinem Vater und jedes Mal, wenn Papa dann da gewesen ist und Papa musste wieder weg, dass der Kleine also wirklich drei Wochen gebraucht hat, um sich da irgendwo wieder bewusst zu werden, ach Papa, der ist jetzt erstmal wieder weg. Dass ich gesagt habe, auf Dauer geht das nicht so weiter, entweder geht die ganze Beziehung auseinander oder wir müssen jetzt zusehen, dass wir irgendwie wieder zueinander finden. Und da hab' ich den Entschluss gefasst, hab' gesagt: So, ist gut, hier werde ich auch nichts und jetzt um die Beziehung und auch die Familie zu retten, dass ich denn gesagt hab': So, jetzt steht für mich der Entschluss fest, dass ich mit den Kindern rübergehe“ (Int. 13: 573-587).

Eine besondere Form der netzwerkbedingten Auslöser kann Konflikten im sozialen Umfeld (Klasse 1a) zugeschrieben werden. Dazu gehören die Trennung vom Lebenspartner und Konflikte mit Arbeitskollegen bzw. dem Arbeitgeber. Hier, wie auch bei wanderungsauslösenden Erzählungen von Arbeitskollegen, ergeben sich Überschneidungen mit der Klasse der beruflich-ökonomischen Auslöser.

---

7 Diese relativ geringe Relevanz von sozialen Netzwerken im Zielland steht im Widerspruch zu vielen Forschungsarbeiten, die ihnen eine hohe Bedeutung zugesteht (u.a. Portes/Rumbaut 1990; Pries 2001a). Wir führen dies darauf zurück, dass die meisten Befragten Pioniermigranten sind.

„Jetzt entschieden, den ganzen Kram wirklich so konkret zu machen, ist nach der Trennung von meinem Verlobten, der der Sohn der Familie ist, die ich in Frankreich kenne, also meine Familie in Frankreich. Wo ich mich zum ersten Mal wirklich seit der Verlobung konkret mit dem Gedanken befassen musste, tatsächlich nach Frankreich zu gehen. Und dieser Gedanke ist geblieben, obwohl die Beziehung gestorben ist sozusagen“ (Int. 12: 38-44).

Kritische Lebensereignisse kommen sehr häufig in der Klasse der Konflikte im sozialen Umfeld vor. Vor allem die emotionale Valenz, die wesentlich für kritische Lebensereignisse ist (vgl. Hoerning 1987: 231), erscheint hier als herausragendes Merkmal. Sie kommt beispielhaft in der folgenden Interviewpassage zum Ausdruck. Dem Interviewpartner wurde nach langjähriger Beschäftigung gekündigt, wogegen er gerichtlich vorgeht.

„Ja, das war der Frust, wo ich mit dem Arbeitsgericht zu tun hatte, wo ich gesehen habe, im Arbeitsgerichtssaal, ja, wie man schnell mit Worten rumschmeißt. Ja, ich hab' mir ja vorgenommen, bist nun fast 19 Jahre in dem Betrieb gewesen und wirst behandelt wie ein Stück Dreck auf Deutsch gesagt, so hab ich's auch empfunden (...) Ich hab' einen Schlussstrich gezogen, weil ich hatte vorher neun Jahre mit Scheidungskriegen zu tun gehabt und mit den Kindern, alles ging um die Kinder und um mich, und jetzt nicht mehr. Deswegen hab ich da im Gerichtssaal beschlossen, wenn du dir was suchst, dann suchst du dir was, was ganz, ganz weit weg ist von Hannover. Das war mein Entschluss im Gerichtssaal“ (Int. 16: 817-828).

Deutlich wird die emotionale Valenz auch dadurch, dass der Interviewpartner die Situation vor dem Arbeitsgericht assoziativ mit dem Scheidungsverfahren verknüpft. Beide Situationen sind als tief greifende Trennungserfahrungen zu deuten, in deren Kontinuität die Migration steht, die von einigen Autoren als (konflikthafter) Ablösungsprozess auf der psychodynamischen Ebene interpretiert wird (Fischer/Fischer 1995; Krauss 2001; Machleidt 2005).

Außer Berichten, die aus dem sozialen Umfeld stammen und als Migrationsauslöser fungieren, initiieren Berichte aus diversen Medien Wanderungsgedanken (Klasse 2):

„Und dann hab' ich das halt im Fernsehen gesehen und hab' mir gedacht: ... Norwegen. Da war ich schon mal in Urlaub“ (Int. 24: 11f.).

Dieser Faktor ist allerdings von untergeordneter Bedeutung. Eine Ähnlichkeit zu der Funktion des sozialen Umfelds für das Entstehen von Wanderungsgedanken ergibt sich dadurch, dass es bei den Medienberichten auch um positive Informationen zum Zielland geht, der Unterschied liegt hier in der Quelle. Beispiele hierfür wären Fälle, bei denen die Befragten durch Informationsangebote im Internet auf Arbeitsplätze in Norwegen gestoßen sind (Int. 22) oder die durch Fernsehberichte auf bessere Arbeitbedingungen im Ausland aufmerksam gemacht wurden (Int. 24) und die daraufhin eine Migration erwägen.

Die Auslöser aus dem beruflich-ökonomischen Bereich stellen eine der wichtigsten Quellen für das Entstehen von Wanderungsgedanken dar (Klasse

3). Wie bei den sozialen Auslösern, die danach unterschieden werden können, ob Netzwerke im Zielland oder im Herkunftsland den Wanderungsprozess anstoßen, können auch die ökonomischen Auslöser danach eingeteilt werden, ob sie eher herkunfts- oder ziellandorientiert sind. Dabei fällt auf, dass die meisten Auslöser herkunftslandsituiert sind. Dies umfasst beispielsweise den Übergang in die Arbeitslosigkeit oder die Aufgabe des Betriebes, wenn im Anschluss daran nach möglichen Alternativen gesucht wird und dann eine Wanderung in Betracht gezogen wird. Andere beruflich-ökonomische Auslöser ergeben sich dadurch, dass viele Interviewte von negativen Ausgängen der Bewerbungsverfahren berichten, so dass sich nach einer gewissen Zeit eine Perspektivlosigkeit einstellt. Einer der Befragten äußert sich auf die Frage, wann er zum ersten Mal die Idee hatte, nach Dänemark zu gehen, wie folgt:

„Nach der zehnten Absage. ... Also wo ich persönlich hin [gegangen bin]... also gar nicht schriftlich beworben hab', sondern in erster Linie erstmal persönlich hin und denn auch, wie gesagt, in allen Fällen immer gleich eine Absage" (Int. 6: 234-239).

In einem Einzelfall wurde der Übergang in die Arbeitslosigkeit durch die Aufgabe der Selbstständigkeit hervorgerufen. Dieser konkrete Auslöser wurde mit der schlechter werdenden wirtschaftlichen Gesamtlage in Verbindung gebracht. Diese Meinung fand sich häufig auch bei anderen Interviewpartnern, bei denen ebenso die schlechten wirtschaftlichen Zustände im Herkunftsland letztlich die Wanderungsgedanken entstehen lassen. Aus dieser Sichtweise heraus, die mit einer Perspektivlosigkeit verbunden ist, erscheint eine Wanderung als Lösungsmöglichkeit.

„Sagen wir mal, vor einem halben Jahr hab ich damit angefangen, mich damit zu befassen, weil, es geht hier nicht weiter. Ja, also, es passiert ja hier nix, ja? Von wegen, Aufschwung und was weiß ich, wat, also ich seh' das nicht so. Ich merk hier nischt" (Int. 36: 87-90).

Einen Hinweis darauf, dass es sich bei beruflich-ökonomischen Auslösern von Wanderungsgedanken zum Teil um kritische Lebensereignisse handelt, ergibt sich zum einen aus der hohen emotionalen Valenz der Ereignisse und zum anderen aus dem klar zu benennenden Zeitpunkt, an dem die Auslöser auftreten. Die „phasenspezifische Verdichtung selbstreflexiver Prozesse" (Gudjons et al. 1996: 12), die sich zeitlich verorten lässt, ist ein wesentliches Charakteristikum von kritischen Lebensereignissen. Besonders häufig sind dies Übergänge von der Erwerbsarbeit in die Arbeitslosigkeit bzw. Erfahrungen lang andauernder Arbeitslosigkeit (exemplarisch: Int. 34: 66-69).

Empirisch können wir ferner feststellen, dass auch institutionelle Akteure Wanderungsgedanken auslösen können. Die entsprechenden Fälle unserer Studie haben wir in der Klasse 4 zusammengefasst (Int. 2, 3, 28). Konkret handelt es sich dabei um Befragte, die insbesondere aufgrund der Angebote des Europaservices der Bundesagentur für Arbeit innerhalb Europas wandern.

Im folgenden Beispiel äußert sich ein Interviewter auf die Frage, wann bei ihm der erste Wanderungsgedanke aufkam:

„In A. gibt's ja so einen Vermittler vom Jobcenter her, und da kann man halbes Jahr mit dem arbeiten und alles, und der hatte auch so in A. nichts, hat nur gesagt im Ausland so und so. Ich sag, na gut, dann müssen wir's mal probieren" (Int. 2: 114-123).

6. *Schluss*

Der vorliegende Beitrag behandelt eine bislang wenig thematisierte Wanderungsbewegung: die Auswanderung von Deutschen mit mittleren Qualifikationen. Diese ist gerade in den letzten Jahren zu einem umfangreicheren, europäisch geprägten Phänomen geworden. Unser Beitrag beschäftigt sich damit, was für Auslöser für diese Wanderungsbewegungen gelten. Dabei nutzen wir das sequentielle Wanderungsmodell von Kalter (1997), um einen wichtigen Bestandteil von Migrationsentscheidungsprozessen empirisch genauer zu untersuchen: das Entstehen von Wanderungsgedanken.

Wichtigstes Ergebnis der vorgenommenen Klassifikation ist es, dass beruflich-ökonomische Auslöser eine zentrale Rolle bei der Entstehung von Wanderungsprozessen spielen. Dies lässt sich als deutlicher Beleg für die derzeit wieder aufkommende Betonung des ökonomischen Elements in der Migrationsforschung lesen (Garson 2003; Hess 2005). Gleichzeitig zeigt unsere Untersuchung, dass der soziale Kontext häufig die ersten Wanderungsgedanken hervorruft. Darauf, dass sozialen Netzwerken eine hohe Bedeutung bei Migrationsprozessen zukommt, hat die neuere Migrationsforschung immer wieder aufmerksam gemacht. Unsere Untersuchung kann hier zeigen, dass insbesondere die Entstehungsphase des Migrationsentscheidungsprozesses durch soziale Netzwerke wesentlich beeinflusst wird und sie nicht nur für die Integration im Zielland wichtig sind. Ferner wird durch die hier vorgenommene Klassifikation der unterschiedlichen Auslöser von Wanderungsgedanken deutlich, dass, im Vergleich zur bisherigen Forschung, auch Medienberichte sowie das Agieren institutioneller Akteure als eigenständige Gruppe von Auslösern gelten können. Diese Auslöser sind jedoch zahlenmäßig weniger wichtig. Institutionen lösen bei 3 Fällen Wanderungsgedanken aus, Medienberichte bei 4 und soziale Konflikte als Auslöser sind ebenfalls mit 4 Fällen vertreten. Überwiegend sind soziale Auslöser und beruflich-ökonomische Auslöser vorhanden. Da es sich bei unserer Studie um eine qualitative Untersuchung handelt, die nicht auf Repräsentativität angelegt ist, sind die quantitativen Gewichtungen als Tendenzen zu lesen. Ob diese zu verallgemeinern sind, ließe sich nur in anschließenden quantitativen Untersuchungen zeigen.

In der Frage, ob als Auslöser von Wanderungsgedanken vor allem kritische Lebensereignisse fungieren, können wir auf die zuvor vorgenommene Klassifizierung der Auslöser aufbauen. Was die Ergebnisse angeht, zeichnet sich ein heterogenes Bild ab. Bei Medienberichten (Klasse 2) und den meisten sozialen Auslösern (Klasse 1) handelt es sich nicht um kritische Lebensereignisse. Bei beiden Gegebenheiten handelt es sich um externe Ereignisse, die zeitlich sehr verstreut über den Lebenslauf auftreten können und zumeist auch nicht über eine hohe emotionale Valenz verfügen. Letzteres Kennzeichen weist jedoch Konfliktsituationen (Klasse 1b) – eine Untergruppe der sozialen Auslöser – auf, die als kritische Lebensereignisse, die zu Wanderungsgedanken führen, identifiziert werden konnten. Dass Konflikte eine entscheidende Wirkung auf den Migrationsprozess ausüben, wird in der Forschungsliteratur, die die Wirkungen von sozialen Netzwerken untersucht, vermutet (Bührer 1997; Haug 2000). In unserem Beitrag finden wir Indizien, die eine Plausibilität dieser Annahme nahe legen. Auch bestimmte beruflich-ökonomische Auslöser zählen zu den kritischen Lebensereignissen. Allen voran ist hier der Übergang von der Erwerbsphase in die Arbeitslosigkeit bzw. die Phase der Arbeitslosigkeit zu nennen. Mit ihr sind beispielsweise negative Erfahrungen im Zuge der Bewerbungsphase verbunden. Dass Arbeitslosigkeit Wanderungsprozesse auslösen kann, zeigt zum einen, dass Arbeitslosigkeit nicht als Stadium der Immobilität per se gelten kann, wie in der Literatur gelegentlich argumentiert wird (z.B. Ebenrett et al. 2003; Häußermann 1995). Unsere Ergebnisse geben auch Hinweise darauf, dass eine soziale Abwärtsmobilität der geographischen Mobilität vorausgeht. Migration ließe sich dann als Mechanismus deuten, mit dem neue Lebenschancen erschlossen und möglicherweise aktiv eine Phase der sozialen Aufwärtsmobilität eingeleitet werden könnte. Inwiefern es sich hier um einen zu verallgemeinernden Zusammenhang handelt, müssen weitere Studien zeigen.

Literatur

Bertram, Hans (Hrsg.) (1995): Das Individuum und seine Familie: Lebensformen, Familienbeziehungen und Lebensereignisse im Erwachsenenalter. Opladen.

Bührer, Susanne 1997: Soziales Kapital und Wanderungsentscheidungen. Zur Bedeutung sozialer Bezugsgruppen im Prozeß der Entstehung von Wanderungserwägungen, Wanderungsabsichten und Wanderungen. Hamburg: Verlag Dr. Kovac.

Diehl, Claudia; David Dixon (2005): „Zieht es die Besten fort?“ Ausmaß und Formen der Abwanderung deutscher Hochqualifizierter in die USA. Kölner Zeitschrift für Soziologie und Sozialpsychologie 57: 714-734.

Diehl, Claudia; Steffen Mau; Jürgen Schupp (2008): Auswanderung von Deutschen: Kein dauerhafter Verlust von Hochschulabsolventen. DIW-Wochenbericht 75 (5): 49-55.

Dierks, Sven (1997): Hausfrauen im Ruhestand!?: Identitätsprobleme in biographischen Übergangsphasen. Münster.

Durand, Jorge; Douglas Massey, S. (1992): Mexican Migration to the USA. Latin American Research Review 27 (2): 3-42.

Ebenrett, Heinz J.; Dieter Hansen; Klaus J. Puzicha (2003): Verlust von Humankapital in Regionen mit hoher Arbeitslosigkeit. Aus Politik und Zeitgeschichte B 6-7: 25-31.

Faist, Thomas (1997): Migration und der Transfer sozialen Kapitals oder: Warum gibt es relativ wenige internationale Migranten? In: Ludger Pries: Transnationale Migration. Baden-Baden: Nomos, S. 63-83.

Faltermaier, Toni (1984): „Lebensereignisse" – Eine neue Perspektive für Entwicklungspsychologie und Sozialisationsforschung? Zeitschrift für Sozialisationsforschung und Erziehungssoziologie 4 (2): 344-355.

Faltermaier, Toni (1987): Das Subjekt in einer Lebensereignisperspektive. Universität Augsburg: Forschungsstelle für Pädagogische Psychologie und Entwicklungspsychologie.

Filipp, Sigrun-Heide (1995a): Ein allgemeines Modell für die Analyse kritischer Lebensereignisse. In: Sigrun-Heide Filipp: Kritische Lebensereignisse. Weinheim. S. 3-52.

Filipp, Sigrun-Heide (Hrsg.) (1995b): Kritische Lebensereignisse. Weinheim.

Fischer, Manfred; Ulrike Fischer (1995): Wohnortwechsel und Verlust der Ortsidentität als nicht-normative Lebenskrisen. In: Sigrun-Heide: Kritische Lebensereignisse. Weinheim. S. 139-153.

Flick, Uwe (2000): Qualitative Forschung: Theorie, Methoden, Anwendung in Psychologie und Sozialwissenschaften. Reinbek bei Hamburg.

Fuchs-Heinritz, Werner (2000): Biographische Forschung. Wiesbaden.

Garson, Jean-Pierre (2003): Migration in Europe: Trends and Perspectives. Keynote Report. http://contact.migrationpolicy.org/site/DocServer/GARSON.pdf?docID =981 [31.10.2007].

Gerhardt, Uta (1986): Verstehende Strukturanalyse: Die Konstruktion von Idealtypen als Analyseschritt bei der Auswertung qualitativer Forschungsmaterialien. In: Hans-Georg Soeffner: Sozialstruktur und soziale Typik. Frankfurt a. M./New York. S. 31-83.

Glaser, Barney G.; Anselm L. Strauss, (1967): The Discovery of Grounded Theory. New York.

Greenwood, Michael J. (1975): Research on Internal Migration in the United States: A Survey. Journal of Economic Literature 13 (2): 397-433.

Gudjons, Herbert; Marianne Pieper; Birgit Wagener (1996): Auf meinen Spuren. Das Entdecken der eigenen Lebensgeschichte. Hamburg.

Haug, Sonja (2000): Soziales Kapital und Kettenmigration. Italienische Migranten in Deutschland. Opladen.

Häußermann, Hartmut (1995): Arbeitslosigkeit und Mobilität in den alten und neuen Bundesländern. In: Paul Gans; Franz-Josef Kemper: Mobilität und Migration in Deutschland. Erfurt. S. 89-100.

Hess, Sabine (2005): Au-pair als migrantische Hausarbeit. Zu den Grenzen und Tendenzen der globalen Ökonomisierung von Sorgearbeit. SOWI 34 (3): 61-68.

Hicks, John R. (1963): The Theory of Wages. London.

Hillmann, Felicitas (2000): Von internationalen Wanderungen zu transnationalen Migrationsnetzwerken? Der neue europäische Wanderungsraum. In: Maurizio Bach: Die Europäisierung nationaler Gesellschaften. Opladen. S. 363-385.

Hoerning, Erika M. (1987): Lebensereignisse: Übergänge im Lebenslauf. In: Wolfgang Voges: Methoden der Biographie- und Lebenslaufforschung. Opladen. S. 231-259.

Johnston, Ron; Andrew Trlin et al. (2006): Sustaining and Creating Migration Chains Among Skilled Immigrant Groups. Journal of Ethnic and Migration Studies 32 (7): 1227-1250.

Kalter, Frank (1997): Wohnortwechsel in Deutschland. Ein Beitrag zur Migrationstheorie und zur empirischen Anwendung von Rational-Choice-Modellen. Opladen.

Kelle, Udo; Susann Kluge (1999): Vom Einzelfall zum Typus. Fallvergleich und Fallkontrastierung in der qualitativen Sozialforschung. Opladen.

Kluge, Susann (1999): Empirisch begründete Typenbildung. Zur Konstruktion von Typen und Typologien in der qualitativen Sozialforschung. Opladen.

Krauss, Marita (2001): Frauen und Migration. Eine einleitende Problemskizze. In: Marita Krauss/Holger Sonnabend: Frauen und Migration. Stuttgart.

Lueger, Manfred (2000): Grundlagen qualitativer Feldforschung. Methodologie, Organisierung, Materialanalyse. Wien.

Machleidt, Wielant (2005): Migration, Integration und psychische Gesundheit. Psychiatrische Praxis 32 (2): 55-57.

Mau, Steffen; Roland Verwiebe et al. (2008): Innereuropäische Wanderungen – Die Wanderungsmotive von Deutschen mit mittleren Qualifikationen. BIOS – Zeitschrift für Biographieforschung, Oral History und Lebensverlaufsanalysen.

Meinefeld, Werner (1997): Ex-ante Hypothesen in der qualitativen Sozialforschung: Zwischen „fehl am Platz" und „unverzichtbar". Zeitschrift für Soziologie 26 (1): 22-34.

Meinefeld, Werner (2003): Hypothesen und Vorwissen. In: Uwe Flick: Qualitative Forschung: Ein Handbuch. Reinbek bei Hamburg: Rowohlt, S. 265-275.

Miles, Matthew; Michael Huberman (1994): Qualitative Data Analysis. Thousand Oaks.

Portes, Alejandro; Rumbaut, Rubén G. (1990): Immigrant America: A Portrait. Berkeley.

Pries, Ludger (1998): Transmigranten als ein Typ von Arbeitswanderern in plurilokalen sozialen Räumen. Das Beispiel der Arbeitswanderung zwischen Puebla/Mexiko und New York. Soziale Welt 49 (2): 135-150.

Pries, Ludger (2001a): Internationale Migration. Bielefeld.

Pries, Ludger (2001b): New transnational social spaces. London.

Sauer, Lenore; Andreas Ette (2007): Auswanderung aus Deutschland. Wiesbaden: Bundesinstitut für Bevölkerungsforschung.

Schupp, Jürgen; Janina Söhn; Nicole Schmiade (2005): Internationale Mobilität von deutschen Staatsbürgern. Chancen für Arbeitslose oder Abwanderung der Leistungsträger? Zeitschrift für Bevölkerungswissenschaften 30 (2-3): 279-292.

Strauss, Anselm L. (1994): Grundlagen qualitativer Sozialforschung. München.

Strauss, Anselm L.; Juliet Corbin (1990): Basics of Qualitative Research. Grounded Theory Procedures and Techniques. Newbury Park, CA.

Struck-Möbbeck, Olaf; Matthias Rasztar et al. (1996): Gestaltung berufsbiographischer Diskontinuität. Bewältigungsstrategien von ostdeutschen Berufs- und Hochschulabsolventen im Transformationsprozeß. SfB-Arbeitspapier Nr. 38. Bremen.

Todaro, Michael P. (1986): International migration, domestic unemployment, and urbanization. New York.
Williams, Allan M.; Vladimír Balá, (2002): Mobilité internationale en Europe centrale: touristes, commerçants et migrants. Revue Européenne des Migrations Internationales 18 (1): 37-65.
Witzel, Andreas (1985): Das problemzentrierte Interview. In: Gerd Jüttemann: Qualitative Forschung in der Psychologie. Grundfragen, Verfahrensweisen, Anwendungsfehler. Weinheim. S. 227-255.
Witzel, Andreas (1996): Auswertung problemzentrierter Interviews: Grundlagen und Erfahrungen. In: Rainer Strobel/Andreas Böttger: Wahre Geschichten? Zu Theorie und Praxis qualitativer Interviews. Beiträge zum Workshop „Paraphrasieren, Kodieren, Interpretieren". Baden-Baden. S. 49-75.

Stefanie Kley

Die Verbundenheit mit dem Wohnort und Wegzugsabsichten bei jungen Erwachsenen

1. Einleitung

Die psychische Verbundenheit bzw. die Identifikation mit dem Wohnort ist in Gesellschaften, in denen der Wechsel des Wohnortes überwiegend von der Aussicht auf bessere Lebenschancen, nicht jedoch aus blanker Not betrieben wird, ein wichtiger Faktor für die Wahrscheinlichkeit von Wegzugsabsichten. Der Entschluss zur Migration, worunter hier der Wegzug aus dem Wohnort verstanden wird, sollte umso unwahrscheinlicher sein, je stärker sich die betreffende Person mit ihrem Wohnort verbunden fühlt, da der Wohnort Teil der Selbstidentifikation ist (Weichhart 1990; Lilli und Diehl 1999). In diesem Beitrag wird der Frage nachgegangen, welche Einflussfaktoren auf die Ortsverbundenheit wirken, und in welchem Grad diese Verbundenheit Wegzugsabsichten beeinflusst.

Als Einflussfaktoren auf die Verbundenheit mit dem Wohnort werden Einschätzungen örtlicher Lebensbedingungen, Einschätzungen des „sozialen Klimas" und soziale Beziehungen am Wohnort analysiert. Da man davon ausgehen kann, dass die Ortsverbundenheit und die Einschätzung der örtlichen Bedingungen in einem Wechselverhältnis stehen, muss der Wohnort in den Analysen berücksichtigt werden. Die Daten stammen aus einer Erhebung mit zwei Wellen, die 2006 und 2007 in Magdeburg und Freiburg durchgeführt wurde. Da die Anforderungen an den Wohnort systematisch mit der Lebensphase variieren, konzentriert sich die Analyse auf Befragte im frühen Erwachsenenalter (18 bis 29 Jahre, ohne Kinder; N = 966 Personen).

Es wird gezeigt, dass insbesondere diejenigen strukturellen und sozialen Bedingungen für die Verbundenheit mit dem Wohnort relevant sind, die soziale Interaktionszusammenhänge betreffen, während „klassische Standortfaktoren" für Beruf und Ausbildung keine signifikante Rolle spielen. Die Einschätzung, dass die beruflichen Möglichkeiten und die Bedingungen im Hinblick auf eine Reihe weiterer Lebensbereiche andernorts besser sind, übt hingegen einen unmittelbaren Einfluss auf die Abwanderungsabsicht aus. Der Grad der Ortsverbundenheit kann nur in der wirtschaftlich schwächeren Stadt einen signifikanten Einfluss auf die Abwanderungsabsicht entfalten.

Die Verbundenheit mit dem Wohnort ist Ausdruck der Identifikation mit der Region, in der man lebt. Nach der Theorie der Sozialen Identität (Tajfel 1981; Tajfel und Turner 1986) kann die Identifikation mit der Wohnregion als regionale Identität angesehen werden, welche als kollektive Identität zum individuellen Selbstkonzept beiträgt. Basis der regionalen Identität ist ein territorial begrenzter Lebensraum, in dem landschaftliche mit sozialen und kulturellen Aspekten verknüpft sind. Lilli und Diehl (1999) konnten zeigen, dass das Objekt regionaler Identifikation in der Regel durch den Wohnort und die kulturlandschaftliche Umgebung repräsentiert wird, selten durch großräumigere Einheiten, wie das Bundesland, oder durch verwaltungspolitische Angaben, wie der Lahn-Dill-Kreis.

Die Wohndauer sowie die Frage, ob jemand in der Region geboren ist, gelten als wichtige Determinanten der regionalen Identität (zu einem Überblick über die Forschung siehe Weichhart 1990). Theoretisch basiert das Gefühl regionaler Zugehörigkeit erstens auf sozialen Beziehungsnetzen in der Region (Treinen 1974; Lalli 1989; grundlegend: Tajfel 1981). Die Intensität von sozialen Beziehungen zu Freunden, Verwandten und Bekannten sowie die subjektive Wichtigkeit dieser Beziehungen konnten als bedeutsame Faktoren für den Grad der regionalen Identifikation nachgewiesen werden (Lilli und Diehl 1999). Zweitens wird die Basis der regionalen Identifikation darin gesehen, dass die Bewohner einer Region im Verlauf ihrer Sozialisation bestimmte Symbole und Eigenarten übernehmen (Lalli 1989), die sie als Kulturgemeinschaft ausweisen. Hierzu können physisch-materielle Merkmale gerechnet werden, wie die Landschaft oder typische Speisen, sowie bestimmte Charakterzüge, Lebensarten und lokalhistorische Aspekte. Die persönliche Einschätzung der Wichtigkeit dieser Merkmale erklärt einen hohen Anteil der Identifikation mit der Wohnregion (Lilli und Diehl 1999). Drittens wird davon ausgegangen, dass die regionale Identität in einem umgekehrten Zusammenhang mit der Außenorientierung steht (Weichhart 1990). Hierfür gibt es ebenfalls empirische Evidenz; Personen mit einer geringen regionalen Identität nennen häufiger größere territoriale Einheiten als Identifikationsobjekte, wie das Bundesland oder Europa (Lilli und Diehl 1999). Dieses Ausweichen auf subjektiv positiver besetzte territoriale Identifikationsobjekte kann als Strategie interpretiert werden, unter der Bedingung einer subjektiv negativ besetzten Wohnregion eine positive Identität aufrecht zu erhalten (Tajfel und Turner 1986; Lilli und Diehl 1999).

Wann ein solches Ausweichen auf andere Identifikationsobjekte wahrscheinlich wird, hat Albert Hirschman (1970) in seiner Theorie zur Loyalität gegenüber Organisationen entwickelt. Die wichtigsten Thesen seien hier nur kurz skizziert (vgl. zu einer ausführlicheren Zusammenfassung Mühler und Opp 2006: 292ff). Ausgangspunkt der Theorie ist eine Verschlechterung der

Qualität eines Produktes, das eine Firma anbietet. Die Kunden der Firma haben grundsätzlich zwei Möglichkeiten der Reaktion: erstens „exit", das heißt Abwanderung, zum Beispiel durch den Kauf der Produkte einer Konkurrenzfirma; zweitens „voice", das heißt Widerspruch, zum Beispiel durch Beschwerden. Eine dritte Möglichkeit der Reaktion, Inaktivität oder „suffer in silence", wird erwähnt, aber nicht ausführlich behandelt. Die Wahrscheinlichkeit für Widerspruch wird gemäß der Theorie *ceteris paribus* umso höher sein, je stärker die Loyalität gegenüber der Firma ist, und die Wahrscheinlichkeit für Abwanderung wird umso höher sein, je geringer die Loyalität ist. Neben der Loyalität haben weitere Faktoren einen Einfluss auf die Wahrscheinlichkeit, zu der Abwanderung oder Widerspruch gewählt werden, insbesondere Kosten aller Art. Im Folgenden wird die Möglichkeit des „Widerspruchs" nicht weiter betrachtet. Mühler und Opp (2006) argumentieren, dass man diesen Ansatz gut auf die Abwanderung aus Regionen („exit") übertragen kann, zumal das Konzept der Loyalität von Hirschman (1970: 77f) als „attachment to an organization" bzw. „affection for an organisation" weitgehend der Definition von regionaler Identifikation als Verbundenheit mit dem Wohnort entspricht. Je stärker sich jemand mit seinem Wohnort verbunden fühlt, desto höher sind demnach die psychischen Kosten einer Abwanderung und desto seltener sollte diese Möglichkeit gewählt werden.[1] Im Hinblick auf die Loyalität zum Wohnort „bezieht sich die Leistungsverschlechterung auf das Angebot an Kollektivgütern" (Mühler und Opp 2006: 295), oder allgemeiner, auf die „Nützlichkeit" der Lebensbedingungen am Wohnort für die eigenen Ziele. Nach Wolpert (1965) gerät die Möglichkeit eines Ortswechsels dann ins Blickfeld, wenn die Bedingungen zur Verwirklichung eigener Lebensziele und -wünsche subjektiv als andernorts besser eingeschätzt werden.[2] Eine Verschiebung in der Bewertung von Lebensbedingungen tritt aber nicht nur dann auf, wenn sich diese Bedingungen ändern, sondern auch dann, wenn sich die individuellen Bewertungsmaßstäbe ändern, zum Beispiel durch die Anhebung der Ansprüche mit Erreichen eines höheren Bildungsgrades oder

1 Die Untersuchung von Mühler und Opp (2006: 321ff) zeigte allerdings keinen verlässlichen Zusammenhang der Abwanderungsabsicht im Sinne dieser "Loyalitätshypothese". Nur in einer von zwei Wellen verminderte die starke Identifikation mit dem Wohnort die Wahrscheinlichkeit von Abwanderungsabsichten signifikant.

2 Dieser Schritt des Nachdenkens über die Möglichkeit eines Ortswechsels, der bei Wolpert (1965) nicht explizit ausformuliert wird, ist analytisch sehr wichtig, da ein (bedingt) rationaler Akteur (Simon 1956) nur dann eine Entscheidung zugunsten der Option "Wegzug" treffen kann, wenn diese Handlungsalternative überhaupt vorliegt. Dass die meisten Menschen einen Wegzug aus dem Wohnort gar nicht in Betracht ziehen, stellt einen gewichtigen Einwand gegen die Anwendung eines rationalen Handlungsmodells auf die Migrationsentscheidung dar (Speare 1971). Die Annahme, dass Menschen einen Wegzug aus dem Wohnort dann als Handlungsoption in Betracht ziehen, wenn sie die Lebensbedingungen am Wohnort als nicht ausreichend für ihre Lebensziele einschätzen, kann als "Brückenhypothese" zum Einfluss von strukturellen Bedingungen auf individuelle Wahrnehmungen und Handlungen dienen (vgl. Esser 1999: 15 f).

der Erzielung eines höheren Einkommens. Die Relevanz bestimmter Lebensbedingungen variiert auch im Lebenslauf, und damit sollten sich auch die Anforderungen an den Wohnort tendenziell mit verschiedenen Lebensphasen verändern (Huinink 2005). Dass Wohnungs- und Ortswechsel häufig in zeitlicher Nähe zu biographischen Umbrüchen, wie dem Beginn eines Studiums oder dem Wechsel der Arbeitsstelle stattfinden (Wagner 1989), unterstützt diese Annahme. Für junge Eltern erweisen sich zum Beispiel die Einschätzung der örtlichen Bedingungen für das Familienleben und gesundheitliche Aspekte als die wichtigsten Determinanten für den Wegzugsentschluss, während es für Personen, die einen beruflichen Wechsel erwarten, die Arbeitsstelle am Zielort und die Einschätzung der Auswirkungen des Umzugs auf die Paarbeziehung sind (Huinink und Kley 2008).

Aus diesem Grund ist es sinnvoll, bei der detaillierten Analyse des Zusammenhangs von Migrationsabsichten und Lebensbedingungen eine bestimmte Lebensphase in den Fokus zu nehmen. Wichtige biographische Ereignisse im Lebenslauf von jungen Erwachsenen sind der Beginn einer Ausbildung bzw. eines Studiums oder deren Abschluss, der Auszug aus dem Elternhaus, die Heirat oder das Zusammenziehen mit einem Partner bzw. einer Partnerin, und die Geburt des ersten Kindes (vgl. z.B. Mayer und Schwarz 1989; Wagner 1989). Der Auszug aus dem Elternhaus und das Zusammenziehen mit dem Partner hängen in der Regel direkt mit einem Wohnungswechsel zusammen und bergen deshalb per se eine gewisse Wahrscheinlichkeit für eine Migration über die Ortsgrenzen. Der Beginn von Ausbildung bzw. Studium und deren Abschluss, sowie der Antritt einer Arbeitsstelle sind für junge Erwachsene die häufigsten Gründe für Fernwanderungen (Wagner 1989, Mulder 1993). Man kann daher erwarten, dass der Entschluss zum Wegzug aus dem Wohnort häufig durch die Erwartung (Antizipation) dieser biographischen Ereignisse angestoßen wird.

Einem Stufenmodell folgend ist Migration ein Prozess, der mit Gedanken an den Wegzug aus dem Wohnort beginnt, dann wird die Entscheidung zugunsten des Wegzugs gefällt und die Phase der Wegzugsplanung eingeläutet, die schließlich in die Umsetzung bzw. Realisierung der Migration mündet (zur theoretischen Herleitung dieses Modells siehe Kalter 1997; Huinink und Kley 2008). Solange keine besseren Alternativen in Sicht sind, wird die Entscheidung zugunsten eines Wohnortwechsels nicht fallen; die negative Bewertung der Lebensbedingungen am Wohnort sollte sich jedoch in einer Minderung der Identifikation mit dem Wohnort niederschlagen und somit über einen geringeren Grad der Ortsverbundenheit die Wegzugsentscheidung erleichtern. Man kann deshalb erwarten, dass der Wegzug aus einer Region, in der die Lebensbedingungen eher negativ eingeschätzt werden, durch eine geringe Verbundenheit mit dem Wohnort zusätzlich forciert wird, während dies beim Wegzug aus einer prosperierenden Region nicht der Fall ist.

3. *Daten und Methode*

Mit Magdeburg und Freiburg wurden zwei Regionen für die Erhebung ausgewählt, die strukturell gut vergleichbar sind, was bei einer ländlichen Region und einer Großstadt nicht der Fall gewesen wäre. Magdeburg und Freiburg haben in etwa die gleiche Einwohnerzahl, beide sind Universitätsstädte und beide liegen nicht im unmittelbaren Einzugsgebiet einer Metropole oder innerhalb einer Agglomeration. Aufgrund ihrer Lage im Osten bzw. Südwesten Deutschlands sehen sich die beiden Städte jedoch unterschiedlichen wirtschaftlichen Konditionen gegenüber. Dies schlug sich für Magdeburg in den 1990er Jahren bis mindestens zu Beginn dieser Dekade in einem anhaltend negativen, für Freiburg in einem fast durchweg positiven Wanderungssaldo nieder.

Die Haupterhebung wurde 2006 unter der Wohnbevölkerung in Magdeburg und Freiburg im Alter von 18 bis 50 Jahren per CATI durchgeführt. Die Stichprobe wurde per Wahrscheinlichkeitsauswahl telefonisch gezogen (Gabler und Häder 1997ff), wobei nach Personen ohne Wegzugsgedanken und mit Wegzugsgedanken bzw. -plänen geschichtet wurde. Ein Jahr später wurde mit einer Folgebefragung erhoben, ob Wegzugsabsichten in die Tat umgesetzt wurden. Der Wegzugsplan erweist sich tatsächlich als ein sehr guter Prädiktor für die tatsächliche Umsetzung der Migration. Von den Befragten, die in der ersten Erhebungswelle angaben, den Wegzug aus dem Wohnort zu planen, sind im Verlauf von zwölf Monaten 37 Prozent tatsächlich aus dem Wohnort weggezogen, während es unter den Personen mit Wegzugsgedanken nur 3,5 Prozent und unter den Personen ohne Wegzugsgedanken 1 Prozent waren. Dabei handelt es sich um eine konservative Schätzung, in die nur Befragte einbezogen wurden, mit denen ein zweites Interview zustande kam.[3]

Für die folgenden Analysen wurden Personen im Alter von 18 bis 29 Jahren ausgewählt, die keine Kinder haben, um die Phase des frühen Erwachsenenlebens zu repräsentieren (N = 966 Befragte). Von diesen hat gut die Hälfte (52 Prozent) zum Zeitpunkt der Haupterhebung nicht an einen Wegzug aus dem Wohnort gedacht. 31 Prozent haben darüber nachgedacht, aber planen dies nicht, und 18 Prozent planen den Wegzug. Junge Magdeburger denken etwas häufiger über einen Wegzug nach als junge Freiburger (33 zu 29 Prozent), bezüglich der Wegzugspläne gibt es kaum Unterschiede.

3 26 Prozent der Befragten wurden in der zweiten Welle nicht mehr erreicht. Nach den Untersuchungsgruppen der ersten Welle sind die Anteile der nicht mehr erreichten Befragten unter den Personen mit Wegzugsplänen am höchsten (31 Prozent), dann folgen Personen mit Wegzugsgedanken (30 Prozent), und schließlich jene, die nicht an einen Wegzug dachten (24 Prozent). Die Häufigkeit der Realisierung eines Wegzugs wird somit eher unterschätzt.

Der Grad der Verbundenheit mit dem Wohnort wird mittels einer linearen Regression geschätzt (Modell 1), die Wahrscheinlichkeit für Wegzugsgedanken und -pläne wird mittels einer Generalisierten Ordinalen Logistischen Regression geschätzt (Modell 2).[4] Es wird jeweils entsprechend der Auswahlwahrscheinlichkeit von Personen mit Wegzugsgedanken oder -plänen in der Stichprobe gewichtet. In die Schätzungen gehen die folgenden Merkmale und subjektiven Bewertungen ein:

Die Bewertung von Lebensbedingungen am Wohnort im Hinblick auf die eigene berufliche Situation[5], die Paarbeziehung, die Möglichkeiten Kinder großzuziehen, eigenen Interessen und Hobbys nachzugehen und im Hinblick auf die Gesundheit. Die Bewertung erfolgte auf einer Skala von 1 „gar nicht gut" bis 7 „sehr gut", die Variablen wurden standardisiert.

Die Einschätzung des „sozialen Klimas" (Krupat und Guild 1980), anhand der Bewertung dreier ausgewählter Indikatoren, die in beiden Städten in vergleichbarem Maße für die Verbundenheit prädiktiv sind: Die Einschätzung der Stadt als bedrückend sowie die Einschätzung der Wohnbevölkerung als aufgeschlossen und als tolerant. Die Bewertung erfolgte auf einer siebenstufigen Skala von 1 „trifft gar nicht zu" bis 7 „trifft voll und ganz zu"; die Variablen wurden standardisiert.

Die Sozialisation am Wohnort, anhand der Wohndauer in Jahren. Die Frage, ob jemand in der Stadt geboren ist oder nicht, zeigt unter Berücksichtigung der Wohndauer keinen nennenswerten Effekt mehr und wird deshalb nicht in die Modellschätzung aufgenommen.

Die Konzentration von sozialen Beziehungen am Wohnort: Alle bzw. die meisten Freunde am Wohnort und alle Verwandten am Wohnort gehen jeweils als dummy-codierte Variable ein (0 = trifft nicht zu; 1 = trifft zu).

Soziodemographische und Haushaltsmerkmale, welche das Migrationsverhalten im frühen Erwachsenenalter beeinflussen können: Geschlecht, Alter, Bildungsgrad, Einkommen, das Zusammenleben mit einem Partner bzw. einer Partnerin in einer ehelichen oder nichtehelichen Lebensgemeinschaft und der Wegzugswunsch des Partners. Außerdem wird der Wohnort (Freiburg versus Magdeburg) berücksichtigt. Da das Alter mit Wegzugsgedanken und -plänen einen kurvilinearen Zusammenhang zeigt, wird ein quadratischer Term in die Schätzung aufgenommen. Der Bildungsgrad wird aus einer Kombination der abgeschlossenen Schulbildung und der beruflichen Ausbildung sowie der

---

4 Dieses Verfahren hat gegenüber der herkömmlichen ordinalen Regression den Vorteil, dass die Effektstärke eines jeden Prädiktors auf die verschiedenen Kategorien der abhängigen Variablen – in diesem Fall auf Wegzugsgedanken und -pläne – unterschiedlich stark sein kann (Williams 2006).

5 Die Bewertung der Möglichkeiten für die eigene Aus- und Fortbildung zeigt ganz ähnliche Effekte wie die Bewertung der beruflichen Möglichkeiten.

momentanen Beschäftigung gebildet. Personen, die mindestens die Schule und in der Regel auch eine berufliche Ausbildung abgeschlossen haben und sich momentan nicht weiter im Bildungssystem befinden, bilden die Referenzkategorie „untere und mittlere Bildung". Schüler, Auszubildende und Studierende wurden als Personen, die sich momentan in einem Zweig des Bildungssystems befinden, in einer Kategorie zusammengefasst. Die dritte und letzte Gruppe bilden junge Menschen mit abgeschlossenem Studium.

Psychische Dispositionen: Migrationserfahrung liegt vor, wenn jemand an mindestens zwei verschiedenen Orten gelebt hat, d.h. nicht seit der Geburt am Befragungsort wohnt. Die Verbundenheit mit der Stadt wurde auf einer 7-stufigen Skala von 1 „überhaupt nicht" bis 7 „sehr stark" erhoben und für die Schätzung von Wegzugsgedanken und -plänen standardisiert.

Die Einschätzung, dass ein Ortswechsel die Bedingungen verbessern würde im Hinblick auf den Beruf, die Paarbeziehung, das Familienleben, die Möglichkeiten, eigenen Interessen und Hobbys nachzugehen sowie gesund zu leben; alle wurden dummy-codiert.

Biographische Ereignisse, deren Eintreten in den kommenden sechs Monaten antizipiert werden: Der Auszug aus dem Elternhaus, der Beginn einer beruflichen Ausbildung oder eines Studiums, der Abschluss derselben, der Antritt einer (neuen) Arbeitsstelle, die Heirat, das Zusammenziehen mit dem Partner bzw. der Partnerin und die Geburt eines Kindes. Es wurde eine Dummy-Variable gebildet, die anzeigt, ob das Eintreten mindestens eines dieser Ereignisse in den kommenden sechs Monaten antizipiert wird oder nicht.

4. Ergebnisse

4.1 Einflussfaktoren auf die Verbundenheit mit dem Wohnort

Verschiedene Lebensbedingungen am Wohnort werden erwartungsgemäß von jungen Menschen in Magdeburg und Freiburg unterschiedlich eingeschätzt (Tabelle 1, Spalten 2 und 3). Die Möglichkeiten für die eigene berufliche Karriere am Wohnort werden von den Magdeburgern gut ein Viertel Standardabweichung schlechter eingeschätzt, als es dem Durchschnitt über beide Städte entspricht, von den Freiburgern entsprechend besser. Noch deutlich stärker ist die Abweichung bei der Frage, wie gut man am Wohnort Kinder großziehen könne. Am geringsten ist der Unterschied zwischen jungen Magdeburgern und Freiburgern im Hinblick auf die Bewertung der Bedingungen für die Verwirklichung einer guten Partnerschaft oder Ehe am Wohnort.

Die schlechtere Bewertung der Bedingungen am Wohnort durch die Magdeburger im Vergleich zu den Freiburgern ist jedoch in allen Lebensbereichen statistisch signifikant.

Tabelle 1: Einschätzung der Lebensbedingungen am Wohnort und im Vergleich mit anderen Orten, bei Magdeburgern und Freiburgern (Alter 18 bis 29, keine Kinder)

	Lebensbedingungen am Wohnort (standardisierte Abweichungen vom Mittelwert 0; gewichtet)		Möglichkeiten sind andernorts besser (Prozent; gewichtet)	
	Magdeburg	Freiburg	Magdeburg	Freiburg
Berufliche Situation	-0,27	0,32	58,0	41,2
Paarbeziehung	-0,13	0,15	22,6	16,2
Familienleben, Kinder	-0,39	0,35	13,1	8,6
Interessen nachgehen	-0,21	0,23	19,5	12,4
Gesundheit	-0,32	0,24	*9,7*[1)]	*7,2*[1)]
N	447	519	447	519

1) Unterschied zwischen den Städten nicht signifikant mit $p < 0,05$

Diese Unterschiede spiegeln sich auch in den Prozentsätzen wider, zu denen die jungen Erwachsenen in beiden Städten der Ansicht sind, die Lebensbedingungen seien andernorts besser (Tabelle 1, Spalten 4 und 5). Dass sich ihre beruflichen Möglichkeiten durch einen Wohnortwechsel eher verbessern würden, glaubt über die Hälfte der jungen Magdeburger und 41 Prozent der jungen Freiburger. Dass sich die Bedingungen im Hinblick auf eine bestehende oder angestrebte Paarbeziehung andernorts verbessern würden, glaubt knapp ein Viertel der Magdeburger und 16 Prozent der Freiburger.[6] Auch bei den anderen Lebensbedingungen zeigen sich dieselben Tendenzen. Lediglich im Hinblick auf die erwarteten Auswirkungen des Ortswechsels auf die Gesundheit sind die Unterschiede zwischen Magdeburgern und Freiburgern nicht signifikant.

6 Singles wurden nach den Bedingungen gefragt, einen Partner bzw. eine Partnerin zu finden. Die Verteilungen der Antworten von Personen mit Partner und ohne Partner im Hinblick auf die Paarbeziehung sind sehr ähnlich; dies gilt auch für den Zusammenhang mit Wegzugsgedanken und -plänen. Außerdem sind die Anteile der Personen, die einen Partner außerhalb des Wohnortes haben, in beiden Städten nicht signifikant verschieden.

Tabelle 2: Einflussfaktoren auf die Verbundenheit mit dem Wohnort (Alter 18-29 Jahre, keine Kinder)

Modell 1 Lineare Regression; gewichtet	**Beta**	**Std. Fehler**
Wohnort: Freiburg (Ref. Magdeburg)	0,047	0,116
Lebenbedingungen am Wohnort		
Berufliche Situation	-0,053	0,047
Paarbeziehung	0,256***	0,042
Kinder	0,082	0,051
Wichtigkeit Kinder	0,015	0,042
Lebensbed. x Wichtigkeit Kinder	0,090**	0,044
Interessen nachgehen	0,139***	0,049
Gesundheit	-0,017	0,055
Wohnungen	0,152***	0,050
Gastronomie	0,104**	0,044
Grünflächen, Natur	0,142***	0,049
Sozialklima am Wohnort		
Stadt ist bedrückend	-0,205***	0,046
Leute sind aufgeschlossen	0,198***	0,048
Leute sind tolerant	0,178***	0,054
Sozialisation		
Wohndauer in Jahren	0,041***	0,005
Soziale Beziehungen am Wohnort		
Alle/ die meisten Freunde hier	0,350***	0,084
Alle Verwandten hier	0,157	0,096
Konstante	4,227***	0,099
Anzahl der Fälle	937	
F (Freiheitsgrade)	40,67 (17)	
Modell Signifikanz	0,000	
R2	0,422	

In Modell 1 wird die Verbundenheit mit dem Wohnort in Abhängigkeit von der Einschätzung der Lebensbedingungen am Wohnort und von Sozialisationsmerkmalen geschätzt (Tabelle 2). Der Einfluss dieser Faktoren ist in beiden Städten sehr ähnlich, was durch eine getrennte Modellierung für beide Städte geprüft wurde (nicht dargestellt). Der Wohnort zeigt dem entsprechend in Modell 1 keinen nennenswerten Effekt auf die Ortsverbundenheit.

Betrachtet man die fünf Lebensbereiche Beruf, Paarbeziehung, Kinder/Familie, persönliche Interessen und Gesundheit, so sind nicht alle für die Verbundenheit mit dem Wohnort in gleichem Maße relevant. Die Einschätzung der beruflichen Möglichkeiten und der Gesundheitsbedingungen am Wohnort spielt für die Bindung junger Menschen an ihren Wohnort kaum eine Rolle. Die Einschätzung, wie gut man am Wohnort Kinder großziehen könnte, hat nur für diejenigen (bislang kinderlosen) Befragten einen Effekt, denen Kinder besonders wichtig sind. Dies zeigt sich an dem signifikanten Interaktionseffekt der Einschätzung der Lebensbedingungen für Kinder mit der Einschätzung der momentanen Wichtigkeit dieses Lebensbereichs. Für alle anderen Lebensbereiche gibt es keine signifikanten Interaktionseffekte mit der momentanen Wichtigkeit; außerdem kann kein eigenständiger Effekt der Wichtigkeit von Lebensbereichen auf die Verbundenheit mit dem Wohnort nachgewiesen werden (nicht dargestellt). Je besser die Bedingungen für eine Paarbeziehung und für die Verwirklichung persönlicher Interessen und Hobbys am Wohnort bewertet werden, desto stärker ist die Verbundenheit mit dieser Stadt. Wirtschaftliche Standortqualitäten scheinen für die psychische Identifikation mit dem Wohnort hingegen keine Rolle zu spielen. Die eigenen beruflichen Chancen werden vermutlich selten dem Wohnort attribuiert, sondern eher auf persönliche Entscheidungen – die eigenen oder die der Arbeitgeber – zurückgeführt. Gesundheitsaspekte sind vermutlich nicht relevant, da erstens die Befragungsorte keine gesundheitsgefährdenden Bedingungen aufweisen dürften, und zweitens junge Erwachsene relativ selten gesundheitliche Probleme haben. Der hohe Stellenwert der Einschätzung der Bedingungen für eine Paarbeziehung für die Identifikation mit dem Wohnort bestätigt Befunde zur sozio-kulturellen Homogamie in Paarbeziehungen. Das Eingehen einer Paarbeziehung unter Personen, die aufgrund kultureller Unterschiede eine hohe emotionale Distanz aufweisen, ist unwahrscheinlich.[7] Der hohe Stellenwert der Verwirklichung persönlicher Interessen und Hobbies ist schließlich für die Identifikation mit dem Wohnort für junge Menschen plausibel, da die Emanzipation vom Elternhaus und die Verfolgung eigener Interessen in der Phase des Übergangs ins Erwachsenenleben besonders wichtig sind. Dem entsprechend ist neben dem Angebot an attraktiven Wohnungen auch das gastronomische Angebot für die Identifikation junger Menschen mit ihrem Wohnort bedeutsam. Die Bewertung der Natur in der Stadt und der Umgebung bildet einen Aspekt der Kulturlandschaft ab und ist deshalb erwartungsgemäß ein signifikanter Prädiktor für die örtliche Verbundenheit.

Im Hinblick auf das „soziale Klima“ am Wohnort kristallisierten sich drei Dimensionen heraus, die für junge Menschen in beiden Städten in ähnlicher Weise mit der persönlichen Verbundenheit zusammenhängen. Wird die Stadt als bedrückend empfunden, hat dies deutlich negative Auswirkungen auf die Verbundenheit mit dem Wohnort. Die Einschätzung der Leute in der Stadt als aufgeschlossen und als tolerant wirkt sich positiv auf die Ortsverbundenheit aus. Alle drei Dimensionen bestätigen die Wichtigkeit der Selbstentfaltung für junge Leute. Ob die Stadtbewohner als relativ wohlhabend oder intellektuell eingeschätzt werden, spielt hingegen in beiden Städten keine Rolle, die Einschätzung der Stadt als sicher ist nur in Magdeburg relevant (nicht dargestellt).

Erwartungsgemäß ist die Verbundenheit mit dem Wohnort umso höher, je länger der bzw. die Befragte am Ort lebt. Auch soziale Beziehungen am Wohnort sind wie erwartet positiv mit der regionalen Identifikation verbunden. Die Konzentration von Verwandtschaftsbeziehungen am Wohnort beein-

7 Vgl. für einen Überblick über die Forschung zur inter*ethnischen* Partnerwahl Nauck, 2001.

flusst die Ortsverbundenheit allerdings in deutlich geringerem Ausmaß als die Konzentration von Freundschaftsnetzen.

4.2 Einflussfaktoren auf Wegzugsgedanken und -pläne

In Modell 2 wird die Wahrscheinlichkeit auf Wegzugsgedanken und -pläne von jungen Erwachsenen in Magdeburg und Freiburg geschätzt (Tabelle 3). Die Chance, einen Wegzug zumindest in Betracht zu ziehen versus nicht daran zu denken, ist signifikant geringer, je stärker die Verbundenheit mit dem Wohnort ist. Dies gilt in beiden Städten in ähnlichem Maße. Die Chance, den Wegzug aus dem Wohnort zu planen versus höchstens daran zu denken, wird für Magdeburger ebenfalls mit steigender Ortsverbundenheit als signifikant geringer eingeschätzt, dies gilt jedoch nicht für Freiburger (Odds Ratio = 0,764 x 1,207 = 0,922 n.s.). Für junge Magdeburger ist eine geringe Identifikation mit ihrem Wohnort somit ein zusätzlicher Faktor, der den Entschluss zum Wegzug befördert, für junge Freiburger hingegen nicht. Dies entspricht den Erwartungen. Wie die Schätzung der Verbundenheit in Modell 1 gezeigt hat, ist dies zu einem guten Teil darauf zurückzuführen, dass in der Verbundenheit mit dem Wohnort neben der sozio-kulturellen Verankerung am Wohnort die Bewertung sozialer Bedingungen und des sozialen Klimas am Ort enthalten sind. Außerdem wird für junge Menschen, die mindestens einmal den Wohnort gewechselt haben (Migrationserfahrung), gegenüber gebürtigen Stadtbewohnern eine um den Faktor 1,6 höhere Chance geschätzt, den Entschluss zum Wegzug aus dem Wohnort zu fassen. Dies ist vermutlich auf Erfahrungswissen und damit einhergehend auf ein höheres Selbstvertrauen zurückzuführen, den Ortswechsel durchführen und sich woanders einleben zu können (vgl. Speare 1975).

Für die Verbundenheit mit dem Wohnort erwies sich die Konzentration der Freundschaftsnetze am Ort als ein sehr wichtiger Faktor, die Verwandtschaftsnetze spielten hingegen keine signifikante Rolle. Im Hinblick auf Wegzugsgedanken und -pläne ist es umgekehrt: Freundschaftsnetze am Wohnort halten junge Menschen weder von Gedanken an einen Ortswechsel, noch vom konkreten Entschluss für diesen ab. Wohnt hingegen die ganze Familie am Ort, reduziert dies die Chance auf Wegzugsgedanken und -pläne etwa um den Faktor 0,6. Dieser Befund spricht dafür, dass die Konzentration der Familie am Wohnort einen direkten, hemmenden Einfluss auf die Wegzugsentscheidung hat, während die Konzentration der Freundschaftsnetze nur indirekt, über die Verbundenheit mit dem Wohnort, Einfluss nimmt.

Die Einschätzung, dass sich verschiedene Lebensbereiche durch einen Wegzug in einen anderen Ort eher verbessern würden, hat einen starken Einfluss auf Wegzugsgedanken und -pläne. Wird davon ausgegangen, dass sich die berufliche Situation oder die Bedingungen für die Paarbeziehung verbessern, wird die Chance auf Wegzugsgedanken bzw. -pläne fast verdreifacht.

Die Einschätzung, dass die Möglichkeiten, persönlichen Interessen nachzugehen oder gesund zu leben andernorts besser sind, verdoppelt jeweils die Chance, über einen Wegzug zumindest nachzudenken. Und selbst die Aussicht auf bessere Bedingungen für das Familienleben hat bei den bislang kinderlosen Befragten noch einen signifikanten Effekt auf die Wegzugsentscheidung. Die Effekte auf Wegzugsgedanken und -pläne sind jeweils etwa gleich stark, mit Ausnahme der Einschätzung der Auswirkungen des Wohnortwechsels auf die Gesundheit, die für den Übergang zum Wegzugsplan keine Rolle mehr spielt. Während die Einschätzung der beruflichen Möglichkeiten keinen Effekt auf die Verbundenheit mit dem Wohnort zeigte, erweist sie sich als einer der wichtigsten Prädiktoren für Wegzugsgedanken und -pläne.

Befragte, die mindestens eines der genannten biographischen Ereignisse in den kommenden sechs Monaten erwarten, haben ebenfalls signifikant höhere Chancen, den Wegzug aus dem Wohnort zumindest in Betracht zu ziehen. In noch deutlich höherem Maße wird jedoch der Übergang zum Wegzugsplan durch die betreffenden Ereignisse forciert. Nur diejenigen, die eine Verbesserung bestimmter Lebensbedingungen durch einen Wohnortwechsel für möglich halten, werden ein Auge auf Gelegenheiten haben, die sich andernorts bieten. Mit der Wahrnehmung einer solchen Gelegenheit, zum Beispiel durch die Annahme eines Studienplatzes oder einer Arbeitsstelle, wird dann in die Planungsphase übergegangen, die schließlich mit relativ hoher Wahrscheinlichkeit auch zur Umsetzung der Wegzugsabsicht führt.

Tabelle 3: Einflussfaktoren auf Wegzugsgedanken und -pläne (Alter 18-29, keine Kinder)

Modell 2 Generalisierte Ordinale Logist. Regression, gewichtet	**Keine Gedanken → Gedanken**		**Gedanken → Plan**	
	Odds Ratio	Std.Fehler	Odds Ratio	Std.Fehler
Soziodemographische Merkmale				
Lebt in Freiburg (Ref. Magdeburg)	1,462	0,620	0,483	0,620
Geschlecht weiblich	1,084	0,161	1,535**	0,187
Alter	0,531*	0,376	2,894**	0,465
Alter quadriert	1,012	0,008	0,977**	0,010
Bildungsgrad: (Ref. untere und mittlere Bildung)				
In Schule, Ausbildung o. Studium	1,177	0,206	1,066	0,237
Abgeschlossenes Studium	1,801**	0,261	1,948**	0,295
Einkommen je 200 €	0,961	0,039	0,898**	0,050
Lebt mit Partner zusammen	0,848	0,210	0,522**	0,264
Partner möchte/muss umziehen	1,913***	0,205	1,498**	0,204
Psychische Dispositionen				
Migrationserfahrung	0,913	0,219	1,635*	0,266
Verbundenheit mit Wohnort	0,868*	0,085	0,764***	0,093
Verbundenheit x Freiburg	0,964	0,119	1,207	0,125
Soziale Beziehungen am Wohnort				
Alle/die meisten Freunde hier	0,782	0,173	1,230	0,198
Alle Verwandten hier	0,658**	0,197	0,594**	0,241
Einschätzung besserer Möglichkeiten andernorts				
Berufliche Situation	1,704***	0,166	2,837***	0,200
Paarbeziehung	2,649***	0,240	1,543*	0,224
Familienleben	1,653*	0,296	1,458	0,288
Interessen nachgehen	2,052***	0,246	1,770**	0,232
Gesundheit	2,147**	0,337	1,186	0,303
Biographisches Ereignis [2)]	1,704***	0,165	5,049***	0,195
Konstante	3469,1*	4,372	0,000***	5,370
Anzahl der Fälle	862			
Freiheitsgrade	40			
Wald Chi^2	315,31			
Modell Signifikanz	0,000			
Pseudo R^2	0,170			

* p<0.10, ** p<0.05, *** p<0.01, [2)] Antizipation mind. eines der folgenden Ereignisse in den kommenden sechs Monaten: Auszug aus dem Elternhaus, Beginn oder Abschluss einer Ausbildung bzw. eines Studiums, Antritt einer Arbeitsstelle, Zusammenziehen mit dem Partner bzw. der Partnerin, Heirat, Geburt des ersten Kindes

Auch der Einfluss sozio-demographischer Merkmale auf die Wegzugsentscheidung entspricht den Erwartungen. Der bekannte Befund, dass junge Frauen mobiler sind als junge Männer äußert sich in einer signifikant höheren Wahrscheinlichkeit der Frauen, den Wegzug aus dem Wohnort zu planen. Hochgebildete mit abgeschlossenem Studium haben gegenüber Personen mit unterem und mittlerem Bildungsniveau eine fast doppelt so hohe Chance auf Wegzugsgedanken und -pläne. Für das Nachdenken über den Wegzug aus dem Wohnort spielt das Einkommen keine signifikante Rolle, wohl aber für den Entschluss, den Wohnort tatsächlich zu wechseln. Mit jeweils 200 € mehr an erzieltem Einkommen sinkt die Chance, den Wegzug aus dem Wohnort zu planen um den Faktor 0,9. Ein geringes Einkommen ist somit für junge Menschen eher ein Anreiz und kein Hinderungsgrund für die Entscheidung zugunsten des Wohnortwechsels. Erwartungsgemäß reduziert das Zusammenleben mit einem Partner bzw. einer Partnerin die Chance, den Wegzug aus dem Wohnort zu planen, signifikant. Der Wunsch oder die Notwendigkeit des Partners, den Wohnort zu wechseln, erhöht hingegen die Chance des Befragten, über einen Wegzug aus dem Wohnort zumindest nachzudenken auf fast das Doppelte, und die Chance, den Wegzug zu planen, um den Faktor 1,5.

5. *Fazit*

Die Verbundenheit bzw. Identifikation mit dem Wohnort ist unter theoretischen Gesichtspunkten ein wichtiger Einflussfaktor auf die Entscheidung, aus dem Wohnort wegzuziehen. Es konnte gezeigt werden, dass in der Identifikation mit dem Wohnort Bewertungen struktureller Bedingungen enthalten sind, die mit den Regionen variieren. Die Einschätzung von Lebensbedingungen am Wohnort hat neben der Wohndauer und lokalen Freundschaftsnetzwerken einen großen Einfluss auf die Ortsverbundenheit: Je besser die Lebensbedingungen am Wohnort eingeschätzt werden, desto größer ist die Verbundenheit mit diesem Ort. Dabei spielen für junge Erwachsene insbesondere soziale Bedingungen und ein soziales Klima, das die Selbstentfaltung unterstützt, eine zentrale Rolle. Auf Ausbildung und Beruf bezogene Einschätzungen sind hingegen für die Identifikation mit dem Wohnort irrelevant.

Letztere entfalten eine hohe direkte Relevanz für Wegzugsgedanken und -pläne. Subjektive Einschätzungen, dass die Möglichkeiten zur Verfolgung von zentralen Lebenszielen in Beruf, Partnerschaft und Familie, persönlichen Interessen und Gesundheit andernorts besser sind als am Wohnort, stellen wichtige Auslöser für Gedanken an einen Wegzug dar und behalten auch am Übergang zum Wegzugsplan ihre Relevanz. Erwartungsgemäß werden die örtlichen Lebensbedingungen in der wirtschaftlich schwächeren Stadt deutlich häufiger als in der prosperierenden Stadt relativ negativ beurteilt.

Eine starke Verbundenheit mit dem Wohnort wirkt der Wahrscheinlichkeit von Wegzugsgedanken und -plänen prinzipiell entgegen. Es zeigt sich jedoch wie erwartet, dass eine mangelnde Verbundenheit mit dem Wohnort nur in der wirtschaftlich schwächeren Stadt den Entschluss zum Wegzug signifikant forcieren kann. Die Analysen deuten darauf hin, dass dies darauf zurückzuführen ist, dass die Verbundenheit mit dem Wohnort ihre Wurzeln nicht nur in der sozio-kulturellen Verankerung in der Wohnregion hat, sondern auch in der Einschätzung von Lebensbedingungen und dem sozialen Klima am Wohnort.

Die hier präsentierten Befunde beziehen sich auf eine ausgewählte Bevölkerungsgruppe und auf ausgewählte Wohnorte. Sie sind deshalb vermutlich nicht verallgemeinerbar. Nicht nur im Hinblick auf die Ausweitung der empirischen Basis, sondern auch im Hinblick auf die stärkere theoretische und empirische Fundierung der Erklärung der Ortsverbundenheit gibt es erheblichen weiteren Forschungsbedarf. Die dargestellten Überlegungen und Ergebnisse können hoffentlich dazu beitragen, diese Forschung zu inspirieren.

Literatur

Esser, Hartmut (1999): Soziologie. Spezielle Grundlagen, Bd. 1: Situationslogik und Handeln. Frankfurt, New York.

Gabler, Siegfried; Sabine Häder (1997): Überlegungen zu einem Stichprobendesign für Telefonumfragen in Deutschland, ZUMA-Nachrichten 41: 7-18.

Hirschman, Albert O. (1970): Exit, Voice, and Loyalty. Responses to Decline in Firms, Organizations, and States. Cambridge, Mass..

Huinink, Johannes (2005): Räumliche Mobilität und Familienentwicklung. Ein lebenslauftheoretischer Systematisierungsversuch. In: Steinbach, Anja (Hg.): Generatives Verhalten und Generationenbeziehungen. Wiesbaden.S: 61-81.

Huinink, Johannes; Stefanie Kley (2008): Regionaler Kontext und Migrationsentscheidungen im Lebensverlauf. In: Kalter, Frank (Hrsg.): Migration, und Integration, Sonderheft 48 der Kölner Zeitschrift für Soziologie und Sozialpsychologie, im Erscheinen.

Kalter, Frank (1997): Wohnortwechsel in Deutschland. Ein Beitrag zur Migrationstheorie und zur empirischen Anwendung von Rational-Choice-Modellen. Opladen.

Krupat, Edward; Guild, William (1980): The Measurement of Community social climate. Environment and Behavior, 12: 195-206.

Lalli, Marco (1989): Ortsbezogene Identität als Forschungsproblem der Psychologie. In: Aufhauser, Elisabeth et al. (Hrsg.): Regionalwissenschaftliche Forschung. Fragestellungen einer empirischen Disziplin, Wien: 426-438.

Lilli, Waldemar; Michael Diehl (1999): Regionale Identität in der Kurpfalz und in Südhessen: Untersuchungen zur Raumwahrnehmung, Raumbindung und Bewahrung regionaler Identität. In: Bornewasser, Manfred; Roland Wakenhut (Hrsg.): Ethnisches und nationales Bewußtsein: zwischen Globalisierung und Regionalisierung, Frankfurt am Main.

Mayer, Karl-Ulrich; Karl Schwarz (1989): The Process of Leaving the Parental Home: Some German Data. In: Grebenik, Eugene et al. (Hrsg.): Later Phases of the Family Cycle: demographic aspects, Chippenham. S. 146-163.

Mühler, Kurt; Karl-Dieter Opp (2006): Region – Nation – Europa. Die Dynamik regionaler und überregionaler Identifikation. Wiesbaden.

Mulder, Clara H. (1993): Migration Dynamics: A Life Course Approach. Amsterdam

Nauck, Bernhard (2001): Solidarpotenziale von Migrantenfamilien, Friedrich-Ebert-Stiftung, Bonn.

Simon, Herbert A. (1956): Rational Choice and the Structure of the Environment. Psychological Review, Vol. 63: 129-38.

Speare, Alden, 1971: A Cost-Benefit Model of Rural to Urban Migration in Taiwan. Population Studies, Vol. 25: 117-30.

Speare, Alden (1975): Individual and Household Determinants of Mobility. In: Speare, Alden et al. (Hrsg.): Residential Mobility, Migration, and Metropolitan Change. Cambridge/Mass..

Tajfel, Henri (1981): Human groups and social categories. Studies in social psychology. Cambridge.

Tajfel, Henri; John C. Turner (1986): The social identity theory of intergroup behavior. In: Worchel, Stephen; Austin, William G. (Hrsg.): Psychology of intergroup relations, Chicago. S. 7-24.

Treinen, Heiner (1974): Symbolische Ortsbezogenheit. In: Atteslander, Peter; Hamm, Bernd (Hrsg.): Materialien zur Siedlungssoziologie, Köln. S. 234-259.

Wagner, Michael (1989): Räumliche Mobilität im Lebensverlauf. Eine empirische Untersuchung sozialer Bedingungen der Migration. Stuttgart.

Weichhart, Peter (1990): Raumbezogene Identität. Bausteine zu einer Theorie räumlich-sozialer Kognition und Identifikation. Stuttgart.

Williams, Richard (2006): Generalized Ordered Logit/ Partial Proportional Odds Models for Ordinal Dependent Variables. The Stata Journal, 6: 58-82.

Wolpert, Julian (1965): Behavioral Aspects of the Decision to Migrate. Papers of the Regional Science Association, Vol. 15: 159-169.

Jenny Schmithals

Rückwanderung nach Ostdeutschland

1. Einleitung

In Ostdeutschland sind Wohnmobilität und Sesshaftigkeit seit dem Ende der DDR in umfassende gesellschaftliche und städtische Transformationsprozesse eingebettet. Der viel diskutierte Bevölkerungsrückgang wird vorwiegend durch negative Wanderungssalden verursacht, die weniger durch die eher durchschnittlichen Abwanderungs- als vielmehr durch geringe Zuwanderungsraten bedingt sind. Der Wunsch der Abgewanderten zurückzukehren und ihre Heimatbindung sind aber hoch (vgl. Dienel u. a. 2004). Wann aber wird ein Rückkehrwunsch auch tatsächlich realisiert?

In diesem Beitrag werden Ergebnisse eines Forschungsvorhabens[1] vorgestellt, in dem das Phänomen Rückwanderung nach Ostdeutschland am Fallbeispiel Magdeburg untersucht worden ist, und in Beziehung zu ausgewählten Ansätzen der Migrationsforschung gesetzt. Im Rahmen des Forschungsprojekts erfolgte eine standardisierte Befragung von Zuwanderer nach Ostdeutschland. Die soziodemographischen Merkmale der Rückwanderer unter den Befragten wurden mit denen der übrigen Zuwanderer verglichen, ebenso ihre Arbeitssituation vor und nach dem Umzug, ihre Bleibeabsichten und weitere Faktoren. Ergänzt werden die Erkenntnisse aus dieser vergleichenden Auswertung mit Zwischenergebnissen aus der Auswertung von biographischen Intensivinterviews mit rund 30 Rückwanderer. Im Promotionsvorhaben der Autorin wird diese qualitative Befragung aktuell vertieft in Hinblick auf die individuellen Hintergründe der Rückwanderungsbewegungen analysiert.

Zu den zentralen Ergebnissen gehört, dass Ortsbindung einen entscheidenden Auslöser für Rückwanderung darstellt und dass die Bindung in der Regel nicht (nur) auf räumliche Merkmale eines Ortes bezogen ist, sondern dass soziale Netzwerke als Bestandteil der Bindung eine wichtige Rolle spielen. Oft erfolgen Abwanderungsprozesse vorrangig aus wirtschaftlicher Notwendigkeit und mit dem Wunsch, so bald als möglich zurück zu kehren. Berufliche und private Gründe zu bleiben oder zu wandern, bilden dann komplexe Motivgefüge.

---

1 Das Vorhaben „Rückwanderung als dynamischer Faktor für ostdeutsche Städte" wurde von 9/2005 bis 11/2006 vom BMVBS gefördert und vom nexus Institut für Kooperationsmanagement und interdisziplinäre Forschung (Berlin) in Kooperation mit der Hochschule Magdeburg-Stendal (FH)und der Universität Leipzig bearbeitet.

2. *Stand der Forschung und ausgewählte theoretische Ansätze*

2.1 Binnenmigration und Rückwanderung

Binnenmigration wird generell als Wanderung innerhalb eines Gebietes verstanden, wobei das Gebiet ein Staat sein kann, aber zum Beispiel auch eine Region (vgl. Leser 2001). In den in diesem Beitrag vorgestellten empirischen Untersuchungen sind Wanderungsvorgänge innerhalb von Deutschland betrachtet worden, bei denen die Grenzen eines Bundeslandes überschritten wurden. Ab wann kann man von Rückwanderung sprechen? Eine Rückwanderung kann nur über eine bestimmte Distanz, nach einer vorausgegangenen Auswanderung und nach einer bestimmten Dauer der Abwesenheit erfolgen (vgl. Glettler 2001). Für die hier zugrunde gelegte Definition von Rückwanderung ist wichtiger, als die an anderen Wohnorten verbrachte Zeitspanne, dass bei der Abwanderung kein Zeitpunkt für die Rückwanderung feststand.

Der Bereich Binnenwanderung kann als Stiefkind der wissenschaftlichen Diskussion über demografische Entwicklung in Deutschland bezeichnet werden: Im Mittelpunkt der Betrachtung standen bisher eher Geburtenentwicklung und Alterung der Bevölkerung auf der einen und internationale Migrationen auf der anderen Seite. Vor dem Hintergrund des viel diskutierten demografischen Wandels und insb. des Bevölkerungsrückgangs in Ostdeutschland erfährt sie derzeit aber eine zunehmende Bedeutung als Forschungsgegenstand. Es wandern aber nicht nur Menschen aus den neuen Ländern ab und der Verlust an Einwohner/innen wäre ohne West-Ostwanderung weitaus dramatischer gewesen (vgl. Beck 2004). Rückwanderung macht einen beträchtlichen Anteil der Zuzüge in ostdeutsche Regionen aus: Beck (ebd.) zufolge sind etwa 50 % der Zuwanderer nach Ostdeutschland Remigranten.

Wie der Binnenmigration ist auch der Rückwanderung in der Migrationsforschung bislang nicht viel Aufmerksamkeit geschenkt worden und es gibt es sehr viel weniger Quellen und Statistiken über Rückwanderungen als beispielsweise über Ab- und Zuwanderung. Krohn und Schildt (2002) bezeichnen Remigrationsforschung als in ihren Anfängen befindlich. Auch Beck (2004) stellt fest, dass Rückwanderung zwar früh als Wanderungsbewegung entdeckt wurde (vgl. z. B. Ravenstein 1972a [1885]), jedoch kaum Versuche unternommen wurden, sie in die existierenden Forschungsansätze und -theorien einzubauen. Seit den 1960er Jahren sind Forschungsarbeiten über bestimmte internationale Remigrationsströme entstanden[2]. Zu den Ergebnissen der Studien gehört, dass die Rückkehrwahrscheinlichkeit mit zunehmender Aufenthaltsdauer sinkt (cumulative inertia), ebenso wenn die Abgewanderten einer qualifizierten Tätigkeit nachgehen. In Bezug auf geschlechtsspe-

2 vgl. z. B. Bähr 2004, Beck 2004, Blechner 1998, Brecht 1995, Bürkner, Heller, Unrau 1988, Cerase 1967, Hannken 2004, Huff, Clark 1978, Newbold, Bell 2001, Schniedewind 1994, Schrettenbrunner 1986, Shumway, Hall 1996, Unger 1983 sowie von Reichert 2002

zifische Unterschiede bei Remigrationsprozessen lassen sich keine eindeutigen Aussagen treffen.

Rückkehr-Typologien

In verschiedenen Forschungsarbeiten zu Rückwanderung im internationalen Kontext sind Remigrationstypologien erstellt worden, in denen die Migrationsmotive als wesentliche Grundlage der Differenzierung einzelner Typen herangezogen wurden. Nachfolgend wird ein Versuch vorgenommen, die verschiedenen Typologien zusammenfassend darzustellen, wobei die einzelnen Typen nicht völlig trennscharf voneinander abzugrenzen sind:

1. Ein Typus, der in verschiedenen Typologien benannt wird, besteht aus Personen, die nach ihrer Abwanderung eine erfolgreich verlaufene berufliche Tätigkeitsphase erlebt haben und entweder nach Ende ihrer Berufslaufbahn in ihre alte Heimat zurückkehren oder die Remigration mit einem erfolgreichen beruflichen Wechsel verbinden können. Die Vertreter dieses Typus, die nach ihrer Abwanderung zwar einen zufrieden stellenden Arbeitsplatz gefunden haben oder sich erfolgreich selbständig machen konnten, aber große Teile ihres Verdienstes sparen, um in der Heimat ein Stück Land zu kaufen oder ein eigenes Geschäft zu eröffnen, bezeichnet Cerase (1967) als „Konservative", Unger (1983) als „Traditionelle" Rückwanderer (vgl. auch Schrettenbrunner 1986 sowie Bürkner, Heller, Unrau 1988). Beck (2004) charakterisiert die Rückkehrer/innen dieses Typus als Personen, die ihre mit der Abwanderung verknüpften Ziele und die gewünschten sozioökonomischen Veränderungen erreicht haben. Von dieser (erfolgreich) geplanten Rückwanderung grenzt Cerase die „Innovative Rückwanderung" ab, bei der die Migrant/innen nicht bereits bei der Abwanderung zur Rückkehr entschlossen sind, sondern diese Entscheidung dann treffen, wenn sie nach einiger Zeit ihre (beruflichen) Perspektiven in der Herkunftsregion im Vergleich zu denen am aktuellen Wohnort höher bewerten. Die „Innovativen Rückwanderer" bringen demnach häufig besonders wertvolle Erfahrungen und/oder Kapital mit in ihre Heimatregion (vgl. z. B. Findlay 1988, Findlay, Gould 1989 sowie Pethe 2004).

2. Die Vertreter dieses ersten Typus, die erst nach Ende ihrer Berufstätigkeit remigrieren, werden bei Cerase (1967) einem eigenen Typus, dem „Rückwanderer im Rentenalter" zugeordnet. Sowohl Beck (2004) als auch Born et al. (2004) beziehen sich auf diesen Typus und sehen die besonderen Eigenschaften der „Senioren-Rückwanderer" darin, dass sie häufig über genügend Zeit und Kapital verfügen, um zum einen zu konsumieren und die Nachfrage nach Wohnraum und Dienstleistungen stabil zu halten und zum anderen aktiv in der Gesellschaft tätig zu werden und nachberuflichen Tätigkeiten nachzugehen (vgl. auch Schrettenbrunner 1986 sowie Bürkner, Heller, Unrau 1988).

3. Cerase (1967) geht in seiner Typologie von der Annahme aus, dass Migrant/innen, denen es nach ihrer Abwanderung gelingt, eine befriedigende Arbeit zu finden, am neuen Ort bleiben. Diejenigen, die aufgrund von Schwierigkeiten in der Anfangsphase zurückkehren, bezeichnet er als „Rückwanderer aus Erfolglosigkeit" (vgl. auch Schrettenbrunner 1986 sowie Bürkner, Heller, Unrau 1988). Bei Unger (1983) taucht die Rückwanderung aufgrund schlechter Arbeitsbedingungen oder eingetretener Arbeitslosigkeit unter dem Begriff „strukturelle Remigration" auf.

4. In der Typologie von Unger (1983) wird ein Remigrationstypus als „familiäre Remigration" bezeichnet. Unabhängig von der Integration im Immigrationskontext kehren die Abwanderer zurück, da zum Beispiel ein Pflegefall in der Familie eingetreten ist oder sie im Alter bzw. nach Verwitwung in der Nähe ihrer eigenen Kinder oder anderer Verwandten leben möchten.

In der Literatur finden sich einige weitere Typen, die jeweils nur in einer Typologie genannt werden oder auf die sich nur wenige Autor/innen beziehen. Teilweise können sie sich mit den bereits genannten Typen überschneiden, da jeweils ein besonderes Merkmal herausgestellt wird. Dazu gehören die „Rückkehrer der nächsten Generation" (Kinder von abgewanderten Eltern, die in die Ursprungsregion zurückkehren, vgl. z. B. Ramos 2003), die „Studiums- oder „Ausbildungsrückkehrer" (nach Abschluss des Studiums bzw. der Ausbildung für den Berufseinstieg zurückkehrende Absolvent/innen: ‚brain return', vgl. Brecht 1995 sowie Mai 2004), die „Emotionalen Rückkehrer" mit Heimweh nach ihrer Herkunftsregion (vgl. Brecht 1995; Blechner 1998; Hannken 2004) sowie Rückkehrer, die als Erben alten Familienbesitz wieder beleben oder aufrecht erhalten (vgl. von Reichert 2002, Newbold, Bell 2001 sowie Shumway, Hall 1996).

Die Zusammenschau der für unterschiedliche Remigrationsbewegungen entwickelten Typologien zeigt auf, dass sich auch unter Berücksichtigung der unterschiedlichen Kriterien, nach denen die verschiedenen Typen gebildet wurden, einige strukturelle Ähnlichkeiten erkennen lassen: Die Typologien basieren auf der grundsätzlichen Annahme, dass die Wanderungsentscheidungen weitgehend freiwillig erfolgen, im Gegensatz z. B. zur erzwungenen Rückkehr von abgelehnten Ayslbewerbern durch Abschiebung. Deutlich wird außerdem, dass ökonomischen Motiven für Wanderungsentscheidungen generell eine hohe Bedeutung beigemessen wird, wobei sich bei der Rückkehr auch eine große Bedeutung nicht-ökonomischer Einflussfaktoren abzeichnet. Es ist zu prüfen, inwieweit die Rückkehr-Typologien, die sich auf internationale Rückwanderungsbewegungen beziehen, auf Binnenwanderung anwenden lassen (vgl. Kap. 5).

Ein Ansatzpunkt für die Analyse von Rückwanderungsbewegungen besteht darin, von den Migrationstheorien der allgemeinen Migrationsforschung auszugehen. Warum Menschen von einer Region in eine andere wandern, ist Gegenstand zahlreicher Theorien, systemorientierter wie handlungsorientierter oder integrierter. Plausible Erklärungsansätze liefert z. B. der Push- und Pull-Ansatz: Als Push-Faktoren werden jene die Migration beeinflussenden Faktoren bezeichnet, welche die im Herkunftsland vorherrschenden Bedingungen widerspiegeln und die Menschen zur Migration zwingen oder animieren. In der Zielregion können Pull-Faktoren wirken, die Anreize für die Abwanderung bieten. Objektiv zwingende Faktoren wie Arbeitsplatzverfügbarkeit und Infrastrukturausstattung sowie subjektive, wie z. B. familiäre Hintergründe, werden im Push-Pull-Modell integriert betrachtet, das damit als geeigneter Erklärungsansatz für Migrationsbewegungen sowohl auf der Mikroebene persönlicher Entscheidungen als auch auf der Makroebene exogener Faktoren einzuordnen ist. Diese Betrachtungsweise geht auf Lee 1966 zurück, der Migrationsprozesse als hochdifferenzierte Vorgänge, eingebettet in wirtschaftliche, politische und gesellschaftliche Strukturen, betrachtet und den ursprünglich der Makroökonomie entstammenden Ansatz um die Analyse persönlicher Migrationsgründe erweitert hat (vgl. Lee 1966 sowie weitere Autoren[3]).

Zu den für die sozialräumliche Geographieforschung interessanten Ansätzen gehört außerdem das Lebenszyklus-Konzept (vgl. Kemper 1985 sowie Wagner 1989), dem die Annahme zugrunde liegt, dass Wanderungsentscheidungen in Abhängigkeit von Lebensverlaufsphasen getroffen werden: Das Konzept berücksichtigt nicht nur räumliche Faktoren, sondern explizit auch die unterschiedlichen Zeitebenen, in denen die komplexen Entscheidungen von Individuen oder Haushalten für oder gegen Wohnmobilität eingebettet sind. Allerdings basiert es auf der Annahme, dass bei Wanderungsentscheidungen weitgehend Wahlfreiheit besteht. Die Migrationsforschung geht mittlerweile davon aus, dass gesellschaftliche Rahmenbedingungen das individuelle Wanderungsverhalten entscheidend beeinflussen und dass diese als äußere Zwänge wirken können. Wanderungen können demzufolge nur im Kontext des umgebenden sozialen Systems interpretiert werden (vgl. z. B. Desbarats 1983, Weichhart 1993 sowie Werlen 1995). Ansätze, die diesen Gesichtspunkt berücksichtigen, werden als constraints-Modelle bezeichnet (vgl. Bähr 2004). Wie im Push-Pull-Modell werden sowohl Faktoren der Mikro- wie auch der Makroebene und stärker noch ihre Verflechtungen betrachtet.

3 U. a. Bähr 2004, Cebula 1981, Kalter 1997, Kaplan 1995 und Treibel 1999

Die Zufriedenheit mit den eigenen Lebensverhältnissen kann an einen Ort gebunden sein, der damit zum Symbol dieser Lebensverhältnisse wird, so dass sich Menschen mit diesem Ort identifizieren und verbunden fühlen (vgl. Schmied 1985). In der Literatur findet sich für dieses Phänomen eine enorme Ausdrucksvielfalt: Begriffe wie „Ortsbezogenheit", „Ortsverbundenheit", „Ortsbindung" oder auch „räumliche", „kulturelle", „lokale" bzw. „regionale Identität" werden teilweise synonym, teilweise mit leicht unterschiedlichen Konnotationen gebraucht (vgl. ebd. sowie Lilli; Diehl 1999, Kaiser 1993, Pohl 1993 und Wagner 1989).

Alle genannten Begriffe lassen sich ebenso auf räumliche Elemente (wie die Beziehung zu einer Landschaft, einem Stadtteil oder zur eigenen Wohnung) wie auch auf Merkmale der sozialen Bindung an Familienangehörige, Freunde oder Kolleg/innen beziehen. Es handelt sich um subjektive Maßstäbe, die schwer zu operationalisieren sind. Die Konzepte tragen aber zur Erklärung bei, warum sich Wohnstandortentscheidungen nicht ausschließlich mit Rational-Choice-Ansätzen beschreiben lassen. Eine These, die sich in der Literatur findet, ist, dass die Beziehung zum Wohnort oder zur Wohnregion sowie die eigene kulturelle Verankerung im Zuge von Globalisierungsprozessen und steigender internationaler wie auch Pendelmobilität an Bedeutung gewinnt, da Menschen einen „Ankerpunkt für ihre Identität" brauchen (vgl. Migremus o. J., S. 9). In eine ähnliche Richtung geht die Analyse von „Heimat" bzw. „Heimatgefühlen" (vgl. z. B. Bernsdorf 1969, Greverus 1979 sowie Schmied 1985).

Während der Begriff Heimat fast immer Bezug auf die Herkunft einer Person nimmt, kann mit dem Konzept der Ortsverbundenheit beschrieben werden, dass Menschen im Verlauf ihres Lebens Beziehungen zu mehreren Orten entwickeln können. Schmied (1985) zufolge ist Ortsverbundenheit bedeutsam für die lokale und regionale Entwicklung, da sie z. B. in peripheren Regionen Abwanderung bremsen sowie Partizipation und Selbstverantwortung anregen kann (vgl. auch Filsinger 2002 sowie Langer 2004). Dabei seien, neben infrastrukturellen Merkmalen, insbesondere soziale und immaterielle Werte wie die sozialen Beziehungen am Ort entscheidend. Buchholt (1998) betrachtet soziale Netzwerke als wesentlichen Bestandteil der räumlichen Identität und erklärt Gefühle von Heimatlosigkeit durch Anonymität im Bereich sozialer Beziehungen. Hier kann Bourdieus Begriff des Habitus herangezogen werden, der auf das soziale Kapital als Verfügbarkeit über soziale Beziehungen in einem durch Individuen und Gruppen angeeigneten und geprägten physischen Raum verweist (vgl. Bourdieu 1991 sowie Buchholt 1998). Auch der Identitätsbegriff ist hinsichtlich seiner sozialräumlichen Dimension zu erweitern: Der Einzelne erfährt sich normalerweise vermittelt über die Mitglieder der ihn umgebenden gesellschaftlichen Gruppe (vgl.

Mead 1973). Das gemeinsame Leben innerhalb eines bestimmten Raumes kann sich in hohem Maß identitätsstiftend auswirken und dadurch auch eine Orientierungs- und Sicherungsfunktion erfüllen. Der Raum erhält dabei seine spezifische Bedeutung durch die in ihm agierenden Menschen (vgl. Mai 1993) und dies beeinflusst die Mobilitätsbereitschaft.

In der auf Ostdeutschland bezogenen Identitätsdebatte wird häufig die Notwendigkeit artikuliert, sich dort, wo durch Wende und Wiedervereinigung einschneidende Umwälzungen stattgefunden haben, erst einmal wieder auf die eigenen Stärken und Besonderheiten zu besinnen. Ost-West-vergleichende Studien stellen allerdings keine wesentlichen Unterschiede in Bezug auf Regionalbewusstsein und Ortsbindung fest (vgl. Kalter 1997 sowie Schneider, Spellerberg 1999).

Für die Remigrationsforschung erscheint die Verwendung des Begriffes „Ortsbindung" geeigneter als das Begriffsfeld räumliche, lokale oder regionale Identität und auch als der Begriff „Ortsverbundenheit", da er unmittelbarer die bestehende Verbindung zwischen der Person und dem Ort aufgreift: jemand kann sich beispielsweise seinem Heimatort verbunden fühlen oder seine Herkunft als wesentliches Identitätsmerkmal begreifen, ohne diesen Ort häufig zu besuchen oder die Absicht zu haben zurückzukehren. Dagegen schwingt im Begriff „Ortsbindung" mit, dass diese Bindung über eine imaginäre Konstruktion hinausgeht. „Regionalbewusstsein" wiederum erscheint geeigneter zur Beschreibung der Beziehung zum Wohnumfeld von Individuen und z. B. ihrer Bereitschaft, sich an seiner Gestaltung zu beteiligen, als zur Verwendung im Zusammenhang mit Beziehungen zu einer Region über Distanzen hinweg.

3. Daten und Methoden

Magdeburg wurde für die Forschungsarbeiten als Modellstadt ausgewählt, da sie ein typisches Beispiel für eine der ostdeutschen Städte darstellt, die zu DDR-Zeiten eine Funktion als Industriestandort hatten und in Folge der Deindustrialisierung einen enormen Bevölkerungsverlust verkraften mussten. Im Jahr 1991 haben rund 280.000 Einwohner in Magdeburg gelebt, heute sind es weniger als 230.000. Insbesondere Menschen im erwerbsfähigen Alter sind nach 1990 aus Magdeburg weggegangen. Potenziale bieten eine Universität und eine Fachhochschule, die Anfang der 1990er Jahre gegründet wurden. An diesen Hochschulen studieren derzeit rund 16.000 Personen. Da die Chancen auf dem Arbeitsmarkt für Absolvent/innen aber vergleichsweise gering sind, verlassen viele junge Akademiker/innen nach ihrem Studienabschluss das Bundesland.

Im Jahr 2005 ist die Bevölkerungszahl erstmals seit knapp 20 Jahren im Vergleich zum Vorjahr durch einen Wanderungsüberschuss leicht angestiegen (vgl. LHS Magdeburg 2006). Die positive Bevölkerungsentwicklung kann teilweise auf die Einführung der Zweitwohnungssteuer zu Beginn des Jahres 2005 zurückgeführt werden, wodurch vermehrte Ummeldungen von Wohnungen als Hauptwohnsitz stattgefunden haben. Dieser Effekt erklärt die Entwicklung aber nicht vollständig, so dass es die Gründe für die Zuwanderung zu analysieren gilt, um herauszufinden, welche Faktoren Zuwanderung befördern können. Die Stadt Magdeburg hatte seit 1990 stark mit einem Image-Problem zu kämpfen. Es gibt Hinweise darauf, dass hier eine Veränderung eingetreten ist und beispielsweise die städtebauliche Gestalt von Magdeburg sowie die Kultur- und Bildungsangebote zunehmend als wesentlich verbessert wahrgenommen werden.

Im Rahmen einer Vollerhebung wurden Menschen, die in den Jahren 2003 und 2004 nach Magdeburg zugewandert waren, anhand eines standardisierten Fragebogens befragt und darunter diejenigen identifiziert, die früher schon einmal in Magdeburg gelebt haben. Die Grundgesamtheit stellten alle in den Stichjahren nach Magdeburg Zugezogenen dar, die ihren vorherigen Hauptwohnsitz außerhalb Sachsen-Anhalts hatten und zum Zeitpunkt des Datenabrufs (Ende 2005) mit ihrem Hauptwohnsitz in Magdeburg gemeldet waren. Es konnten insgesamt 443 Interviews realisiert werden. Von diesen Personen haben 132 schon früher einmal in Magdeburg gelebt, sind also Rückwanderer. Die anderen 311 werden nachfolgend als Zuwanderer bezeichnet.

Die Telefonbefragungen fanden im Zeitraum Mitte Januar 2006 bis Anfang April 2006 statt. Es wurden soziodemographische Merkmale wie Alter, Geschlecht, Familienstand, Einkommen und Bildungsstand erhoben und Fragen zur beruflichen und/oder privaten Motivation für die Rückkehr bzw. den Zuzug nach Magdeburg sowie zu den Absichten, erneut zu migrieren oder zu bleiben, gestellt. Der vorwiegende Teil der Fragen wurde mittels vorgegebener Antwortmöglichkeiten formuliert. Die übrigen Fragen wurden als Hybrid-, einige wenige auch als offene Fragen gestellt.

In Ergänzung der standardisierten Befragung konnten 32 biographische Interviews mit Rückkehrer/innen durchgeführt werden, um die individuellen Hintergründe von Wanderungsbewegungen vertieft zu analysieren. Das gewählte Interviewkonzept integrierte Elemente narrativer, problemzentrierter und episodischer Interviews. Die Gespräche wurden anhand eines Frageleitfadens geführt, der als thematisches Gerüst diente und sicherstellte, dass alle forschungsrelevanten Themengebiete angesprochen wurden, ohne aber den Interviewverlauf vorzugeben. Die Interviews wurden aufgezeichnet und anschließend transkribiert. Eine erste Auswertung erfolgte in Anlehnung an die „Qualitative Inhaltsanalyse" nach Mayring (vgl. z. B. Mayring 2000) und es wurde mit einer vertieften Auswertung durch „Theoretisches Kodieren" (vgl. z. B. Strauss; Corbin 1996) begonnen.

4. Ergebnisse zur Zu- und Rückwanderung nach Magdeburg

Im Rahmen der Auswertung der quantitativen Erhebung wurden die Daten zur Zu- und Rückwanderung vergleichend ausgewertet, um die jeweiligen charakteristischen Wanderungsmotive zu analysieren. Die qualitative Intensivbefragung diente dazu, einen genaueren Einblick in die Wanderungsmotive der Rückwanderer zu gewinnen.

Herkunft

Der letzte Wohnort sowohl der Rück- als auch der Zuwanderer liegt zum überwiegenden Teil in den alten Bundesländern. Bei den Rückwanderer ist dies bei über 70 % der Fall, rund ein Viertel kommt aus den neuen Bundesländern zurück und 5 % aus dem Ausland. Bei den Zuwanderer liegt der Anteil aus den alten Bundesländern bei 52 %, gut 40 % ziehen aus den neuen Bundesländern nach Magdeburg zu und 6 % kommen aus dem Ausland.

Altersstruktur

Die Altersstruktur der Rückwanderung zeigt zwei Schwerpunkte (vgl. Abb. 1): Die größte Gruppe der Rückkehrenden ist zwischen 25 und 29 Jahren alt. Außerdem gibt es eine relativ große Gruppe von Binnenmigranten, die über 55 Jahre alt sind. Die Altersstruktur bei der Zuwanderung (vgl. Abb. 2) unterscheidet sich deutlich von der Rückwanderung. Es gibt hier einen klaren Schwerpunkt bei den Altersgruppen zwischen 20 und 29 Jahren. Eine Zuwanderung von Personen über 40 Jahren findet nur in geringem Maße statt.

Abbildung 1: Altersstruktur der Rückwanderer (Quelle: eigene Erhebung)

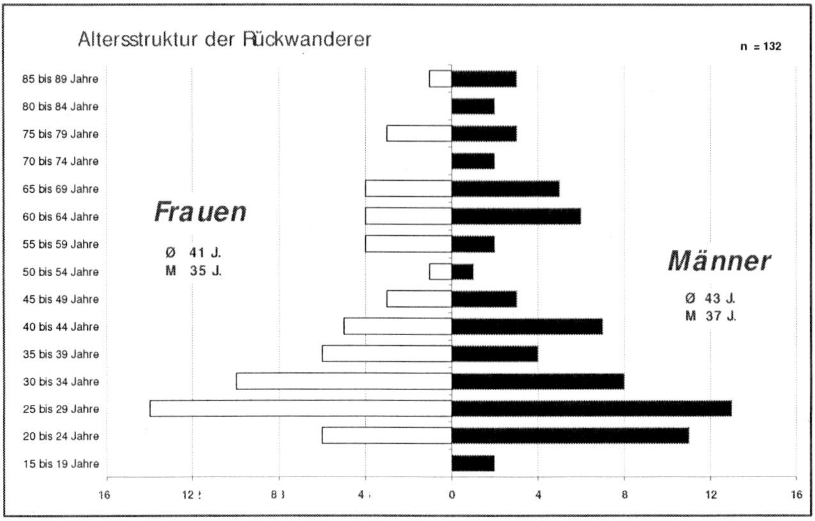

Abbildung 2: Altersstruktur der Zuwanderer (Quelle: eigene Erhebung)

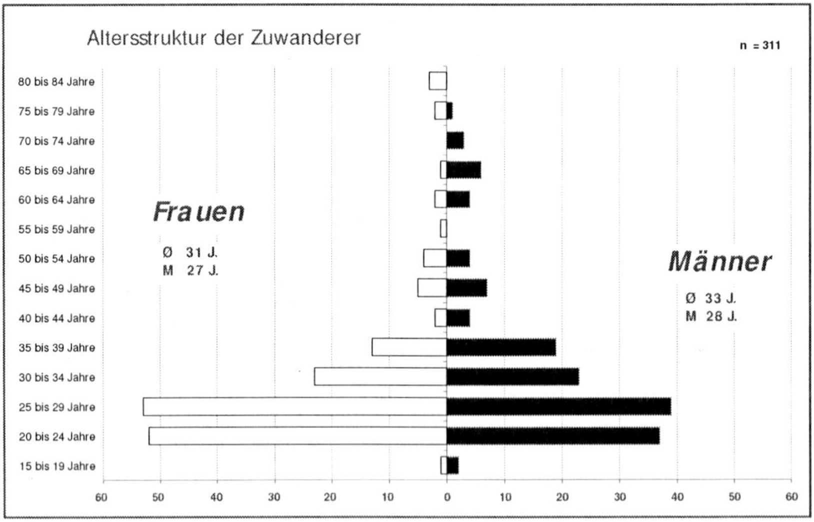

Zuwanderer sind also insgesamt im Verhältnis jünger als Rückwanderer: das Durchschnittsalter liegt bei den Zuwanderer bei 31 bzw. 33 Jahren (Frauen bzw. Männer), bei den Rückwanderer liegt es jeweils um zehn Jahre höher. Fast zwei Drittel der weiblichen Zuwanderer sind jünger als 30 Jahre.

Der hohe Anteil von Zuwanderer im Alter von 20 bis 25 Jahren korrespondiert mit einem anderen Ergebnis: ein hoher Anteil von über 40 % der Zuwanderer zieht zum Studium nach Magdeburg. Dieser Anteil ist bei den Rückwanderer deutlich geringer. Zur Erklärung des deutlich höheren Anteils von Rückwanderer über 55 Jahren im Vergleich zu den Zuwanderer sind die Ergebnisse der Intensivinterviews aufschlussreich: Die qualitativ befragten Rückwanderer im Seniorenalter wandern typischerweise nach Magdeburg zurück, weil sie nach dem Tod des Ehepartners die Nähe ihrer noch in der alten Heimat lebenden Kinder oder anderer Verwandte suchen oder schlicht, weil sie nach Ende ihrer Berufstätigkeit die Möglichkeit haben, ihren schon bestehenden Rückkehrwunsch zu realisieren. Diese Motive spielen bei Personen, die früher noch nicht in Magdeburg gelebt haben, keine oder eine deutlich geringere Rolle.

Erwerbssituation und Arbeitszufriedenheit

Der Anteil der Arbeitslosen ist unter den Rückwanderer mit rund 17 % deutlicher höher als unter den Zuwanderer mit lediglich 4 %. Unter den Zuwanderer stellen die Studierenden mit 43 % eine klare Mehrheit dar. Diese Befunde lassen sich so interpretieren, dass Zuwanderung in erster Linie berufs- oder ausbildungsbezogen erfolgt, während bei den Rückwanderer häufig andere Wanderungsmotive dominieren.

Für den Vergleich der Zufriedenheit mit ihrer Arbeitssituation vor und nach dem Umzug wurden die Befragten, die berufstätig sind, um eine Selbsteinschätzung gebeten (vgl. Abb. 3). Vor dem Zuzug waren mit 86,5 % mehr Rückwanderer mit ihrem Arbeitsplatz und ihrem Gehalt zufrieden als Zuwanderer. Sie waren außerdem vergleichsweise häufig in Führungspositionen beschäftigt. Nach der Rückkehr nimmt die Zufriedenheit deutlich ab und nur noch knapp 73 % geben an, mit ihrer Arbeitssituation nun zufrieden zu sein. Zuwanderer dagegen konnten mit ihrem Umzug nach Magdeburg den Grad der Zufriedenheit mit ihrer Arbeitssituation steigern: hier steigt der Anteil der zufriedenen Arbeitnehmer/innen von rund 72 % vor auf rund 82 % nach der Wanderung und zumindest die Männer sind auch häufiger entsprechend ihrer Qualifikation beschäftigt. Frauen unter den Rückkehrenden sind sehr viel öfter unter Qualifikation beschäftigt als vor dem Zuzug. Sie sind damit in der gesamten Gruppe am stärksten von einer Dequalifizierung betroffen.

Abbildung 3: Zufriedenheit mit der Arbeitssituation vor und nach dem Umzug (Quelle: eigene Erhebung)

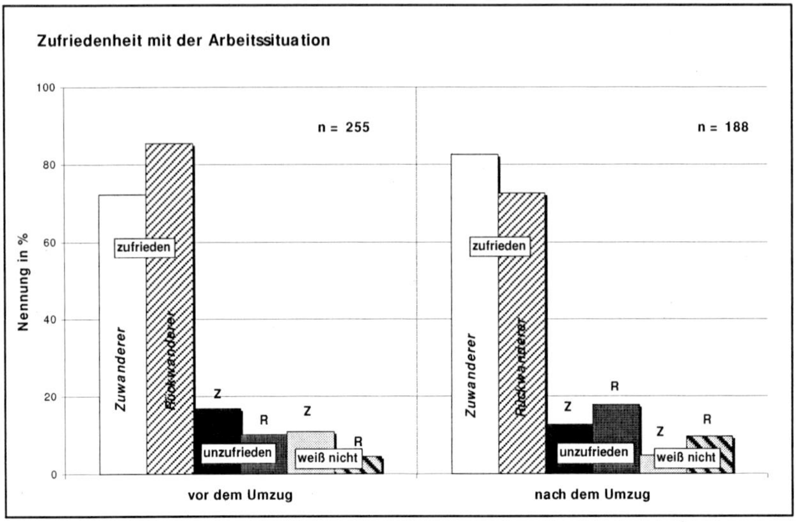

Eine Erklärung für diesen Befund ist, dass für einen Großteil der Rückwanderer private Motive ausschlaggebend für die Wanderungsentscheidung sind. Dies kann so interpretiert werden, dass sie dafür auch eine Verschlechterung ihrer Arbeitssituation in Kauf nehmen, während Zuwanderer häufig aus ökonomischen Gründen migrieren. Für Frauen spielt die Zufriedenheit der Familie eine größere Rolle bei der Entscheidung, zu bleiben oder zu wandern als für Männer, so dass angenommen werden kann, dass sie noch eher bereit sind, dafür beruflich zurückzustecken (siehe unten).

Motive für die Rückwanderung

Ein wesentlicher Schwerpunkt der Befragung lag auf den Rückwanderungsmotiven von ehemals abgewanderten Magdeburger/innen. Ein zentrales Ergebnis ist, dass für 60 % der Rückwanderer ein privater Grund ausschlaggebend für die Rückkehr war und nur 30 % als Hauptmotiv einen beruflichen Grund angaben.

Mit Blick auf die einzelnen Beweggründe (vgl. Abb. 4), die zur Rückkehr geführt haben, liegen das fehlende Heimatgefühl am vorherigen Wohnort sowie die dort fehlende Nähe zu Familienangehörigen an erster Stelle. Bei den beruflichen Motiven zeigt sich, dass die größte Gruppe an ihrem vorigen Wohnort zwar eine Arbeitsstelle hatte, dann aber einen neuen Arbeitsplatz in Magdeburg gefunden hat und wechseln wollte.

Darüber hinaus kommen auch viele junge Menschen zurück, nachdem sie ihre Ausbildung bzw. ihr Studium an einem anderen Ort absolviert haben („Studium/Ausbildung außerhalb“).

Abbildung 4: Motive für die Rückwanderung (Mehrfachnennungen möglich) (Quelle: eigene Erhebung)

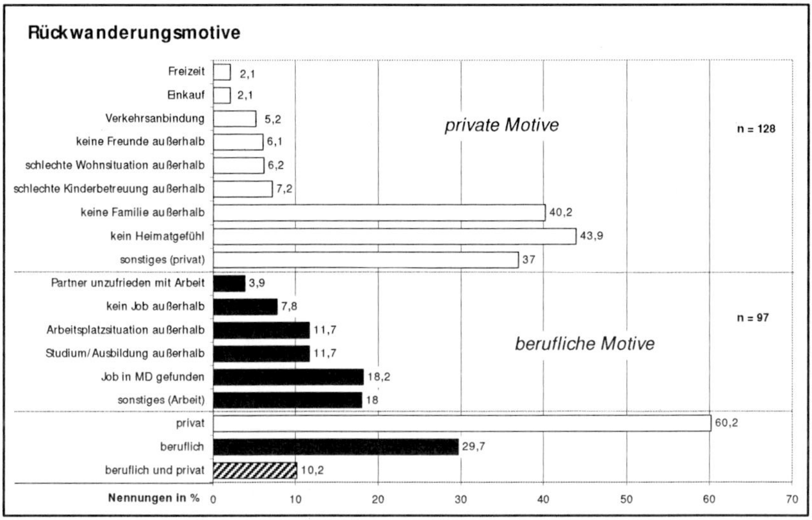

Fast alle qualitativ befragten Rückwanderer sind aus beruflichen Gründen oder für ihre Ausbildung aus Magdeburg abgewandert und – entsprechend der Ergebnisse der standardisierten Befragung – aus privaten Gründen wieder zurückgekehrt. Dafür bemühen sich viele intensiv um eine Veränderung ihrer beruflichen Situation. Auch wenn sich wie oben ausgeführt die Arbeitssituation der Remigranten tendenziell nach der Rückkehr verschlechtert hat, so nehmen die wenigsten in Kauf, durch ihre Rückwanderung arbeitslos zu werden. Die Ergebnisse deuten darauf hin, dass ein beruflicher Anschluss nach der Remigration häufig durch fachliche Netzwerke unterstützt wird. So wurde ein Rückkehrer von seinem ehemaligen Ausbilder angefragt, ob er einen freigewordenen Arbeitsplatz in Magdeburg besetzen wolle. Eine andere Rückkehrerin bekam von einem früheren Professor eine Doktorandenstelle angeboten. Die Befragungen weisen darauf hin, dass es sich bei Rückkehrenden oft um Personen handelt, die meist nicht nur räumlich flexibel sind, sondern die sich auch im Berufsleben offen für Veränderungen zeigen. Dadurch gelingt es ihnen auch, immer wieder Fuß zu fassen, wozu gehört, dass viele sich fortbilden und bereit sind, Tätigkeiten auszuüben, die nicht ihrer eigentlichen Qualifikation entsprechen. Die Ergebnisse der qualitativen Intensivbefragungen deuten darauf hin, dass nicht nur Ehe- oder Lebenspartner, sondern häufig auch Kinder Wanderungsentscheidungen beeinflussen. So sind einige der befragten Rückkehrer/innen mit kleinen Kindern bzw. einige Frauen noch in der Zeit ihrer Schwangerschaft nach Magdeburg zurückgegangen, da sie als junge Eltern die Unterstützung ihrer eigenen Eltern oder der Schwiegereltern gut gebrauchen können. Auch für einige Kinderlose sind Kinder ein Thema: Sie können sich die Familiengründung besser an ihrem Heimatort vorstellen, wo sie die meisten sozialen Kontakte haben und wo ihre Eltern ihnen zur Seite stehen können.

Bleibeabsichten

Bezüglich ihrer Absichten, langfristig in Magdeburg zu bleiben, zeigt sich bei den Zuwanderer zum Befragungszeitpunkt ein heterogenes Bild (vgl. Abb. 5): Über ein Drittel strebt einen erneuten Wohnortswechsel an, ein Drittel ist unentschlossen, und immerhin ein weiteres Drittel hat Magdeburg als neue Heimat gewählt und möchte gerne bleiben. Dagegen sind die Rückkehrenden überwiegend (66 %) entschieden zu bleiben.

Abbildung 5: Bleibeabsichten der Rück- und Zuwanderer (Quelle: eigene Erhebung)

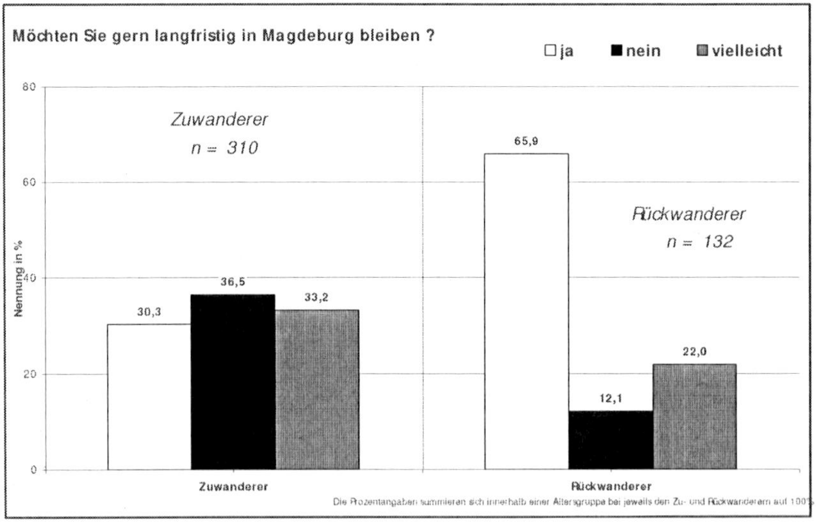

Die meisten Befragten gehen davon aus, dass es von ihrer Arbeitsplatzsituation abhängen wird, ob sie tatsächlich bleiben oder erneut wandern werden. Nicht zu unterschätzen sind hier auch die Jobchancen des Partners, insbesondere bei den Zuwanderer. Bei den Zuwanderer folgt auf dem dritten Platz der Prioritätenliste dann die künftige Entwicklung der Stadt Magdeburg. Hier zeigte sich, dass die Attraktivität einer Stadt – vor allem für Zuwanderung – nicht allein von Arbeitsplätzen abhängig ist, sondern dass beispielsweise Freizeitangebote, aber auch Kinderbetreuungs- und Bildungsmöglichkeiten eine wichtige Rolle spielen. Für die Rückkehrenden steht an Platz zwei die Zufriedenheit der Familie mit dem Leben in der Stadt Magdeburg, wobei die Frauen unter den Rückkehrenden diesem Faktor eine noch höhere Bedeutung beimessen als die Männer.

Der Bleibewunsch variiert auch mit dem Alter der Binnenmigrant/innen. Während viele Zuwanderer in den jüngeren Altersgruppen davon ausgehen, dass sie nicht langfristig in Magdeburg bleiben werden, wollen ab einem Alter von 50 Jahren weder die Rückkehrenden noch die Zuwanderer gerne erneut migrieren. Bei den Rückkehrenden ist schon in den jüngeren Altersgruppen die Mehrheit entschlossen, ihre alte „neue Heimat" nach Möglichkeit nicht mehr zu verlassen.

Auch ein Großteil der biografisch Befragten möchte in Magdeburg bleiben. Bei fast allen intensiv befragten Rückkehrenden haben soziale Netzwerke und soziale Kontakte eine Rolle bei der Rückkehrentscheidung gespielt und die Ergebnisse können so interpretiert werden, dass diese dann auch als Haltefaktoren wirken. In vielen Intensivinterviews spiegelt sich außerdem eine Verbundenheit mit der Stadt Magdeburg wider.

5. *Schlussfolgerungen und Ausblick*

Setzt man die Ergebnisse der vorgestellten empirischen Untersuchung in Beziehung zu den eingangs vorgestellten theoretischen Ansätzen, so lassen sich folgende Schlussfolgerungen ziehen und weitere Forschungsfragen aufwerfen:

Zu- und Rückwanderer unterscheiden sich deutlich hinsichtlich ihrer Altersstruktur: Rückwanderer sind im Schnitt zehn Jahre älter als Zuwanderer und es gibt eine größere Gruppe von Remigranten über 55 Jahren, während es darüber hinaus kaum Zuwanderung von älteren Personen gibt. Legt man den Lebenszyklusansatz als sensibilisierendes Konzept zugrunde, so liegt es nahe anzunehmen, dass sich Rück- und Zuwanderungen in spezifischen Lebensphasen vollziehen, die sich teilweise voneinander unterscheiden. Offensichtlich ist, dass der Anteil von Studierenden unter den Zuwanderer und der Anteil von Personen, die ihre Berufslaufbahn beendet haben unter den Rückwanderer deutlich höher ist. Es gilt zu prüfen, ob sich weitere typische Lebensphasen, in denen sich die verschiedenen Wanderungsvorgänge abspielen, identifizieren lassen. Erste Hinweise dazu sind durch eine vertiefte Auswertung des diesem Beitrag zugrunde gelegten qualitativen Datenmaterials zu erwarten. Genauer zu untersuchen bleibt außerdem, ob diese Unterschiede charakteristisch für die Rück- und Zuwanderung in ostdeutsche Städte sind oder sich ähnliche Muster in anderen Regionen identifizieren lassen.

In Hinblick auf die Rückwanderungsmotive zeigt sich, dass private Faktoren eindeutig eine größere Rolle spielen als berufliche. Die Ergebnisse lassen sich unter Verwendung des Push-Pull-Ansatzes so interpretieren, dass bei Remigrationsprozessen typischerweise ganz spezifische Pull-Faktoren wirken, die mit der Bindung an den früheren Wohnort zu tun haben, u. a.

familiäre Faktoren (wie ein eingetretener Pflegefall in der Familie oder das Bedürfnis, nach dem Tod des Ehepartners bzw. bei Überforderung mit der Vereinbarkeit von Beruf und Familie familiäre Unterstützung zu erfahren),

soziale Netzwerke allgemein (der Wunsch, im alten sozialen Umfeld zu leben, oder berufliche Perspektiven in der alten Heimat durch fachliche Kontakte) oder

Sehnsucht nach dem vertrauten Umfeld.

Diese Faktoren lassen sich zusammenfassend als Elemente der Ortsbindung bezeichnen. Die Push-Faktoren sind weit weniger spezifisch, unterstützen den Remigrationsprozess aber in der Regel: Das heißt, eine erfolgte Rückwanderung hängt oft auch damit zusammen, dass sich jemand z. B. im sozialen Umfeld am vorherigen Wohnort nicht integriert gefühlt hat oder dass seine beruflichen Perspektiven dort unsicher geworden sind. Auch wenn die privaten Motive meistens ausschlaggebend für die Rückkehrentscheidung sind, so sind die Perspektiven hinsichtlich beruflicher oder persönlicher Entfaltungsmöglichkeiten wichtige Einflussfaktoren, die beeinflussen, ob ein Rückkehrwunsch tatsächlich realisiert wird.

Ergebnisse aus anderen Studien und aus der Auswertung der Intensivbefragungen deuten darauf hin, dass es eben die ökonomischen Gründe für Abwanderung sind, die als Barrieren (constraints) wirken, die einer Rückkehr oft im Weg stehen. Einige weitere Erkenntnisse sind durch die vertiefte Auswertung der Interviews hinsichtlich der Arbeits- und Lebenssituation am Ort, an dem die Befragten vor ihrer Rückkehr gelebt haben, zu erwarten.

Der hohe Anteil von Rückkehrer/innen im Seniorenalter korrespondiert mit der Bedeutung, die dieser Rückkehrgruppe in anderen Studien zu Remigration beigemessen wird. So wird sie in der Typologie von Cerase als spezifischer Typus behandelt. Insgesamt eignet sich die vorgestellte Zusammenfassung von existierenden Rückkehrtypologien zur Erklärung der Rückwanderung nach Ostdeutschland nur bedingt, da diese Typologien vorwiegend die ökonomischen Rahmenbedingungen der Wanderung betrachten, während die empirischen Ergebnisse aufzeigen, dass das soziale Umfeld und andere private bzw. emotionale Faktoren eine entscheidende Rolle beim Remigrationsentschluss spielen. Einige Schlussfolgerungen lassen sich unter

Bezugnahme auf die Typologien aber ziehen. Der Anteil von Arbeitslosen unter den Rückkehrer/innen ist höher als unter den Zuwanderer. Dennoch weisen die Ergebnisse darauf hin, dass es sich bei der Rückwanderung nach Ostdeutschland nicht überwiegend um „Rückwanderung aus Erfolglosigkeit" handelt. Die Auswertung der Intensivbefragung vermittelt vielmehr das Bild, dass es sich bei Rückkehrenden in der Regel um Personen handelt, die in der Lage sind, ihr Leben zu gestalten und die sich in ihrem Lebensumfeld, sei es auf privater, sei es auf beruflicher Ebene, aktiv einbringen. Sie sind offen dafür, sich beruflich zu verändern und das gelingt ihnen auch. Allerdings sind sie teilweise bereit, für die Rückkehr Einbußen in Kauf zu nehmen und zum Beispiel schlechter bezahlte und/oder weniger qualifizierte Tätigkeiten auszuüben oder ein schon bestehender Rückkehrwunsch wird dann realisiert, wenn am vorherigen Wohnort Arbeitslosigkeit eingetreten ist. Mit der Begrifflichkeit, die Cerase in seiner Typologie verwendet, sind dies also keine „Innovativen Rückwanderer", die ihre Migrationsentscheidung von einer Abwägung der ökonomischen Perspektiven abhängig machen. Im Promotionsvorhaben der Autorin ist eine genauere Differenzierung der unterschiedlichen Gruppen von Rückwanderer unter Berücksichtigung der vorgestellten Typologien geplant.

Die vorgestellten empirischen Befunde bestärken die bestehenden Theorien dazu, dass Ortsbindung meist nicht (nur) auf räumliche Merkmale eines Ortes wie die Landschaft oder das Stadtbild bezogen ist, sondern dass soziale Netzwerke als Bestandteil der Bindung eine wichtige Rolle spielen (vgl. Kap. 2.2 und auch den Beitrag von Kley in diesem Band) und sie lassen erkennen, dass Ortsbindung einen entscheidenden Antrieb für Rückwanderung darstellt. Ein Indiz für die meist hohe Ortsbindung von Rückkehrenden ist ihre im Vergleich mit anderen Zuwanderer deutlich höhere Bleibeabsicht. Für die Realisierung von Rückkehrwünschen spielen sowohl berufliche wie private Netzwerke eine Rolle.

Literatur

Bähr, Jürgen (2004): Bevölkerungsgeographie. 4. Auflage. Stuttgart.

Beck, Grit (2004): Wandern gegen den Strom: West-Ost-Migration in Deutschland. In: Swiaczny, Frank und Sonja Haug (Hrsg.): Bevölkerungsgeographische Forschung zur Migration und Integration. Materialien zur Bevölkerungswissenschaft. Heft 112. Wiesbaden, S. 95-111.

Bernsdorf, Wilhelm (Hrsg.) (1969): Wörterbuch der Soziologie. Stuttgart.

Blechner, Gerda (1998): Altwerden in der Heimat und in Deutschland. Zurückgekehrte und hiergebliebene alte, italienische Migranten – aus drei Regionen – im Vergleich. Frankfurt/M..

Born, Martin; Goltz, Elke; Saupe, Gabriele (2004): Wanderungsmotive zugewanderter älterer Menschen. In: Raumforschung und Raumordnung Heft 2/2004. 62. Jahrgang, S. 109-120.

Bourdieu, Pierre (1991): Physischer, sozialer und angeeigneter physischer Raum. In: Wentz, M. (Hrsg.): Stadt-Räume. Die Zukunft des Städtischen Band 2. Frankfurt/M. und New York, S. 25-34.

Brecht, Beatrix (1995): Analyse der Rückkehr von Gastarbeitern. Akademische Abhandlungen zu den Wirtschaftswissenschaften. Berlin.

Buchholt, Stephan (1998): Gesellschaftliche Transformation, kulturelle Identität und soziale Beziehungen. Soziale Netzwerke in der Oberlausitz zwischen Modernisierung und Kontinuität. Münster.

Bürkner, Hans-Joachim; Wilfried Heller; Jens Unrau (1988): Die erfolgreiche Rückkehr von Arbeitsmigranten – Mythos oder Wirklichkeit? Kritische Anmerkungen zur Verwendung von Wanderungstypologien in der geographischen Remigrationsforschung. In: Die Erde 119, 1: 15-24.

Cebula, Richard J. (1981): The Determinants of Human Migration. Toronto.

Cerase, Francesco (1967): A Study of Italian Migrants returning form the U.S.A. In: International Migration Review 1: 67-74.

Desbarats, Jacqueline (1983): Constrained Choice and Migration. In: Geografiska Annaler 65 B: 11-22.

Dienel, Christiane; Antje Gerloff; Loreen Lesske u.a. (2004): Zukunftschancen junger Frauen in Sachsen-Anhalt. Zukunftschancen junger Familien in Sachsen-Anhalt. Abschlussbericht. November 2004. URL: http://www.sgw.hs-magdeburg.de/menschen/berichte2005/abschlussbericht.pdf (Stand: 13.01.2006).

Filsinger, Dieter (2002): Die Entwicklung der kommunalen Integrationspolitik und Integrationspraxis der 90er Jahre. In: Migration und Soziale Arbeit 2-2002: 13-20

Findlay, Allan M. (1988): From Settlers to Skilled Transients – The Changing Structure of British International Migration. In: Geoforum 19/4: 401-410.

Findlay, Allan M.; Gould, W. T. S. (1989): Skilled International Migration – A Research Agenda. In: AREA 21/1: 3-11.

Glettler, Monika (2001): Zur Problematik der Rückwanderung aus den USA nach Südosteuropa vor dem ersten Weltkrieg. In: Heumos, P. (Hrsg.): Heimat und Exil. Emigration und Rückwanderung, Vertreibung und Integration in der Geschichte der Tschechoslowakei München, S. 85-98.

Greverus, Ina-Maria (1979): Auf der Suche nach Heimat. München.

Hannken, Helga (2004): Internationale Migration von und nach Afrika: der weite Weg zurück nach Eritrea. Immigration – Emigration – Remigration. Münster.

Huff, Jim; William Clark (1978): Cumulative Stress and Cumulative Inertia: A Behavioral Model of the Decision to Move. In: Environment and Planning A 10 (10): 1101-1119.

Kaiser, Florian G. (1993): Mobilität als Wohnproblem. Ortsbindung im Licht der emotionalen Regulation. Bern.

Kalter, Frank (1997): Wohnortwechsel in Deutschland. Ein Beitrag zur Migrationstheorie und zur empirischen Anwendung von Rational-Choice-Modellen. Opladen.

Kaplan, David H. (1995): Differences in Migration Determinants for Linguistic Groups in Canada. In: Prof. Geographer 47: 115-125.

Kemper, Franz-Josef (1985): Die Bedeutung des Lebenszyklus-Konzepts für die Analyse intraregionaler Wanderungen. In: Raumforschung und Raumordnung Heft 18: 180-212.

Krohn, Claus-Dieter; Axel Schildt (Hrsg.) (2002): Zwischen den Stühlen? Remigranten und Remigration in der deutschen Medienöffentlichkeit der Nachkriegszeit. Hamburg.

Langer, Yvonne (2004): Die Rolle von Kultur und Identität im Integrationsprozess von Zuwanderern und ihre Implikationen für die kommunale Integrationspolitik. In: Swiaczny, F. und S. Haug (Hrsg.): Bevölkerungsgeographische Forschung zur Migration und Integration. Materialien zur Bevölkerungswissenschaft, Heft 112 Wiesbaden, S. 53-69.

Lee, Everett (1966): A theory of migration. In: Demography Vol. 3, Nr. 1: 47-57.

Leser, Hartmut (Hrsg.) (2001): Diercke-Wörterbuch Allgemeine Geographie. 12. Auflage. München/Braunschweig.

LHS Magdeburg (Landeshauptstadt Magdeburg, Amt für Statistik) (Hrsg.) (2006): Bevölkerungsbestand in Magdeburg im Jahr 2005, Magdeburger Statistische Blätter. Heft 59. Magdeburg.

Lilli, Waldemar; Michael Diehl (1999): Regionale Identität in der Kurpfalz und in Südhessen: Untersuchungen zur Raumwahrnehmung, Raumbindung und Bewahrung regionaler Identität. In: Bornewasser, M. und R. Walkenhut (Hrsg.): Ethnisches und nationales Bewußtsein – Zwischen Globalisierung und Regionalisierung Frankfurt/M, S. 101-121.

Mai, Ralf (2004): Altersselektivität und regionalpolitische Konsequenzen der Abwanderung aus Ostdeutschland. URL: http://www.schrumpfende-stadt.de (Stand: 03.05.2004).

Mai, Ulrich (1993): Kulturschock und Identitätsverlust: Über soziale und sinnliche Enteignung von Heimat in Ostdeutschland nach der Wende. In: Geographische Rundschau 45: 232–237.

Mayring, Philipp (2000): Qualitative Inhaltsanalyse. Forum Qualitative Sozialforschung, Volume 1, Nr. 2, URL: http://www.qualitative-research.net/fqs-texte/2-00/2-00mayring-d.htm- (Stand: 13.02.2006).

Mead, George Herbert (1973): Geist, Identität und Gesellschaft aus der Sicht des Sozialbehaviorismus. Frankfurt/M.

Migremus (o. J.): Konzept zum Forschungsprogramm Migration und Stadtentwicklung. URL: http://www.migremus.uni-bremen.de/downloads/links/Forschungsprogramm.pdf (Stand: 12.09.2007).

Newbold, K. Bruce; Martin Bell (2001): Return and Onwards Migration in Canada and Australia: Evidence from Fixed Interval Data. In: International Migration Review 35, 4: 1157-1184.

Pethe, Heike (2004): Die Migration von hoch qualifizierten Arbeitskräften nach Deutschland – Eine Untersuchung zur ‚Greencard'. In: Swiaczny, Frank und Sonja Haug (Hrsg.): Bevölkerungsgeographische Forschung zur Migration und Integration". Materialien zur Bevölkerungswissenschaft. Heft 112. Wiesbaden, S. 69 –95.

Pohl, Jürgen (1993): Regionalbewusstsein als Thema der Sozialgeographie. Theoretische Überlegungen und empirische Untersuchungen am Beispiel Friaul. Kallmünz/Regensburg.

Ramos, Maria Pereira (2003): Accao social na àrea do emprego e da formacao profissional. Lissabon.

Ravenstein, Ernest George (1972a): Die Gesetze der Wanderung I. In: Széll, G. (Hrsg.): Regionale Mobilität. Elf Aufsätze München, S. 41-64 (Original: 1885)

Schmied, Waltraud (1985): Ortsverbundenheit und Lebensqualität. Bonn.
Schneider, Nicole; Annette Spellerberg (1999): Lebensstile, Wohnbedürfnisse und räumliche Mobilität. Opladen.
Schniedewind, Karen (1994): Begrenzter Aufenthalt im Land der unbegrenzten Möglichkeiten. Bremer Rückwanderer aus Amerika 1850 – 1914. Stuttgart.
Schrettenbrunner, Helmut (1986): Die Verwendung von Typologien in der Wanderungsforschung. In: Schaffer, F. und W. Poschwatta (Hrsg.): Angewandte Sozialgeographie. Karl Ruppert zum 60. Geburtstag. Angewandte Sozialgeographie-Beiträge 12. Augsburg, S. 387-404.
Shumway, J. Matthew; Greg Hall (1996): Self-Selection, Earnings and Chicano Migration: Differences Between Return and Onwards Migrants. In: International Migration Review 30, 4: 979-994.
Steiner, Christine (2004): Bleibst Du noch oder gehst Du schon? In: Berliner Debatte Initial 15/4: 42-55.
Strauss, Anselm L.; Juliet Corbin (1996): Grundlagen Qualitativer Sozialforschung. Weinheim.
Treibel, Annette (1999): Migration in modernen Gesellschaften. Soziale Folgen von Einwanderung, Gastarbeit und Flucht. Weinheim/München.
Unger, Liana (1983): Die Rückkehr der zweiten Generation. Eine empirische Untersuchung zur Remigration griechischer Jugendlicher. Bielefeld.
Reichert, Christiane von (2002): Returning and New Montana Migrants: Socioeconomic and Motivational Differences. In: Growth and Change 33: 133-151.
Wagner, Michael (1989): Räumliche Mobilität im Lebensverlauf. Eine empirische Untersuchung sozialer Bedingungen der Migration. Stuttgart.
Weichhart, Peter (1993): Mikroanalytische Ansätze der Sozialgeographie. In: Innsbrucker Geographische Studien 20: 101-115.
Werlen, Benno (1995): Landschaft, Raum und Gesellschaft. In: Geographische Rundschau 47: 513-522.

Birgit Glorius

Zeiträume der Migration

Migrations- und Integrationsverläufe polnischer Migranten in Leipzig vor dem Hintergrund individueller und struktureller Umbrüche

1. Einleitung

Migrationsentscheidungen und Mobilitätsprozesse stehen in einem engen Zusammenhang mit Übergängen im Lebenszyklus einerseits und den strukturellen Rahmenbedingungen im Herkunfts- und Ankunftskontext andererseits. Die endogenen und exogenen Faktoren, die Migrationen anregen und steuern, beeinflussen auch die Art und Weise der Integration am Zielort. Dies wird hier exemplarisch dargestellt am empirischen Beispiel polnischer Migranten in Leipzig. Durch die wechselnde Zugehörigkeit ihres Ankunftsortes zu den politisch-ökonomischen Systemen der DDR und der BRD lassen sich die Einflüsse von Systemveränderungen auf Migrations- und Integrationsverläufe klar aufzeigen. Ebenso deutlich wird aus den empirischen Daten die enge Verzahnung von Migrationsbiographien und Lebenszyklus-Passagen. Es zeigt sich, dass sich Mobilitätsentscheidungen und -verläufe sowie unterschiedliche Formen der beruflichen und sozialen Integration nur vor dem Hintergrund individueller Lebensgeschichten begreifen lassen.

Die empirischen Daten stammen aus dem DFG-Projekt „Transnationale Migration: Das Beispiel der Pendelmigration polnischer Arbeitnehmer nach Deutschland". Die Datensammlung fand in den Jahren 2003-2005 statt und umfasste eine qualitative Erhebung mit Experteninterviews (7) und Tiefeninterviews mit Migranten (12) sowie eine quantitative postalische Befragung mit 166 Fällen.

2. Theoretische Zugänge: Migrationssystemansatz und transnationaler Ansatz

Dieser Beitrag konzentriert sich auf die Abhängigkeit von Migrationsverläufen von der Dimension Zeit und fokussiert dabei sowohl auf das konkrete Individuum mit seinen aus der Biographie zu erklärenden Mobilitätsmustern als auch auf die Veränderlichkeit der verschiedenen strukturellen

Rahmenbedingungen, welche Wanderungsbewegungen in hohem Maße steuern. Als theoretische Zugänge wurden auf der Makroebene der Migrationssystemansatz und auf der Mikroebene der transnationale Ansatz gewählt.

2.1 Der Migrationssystemansatz

Der Migrationssystemansatz von Kritz und Zlotnik vereint die räumliche mit der zeitlichen Perspektive auf Migration, um die Dynamik von Migrationsströmen auf der Makroebene zu erklären: „Thus, a historical perspective on migration allows one to identify the pattern of interactions between migration and, on the one hand, structural conditions in the countries of origin and destination within a system and, on the other, economic and political linkages between those countries“ (Kritz/Zlotnik 1992: 4). Ein Migrationssystem definiert sich demzufolge durch 1) die Existenz zweier oder mehrerer Staaten mit signifikanten Migrationsströmen, 2) die Tatsache, dass diese Staaten in der Regel mehr als nur eine Beziehung zueinander haben, etwa neben dem Migrationsgeschehen auch historische Verbindungen, geographische Nähe oder frühere koloniale Bindungen, 3) den nationalen Kontext in dem die Migrationsströme auftreten, bestehend aus einer politischen, einer demographischen, einer sozialen und einer ökonomischen Dimension, und 4) die Mechanismen von Rückkoppelung und Anpassung, die aus der Fortdauer der Migrationsbewegung resultieren.

Beispiele für diese Verknüpfungen sind etwa Wohlstandsunterschiede zwischen zwei Staaten, die eine Emigrationsbewegung anstoßen, oder die Verschärfung der Einwanderungsbestimmungen im Zielland als eine Folge der wachsenden Zuwanderung. Eine wichtige These dieses Beitrags lautet, dass die im Migrationssystemansatz zusammengetragenen Rahmenbedingungen mit ihren spezifischen Wechselwirkungen nicht nur für die Strukturierung von Migrationsströmen verantwortlich sind, sondern dass sie auch die Integration von Migranten beeinflussen.

2.2 Der transnationale Ansatz zur Erklärung der individuellen Perspektive der Migranten

Transnationale Migration wird in der Regel definiert als Migrationsprozess, der nicht ausschließlich in eine Richtung gerichtet ist und der mehrfache grenzüberschreitende Wohnsitzwechsel beinhaltet. Der Begriff ‘transnational’ weist darauf hin, dass die tägliche Lebensrealität der Migranten eine Vielzahl von unterschiedlichen geographischen Räumen integriert und somit ein grenzüberschreitender Bezugsraum entsteht.

Glick Schiller, Basch und Blanc-Szanton (1992b: 1) definieren Transnationalismus als „a social process in which migrants establish social fields that cross geographic, cultural, and political borders“. Sie nennen diese Migranten

„transmigrants" und beschreiben ihre transnationalen Aktivitäten wie folgt: „(They) develop and maintain multiple relations – familial, economic, social, organizational, religious, and political – that span borders. (...) Transmigrants take actions, make decisions, and feel concerns within a field of social relations that links together their country of origin and their country or countries of settlement" (ebd.). Das Phänomen Transnationalismus wird seit den 1990er Jahren untersucht, zunächst ausschließlich im US-amerikanischen Migrationskontext (vgl. Glick-Schiller et al. 1992a, Goldring 1997, Pries 1998), in letzter Zeit jedoch zunehmend für den europäischen Migrationsraum (vgl. Faist 2000, Glorius 2007, Goeke 2007).

Eine konzeptionelle Weiterentwicklung des transnationalen Ansatzes ist die Theorie transnationaler sozialer Räume (Pries 1996). Sie hinterfragt die eindimensionalen Raumkonzepte der klassischen Migrationstheorien und etabliert eine konstruktivistische Perspektive auf transnationale Beziehungen und das dahinter liegende Raumverständnis. Das Konzept transnationaler sozialer Räume betont die Abkoppelung von Migration und Integration vom nationalstaatlichen Container sowie die Schaffung eines neuen, raum-zeitlich entankerten sozialen Raums, welcher die subjektive Lebenswelt der Migranten konstituiert. Dieser Raum besteht aus Netzwerkstrukturen, die für die Lebensführung der Migranten bedeutsam sind.

Der wesentliche Ertrag des transnationalen Ansatzes ist in der Erweiterung der Betrachtungsperspektive zu sehen, wodurch die Wahrnehmungs- und Handlungsmuster individueller Migranten und deren Einbettung zwischen Herkunfts- und Zielland nachvollzogen werden können (vgl. Glorius 2007: 35). Die Kombination dieser Mikroperspektive mit der Makroebene des Migrationssystemansatzes vertieft das Verständnis von wechselnden Handlungsoptionen der Migranten, die durch die politischen, ökonomischen oder sozialen Rahmenbedingungen in Herkunfts- und Zielland entscheidend beeinflusst werden.

3. Migration zwischen Polen und Leipzig: die Makroperspektive

In den Wanderungsbewegungen zwischen Polen und Leipzig spiegelt sich der Einfluss politischer Regulierungsmuster auf Migrationsbewegungen deutlich wider: Bereits während des DDR-Regimes dominierten befristete Wanderungen zwischen Polen und Leipzig, vorwiegend im Rahmen von mehrjährigen Vertragsarbeitsprogrammen oder zu Studienzwecken; Aufenthaltsverfestigungen ergaben sich hauptsächlich durch binationale Eheschließungen. Seit der politischen Wende hat sich der temporäre Charakter des Wanderungssystems weiter verstärkt. Rein rechnerisch blieb nicht einmal jeder Zehnte der zwischen 1991 und 2001 Eingereisten aus Polen dauerhaft in Leipzig. Dieses Phänomen ist auch in Gesamtdeutschland zu beobachten; es resultiert aus der Implementierung temporärer Arbeitsmigrationsprogramme, die das Ziel hatten, den nach dem Ende des Kalten Krieges befürchteten starken Migrationsdruck aus Polen zu mildern und gleichzeitig die ökonomische Transformation des Landes zu unterstützen (vgl. Lederer 1997). Seit 1991 kommen jährlich meist zwischen 200.000 und 300.000 Arbeitsmigranten aus Polen nach Deutschland, vorwiegend landwirtschaftliche Saisonarbeiter, die nach einem Aufenthalt von maximal drei Monaten wieder zurückkehren bzw. Werkvertragsarbeitnehmer, die für zwei, im Ausnahmefall drei Jahre als Angestellte eines polnischen Subunternehmens insbesondere im Baugewerbe arbeiten (vgl. BAMF 2006). Letztere sind auch für die ab Mitte der 1990er Jahre steigenden Zuwanderungszahlen von Polen nach Leipzig verantwortlich, da ab diesem Zeitpunkt das Baugewerbe und vor allem die Altbausanierung boomte. Die starke Zunahme der Werkvertragsarbeit auch auf nationaler Ebene entfachte eine öffentliche und politische Debatte über mögliche Verdrängungseffekte deutscher Bauarbeiter und mündete in einer Reduzierung der Kontingente für Werkvertragsarbeitnehmer. Im Jahr 1997 wurde die so genannte Arbeitsmarktschutzklausel eingeführt, die es Unternehmen in Arbeitsamtsbezirken mit überdurchschnittlicher Arbeitslosigkeit verbietet, neue Werkverträge mit ausländischen Subunternehmen abzuschließen. Das Kriterium der überdurchschnittlichen Arbeitslosigkeit traf auch auf den Standort Leipzig zu, so dass seit diesem Datum keine polnischen Migranten mehr im Rahmen der Werkvertragsarbeit zuwanderten. Die Zahl der Zuwanderer aus Polen ging schlagartig von rund 1.900 (1997) auf unter 500 (1998) zurück, der Wanderungssaldo rutschte kurzzeitig ins Negative (Stadt Leipzig 2005). Auch die Gesamtzahl der polnischen Einwohner Leipzigs reduzierte sich stark, von 3.824 im Jahr 1996 auf 1.055 im Jahr 2005. Schließlich veränderte sich auch die Struktur der Wandernden: Während die Zuwanderungen der 1990er Jahre männlich dominiert waren, sind unter den aktuellen Zuwanderern verstärkt Frauen anzutreffen, die vor allem zum Zweck des Studiums einreisen. Eine ansteigende Zuwanderung Deutscher aus Polen nach Leipzig deutet auf die Substituierung der früheren Werkvertragsarbeiter durch ethnisch deutsche Schlesier hin. Die beschriebene Entwicklung ist als ein exemplarisches Beispiel für die Wechselwirkungen zwischen Migrationsströmen, ökonomischen Rahmenbedingungen und politischen Regulierungsmustern zu verstehen, wie sie im Migrationssystemansatz von Kritz/Zlotnik (1992) beschrieben werden.

4. *Mobilität im Lebensverlauf: die Mikroperspektive*

4.1 Empirischer Zugang

Die empirischen Erhebungen in Leipzig wurden in den Jahren 2003 bis 2005 im Rahmen eines Forschungsprojekts zur transnationalen Migration zwischen Polen und Deutschland durchgeführt. Die Auswahl Leipzigs als Untersuchungsort wurde anhand theoretischer Prämissen getroffen, die sowohl dem Migrationssystemansatz als auch dem transnationalen Ansatz entlehnt sind: So liegt Leipzig in relativer räumlicher Nähe zu Polen, weist verschiedenste historische, wirtschaftliche und politische Verknüpfungen mit Polen (u.a. durch das Messewesen) auf und zeichnet sich durch die große Präsenz polnischer Zuwanderer[1] und offizieller polnischer Institutionen[2] aus. Zur Erschließung des Forschungsfeldes wurden qualitative und quantitative Methoden der empirischen Sozialforschung angewandt. Es wurden sieben Leitfadeninterviews mit Experten im Bereich der polnischen Migration bzw. der Ausländerintegration in Leipzig durchgeführt, zwölf narrative biographische Interviews mit polnischen Migranten sowie eine schriftliche, quantitative Befragung polnischer Einwohner Leipzigs, die mit insgesamt 166 komplettierten Fragebögen eine Response-Quote von 38 % erzielte.[3] Durch die Leitfadeninterviews sollte Expertenwissen zu polnischen Migranten in Leipzig und zu den institutionellen Ausprägungsformen ihres transnationalen sozialen Raums gesammelt werden, zudem sollte über die befragten Schlüsselpersonen der Zugang zum Forschungsfeld, insbesondere die Gewinnung von Interviewpartnern für die qualitativen Interviews erleichtert werden. Die narrativen biographischen Interviews mit Migranten dienten der Rekonstruktion von Migrationsverläufen. Die Annahme, die hinter dieser qualitativen, biographischen Herangehensweise steht, ist die Einbettung des Migrationsereignisses in die Lebensgeschichte der Betroffenen. Durch die Dokumentation der Migrationsgeschichte im Rahmen der individuellen Lebensgeschichte konnten die Ursachen unterschiedlicher Verläufe von Migration, Integration und transnationaler Lebensführung erfasst und erklärt werden.

Die quantitative Befragung hatte den Zweck, eine statistisch aussagefähige Datenbasis zu gewinnen, um die Verbreitung der durch die qualitativen Analysen vorgefundenen Phänomene untersuchen zu können. In der

---

1 Zum Zeitpunkt der empirischen Erhebungen waren Polen mit 2.365 Personen die zahlenstärkste Ausländergruppe in Leipzig.

2 Leipzig ist nach Berlin der einzige Standort eines polnischen Generalkonsulates und eines Polnischen Instituts in Ostdeutschland. Beide Institutionen sind kontinuierlich seit 1972 bzw. 1969 in Leipzig präsent.

3 Ausgangsbasis war eine bereinigte Adressstichprobe des Einwohnermeldeamtes, die 442 Adressen volljähriger polnischer Bürger umfasste.

Datenanalyse und Ergebnisdarstellung greifen qualitative und quantitative Aspekte ineinander und ergänzen sich gegenseitig.

Im Folgenden wird vor allem auf die Wanderungsmotive der befragten Migranten eingegangen und die Zusammenhänge der Migrationsentscheidung mit politischen Regulationsmustern sowie die Koppelung der Migration an Lebensabschnitte herausgearbeitet. Zunächst jedoch erfolgt eine Einteilung der befragten Migranten in drei Hauptgruppen, resultierend aus ihrem jeweils vorherrschenden Migrationsmotiv.

4.2 Motivgruppen von Migranten

Die erste Gruppe ist die der hauptsächlich männlichen Arbeitsmigranten (25 % der Befragten und drei Personen aus der qualitativen Studie), die weiter differenziert werden können in Vertragsarbeiter im Baugewerbe und der Gebäudesanierung sowie in hoch qualifizierte Personen in Leitungsfunktionen. Sie sind hauptsächlich auf temporärer Basis in Deutschland. Eine unbekannte, aber steigende Anzahl von Arbeitsmigranten wird zudem durch die Gruppe der ethnisch Deutschen aus Oberschlesien repräsentiert, denen der deutsche Arbeitsmarkt aufgrund ihrer doppelten Staatsbürgerschaft ungehindert offen steht. Auch sie sind überwiegend im Baubereich beschäftigt. Sie können als Pendelmigranten definiert werden, da sie sich regelmäßig zwischen dem Arbeitsort Leipzig und ihren Familien in Polen hin- und herbewegen.

Die zweite Gruppe besteht aus vorwiegend weiblichen Migranten, die aufgrund einer binationalen Partnerschaft nach Leipzig kamen (32 % der Befragten und sechs Personen aus der qualitativen Studie). Die meisten unter ihnen leben bereits seit den 1970er und 1980er Jahren in Leipzig, sind also ursprünglich in die DDR eingewandert. Sie sind in der Regel gut in die deutsche Gesellschaft integriert und können als dauerhafte Einwanderer charakterisiert werden.

Die dritte Gruppe besteht aus polnischen Studierenden, die ihre akademische Ausbildung ganz oder teilweise an Leipziger Hochschulen absolvieren (25 % der Befragten und drei Fälle aus der qualitativen Studie). Sie sind hinsichtlich ihrer zukünftigen Standortwahl noch am wenigsten festgelegt. Häufig können sie sich ihre zukünftige Karriere in beiden Ländern – Polen und Deutschland – vorstellen oder planen, nach Abschluss des Studiums in ein anderes westliches Land weiterzuwandern.

Zwischen diesen drei Motivgruppen, die insgesamt 82 % der Befragten umfassten, ließen sich die größten Verhaltens- und Einstellungsunterschiede nachweisen.

4.3 Die Wanderungsentscheidung

Die Entscheidung zur Migration in ein anderes Land ist ein komplexer Abwägungsprozess, der meist aus einem Bündel von Motiven heraus entspringt. In der schriftlichen Befragung wurden diese Motivbündel mit Hilfe eines Mehrfachantwortensets abgebildet. Gefragt nach den wichtigsten Gründen für die Migration nach Deutschland nannte fast die Hälfte (48 %) der Befragten familiäre Gründe, für rund ein Drittel war das Studium ein Migrationsmotiv; ebenso wichtig war jedoch der Komplex Arbeit, sowohl als Pull-Faktor (26 % nannten einen Arbeitsplatz oder den Arbeitsplatz des Partners als Migrationsgrund) als auch als Push-Faktor (8 % nannten Arbeitslosigkeit und 5 % einen zu geringen Verdienst in Polen als Motiv). Ein gutes Fünftel der Befragten gab an, Deutschland kennen lernen zu wollen (Tab. 1).

Tabelle 1: Gründe für die Zuwanderung nach Deutschland

Migrationsgrund	**Anteil in % der Fälle**
familiäre Gründe	48
Studium / Weiterbildung	35
Arbeitsplatz	24
Deutschland kennen lernen	23
keine Arbeit in Polen	8
in Polen zu wenig verdient	5
Partner fand Arbeit in Deutschland	2
politische Gründe	1
Sonstiges	9
Gesamt	**155**

Quelle: eigene Erhebung, 165 gültige Fälle, 255 Antworten = 155 %

Im Folgenden wird der Entscheidungsprozess der Migration anhand dreier Migrantenbiographien vorgestellt, die als jeweils typisch für die drei Hauptmotivgruppen „Arbeit“, „Familie“ und „Ausbildung“ gelten können.

Pan Leszek: „Wir sind hier für die Arbeit“

Pan Leszek (Jg. 1958) ist Elektriker von Beruf und ging 1992 nach Deutschland, weil seine Firma in Polen abgewickelt wurde und sein Arbeitsplatz in Gefahr war. Über Netzwerkkontakte fand er zunächst Arbeit in Frankfurt/Main, wechselte dann aber nach Leipzig, um die Pendeldistanz in seinen polnischen Heimatort zu verringern. Er ist Angehöriger der deutschen Minderheit in Polen und besitzt die deutsche und die polnische Staatsangehörigkeit. Er ist verheiratet und hat drei Kinder, seine Familie lebt in der polnischen Wojewodschaft Opole in Oberschlesien. Jedes zweite Wochenende fährt er für vier Tage nach Hause. Eine endgültige Emigration mit der ganzen Familie lehnt er ab, da sie in Polen fest eingebunden seien: Er besitzt dort ein Haus, seine Frau hat Arbeit, seine Kinder gehen zur Schule. Seine älteste Tochter macht bald Abitur und möchte dann vielleicht in Deutschland studieren. Er betont, dass er nur aus finanziellen Gründen in Deutschland ist und dass er sofort wieder zurückkehren würde, falls sich die wirtschaftliche Lage in Polen besserte: „Wir sind hier für die Arbeit. Und wenn bei uns ist ganz schlecht mit Arbeit, dann wir müssen irgendwas machen, für Familie, ne. (...) Also wenn bei uns in Polen ist besser, da wir fahren zurück, sagen wir so.... Wie lange wir brauchen das Geld, dann wir bleiben hier." Das „Wir" bezieht sich auf seinen Arbeitskollegen Pan Andrzej, mit dem sich Pan Leszek ein Ein-Zimmer-Apartment teilt. Die Wohnung gehört seinem Arbeitgeber, einem Bauunternehmer. Zusammen mit den beiden wohnt und arbeitet noch eine Gruppe von ca. zwölf Personen aus der Wojewodschaft Opole unter den gleichen Lebensbedingungen.

Pani Regina: „Ich wollte nicht Polen verlassen"

Pani Regina steht für die Gruppe jener Polinnen, die durch die Eheschließung mit einem Deutschen (bzw. DDR-Bürger) nach Leipzig kamen. Vielfach entstanden diese Beziehungen während eines Studienaufenthaltes im jeweils anderen Land oder während einer Urlaubsreise. Auch Pani Regina hat ihren heutigen Mann während eines Ferienaufenthalts in Leipzig kennen gelernt. Aus der Brieffreundschaft wurde eine Liebesbeziehung. Da Pani Regina jedoch nicht vorhatte, Polen zu verlassen, sah sie einer möglichen Vertiefung der Beziehung zu dem Deutschen mit gemischten Gefühlen entgegen: „Und es war eigentlich so, dass ich wollte nicht Polen verlassen. Also für mich war das ein großes Problem. Ich wollte nicht. Deswegen hab ich dann aufgehört zu schreiben, weil ich dachte (...) ich fahre nicht irgendwo hin, also ich (...) konnte Polen nicht verlassen."

Ihr zukünftiger Mann war bereit, nach Polen zu ziehen, und so willigte Pani Regina in die Heirat ein. Doch im letzten Augenblick wurde dem Deutschen die Ausreise aus der DDR verweigert, da er seinen Wehrdienst noch nicht abgeleistet hatte. So kam es, dass Pani Regina nach Leipzig ging. Zunächst dachte sie, diese Entscheidung sei nur vorübergehend, doch mit der Zeit festigte sich der Aufenthalt in Deutschland und die Option, in Polen zu leben, geriet aus dem Blickfeld: „Er konnte wegen der Armee nicht wegfahren von der DDR. (...) Er war gerade mit seiner Lehre fertig und da haben wir geheiratet und ich bin dann hierher gekommen. (...) Mit dem Gedanken vielleicht, dass wir vielleicht doch dorthin fahren, aber, wir hatten dann die

Wohnung hier gehabt und wir sind dann hier geblieben. Ich hatte Arbeit hier gehabt und da bin ich hierher, also eben geblieben."

Diese Wanderungsgeschichte deckt sich mit den Erzählungen mehrerer anderer Heiratsmigrantinnen: Die Migrationsentscheidung wurde nicht durch endogene Faktoren getroffen, sondern ergab sich durch äußere Zwänge, wie z.B. Ausreiserestriktionen für den Partner seitens der DDR – häufig verbunden mit der Wehrverpflichtung – oder der Unmöglichkeit, im Polen der 1970er Jahre eine angemessene und bezahlbare Wohnung zu finden. Die eher pragmatische Wanderungsentscheidung führte dann mit dem Eintritt in die Familienphase meist zu einer Aufenthaltsverfestigung, zumal die Migrantinnen in der DDR schnell beruflich integriert wurden.

Pan Dariusz: „Und selbständig wollt' ich schon werden"

Der Student Pan Dariusz gibt zwei Motive für seine Migration an: Zum einen hatte er als Kind bereits einige Jahre in Westdeutschland gelebt und den dortigen Lebensstandard zu schätzen gelernt. Zum anderen strebte er nach Unabhängigkeit vom Elternhaus, was als Student in Polen aufgrund der schwierigen Wohnungssituation und der fehlenden Finanzierungsmöglichkeiten unmöglich gewesen wäre. „Ich wusste ja von Anfang an, in Polen kann ich ja nicht alleine klarkommen … ich bin auf die Hilfe meiner Eltern angewiesen, finanziell, mein' ich. … Und selbständig wollt' ich schon werden. Das war auch so'n Ansatz für mich, wenn ich hierher komme, steh' ich auf eigenen Füßen und zieh' mein Ding durch." Durch seine von dem früheren Deutschland-Aufenthalt herrührenden sozialen Netzwerke eröffnete sich ihm schließlich eine Arbeitsmöglichkeit in Leipzig, die sich mit einem Studium an der dortigen Universität vereinbaren ließ: Er ist als Hausmeister tätig, lebt mietfrei in einer Hausmeisterwohnung und dolmetscht zusätzlich für einen deutschen Bauunternehmer, der polnische Bauarbeiter beschäftigt.

Der Aspekt der Selbständigkeit taucht auch in den übrigen Interviews mit polnischen Studierenden als Wanderungsmotiv auf. Alle Gesprächspartner fanden ohne weiteres Studentenjobs am deutschen Studienort, womit sie ihren Lebensunterhalt bestreiten. Die Entscheidung, nach Deutschland zu kommen, wurde bei allen durch frühere Aufenthalte oder soziale Netzwerke beeinflusst. Manche planten diese Migration bereits während der Schulzeit und konzentrierten sich auf das Erlernen der deutschen Sprache, um auf diese Weise leichter Zugang zu einem Studienplatz in Deutschland zu erhalten.

4.4 Zusammenfassung

Die Reflexion der ursprünglichen Wanderungsentscheidungen verdeutlicht die große Bedeutung, die biographische Etappen wie Ausbildungsbeginn oder Eheschließung bei Mobilitätsentscheidungen haben: Während die Mobilität innerhalb der jeweiligen Stadien eher gehemmt wird oder – wie im Falle von Pan Leszek – zu einer „unvollendeten“, pendelnden Wanderung führt, zieht ein Wechsel von einem Stadium des Lebenszyklus in das folgende eine Neubewertung der Standortwahl und eventuell eine Mobilitätsentscheidung nach sich. Der endogene Entscheidungsprozess innerhalb des Lebenslaufes ist eingebettet in eine Vielfalt äußerer Rahmenbedingungen, die die Mobilität weiter strukturieren. Es zeigt sich zudem, dass Migration keineswegs immer auf einer strategischen Entscheidung beruht, sondern dass auch Zufälligkeiten, die aus veränderten Rahmenbedingungen heraus resultieren, die Entscheidung steuern.

5. *Individuelle und systemare Aspekte der Integration*

Nicht nur Migrationsprozesse, sondern auch Integrationsprozesse werden neben individuellen, in der jeweiligen Biographie verankerten Faktoren von äußeren Rahmenbedingungen beeinflusst und gesteuert. Im Falle der polnischen Migranten in Leipzig trägt vor allem der Systemübergang vom DDR-Regime zum demokratischen Deutschland zu einer Ausdifferenzierung der Biographien bei. An dieser Stelle soll vor allem auf die berufliche Positionierung eingegangen werden, wenngleich auch die soziale Integration systembedingte Unterschiede aufweist.[4]

Berufliche Integrationsmöglichkeiten sind stets ein Produkt aus persönlichen Ressourcen und ihrer Transferierbarkeit, den realen Möglichkeiten auf dem Arbeitsmarkt des Ankunftslandes sowie den politischen Rahmenbedingungen, wie z.B. Arbeits- und Aufenthaltsrecht. Im Falle der Leipziger Polen ist die Arbeitsmarktintegration besonders stark von den Rahmenbedingungen zum Zeitpunkt der Zuwanderung abhängig: In der DDR herrschte Arbeitskräftemangel, was auch für Migranten mit geringen Sprachkenntnissen meist gute Integrationsmöglichkeiten eröffnete. Ein Beispiel für die gelungene berufliche Integration zu DDR-Zeiten ist die Geschichte von Pani Katarzyna, die 1972 durch die Heirat mit einem Deutschen nach Leipzig kam. Mit einem polnischen Krankenschwestern-Diplom und nur geringen Deutschkenntnissen bewarb sie sich in einem Krankenhaus und wurde sofort eingestellt: „Da war ich sehr zufrieden und durfte ich gleich dann nach dem Monat arbeiten, (…) würde vielleicht gar nicht jetzt passieren, dass ich eingestellt werde, weil ich noch nicht so richtig sprechen konnte, nach ein' Monat, wo ich von Polen kam, da konnt' ich: ich bin, du bist, er, sie, es ist und so Redewendung, die man vom Buche lernt. Äh, ich hab' zwar viel verstanden, aber ich konnte nicht so hergeben und bei der Pflege, ne, hatten se mich einfach mitgezogen und das fand ich ganz toll, dass die mich so einbezogen haben.“

---

4 Dies wird ausführlich dargestellt in Glorius 2007.

Für die Zuwanderer zur Wendezeit und danach wurde die berufliche Eingliederung schwieriger. Sie stießen auf einen zusammenbrechenden Arbeitsmarkt, der nur bestimmte Nischen offen ließ. Vor allem mangelnde Sprachkenntnisse erwiesen sich nun als großes Hindernis. Diese Situation betraf besonders stark jene Migranten, die nicht primär mit dem Motiv der Arbeitssuche gekommen waren. Pan Ryszard z.B. heiratete 1988 eine Deutsche und zog zu ihr in die DDR. Zunächst war nur ein vorübergehender Aufenthalt geplant, damit seine Ehefrau ihr Studium beenden konnte. Pan Ryszard hatte eine technische Ausbildung in Polen kurz vor dem Abschluss abgebrochen, und da auch seine Deutschkenntnisse schlecht waren, nahm er zunächst eine Arbeit als Briefzusteller bei der Post an. Doch dann kam die politische Wende, wodurch sich für ihn keine weiteren Karrieremöglichkeiten mehr ergaben. Da auch seine Pläne zur Remigration oder Weiterwanderung nicht realisierbar waren, musste er sich mit seiner niedrigen beruflichen Einstufung abfinden: „... meine Sprachkenntnisse waren schwach zu diesem Zeitpunkt und da hab' ich mir gedacht, also ich gehe zur Post für ein Jahr und kann die Sprache lernen. Meine Ausbildung war also technisch, also ich bin Techniker, und mit meinen Sprachkenntnisse konnt' ich da nicht viel zu diesem Zeitpunkt machen und ... wie gesagt, also ich bin zur Post, mit dem Gedanken, also nur ein Jahr und dann mal sehen, und so ist es geblieben."

Andere Migranten waren erfolgreicher, vor allem jene, die über die „passenden" beruflichen Fertigkeiten oder über entsprechende Kontakte verfügten. Dies trifft vor allem auf solche Zuwanderer zu, die sich aktiv für einen (temporären) Arbeitsaufenthalt in Deutschland entschieden und ihre Chancen und Möglichkeiten vorab evaluiert hatten. Diese Tatsache wird auch durch die schriftlichen Befragungsdaten widergespiegelt (Abb. 1): Während von den Arbeitsmigranten, die aus ökonomischen Motiven nach Deutschland kamen, die überwiegende Mehrheit entsprechend ihrer Berufsqualifikation oder sogar besser positioniert ist, sind unter den Heiratsmigranten nur ein Drittel ausbildungsadäquat und ein Fünftel sogar unterhalb ihrer beruflichen Qualifikation beschäftigt.

Abbildung 1: Vergleich von Ausbildungsabschluss und beruflicher Stellung, nach Migrationstyp (in % der Befragten)

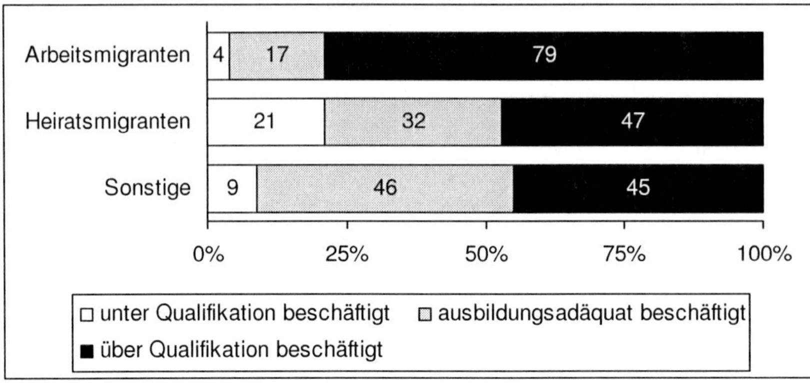

Quelle: eigene Erhebung, n = 59

Die Rahmenbedingungen der Zuwanderung waren nach 1989 nicht nur durch den Zusammenbruch des ostdeutschen Arbeitsmarktes geprägt, sondern auch durch Veränderungen der Migrationsregulation: Während die Zuwanderung im niedrig qualifizierten Sektor weiterhin sehr restriktiv in Form der bereits genannten temporären Arbeitsmöglichkeiten gehandhabt wird, wurde der Arbeitsmarkt für Hochqualifizierte seit der im Jahr 2000 lancierten Green-Card-Initiative schrittweise geöffnet (vgl. BBMFI 2003: 95).[5] Auch in der Leipziger Fallstudie sind die Auswirkungen dieser Regulationsmuster zu erahnen: Während die Zuwanderung niedrig Qualifizierter seit 1989 zurückgegangen ist, stieg der Anteil hoch qualifizierter Zuwanderer aus Polen stark an. Vor allem die Zuwanderer nach den 1990er Jahren konnten sich erfolgreich auf dem Arbeitsmarkt platzieren (Tab. 2).

Tabelle 2: Qualifikation und Stellung im Beruf[6], nach Zuwanderungsphase

	Bildungsstand (n = 163)			Stellung im Beruf (n = 61)	
	niedrig	**mittel**	**hoch**	**niedrig/ mittel**	**hoch/ sehr hoch**
Zuwanderung bis 1989	40 %	29 %	31 %	59 %	41 %
Zuwanderung 1990-1999	20 %	29 %	51 %	44 %	56 %
Zuwanderung ab 2000	16 %	33 %	51 %	19 %	81 %

Quelle: eigene Erhebung

5 Vor allem das neue Zuwanderungsgesetz von 2004 und die Europäische Dienstleistungsrichtlinie 2006 brachten Erleichterungen für die Zuwanderung von Hochqualifizierten und Selbständigen in den deutschen Arbeitsmarkt.

6 Die Klassifikation und Bewertung der beruflichen Tätigkeit wurde in Anlehnung an Blossfeld 1985 vorgenommen.

6. *Der transnationale soziale Raum der Leipziger Polen: eine Binnendifferenzierung*

Als letzter Aspekt dieser empirischen Betrachtungen soll auf den transnationalen sozialen Raum der Leipziger Polen eingegangen werden, um zu zeigen, dass auch dieser den oben bereits aufgeschlüsselten endogenen und exogenen Strukturierungsfaktoren (Migrationstyp und strukturelle Rahmenbedingungen) unterliegt. Der Fokus liegt an dieser Stelle auf der Nutzung transnationaler Infrastruktur durch Polen in Leipzig. Der Begriff „transnationale Infrastruktur" umfasst alle Institutionen, die polnisches Leben in Leipzig unterstützen bzw. die einen konkreten Bezug zu Polen herstellen.[7] Diese setzen sich zusammen aus offiziellen Institutionen und Beziehungen zwischen beiden Ländern sowie aus Migrantenorganisationen oder Einrichtungen für Migranten im engeren Sinne. In Leipzig sind dies die polnische Kirche, die ethnische Vereinigung „Polonia", das Polnische Institut (ein Äquivalent zum deutschen Goethe-Institut) sowie das Polnische Generalkonsulat.

Die meisten Befragten nutzen Teile der transnationalen Infrastruktur in Leipzig, wenn auch in einem unterschiedlichen Ausmaß. Die stärkste Frequentierung weist das Polnische Institut auf, gefolgt von der polnischen Kirche und dem „Polonia"-Verein (Tab. 3):

Tabelle 3: Frequentierung der transnationalen Infrastruktur in Leipzig

	polnische Kirche *n = 166*	**„Polonia"-Verein** *n = 160*	**Polnisches Institut** *n = 166*
regelmäßig	17 %	10 %	18 %
selten	28 %	26 %	37 %
nie/kenne ich nicht	55 %	64 %	45 %

Quelle: eigene Erhebung 2003/2004

Annähernd die Hälfte der polnischen Migranten besucht regelmäßig oder sporadisch den polnischen Gottesdienst in Leipzig. Besonders aktiv sind dabei die längerfristigen Migranten, die in binationalen Ehen in Leipzig leben, ebenso wie die ethnisch deutschen Arbeitsmigranten, für die der Kirchgang meist die einzige Aktivität ist, die sie in Leipzig neben ihrer Berufstätigkeit ausüben. Beide Gruppen bleiben jedoch auf Abstand, da sie die Empfindung haben, dass durch ihre unterschiedliche Lebensführung und die ethni-

7 Die teils fehlende Trennschärfe der hier als „transnational" definierten Institutionen zu dem Begriff „ethnische Institutionen" ist der Autorin bewusst. Dennoch wird an der Einordnung festgehalten, da aus der Sicht der Migranten die genannten Institutionen eine konkrete Beziehung zu Polen und zu ihrer polnischen Identität herstellen und diese Beziehung einen transnationalen Charakter hat. (Vor diesem Hintergrund könnte man sich fragen, ob nicht generell aus der transnationalen Perspektive heraus ethnische Institutionen zugleich auch als transnationale Institutionen zu betrachten sind.)

sche Differenz kaum Gemeinsamkeiten vorhanden sind. Eine Heiratsmigrantin drückt diese Zurückhaltung im Interview aus: „...mit den Arbeitern dann, wir kennen dann welche und, und unterhalten uns mal so vor der Kirche. So sehr privaten Kontakt, so dass wir uns dann immer treffen zu Hause und so, nicht“ (Pani Regina).

Der polnische Gottesdienst stellt gleichzeitig einen wichtigen Kontaktpunkt für die ethnische Vereinigung „Polonia“ dar, da Neumitglieder häufig unter den Kirchgängern geworben werden. Dies spiegelt sich auch in den quantitativen Daten wider: Die Mehrheit derjenigen, die im „Polonia“-Verein aktiv sind, besucht regelmäßig den polnischen Gottesdienst, umgekehrt hat die Mehrheit der Nicht-Nutzer auch keinen Kontakt zur polnischen Kirche (Abb. 2).

Auch unter den Mitgliedern des „Polonia“-Vereins überwiegen jene Migranten, die bereits längere Zeit in Leipzig leben – häufig in binationaler Ehe – und die eine längerfristige oder dauerhafte Aufenthaltsperspektive besitzen. Dementsprechend ist das Programm des „Polonia“-Vereins ausgerichtet, das primär die von dieser Gruppe geäußerten Bedürfnisse nach ethnischer Rückbesinnung bedient, als etwa konkrete Hilfe bei der Integration von Neuzuwanderern zu leisten.

Die Dominanz der etablierten, seit langer Zeit in Leipzig ansässigen polnischen Migranten in den vorgenannten Institutionen ist nicht zuletzt ein Produkt der Zeitgeschichte: Zu DDR-Zeiten war die Bildung ethnischer Vereinigungen verboten, die polnische katholische Seelsorge war einer der wenigen Rückzugsorte der polnischen Migranten. Damals entstanden teils starke Bindungen unter den Gottesdienstbesuchern, die in die nach der Wende gebildete ethnische Vereinigung „Polonia“ übertragen wurden.

Abbildung 2: Zusammenhang zwischen der Nutzung des polnischen Vereins und der polnischen Kirche (in % der Befragten)

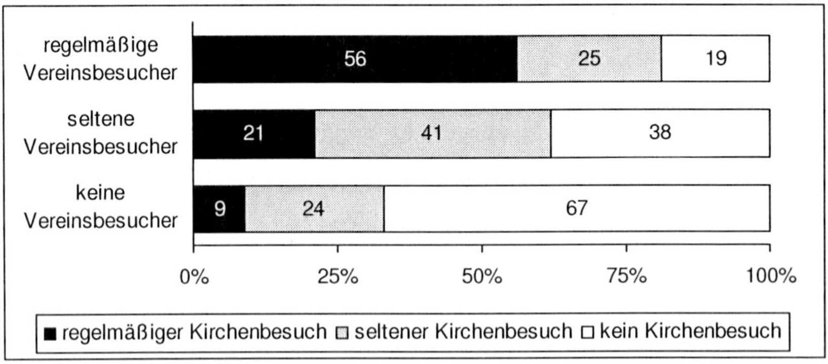

Quelle: eigene Erhebung 2003/2004, n = 159

Ein weiterer wichtiger Treffpunkt der Leipziger Polen war zu DDR-Zeiten das Polnische Institut – damals „Zentrum für Polnische Kultur und Information". Die Migranten besuchten Konzerte, konnten polnische Filme in der Originalsprache sehen und die Bibliothek benutzen. Für manche Migranten entwickelte sich das Institut zu einem „kleinen Zuhause", wie es eine Migrantin im Interview ausdrückt: „Also wir haben einen Eindruck gehabt, und das ist nicht nur mein Eindruck, wir <die Angehörigen des „Polonia"-Vereins, B.G.> haben darüber schon mehrere Gespräche geführt, dass früher das Polnische Institut war nicht nur für die Deutschen gemeint, auch viele Polen hat dort das kleine Zuhause gefunden" (Pani Joanna).

Nach der politischen Wende wurde das Institut umstrukturiert und auf seine Kernaufgabe, die Kulturvermittlung, zurückgeführt. Viele der „älteren" Migranten äußern sich befremdet über die Neuausrichtung des Instituts und besuchen es heute seltener. Insgesamt ist das Polnische Institut jedoch die von polnischen Migranten in Leipzig am häufigsten frequentierte transnationale Institution. Dabei dominieren die höheren Bildungsschichten, von denen 28 % regelmäßig und 40 % sporadisch Veranstaltungen aufsuchen, während unter den gering Gebildeten über zwei Drittel (69 %) dem Polnischen Institut fernbleiben oder es gar nicht kennen. Da die Programmausrichtung des Polnischen Instituts vor allem an den Bedürfnissen höherer Bildungsschichten orientiert ist, mag dieser Befund zunächst nicht verwundern. Eine differenzierte Nutzeranalyse zeigte jedoch, dass die Unterrepräsentanz der niedrigeren Bildungsschichten auch in allen übrigen transnationalen Institutionen Leipzigs auftritt: Geringer gebildete Migranten nutzen die transnationalen Institutionen Leipzigs kaum, obgleich sie ein Viertel der Befragten ausmachen.

Abschließend kann konstatiert werden, dass sich die nach der politischen Wende zugenommene Heterogenität der polnischen Einwanderergesellschaft in Leipzig auch innerhalb der transnationalen Institutionen widerspiegelt: Die Nutzer differenzieren sich nach Migrationstyp und Bildungsstand, was vor allem beim „Polonia"-Verein (vorwiegend Heiratsmigranten) und dem Polnischen Institut (vorwiegend höher Gebildete) auffällt, während die polnische Kirche alle Teilgruppen der Migranten annähern gleichermaßen anzieht. Das öffentliche Bild der Polen in Leipzig wird durch die Teilgruppe der beruflich und sozial etablierten und in öffentlichen Vereinigungen aktiven Migranten, vorwiegend Heiratsmigranten, geprägt. Auch im Selbstbild dieser Migrantengruppe repräsentieren sie die Mehrheit der polnischen Community in Leipzig; die große Gruppe der ethnisch deutschen Arbeitsmigranten aus Polen wird konsequent ausgeblendet und als „nicht dazugehörig" empfunden, was sich wiederum mit deren Selbstbild deckt, während sich die Gruppe der polnischen Studierenden größtenteils einer Integration in die polnische Community entzieht. Auch wenn diese Ergebnisse sehr spezifisch und wohl kaum zu verallgemeinern sind, so zeigen sie, dass Migranten innerhalb eines definierten Zielraums kaum als einheitliche Gruppe anzusprechen sind; selbst innerhalb einer Gruppe gleicher geographischer Herkunft findet Segregation nach sozialen und ethnischen Kriterien statt.

7. *Zusammenfassung und Fazit*

In diesem Beitrag wurde eine kombinierte Betrachtung der Mechanismen von Migration und Integration vorgenommen, da davon ausgegangen wurde, das beide Prozesse ähnlichen Einflussfaktoren unterliegen und die Art und Weise der Migration auch den Verlauf der Integration beeinflusst. Die konzeptionelle Verknüpfung von theoretischen Zugängen auf Migration und Integration sowie von Mikro- und Makroebene zeigte die Verzahnung von Migrationsbiographien mit Lebenszykluspassagen einerseits und strukturellen Faktoren wie Regulierung von Migration oder Arbeitsmarktzugang andererseits. Ausgehend von den drei ausschlaggebenden Migrationsmotiven Arbeit, Heirat und Studium wurden diese Wechselwirkungen anhand dreier exemplarischer Migrationsbiographien aufgezeigt: 1) Der Arbeitsmigrant Pan Leszek, der sich in einer von Immobilität geprägten Lebenszyklusphase durch die schlechte ökonomische Situation in Polen zu Pendelmigration entschloss, was ihm durch seinen Sonderstatus als „Doppelstaatsbürger“ ermöglicht wird, 2) die Heiratsmigrantin Pani Katarzyna, Migrantin wider Willen, deren Migrationsentscheidung im Rahmen der Lebenszykluspassage „Ehe und Familiengründung“ fiel, ausgelöst durch politische Restriktionen, die nur ihr die Einreise in die DDR ermöglichten, nicht aber ihrem deutschen Mann die Ausreise aus der DDR. Obgleich sprachlich schlecht vorbereitet auf den Arbeitsmarkteinstieg in Deutschland, profitierte sie von der damaligen Arbeitsmarktlage und erlebte eine erfolgreiche berufliche Integration. Dies blieb späteren Heiratsmigranten aufgrund der dann verschlechterten Arbeitsmarktsituation vielfach verwehrt. 3) Pan Dariusz, als Student in einer von hoher Mobilität geprägten Lebenszyklusphase, der sich gezielt die aus seiner Sicht beste Option für diese Lebensphase aussucht und sie mit Hilfe seines sozialen Netzwerks in Deutschland sowie seiner Sprach- und Landeskenntnisse verwirklicht.

Ebenso konnte gezeigt werden, dass Migrationsmotivation, Stellung im Lebenszyklus und strukturelle Faktoren auch Einfluss auf die Ausformung des transnationalen sozialen Raums und die innere Strukturierung bzw. Segmentierung der Einwanderergesellschaft am Ankunftsort hatten. Soziale, ethnische oder Lebenszyklusgruppen, die bereits im Herkunftsland wenige Berührungspunkte hatten, vereinigen sich nicht zwangsläufig unter dem Einfluss des Migrationserlebnisses. Vielmehr werden Hierarchien oder soziale Inklusions- und Exklusionsmechanismen aus dem Herkunftskontext in den Ankunftskontext transferiert. Im konkreten Fallbeispiel Leipzig führten die restriktiven

Bedingungen der ethnischen Differenzierung während des DDR-Regimes zunächst zu einer gruppenübergreifenden Solidarität unter den polnischen Zuwanderern, die jedoch nach der politischen Wende mit veränderten Wanderungsakteuren wieder in die alten sozialen und ethnischen Segmente zerfiel.

Die integrierte Betrachtung von Migration *und* Integration schlägt einen Bogen zwischen verschiedenen Forschungstraditionen und Fachdisziplinen mit ihren spezifischen theoretischen Zugängen, wie etwa Sozialgeographie und Soziologie. Ein Abgleich der unterschiedlichen Herangehensweisen und eine pragmatische Anwendung neuer theoretischer Ansätze wie etwa der transnationalen Perspektive bietet die Chance, jene Fragen zu beantworten, die im Zusammenhang mit aktuellen Migrationsprozessen und Problemen des interkulturellen Zusammenlebens in den letzten Jahren verstärkt aufgetreten sind. Vor allem in Bezug auf den Integrationsaspekt ist es ein wesentlicher Vorteil der transnationalen Perspektive, von national begrenzten Denkmustern abzukommen und eine Realität zwischen den Gegenpolen Multikulturalismus und Assimilation zu beschreiben, die als Grundlage für politische Debatten zur gesellschaftlichen Inkorporation von Migranten dringend notwendig erscheint.

Literatur

BAMF (Bundesamt für Migration und Flüchtlinge) (2006): Migrationsbericht des Bundesamtes für Migration und Flüchtlinge, Nürnberg, Bundesamt für Migration und Flüchtlinge.

BBMFI (Beauftragte der Bundesregierung für Migration, Flüchtlinge und Integration) (2003): Migrationsbericht der Beauftragten der Bundesregierung für Migration, Flüchtlinge und Integration im Auftrag der Bundesregierung. Berlin, Bonn.

Blossfeld, Hans-Peter (1985): Bildungsexpansion und Berufsschancen. Empirische Analysen zur Lage der Berufsanfänger in der Bundesrepublik.Frankfurt a. M./New York: Campus. Frankfurt.

Faist, Thomas (2000): Transstaatliche Räume: Politik, Wirtschaft und Kultur in und zwischen Deutschland und der Türkei. Bielefeld.

Glick Schiller, Nina; Linda Basch; Cristina Blanc-Szanton (Hrsg.) (1992a): Towards a Transnational Perspective on Migration. Race, Class, Ethnicity and Nationalism Reconsidered New York.

Glick Schiller, Nina; Linda Basch; Cristina Blanc-Szanton (1992b): Transnationalism: A New Analytic Framework for Understanding Migration. In: dieselben (Hg.): Towards a Transnational Perspective on Migration. Race, Class, Ethnicity and Nationalism Reconsidered New York. S. 1-24.

Glorius, Birgit (2007): Transnationale Perspektiven. Eine Studie zur Migration zwischen Polen und Deutschland. Bielefeld.

Goeke, Pascal (2007): Transnationale Migrationen. Post-jugoslawische Biografien in der Weltgesellschaft. Bielefeld.

Goldring, Luin (1997): Power and Status in Transnational Social Spaces. In: Ludger Pries (Hrsg.), Transnationale Migration, Baden-Baden. S. 179-195.

Kritz, Mary; Hania Zlotnik (1992): Global Interactions: Migration Systems, Processes and Policies. In: Mary Kritz/Lim Lin/Hania Zlotnik (Hrsg.), International Migration Systems. A Global approach. Oxford. S. 1-16.

Lederer, Harald (1997): Migration und Integration in Zahlen. Ein Handbuch, Bamberg

Pries, Ludger (1996): Internationale Arbeitsmigration und das Entstehen Transnationaler Sozialer Räume: Konzeptionelle Überlegungen für ein empirisches Forschungsprojekt. In: Thomas Faist; Felicitas Hillmann; Klaus Zühlke-Robinet (Hrsg.), Neue Migrationsprozesse: politisch-institutionelle Regulierung und Wechselbeziehungen zum Arbeitsmarkt (ZeS-Arbeitspapier 6/1996). Bremen.

Pries, Ludger (1998): „Transmigranten" als ein Typ von Arbeitswanderern in plurilokalen sozialen Räumen. Das Beispiel der Arbeitswanderungen zwischen Puebla/Mexiko und New York. In: Soziale Welt, 49, 1998: 135-150.

Stadt Leipzig, Amt für Statistik und Wahlen (2005): Statistisches Jahrbuch Leipzig 2005. Leipzig.

Andreas Horr

Ethnische und soziale Unterschiede der Wohnungssuche und Wohnortwahl

1. Einleitung

Die räumliche Konzentration verschiedener Bevölkerungsgruppen in städtischen Gebieten ist ein stabiler Befund der soziologischen und geographischen Forschung. Zu ihrer Erklärung, ihrer Entstehung oder Stabilität wurden zahlreiche Faktoren, meist auf struktureller Ebene, angeführt. Diese Faktoren auf Makro- oder Mesoebene können letztlich aber nur dann räumliche Verteilungen beeinflussen, wenn sie Angehörige unterschiedlicher Gruppen dazu bewegen, in ein bestimmtes Gebiet zu ziehen oder ihren Wohnort beizubehalten. Hinter jeder räumlichen Konzentration stehen immer die Wohnungs- und damit auch Wohnortwahlen einzelner Haushalte, die dann aggregiert zu bestimmten Verteilungen führen (Friedrichs 1988; 1995; Esser 1988). Während die Migrations- und Segregationsforschung auf eine lange Tradition zurückblicken kann, ist über ethnische und soziale Unterschiede bei dieser zu Grunde liegenden Handlung jedoch wenig bekannt (vgl. Häußermann und Siebel 1996).

Diese Arbeit beschäftigt sich mit der Frage, welche Unterschiede zwischen Haushalten mit und ohne Migrationshintergrund bei der Wohnungssuche und Wohnortwahl in städtischen Gebieten bestehen. Es wird davon ausgegangen, dass bereits durch die Zugehörigkeit zu einer bestimmten Schicht oder aufgrund einer bestimmten Haushaltsstruktur unterschiedliche Voraussetzungen für die Suche und Wahl einer Wohnung (in einem bestimmten Gebiet) vorliegen. Diese Haushaltseigenschaften genügen jedoch womöglich nicht, um unterschiedliche Wohnortwahlen zu erklären. Zum einen ist nicht immer klar, auf welche Weise sich bestimmte Haushaltseigenschaften auswirken. Zum anderen kann es spezifisch „ethnische“ Faktoren[1] geben, welche die Wohnortwahl beeinflussen.

Zunächst wird ein allgemeines Modell der Wohnortwahl auf Basis der Werterwartungstheorie vorgestellt, das es erlauben soll, eine Verbindung

1 Als spezifisch ethnische Faktoren werden solche Faktoren bezeichnet, für die keine Entsprechung bei deutschen Haushalten (etwa Schichtzugehörigkeit, Haushaltsstruktur, Stellung im Lebenszyklus oder ähnlichem) gefunden werden kann. Dazu gehören beispielsweise Sprachkenntnisse, die Identifikation mit einer ethnischen Gemeinde oder Präferenzen für ethnisch geprägte Einrichtungen.

zwischen strukturellen Faktoren und individuellen Handlungen herzustellen. Dabei wird die Umzugsentscheidung als mehrstufiger Prozess gesehen, in dem der endgültigen Wohnortwahl ein Such- und Entscheidungsprozess vorausgeht. Danach wird ein kurzer Überblick über den empirischen Hintergrund der Wohnungssuche und -wahl türkischer und deutscher Haushalte auf Basis des deutschen Mikrozensus gegeben. Anhand dieser Analysen können die bisherige Wohnsituation sowie einige allgemeine Einschränkungen dargestellt werden, denen Haushalte mit türkischem Migrationshintergrund unterliegen. Schließlich werden Ergebnisse einer qualitativen Studie in Mannheim und Ludwigshafen am Rhein vorstellt, in der Haushalte mit und ohne Migrationshintergrund zu Umzugsmotiven und Wohnpräferenzen befragt wurden. Diese explorative Studie soll weitere Einblicke in Mechanismen der Wohnungswahl sowie spezifisch ethnische Faktoren geben, die sich auf die Wohnungs- und Wohnortwahl auswirken.

2. *Die Erklärung der Wohnortwahl durch die Werterwartungstheorie*

Die Werterwartungstheorie versteht, angewandt als Theorie der Wohnortwahl, Wohnungen als Ressourcen, über die Akteure bestimmte Ziele erreichen können, die gleichzeitig aber auch mit Kosten verbunden sind. Es wird davon ausgegangen, dass Haushalte diejenige Wohnung wählen, mit der sie angesichts der Kosten ihre Ziele am besten erreichen können. Für jede potentielle Wohnung wird dabei ein subjektiv erwarteter Nutzen angenommen, der sich durch die Bewertung unterschiedlicher Ziele und Einschätzungen darüber ergibt, wie gut diese Ziele (zum Beispiel die Freizeitgestaltung oder Nähe zu sozialen Kontakten) mit einer Wohnung erreicht werden können (De Jong und Fawcett 1981:47). Eigenschaften der Wohnumgebung – und damit des Wohnortes – gehen dabei ebenso mit ein wie Eigenschaften der Wohnung selbst. Dieser Ansatz wurde in der Migrationsforschung zuerst von Chemers, Ayman und Werner (1979) verwendet und später von De Jong und Fawcett (ebd.) in die Literatur eingeführt. Eine Erweiterung unter Berücksichtigung klassischer Arbeiten von Rossi (1980), Wolpert (1965; 1966), Brown und Moore (1970a, 1970b), Lee (1966) und anderer erfuhr das Modell insbesondere durch Kalter (1997), der diese Arbeiten auf Basis der Werterwartungstheorie und des Konzepts der sozialen Produktionsfunktion in ein anschlussfähiges Modell (zur Erklärung weiträumiger Mobilität) integrierte. Das folgende Modell unterscheidet, wie diese Arbeiten, mehrere Entscheidungsstufen, zielt aber inhaltlich auf die Erklärung kleinräumlicher Wohnort- und

Wohnungswahlen ab.[2] Insbesondere werden Beschränkungen des Alternativensets durch unterschiedliche Faktoren betrachtet: Präferenzen, Strategien der Wohnungssuche, unterschiedlicher Wettbewerb (durch die Suche auf bestimmten Teilmärkten) und die Wahrscheinlichkeit von Diskriminierung (siehe Abbildung 1). Eine zeitliche Sequenz muss hier nicht notwendigerweise angenommen werden.

Abbildung 1: Schematische Darstellung der Alternativensets

Alternativenset	Einschränkungen	Determinanten
I Alle zur Verfügung stehenden Wohnungen	allgemeiner Wohnungsmarkt	
II Alle Wohnungen mit bestimmten Eigenschaften (qualitativ und räumlich)	Präferenzen (einschließlich der Kosten)	ökon. Kapital Integration Haushaltsstruktur Lebenszyklus
III Alle dem Haushalt bekannten Wohnungen	Wohnungssuche - Suchraum - Suchstrategie - Umfang	Sozialkapital kulturelles Kapital ökon. Kapital Vorerfahrungen
IV Alle Wohnungen, bei denen der Haushalt akzeptiert wird	Wettbewerb, Diskriminierung	Teilmarkt ethn. Zugehörigkeit sonst. Eigenschaften

Theoretisch stehen einem Haushalt zunächst alle auf dem Markt verfügbaren Wohnungen zur Verfügung (I). Diese große Anzahl an Wohnungen wird dadurch eingeschränkt, dass viele Wohnungen aufgrund ihrer Größe, Lage,

2 Daraus ergibt sich, dass zum einen andere Aspekte des Entscheidungsprozesses betont sowie andere Ziele betrachtet werden müssen. So rücken bei kleinräumlichen Wohnortwahlen Eigenschaften der Wohnung und der unmittelbaren Nachbarschaft in den Vordergrund, während etwa die Nähe zu (potentiellen) Arbeitgebern an Bedeutung verlieren.

der Kosten oder anderer Eigenschaften für einen Haushalt grundsätzlich nicht in Frage kommen (II). Dieses Set an Alternativen wird wiederum dadurch verringert, dass Haushalte nur in bestimmten Gebieten suchen und dabei aufgrund unterschiedlicher Suchräume, Suchstrategien und unterschiedlichem Suchumfang nur eine bestimmte Anzahl an Wohnungen auffinden (III). Für alle Wohnungen dieses Sets kann nun eine genauere Nutzeneinschätzung nach dem Modell der Werterwartungstheorie vorgenommen werden. Es ist jedoch noch nicht gewährleistet, dass ein Umzug in die am höchsten bewertete Wohnung auch stattfindet. Auf dem Mietwohnungsmarkt muss erst ein Vermieter oder Makler den Haushalt akzeptieren und selbst auf dem Markt für Wohneigentum hängt die Entscheidung nicht vom Haushalt alleine ab. Ein starker Wettbewerb auf einem Wohnungsteilmarkt und die Diskriminierung durch Vermieter oder Makler schränken das Alternativenset daher weiter ein. Letztlich bleibt nur eine sehr kleine Anzahl an Wohnungen übrig, aus der die Haushalte auswählen können (IV). Von den in größeren Städten mehreren hunderten oder tausenden vorhandenen Wohnungen bleiben so üblicherweise nur noch wenige übrig und auch der Fall, dass das Alternativenset lediglich aus dem bisherigen Wohnsitz besteht, ist möglich.

Dabei ist es wahrscheinlich, dass die unterschiedlichen Faktoren, die zu Einschränkungen des Sets führen, mit der räumlichen Verteilung der im Alternativenset verbleibenden Wohnungen zusammenhängen – etwa dass Wohnungen eines bestimmten Preissegmentes ungleich über ein Stadtgebiet verteilt sind oder spezifische Suchstrategien die Wahrscheinlichkeit erhöhen, eine Wohnung in einer ganz bestimmten Lage zu finden. Wodurch sich Haushalte in diesen Faktoren unterscheiden, hängt wiederum von individuellen (Haushalts-)Eigenschaften ab, die hier als Determinanten vorgeschlagen werden. Dabei können allgemeine Determinanten, die sich vor allem durch die Zugehörigkeit zu einer bestimmten Schicht oder durch die Stellung in einem bestimmten Lebenszyklus ergeben, von spezifisch „ethnischen" Faktoren wie Sprachkenntnissen unterschieden werden, die sich alleine durch den Migrationshintergrund ergeben.

3. Soziale und ethnische Unterschiede: Analysen des Mikrozensus

Über einige der im Schema dargestellten Faktoren, vor allem die derzeitige (qualitative) Wohnsituation sowie einige Haushaltseigenschaften, können für unterschiedliche ethnische Gruppen Aussagen auf Basis des deutschen Mikrozensus gemacht werden. Durch die Darstellung dieser Faktoren in diesem Abschnitt soll gezeigt werden, dass Haushalte mit Migrationshintergrund bereits aufgrund ihrer Zugehörigkeit zu einer bestimmten Schicht sowie weiterer „allgemeiner" Faktoren andere Voraussetzungen bei der Wohnungssuche und -wahl haben, auch wenn damit noch nicht geklärt ist, wie diese Voraussetzungen letztlich auf die Wohnungswahl wirken. Hier schließt dann der nächste Abschnitt an, der Ergebnisse einer qualitativen Studie vorstellt.

Im Folgenden werden deutsche mit türkischen Haushalten in Hinblick auf einzelne Aspekte verglichen. Diese Gruppe wurde als größte klassische Zuwanderergruppe gewählt, bei der räumliche Konzentration häufig beobachtet wird und die auch in der qualitativen Studie untersucht wurde. Betrachtet wird zum einen die qualitative Wohnsituation, zum anderen werden einige Aspekte hervorgehoben, welche die Wahrscheinlichkeit für Benachteiligung erhöhen. Die Zahlen basieren auf eigenen Analysen des Scientific Use Files (SUF) des deutschen Mikrozensus. Dieser Datensatz eignet sich durch seine hohe Repräsentativität und geringe Ausfallquote zur Darstellung der Randverteilungen in Deutschland. Das Jahr 2002 wurde verwendet, weil es sich um das zum gegenwärtigen Zeitpunkt aktuellste verfügbare Jahr handelt, in dem Informationen zu den Wohnungseigenschaften erfasst wurden. Die Daten wurden speziell in Hinblick auf die Fragestellung ausgewertet. Sofern nicht anders vermerkt, zeichnen sich die Analysen daher durch folgende Merkmale aus:

- Da es sich bei ethnischer Segregation vor allem um ein städtisches Phänomen handelt, beziehen sich die Analysen auf Gemeinden mit 100.000 oder mehr Einwohnern.
- Sämtliche Analysen finden auf Haushaltsebene statt, da Präferenzen für bestimmte Wohnungseigenschaften vor allem durch Haushaltseigenschaften bestimmt und Haushalte auch Vermietern gegenüber als eine Einheit auftreten. Was Eigenschaften wie Prestige oder Bildung betrifft, wurde den Einheiten der jeweils höchste im Haushalt vorkommende Wert zugewiesen.
- Da die Angehörigen eines Haushaltes unterschiedliche Staatsangehörigkeiten haben können, musste eine Entscheidungsregel gefunden werden, nach der die Staatsangehörigkeit der Haushaltseinheit definiert wird. Diejenigen Haushalte wurden als türkische Haushalte definiert, in denen die Haushaltsbezugsperson die türkische und mindestens die Hälfte der Haushaltsmitglieder eine nicht-deutsche Staatsangehörigkeit haben. Bei Personen mit doppelter Staatsbürgerschaft wurde die nicht-deutsche gewählt.[3]

3 Um die Gefahr statistischer Artefakte, die alleine auf dieser Definition beruhen, zu verringern, wurden sämtliche Analysen zur Kontrolle zusätzlich mit unterschiedlichen Definitionen berechnet. Dabei wurden solche Haushalte als türkische Haushalte definiert, in denen mindestens 1/3 oder mindestens 3/4 der Haushaltsmitglieder und die Haushaltsbezugsperson eine nichtdeutsche Staatsangehörigkeit haben. Zudem wurde eine Variante berechnet, bei der die Zuordnung des Haushaltes alleine durch die Staatsangehörigkeit der Haushaltsbezugsperson erfolgt. Doppelte Staatsbürgerschaften wurden als Variante der deutschen Staatsangehörigkeit zugerechnet. Keine dieser Varianten führte zu grundsätzlich anderen Ergebnissen. Zu beachten ist, dass eingebürgerte Deutsche mit Migrationshintergrund in diesem Erhebungsjahr nicht von autochthonen Deutschen unterschieden werden können.

- Es wurden nur Privathaushalte berücksichtigt, die zur Miete wohnen. Haushalte mit Zweitwohnsitz, solche die zur Untermiete wohnen sowie Bewohner von Anstalten und Gemeinschaftsunterkünften wurden ausgeschlossen.

Unter den obigen Einschränkungen auf Städte über 100.000 Einwohner sowie Mietwohnungen waren für 94.505 Haushalte Informationen zu den betreffenden Variablen verfügbar. Entsprechend der verwendeten Schicht- und Cluster-Hochrechnungsfaktoren des SUF entspricht das einer Grundgesamtheit von 7.057.312 Haushalten.

Bestehende Situation

Da in den weiteren Auswertungen nur der Mietwohnungsmarkt betrachtet wird, soll zunächst auf den großen Unterschied zwischen Deutschen und Türken hinsichtlich des Besitzes von Wohneigentum hingewiesen werden. 2002 wohnten 44% der deutschen Haushalte in Wohneigentum, während es bei den türkischen Haushalten nur knapp über 14% waren. Dies stellt einen qualitativen Unterschied dar, hat aber auch Auswirkungen auf die Mobilität der beiden Gruppen, da Haushalte mit Wohneigentum im Schnitt seltener umziehen.

Deutsche *Mieter* hatten im Schnitt 67,78 Quadratmeter zur Verfügung, bei türkischen Haushalten waren es 67,27 Quadratmeter. Gleichzeitig betrug allerdings die durchschnittliche Haushaltsgröße bei Deutschen 1,81 Personen, bei Türken 3,13 Personen. Türkische Haushalte hatten also bivariat deutlich weniger Quadratmeter pro Person zur Verfügung. Dieser Unterschied wird allerdings relativiert, wenn man Haushalte mit vergleichbarer Haushaltsstruktur vergleicht. So hatte beispielsweise ein deutscher Dreipersonenhaushalt mit einem Kind unter drei Jahren im Schnitt 26,58 Quadratmeter zur Verfügung, ein türkischer Haushalt 21,17 Quadratmeter.

5,69% der deutschen Miethaushalte wohnten in einem Gebäude, das 1991 oder danach gebaut wurde, bei türkischen Haushalten waren es 4,77%. Nur 2,65% der türkischen Haushalte lebte in einem Ein- oder Zweifamilienhaus, während es bei den deutschen immerhin 7,24% waren. 19,67% der türkischen und 22,64% der deutschen Haushalte lebten in einer Wohnung bis 50 Quadratmeter. Starke qualitative Unterschiede zwischen Migranten und Deutschen können daher alleine anhand dieser Indikatoren nur eingeschränkt festgestellt werden.

Hinsichtlich der Miethöhe wurde von manchen Autoren (z.B. Häußermann und Siebel 2001) darauf hingewiesen, ausländische Haushalte zahlten höhere Mieten. In Kombination mit der Annahme, dass Ausländer zudem häufig schlechtere Wohnungen bewohnten, wurde gefolgert, es bestehe eine Art „Ausländerzuschlag“ (ebd.: 22), der durch Diskriminierung auf dem Wohnungsmarkt zustande komme. Betrachtet man bivariat die Miete pro

Quadratmeter für deutsche und *alle* ausländische Haushalte auf Basis des Mikrozensus 2002, ergibt sich tatsächlich, dass ausländische Haushalte mit 7,22 € mehr bezahlen als deutsche Haushalte mit 6,86 €. Differenziert man jedoch nach verschiedenen Staatsangehörigkeiten, stellt man fest, dass die höchsten Mietpreise nicht bei den Migranten bestehen, bei denen Diskriminierung am stärksten erwartet wird. Türken beispielsweise bezahlten 6,62 € (also geringfügig weniger als Deutsche), während zum Beispiel Österreicher im Schnitt 8,35 € und Briten 8,41 € bezahlten.

Haushaltseigenschaften

Aufgrund ihrer Eigenschaften sind bestimmte Haushalte besonders von möglicher Diskriminierung bedroht. Gründe für Vermieterpräferenzen können sein, dass mit manchen Eigenschaften, wie dem Berufsstatus, dem Vorhandensein von Kindern oder dem Alter der Mieter, Eigenschaften wie Mietzahlungsstabilität, Lärmbelästigung und Akzeptanz durch andere Mieter verbunden wird. Nach Farwick (1999:46) gibt es von Vermietern generell eher „unerwünschte" Mieter, bei denen sie eine geringe Mietzahlungsfähigkeit, für die anderen Mieter störendes Verhalten, kein schonender Umgang mit den Wohnungen und generell Konflikte befürchten. Dazu gehören vor allem Arme, Arbeitslose, jüngere Alleinlebende, kinderreiche Familien und eben Ausländer. Da Migranten häufig zu mehr als einer dieser Gruppen zählen, ist zu erwarten, dass sie besonders häufig von Diskriminierung durch Vermieter betroffen sind.

Türkische Haushalte hatten im Schnitt ein geringeres Haushaltsnettoeinkommen[4]. 60,32% der türkischen, aber nur 56,86% der deutschen Haushalte hatten weniger als 2000 € zur Verfügung. Bei den Anteilen von Haushalten, die weniger als 1100 € zu Verfügung hatten, fielen die Unterschiede mit 27,95% bei Türken und 26,49% bei Deutschen zwar geringer aus. Angesichts unterschiedlicher Haushaltsgrößen ist jedoch zu erwarten, dass türkische Haushalte insgesamt weniger Geld zur Verfügung haben, das sie für die Miete verwenden können. Unter den Haushalten, bei denen mindestens eine Person erwerbstätig ist, hatten Deutsche im Schnitt einen Prestigewert von 68,39 auf der Magnitude Prestige Skala nach Wegener[5], der damit deutlich höher aus fiel als bei Türken mit einem Wert von 45,86. In 4,91% der türkischen Haushalte war eine Person selbständig, bei den Deutschen waren es 6,51%. In 16,27% der deutschen Haushalte befand sich eine Person, die im öffentlichen Dienst arbeitet, bei den türkischen Haushalten waren es nur 6,64%. Da der Beamtenstatus an die deutsche Staatsangehörigkeit gebunden ist, ist dieser bei

4 Landwirte und Selbständige sind bei der Analyse ausgenommen.

5 Der Index der Magnitude Prestige Skala wurde nach Frietsch und Wirth (2001) berechnet. Dabei handelt es sich um eine, auf der ISCO-68 beruhende, Skala zur Bestimmung des nationalen Berufsprestiges für Deutschland (Wegener 1988; Hoffmeyer-Zlotnik/Geis 2003).

als türkisch definierten Haushalten praktisch nicht vorhanden. Dies kann als Nachteil für diese Haushalte angesehen werden, da Vermieter diesen Status als Sicherheit für Mietzahlungen oder allgemeine Zuverlässigkeit ansehen können.

Türkische Haushalte haben im Schnitt zudem eine niedrigere Bildung. In 33,15% der deutschen Haushalte hatte mindestens eine Person die Fachhochschulreife oder einen höheren Bildungsabschluss, bei den türkischen Haushalten waren es nur 15,02%. Noch bei Realschulabschlüssen ist der durchschnittliche Wert bei Deutschen mit 20,67% höher als bei Türken mit 16,83%.

Kinder unter 15 Jahren gab es in 16,03% der deutschen Haushalte, aber in 45,91% der türkischen Haushalte. 7,36% der deutschen Haushalte hatte zwei oder mehr Kinder im Haushalt, bei den türkischen Haushalten waren es 31,00%.

Zusammenfassung

Aufgrund ihrer Mehrfachzugehörigkeit zu bestimmten, von Vermietern häufig benachteiligten Gruppen, ist bei türkischen Haushalten besonders häufig Diskriminierung zu erwarten. Der tatsächliche Zusammenhang zwischen Wohnung, Wohnort und dieser Diskriminierungserwartung ist jedoch nicht klar. Rein qualitativ können anhand der Daten keine sehr deutlichen Unterschiede bei der Wohnsituation zwischen Türken und Deutschen festgestellt werden. Allerdings werden hier Eigenschaften der Wohnumgebung noch nicht berücksichtigt. Unberücksichtigt sind auch Wohnpräferenzen und der Ablauf der Wohnungssuche, die zu unterschiedlichen Ergebnissen führen können. Im folgenden Abschnitt wird eine qualitative Studie vorgestellt, die sich mit diesen bislang wenig erforschten Aspekten beschäftigt.

4. Weitere Aspekte: Explorative Ergebnisse

Die Analyse der vorgestellten Studie soll weitere Einblicke in Mechanismen der Wohnungssuche und Wohnortwahl ermöglichen und Hinweise auf relevante soziale und ethnische Unterschiede geben. Die vorgestellten Interviews wurden als explorative Vorstudie im Rahmen des Projektes „Wohnungssuche und Wohnortwahlen" am Mannheimer Zentrum für europäische Sozialforschung (MZES) durchgeführt. Insgesamt wurden zwischen Januar und Oktober 2007 23 teilstrukturierte Leitfadeninterviews in Mannheim und Ludwigshafen am Rhein geführt.[6] 11 der befragten Haushalte hatte einen türkischen Migrationshintergrund, bei einem der Haushalte handelte es sich um ein tür-

6 Die Interviews lagen damit zeitlich noch vor einem schweren Wohnhausbrand in Ludwigshafen im Februar 2008, bei dem mehrere türkische Personen ums Leben kamen und nach dem Vermutungen über einen ausländerfeindlichen Anschlag im Raum standen.

kisch-deutsches, bei einem um ein kroatisch-türkisches Ehepaar. Bei den restlichen Befragten handelt es sich um autochthon deutsche Haushalte. Die Haushalte wurden auf unterschiedliche Weise ausgewählt: 1.) Etwa die Hälfte wurde per „Random Walk" in Innenstadtnähe Mannheims ausgesucht. Wohneinheiten wurden durch Ablesen der Klingelschilder ausgewählt, per Post angeschrieben und auf die Studie aufmerksam gemacht. Die Haushalte wurden, sofern möglich, durch Abgleich mit dem Telefonbuch telefonisch um einen Interviewtermin gebeten oder direkt aufgesucht. Ein Großteil der deutschen Haushalte wurde durch diese Methode gefunden. 2.) Etwa ein Drittel der türkischen Haushalte wurde durch eine türkische Kontaktperson vermittelt, die durch verschiedene Tätigkeiten in türkischen Vereinen und Hausaufgabenbetreuung bei türkischen Kindern über ein vielfältiges Netzwerk verfügt. Dabei wurde, sofern möglich, Heterogenität innerhalb der Gruppe hinsichtlich Haushaltsart, Wohnort, Religionszugehörigkeit und Integration (in die deutsche Gesellschaft oder eine ethnische Gemeinde) angestrebt. 3.) Ein weiteres Drittel der türkischen Haushalte wurde mit Unterstützung des Trägervereins der *Yavuz Sultan Selim Moschee* in Mannheim ausgewählt. Die meisten dieser Interviews wurden direkt in der Moschee geführt. 4.) Die restlichen Haushalte wurden über ein Schneeballverfahren gefunden, indem einige der bereits befragten Haushalte weitere Interviewpartner vermittelten. Den 23 erfolgreich durchgeführten Interviews stehen 5 Verweigerungen kontaktierter Haushalte gegenüber (davon 3 bei türkischen und 2 bei deutschen Haushalten). 15 der Interviews wurden bei den Haushalten zuhause, 2 in öffentlichen Cafés und 6 in der Cafeteria der Moschee durchgeführt. Sofern die Interviews zuhause stattfanden, wurde versucht, anwesende Familienmitglieder in die Befragung mit einzubeziehen. Bei 4 in der Moschee durchgeführten Interviews waren haushaltsfremde Personen anwesend und wirkten so indirekt auf das Interview ein. Bei den Interviews in der Moschee konnten ausschließlich männliche Befragte erreicht werden, so dass hier ein Genderbias, vor allem bei Wohnpräferenzen und Umzugsmotiven, zu erwarten ist. Ansonsten konnten sowohl bei den deutschen, als auch bei den Haushalten mit Migrationshintergrund Frauen und Männer als Interviewpartner gewonnen werden. Bei Familien und Ehepaaren waren häufig beide Partner, in manchen Fällen auch Großeltern und Kinder anwesend. In diesen Fällen wurde darauf geachtet, bei Meinungsfragen und Einschätzungen nicht nur einen Befragten anzusprechen, sondern mehrere Anwesende mit einzubeziehen.

Bei den Interviews waren ein oder zwei Interviewer anwesend. Der Autor war dabei an allen Interviews beteiligt, ein Teil der Interviews wurde von Hartmut Esser und dem Autoren durchgeführt. Bei einem Großteil der Interviews mit türkischen Haushalten war zudem ein türkischer Simultandolmetscher anwesend, der in ¾ dieser Fälle auch übersetzend tätig wurde. In zwei Fällen übersetzten nach vorheriger Absprache Familienmitglieder der Befragten. Die Interviews dauerten zwischen 25 und 140 Minuten, wobei ¾ der Interviews eine Länge zwischen 45 und 70 Minuten hatten.

Fünf der befragten Haushalte besaßen Wohneigentum. Der Großteil der Wohnungen lag in den Mannheimer Vierteln Innenstadt/Jungbusch, Neckarstadt und Wohlgelegen. Ein Viertel der Wohnungen lag in anderen Stadtteilen Mannheims oder Ludwigshafens. Obwohl innenstadtnahe Viertel sowie solche mit überdurchschnittlichem Ausländeranteil überrepräsentiert wurden, besteht hinsichtlich der Mietpreise und ethnischer Zusammensetzung Varianz zwischen den Gebieten. Mit einem Ausländeranteil von jeweils knapp 20% (Stadt Mannheim 2007a; Stadt Ludwigshafen 2007; Zahlen für Dezember 2006) befinden sich beide Städte im oberen in Deutschland vorkommenden Bereich. Türken machen dabei mit jeweils 31% den größten Anteil an der ausländischen Bevölkerung aus.

Die Befragten wurden aufgefordert, ihre Wohnbiographie seit dem Auszug aus dem Elternhaus narrativ zu rekonstruieren. Für die Wohnortwechsel wurde nach Gründen des Umzugs, Wohnungseigenschaften, biographischen Begleitumständen sowie nach Art und Umfang der Wohnungssuche gefragt. Zudem wurden als besondere Themenbereiche Wohnpräferenzen, das Verhältnis unterschiedlicher sozialer und ethnischer Gruppen in einer Nachbarschaft sowie Einschätzungen zur aktuellen Wohnung, der Wohnumgebung und anderen Wohnorten angesprochen. Ein Teil der Interviews wurde mit einem Aufnahmegerät aufgezeichnet und durch eine Teil-Transkription verschriftlicht. Sofern eine Aufzeichnung des Interviews abgelehnt wurde oder aufgrund der Interviewsituation nicht möglich war, basieren die Analysen auf Mitschriften der Interviewer, die während des Interviews angefertigt und teilweise durch Anmerkungen des Übersetzers nachträglich ergänzt wurden.

Für jeden befragten Haushalt wurde eine Wohn-, Haushalts- und Arbeitsbiographie angefertigt, durch welche Veränderungen des Lebensverlaufes und der Wohnortwahl nachvollzogen werden konnten. Themenschwerpunkte wurden zusammengestellt, die sich aus dem theoretischen Modell ergaben oder dieses ergänzten. Diese Themenschwerpunkte werden im Folgenden nach den inhaltlichen Punkten des Schemas in Abbildung 1 nach Präferenzen, Suchstrategien und Diskriminierung sowie Erfahrungen mit dem Wohnungsmarkt zusammengefasst. In jedem der Abschnitte wird zunächst ein Überblick über die gegebenen Antworten gegeben. Anschließend werden einzelne Aspekte herausgegriffen.

Präferenzen

Die Haushalte wurden nach allgemeinen Präferenzen für bestimmte *Wohnungseigenschaften*, unabhängig von der Lage der Wohnung gefragt. Dabei gab es wenige Hinweise auf Varianz unterschiedlicher Präferenzen für eine bestimmte Wohnungsausstattung. Je nach Mietzahlungsfähigkeit hatten die Haushalte eine bestimmte Einschätzung davon, welche Wohnungen erreichbar waren, dabei konnten jedoch keine grundsätzlichen Unterschiede zwischen deutschen und türkischen Befragten mit ähnlichen finanziellen Mitteln festgestellt werden. Die meisten der einkommensschwachen Haushalte wünschten sich größere Wohnungen, nannten aber sonst wenige Differenzen zwischen Aspirationen und aktueller Ausstattung. Keine der gegenwärtig bewohnten Wohnungen wurde als grundsätzlich unterausgestattet oder baufällig beschrieben oder, bei Interviews zuhause, von den Interviewern so eingeschätzt. Ebenso wurde der Wunsch nach einer Sanierung von türkischen Befragten nicht häufiger genannt als bei deutschen Haushalten.

Eine Besonderheit stellten mehrere türkische Befragte im Rentenalter dar, die angaben, eine längere Zeit im Jahr (manche mehr als die Hälfte des Jahres) in der Türkei zu verbringen. Diese gaben ausdrücklich an, deswegen mit Wohnungen geringerer Größe und geringeren Komforts zufrieden zu sein. Starke Unterschiede zwischen Wohnaspirationen und Wohnsituation kamen übergangsweise dann vor, wenn kürzlich Veränderungen der Haushaltsstruktur oder andere Lebensereignisse stattgefunden hatten. Hinsichtlich der Wohnungsausstattung spielte dabei fast ausschließlich die Wohnungsgröße eine Rolle. Neben Präferenzen für bestimmte Eigenschaften der Wohnungen an sich wurden Einstellungen zur Zusammensetzung der Nachbarschaft, die Nähe zu bestimmten Einrichtungen und weiteren Eigenschaften der *Wohnumgebung* erfragt.

Das Wohnen in Gebieten mit hohem Ausländeranteil wurde insgesamt sowohl von deutschen, als auch von türkischen Haushalten eher kritisch gesehen. Nur wenige türkische Haushalte nannten Präferenzen für das Wohnen in Gebieten mit hohem Anteil türkischer Nachbarn. Vor allem jene, die tatsächlich in Gebieten mit hohem Ausländeranteil wohnten, hatten allerdings auch keine Präferenz für ein deutsches Umfeld. Dagegen äußerten viele türkische Befragte eine konkrete Abneigung gegenüber anderen ethnischen Gruppen. Insbesondere erst in jüngerer Zeit zugezogene Migranten aus Osteuropa wurden negativ bewertet. Diese wurden als „kriminell" und nicht der „normalen" Gesellschaft zugehörig beschrieben. Ein Befragter (Rentner, 66 Jahre) äußerte, für ihn komme jeder Stadtteil in Frage „außer Jungbusch; da gibt es alles: Zigeuner, Bulgaren, Albaner [...] die haben nur eine Geschäftsbeziehung hier."

Ein bestimmter Teil der türkischen Befragten lehnte einen hohen Anteil anderer türkischer Nachbarn ausdrücklich ab. Dabei handelte es sich vor allem um Mitglieder von Haushalten mit Kindern, junge Befragte nach dem Auszug aus dem Elternhaus sowie Aleviten. Haushalte mit (jungen) Kindern bewerteten die Stadtteile mit hohem Ausländeranteil nahezu ausnahmslos als negativ, unabhängig von der eigenen ethnischen Zugehörigkeit. Selbst wenn der gegenwärtige Wohnort tatsächlich einen hohen Ausländeranteil hatte, wurden negative Auswirkungen auf die Lebenschancen, vor allem durch das schlechtere Erlernen deutscher Sprachkenntnisse und eine schlechtere Qualität der Schulen befürchtet. Das Aufwachsen und der Schulbesuch von Kindern war daher auch *der* entscheidende Grund für einen Umzug nicht nur in eine andere Wohnung, sondern auch in ein anderes Stadtviertel. Eine alleinerziehende Mutter, die selbst nur türkisch sprach und ein ausschließlich türkisches soziales Netzwerk hatte, gab an, aus einer türkischen Nachbarschaft ausgezogen zu sein, weil sie einen schlechten Einfluss der anderen Kinder auf ihren Sohn befürchtete. Fast alle türkischen Befragten unter 25 äußerten eine gewisse Abneigung gegenüber den „Türkenvierteln". Eine Befragte (21 Jahre, Studentin) kritisierte die wahrgenommene soziale Kontrolle in bestimmten Gebieten, „wo jeder jeden kennt." Trotz geringem Haushaltseinkommen schlossen mehrere junge Ehepaare grundsätzlich aus, in einem Gebiet mit hohem Türkenanteil zu wohnen und nahmen dafür auch eine höhere Miete bzw. eine als zu klein empfundene Wohnung in Kauf. Diese entschiedene Ablehnung vor allem zweier innenstadtnaher Wohnviertel mit hohem Ausländeranteil (Jungbusch und Neckarstadt-West) bestand in einem Fall auch, obwohl ein Ehepartner erst kürzlich nach Deutschland zugezogen und stark in das türkische Vereinsleben integriert war. Offensichtlich war hier die Ablehnung mancher Nachbarschaften so groß, dass auch starke Einschränkungen, unter anderem des Wohnkomforts, in Kauf genommen wurden.

Insbesondere alevitische Befragte äußerten sich negativ gegenüber den anderen türkischen Gruppen: „Wir sind europäische Aleviten. Die Türken in der Innenstadt, das sind Fundamentalisten, so wie Rechtsradikale bei den Deutschen. Die leben vom Kindergeld und der Unterstützung vom Staat. Das ist der Charakter, die Mentalität." (männlicher Befragter, Facharbeiter, 56 Jahre). Auch bei alevitischen Haushalten, die nur schwach in die deutsche Gesellschaft integriert waren wurde diese Ablehnung vertreten.

Diese Faktoren beziehen sich alle auf die ethnische Zusammensetzung der Nachbarschaft. Darüber hinaus wurde an den entsprechenden Wohngegenden aber vor allem kritisiert, dass es sich dabei überwiegend um allgemein „schlechte" Gebiete mit einem hohen Anteil an Kneipen, Prostitution, Lärm und Kriminalität handle. Überraschenderweise bewerteten viele der in der Moschee Befragten das Viertel „Jungbusch", in dem sich die Moschee befindet, als besonders schlecht. Die überwiegende Ablehnung der Gebiete mit hohem Ausländeranteil durch die deutschen Befragten wurde ebenfalls durch diesen Zusammenhang begründet. Dabei wurde vor die Verbindung zwischen Ausländeranteil und hoher Kriminalität hervorgehoben. Obwohl selten eine grundsätzliche Ablehnung gegenüber Ausländern ausgedrückt wurde, äußerten von den Deutschen viele Ältere, weibliche Befragte und Eltern jüngerer Kinder die Furcht vor Gewalt in den Gebieten mit hohem Ausländeranteil.[7]

7 Die Interviews fanden dabei noch vor einer öffentlichen Diskussion über „gewaltbereite (ausländische) Jugendliche" in Deutschland ab dem Winter 2007 statt.

Manche türkischen Befragten äußerten eine Präferenz für die Nähe zu ethnisch geprägten Einrichtungen, etwa Lebensmittelgeschäften und der Moschee. Für die Mehrheit der Befragten, die diese Einrichtungen nutzten, war es dagegen nicht wichtig, auch in deren Nähe zu wohnen. Viele gaben an, durch gute Straßenbahnverbindungen sei die Entfernung weniger wichtig. Nur in einem Fall wurde beispielsweise von einem älteren Befragten geäußert, der fünfmalige Moscheebesuch ließe sich nur durch einen nahegelegen Wohnort realisieren.

Ebenso wurde die räumliche Nähe zu sozialen Kontakten als überwiegend zweitrangig angesehen, da es auch hier durch öffentliche oder private Verkehrsmittel unwichtig sei, in welchem Stadtgebiet Kontaktpersonen wohnten. Dabei konnten keine Unterschiede zwischen Deutschen und Türken festgestellt werden. Nur in einzelnen Fällen, etwa bei einer jungen Mutter, die Unterstützung bei der Kindererziehung durch ihre Nachbarin bekam, wurde die räumliche Nähe zu Freunden als wichtig angesehen. Erst bei weiteren Entfernungen, über die Stadtgrenze hinweg oder bei sehr weit voneinander entfernten Stadtteilen, spielte der Wohnort für soziale Kontakte eine Rolle.

Suchstrategien

Art und Umfang der verwendeten Suchstrategien sowie deren Motive wurden zu vorangegangenen und möglichen zukünftigen Umzügen erfasst. Insgesamt war die Zahl der Suchstrategien stark begrenzt und die meisten der Haushalte suchten nur auf eine bestimmte Art nach Wohnungen. Es wurde deutlich, dass die Anzahl der Sucharten mit der Zeit abnahm. Während einige Haushalte zu Beginn ihrer „Wohnkarriere" über diverse Medien nach Wohnungen suchten und sich darunter auch häufig noch die Suche über Zeitungsannoncen befand, wurde bei späteren Umzügen meist nur noch auf eine Art gesucht. Eine besondere Bedeutung kommt dabei den Wohnungsbaugenossenschaften zu. Mehrere deutsche als auch türkische Haushalte wohnten zur Zeit der Befragung in einer Wohnung, die einer Genossenschaft gehörte. Auffallend war, dass diese Haushalte durchaus nicht immobil waren, aber fast ausschließlich innerhalb des Wohnungsangebotes der Genossenschaften wechselten. Dabei wurden oft lange Wartezeiten und (nach Veränderungen der Haushaltsstruktur) zu kleine Wohnungen hingenommen, ohne dass dies zu anderen Suchstrategien geführt hätte. Das ist insofern bemerkenswert, als die Haushalte nicht an die Genossenschaften gebunden sind. Mögliche finanzielle Vorteile bisheriger Genossenschaftswohnungen wirkten sich lediglich auf die generelle Umzugsbereitschaft aus, nicht auf die Möglichkeit, auf dem freien Markt zu suchen. Als Vorteil dieser Wohnungssuche wurde von den türkischen Haushalten genannt, nicht selbst mit privaten Vermietern kommunizieren zu müssen. So äußerte ein Befragter (62 Jahre, arbeitslos): „Ich habe mich auf [die]

GBG ein bisschen eingeschossen. [...] Wenn ich etwas will, eine Renovierung oder eine andere Wohnung, kann ich einen Antrag schreiben. Man muss sich halt durchsetzen können." Er führte weiter aus, dass er bei der Genossenschaft mittlerweile wisse, wie man eine Wohnung bekomme, mit wem man verhandeln muss und was die entscheidenden Kriterien sind. Ein anderer Befragter gab an, dass ihm sein deutscher Nachbar beim Ausfüllen der Anträge für Reparaturen oder bei Beschwerden helfe. Mehrere Befragte glaubten zwar, auch auf dem freien Wohnungsmarkt etwas finden zu können, verließen sich aber trotzdem auf die Wohnungsbaugenossenschaften, solange dieser Weg funktionierte. Nur eine Befragte (43 Jahre, Verkäuferin) äußerte: „Auf dem [freien Markt] würde ich, glaube ich, nichts bekommen. Die schauen nach dem Gehalt." Viele türkische Befragte schienen die Ausweitung ihrer Suchstrategien zu scheuen, solange sie ihre Wohnbedürfnisse einigermaßen erfüllen konnten, auch wenn ihnen bewusst war, dass andere Suchstrategien möglicherweise zu besseren Ergebnissen führten. Ähnliches konnte bei älteren Deutschen festgestellt werden.

Die Anzahl in Betracht gezogener *Wohnorte* war insgesamt sehr gering, sowohl was erst kürzlich vollzogene Umzüge, als auch potentielle zukünftige Umzüge betraf. Das lag selten daran, dass die berücksichtigten Stadtteile aufgrund bestimmter Eigenschaften bevorzugt wurden. Vielmehr wurde ein Großteil der Stadtteile einfach ausgeblendet. Die Nachfrage, ob es Gründe gegen einen bestimmten Stadtteil gebe, wurde häufig verneint, auch wenn dieser nicht in Betracht gezogen wurde: „Ja, ich bin da mal durchgefahren. Die Häuser da sahen auch nicht schlecht aus." – „Gibt es etwas, was Ihnen dort nicht gefallen würde?" – „Nein... eigentlich nicht. Aber gesucht hab ich da nicht. Nur hier." (männlicher Befragter, 38 Jahre, Angestellter). Gesucht wurde in den Gebieten, in denen sich die Aktionsräume der Befragten befanden, vor allem aber jenen, in denen sie vorher bereits gewohnt hatten oder in denen enge Freunde wohnten (auch ohne dass die räumliche Nähe zu diesen Kontakten oder zu Einrichtungen als wichtig erachtet wurde). Diese Gebiete konnten dann auch mit klaren Vor- oder Nachteilen benannt werden. Bei anderen Wohnorten entstand der Eindruck, dass sich die Haushalte erst zum Zeitpunkt des Interviews und auf Nachfrage Gedanken darüber machten, selbst wenn die Bewertung in diesem Moment dann positiv ausfiel. Konkret auf die ihrer Meinung nach „besten" Stadtteile angesprochen, nannten die ausländischen Haushalte häufig die gleichen Viertel, die z.B. auch bei Otte (2001) in einer Studie zum Stadtimage Mannheims genannt wurden. Im Gegensatz zu den deutschen Haushalten tauchten diese Viertel jedoch praktisch nie bei den Stadtteilen auf, die potentiell in Betracht gezogen und waren auch nicht unter den Vierteln, in denen Wohnungen besichtigt wurden. Das ist ein Unterschied zu den meisten deutschen Haushalten, die – selbst bei vergleichbarem Einkommen, Alter und Haushaltsstruktur – durchaus daran gedacht hatten, in die so genannten „guten" Viertel zu ziehen, selbst wenn dieser Wunsch später scheiterte. Hier fand also schon eine Vorselektion statt, die nicht alleine durch das Einkommen erklärt werden kann. Auf Nachfragen, warum diese Viertel nicht in Betracht gezogen wurden, wurde häufig die Einschätzung geäußert, dort wahrscheinlich keine Wohnung zu bekommen. Praktische Erfahrungen mit Vermietern oder der Wohnungssuche gab es dabei selten. Vielmehr schien die reine Erwartung einer Benachteiligung schon eine Suche in diesen Gebieten zu verhindern.

Wohnungsmarkt und Diskriminierung

Der Mietwohnungsmarkt im Untersuchungsgebiet kann im mittleren und oberen Preissegment als relativ entspannt beschrieben werden, während im unteren Preissegment eine überhöhte Nachfrage besteht (Stadt Mannheim 2007b:24). Im Vergleich zu anderen Ballungsräumen ist das Mietenniveau insgesamt relativ moderat (ebd.:31). Einkommensstärkere Haushalte berichteten durchweg, ihre Wohnungswünsche gut umsetzen zu können. Einkommensschwache Haushalte wünschten sich (wie oben beschrieben) vor allem größere Wohnungen, hatten aber geringe Schwierigkeiten, eine Wohnung an sich zu finden.

Im Laufe längerer Wohnbiographien hatten fast alle türkischen Haushalte zu mindestens einem Zeitpunkt Diskriminierung wahrgenommen. Manche Haushalte berichteten, von Vermietern oder anwesenden Bewohnern ausdrücklich mitgeteilt bekommen zu haben, dass Ausländer nicht erwünscht seien. Einem Befragten mit türkischem Akzent wurde bereits am Telefon gesagt, die Wohnung sei vergeben, nur um dieselbe Wohnungsanzeige in der Woche darauf wieder annonciert zu finden. Ein türkisch-deutsches Ehepaar machte die Erfahrung, zu mehr Besichtigungsterminen eingeladen zu werden, wenn sich die Frau unter ihrem deutschen Geburtsnamen meldete. Ein kroatischer Befragter, der gleichzeitig körperbehindert ist, fand erst nach fünfzehn besuchten Wohnungen und zahlreichen Ablehnungen eine, bei der er als Mieter akzeptiert wurde. Einige Befragte berichteten von alltäglichen kulturellen Konflikten, etwa Vermieterbeschwerden, wenn Schuhe nach türkischer Tradition vor der Wohnungstür stehen gelassen wurden. Obwohl im Ausmaß beschränkt, führten solche Vorfälle doch dazu, dass manche Befragte Vorteile darin sahen, in Häusern mit vielen türkischen Mietern zu wohnen, selbst wenn zu diesen kein näherer Kontakt bestand. Bei älteren Haushalten nahm die Diskriminierungserfahrung in nahe zurückliegender Vergangenheit deswegen ab, weil Suchstrategien gewählt wurden, die weniger anfällig für Benachteiligungen sind.

5. Zusammenfassung und Diskussion

Die Auswertungen des Mikrozensus für 2002 geben einen groben Überblick über die Voraussetzungen türkischer Haushalte zur Wohnungswahl. Die Wirkung dieser Voraussetzung wurde auch in der Analyse der Leitfadeninterviews beobachtet. Zudem konnte hier Einblick in weitere Mechanismen und Determinanten gewonnen werden, die auch auf breiterer Basis relevant sein könnten. Es wurde deutlich, wie auch Haushalte mit ähnlichen Voraussetzungen unterschiedliche Entscheidungen trafen. Es gab deutliche Hinweise darauf, dass eine starke Vorstrukturierung der Alternativensets bestand, die nicht nur auf ökonomischen Faktoren beruhte. Die am stärksten einschränkende Wirkung auf die Alternativensets hatten die räumliche Beschränkung der Wohnungssuche und eine Begrenzung auf bestimmte Suchstrategien. So suchten deutsche und türkische Haushalte auch bei ähnlicher Mietzahlungsfähigkeit in unterschiedlichen Gebieten. Das war vor allem durch frühere Wohnerfahrungen und die Aktionsräume der Akteure, aber auch durch eingeschränkte Sprachfähigkeiten und andere Schwierigkeiten bei der Wohnungssuche bestimmt. Diskriminierung wirkte sich dabei langfristig vor allem durch eine Diskriminierungs*erwartung* aus. Die Vielfalt der Suchstrategien nahm über die Wohnbiographie hinweg ab: Diejenigen Strategien, die angesichts ihres Aufwandes als erfolgreich empfunden wurden, wurden beibehalten, so dass ab einem gewissen Zeitpunkt meist nur noch eine einzige Art der Suche verwendet wurde. Eine besondere Bedeutung kommt aufgrund dieser Aspekte vorangegangen Wohnbiographien und Erfahrungen bei der Wohnungssuche zu. Modelle der Wohnortwahl sollten solche – zum Zeitpunkt aktueller Wohnortwahlen nicht unmittelbar beobachtbare Faktoren – möglichst berücksichtigen.

Die Auswertungen lassen vermuten, dass vor allem solche türkischen Haushalte von einem Gebiet mit hoher ethnischer Konzentration in ein stärker gemischtes Gebiet ziehen, die sich in bestimmten Lebenszyklen befinden. Eine Änderung der Stellung eines Haushaltes im Lebenszyklus führte insgesamt zur eindeutigsten Präferenzänderung der Haushalte über die gesamte Wohnbiographie hinweg und wirkte sich auf die allgemeine Mobilität, Präferenzen und Intensität der Wohnungssuche aus. Insbesondere waren es junge Haushalte nach dem Auszug aus dem Elternhaus und solche mit Kindern, die aus einem Viertel mit hohem in ein Gebiet mit niedrigerem Ausländeranteil ziehen wollten. Dabei konnte eine Abwägung beobachtet werden, bei der auf Wohnkomfort zugunsten des Wohnortes verzichtet wurde. Bei älteren Befragten zeichnete sich ab, dass sie vor allem innerhalb des bisherigen Wohngebietes umzogen und auch wenige Ambitionen hatten, an anderen Orten zu wohnen.

Die räumliche Nähe zu Freunden und Verwandten oder bestimmten Einrichtungen spielte eine untergeordnete Rolle. Die stärksten ethnischen Konflikte wurden zudem eher *zwischen* verschiedenen Zuwandergruppen sowie zwischen Angehörigen der türkischen Religionsgemeinschaften festgestellt anstatt zwischen Türken und Deutschen. Die Ablehnung der „Ausländerviertel", sowohl durch die meisten Deutschen, als auch durch viele Türken, kam überwiegend durch Kriterien wie Kriminalität oder Lärm zustande, weniger durch die ethnische Zusammensetzung.

Literatur

Brown, Lawrence A.; Eric G. Moore (1970a): The intraurban migration process: A perspective. Geografiska Annaler 52: 1-13.

Brown, Lawrence A.; Eric G. Moore (1970b). Urban acquaintance fields: an evaluation of a spatial model. Environment and Planning A 2: 443-454.

Chemers, Martin M.; Ayman Roya; Carol Warner (1978). Expectancy Theory Analysis of Migration. Journal of Population 1: 42-56.

De Jong, Gordon F.; James T. Fawcett (1981). Motivations for Migration: An Assessment and a Value-Expectancy Research Model. In: De Jong, Gordon F.; Robert W. Gardner (Hrsg.). Migration Decision Making. Multidisciplinary Approaches to Microlevel Studies in Developed and Developing Countries.

Esser, Hartmut (1988). Sozialökologische Stadtforschung und Mehr-Ebenen-Analyse. In: Friedrichs, Jürgen (Hrsg.). Kölner Zeitschrift für Soziologie und Sozialpsychologie, Sonderheft 25: Soziologische Stadtforschung, 35-55.

Farwick, Andreas (1999): Armut in der Stadt. Ursachen und soziale Folgen der residentialen Segregation von Sozialhilfeempfängern am Beispiel der Städte Bremen und Bielefeld. Bremen.

Friedrichs, Jürgen (1988): Makro- und Mikrosoziologische Theorien der Segregation. In: Ders. (Hrsg.). Kölner Zeitschrift für Soziologie und Sozialpsychologie, Sonderheft 25: Soziologische Stadtforschung, 56-77.

Friedrichs, Jürgen (1995): Stadtsoziologie. Opladen.

Frietsch Rainer; Heike Wirth (2001): Die Übertragung der Magnitude-Prestigeskala von Wegener auf die Klassifizierung der Berufe. ZUMA-Nachrichten 48: 139-163.

Häußermann, Hartmut; Walter Siebel (1996): Soziologie des Wohnens. Eine Einführung in Wandel und Ausdifferenzierung des Wohnens. Weinheim und München.

Häußermann, Hartmut; Walter Siebel (2001): Soziale Integration und ethnische Schichtung. Gutachten für die Zuwanderungskommission.

Hoffmeyer-Zlotnik, Jürgen H.P.; Alfons J. Geis (2003): Berufsklassifikationen und Messung des beruflichen Status/Prestige. In: ZUMA-Nachrichten 52: 125-138.

Kalter, Frank (1997): Wohnortwechsel in Deutschland. Ein Beitrag zur Migrationstheorie und zur empirischen Anwendung von Rational-Choice-Modellen. Opladen.

Lee, Everett S. (1966): A Theory of Migration. Demography 3(1): 47-57.

Otte, Gunnar (2001): Das Image der Stadt Mannheim aus der Sicht ihrer Einwohner. Ergebnisbericht zu einer Bürgerbefragung für das Stadtmarketing in Mannheim. Mannheim: Universität Mannheim, Stadt- und Regionalforschung Rhein-Neckar.

Rossi, Peter H. (1980) [1955]. Why Families Move. 2. Aufl. Bevery Hills.

Stadt Ludwigshafen am Rhein (2007). Statistischer Jahresbericht 2006: Entwicklung von Bevölkerung, Wohnungsbautätigkeit, Beschäftigung und Arbeitslosigkeit. B3/07.

Stadt Mannheim (2007a). Strukturdaten der Bevölkerung 1989-2006. Mannheim.

Stadt Mannheim (2007b). Wohnungsmarkt-Monitoring 2007. Wohnungspolitische Leitlinien: Attraktives Wohnen in Mannheim 2020.

Wegener, Bernd (1988): Kritik des Prestige. Opladen: Westdeutscher Verlag.

Wolpert, Julian (1965): Behavioral aspects of the decision to migrate. Papers of the Regional Science Association 15: 159-169.

Wolpert, Julian (1966): Migration as an Adjustment to Environmental Stress. Journal of Social Issues 22: 92-102.

Lars Wiesemann

Wohnstandortentscheidungen türkischer Migranten im Vergleich

Eine Typologie charakteristischer Entscheidungsmuster

1. Einleitung

Ein Blick auf die (west-)deutschen Großstädte verdeutlicht, dass eine räumliche Konzentration von Migranten in bestimmten Wohnquartieren stattgefunden hat. Dennoch kann Segregation grundsätzlich nicht als kennzeichnend für die Wohnsituation von Migranten angesehen werden. Aus der achten Mehrthemenbefragung des Zentrums für Türkeistudien geht beispielsweise für die türkischstämmige Bevölkerung in Nordrhein-Westfalen hervor (2007: 129), dass 58 % der Befragten in überwiegend deutsch geprägten Gegenden, 16 % in gleichmäßig gemischten Vierteln und 20 % in überwiegend von türkischer Bevölkerung bewohnten Stadtteilen leben. Somit wohnt zwar jeder Fünfte in türkisch geprägten Quartieren, allerdings haben mehr als die Hälfte ihren Wohnstandort in Wohngegenden mit mehrheitlich deutschen Bewohnern.

Ausgehend von diesen Befunden möchte der vorliegende Beitrag[1] die residentielle Verteilung türkischer Migranten im städtischen Raum aus deren individueller Entscheidung über den Wohnstandort erklären. Er geht der Frage nach, was türkische Migranten dazu bewegt, einen Wohnstandort in einem Quartier mit entweder hohem oder niedrigem Anteil an Landsleuten zu wählen. Dazu werden die Such- und Entscheidungsprozesse sowie die Motive der Wohnstandortwahl mit dem Ziel untersucht, typische Entscheidungsmuster von Haushalten türkischer Herkunft aufzuzeigen, die im Ergebnis zu einer ethnischen Segregation führen bzw. dieser entgegenwirken. Ein besonderer Fokus wird bei der Analyse darauf gelegt, welche Bedeutung die wahrgenommene ethnische Prägung des Quartiers, sprich der Anteil an Landsleuten, für die Wohnstandortentscheidung hat (siehe auch den Beitrag Friedrichs/Nonnenmacher in diesem Band), denn bisher ist weitgehend unbekannt, wie Migranten ethnisch segregiertes Wohnen bewerten (Kohlbacher/Reeger 2002;

1 Der Beitrag basiert auf der Diplomarbeit von Lars Wiesemann: „Verfestigung ethnischer Segregation? Entscheidungsmuster türkischer Migranten bei der Wohnstandortwahl in Köln", August 2006, Geographisches Institut der Rheinischen Friedrich-Wilhelms-Universität Bonn.

Beck/Perry 2007). Weiterhin wird bei denjenigen türkischen Migranten, die einen Wohnstandort in einem türkisch geprägten Stadtraum wählen, die Freiwilligkeit bzw. Erzwungenheit der Segregation hinterfragt – eine in der Debatte um ethnische Segregation von Häußermann und Siebel (2001) geforderte Unterscheidung hinsichtlich der Bewertung der sozialräumlichen Konzentration von Migranten.

2. *Wohnstandortentscheidungen – Zusammenspiel von Präferenzen und Restriktionen*

Aus einer handlungstheoretischen Perspektive ergibt sich die räumliche Verteilung von Haushalten im städtischen Raum aus den Wohnstandortentscheidungen einzelner Haushalte. Residentielle Segregation ist somit als das aggregierte und nicht immer intendierte Ergebnis von individuellen Entscheidungen über den Wohnstandort zu verstehen. Die Analyse von Wohnstandortentscheidungen bietet daher eine Möglichkeit, die Verbindung zwischen dem individuellen Handeln der Haushalte und der residentiellen Segregation sozialer Gruppen auf Ebene der Stadt herzustellen (Friedrichs 1988: 61; Steinführer 2004: 37; Häußermann/Siebel 2004: 154).

Wohnstandortentscheidungen sind prozessuale und komplexe Handlungen von Haushalten, die in einer Annäherung von Präferenzen und Restriktionen zustande kommen (Häußermann/Siebel 2004: 154; Steinführer 2004: 21, 41; Friedrichs 2000: 177ff). Präferenzen von Haushalten hinsichtlich der Wohnung, des Wohnumfeldes und des Wohnstandorts variieren je nach Stellung im Lebenszyklus (Rossi 1955; Herlyn 1990; Häußermann/Siebel 2004: 159) sowie dem jeweiligen Lebensstil (Schneider/Spellerberg 1999; Klee 2001). Angesichts der untersuchten Gruppe sind ebenso Präferenzen zu berücksichtigen, die sich aus der ethnischen Zugehörigkeit ergeben können. Üblicherweise wird hierbei auf den Wunsch nach räumlicher Nähe zu Landsleuten, zu Verwandten und Freunden oder zu einer differenzierten Infrastruktur der eigenen Ethnie verwiesen (Häußermann/Siebel 2001: 34; Eichener 1988: 53). Solche Wohnbedürfnisse würden unmittelbar zu einer ethnischen Segregation beitragen. Hinsichtlich des Einflusses dieser Präferenzen auf Wohnstandortentscheidungen türkischer Migranten kommen bisherige Studien zu unterschiedlichen Erkenntnissen. Bühler (1981) und Nauk (1988) stellen fest, dass für türkische Haushalte weder die ethnische Konzentration der eigenen Migrantengruppe im Wohnquartier noch die Nähe von Verwandten und Freunden oder das Vorhandensein einer eigenethnischen Infrastruktur einen bedeutsamen Stellenwert für die Wohnstandortwahl besitzen. Nach einer Studie von Hanhörster und Mölder (2000) stellt für einen Großteil der untersuchten türkischen Bevölkerung die unmittelbare Nähe zu Landsleuten ebenfalls kein Kriterium für die Wahl des Wohnstandorts dar, die Nähe zu

Verwandten und Freunden ist jedoch von Relevanz. Ähnliche Befunde zeigen Studien zur Wohneigentumsbildung türkischer Migranten (Firat/Laux 2003; ILS NRW 2003). Auch hier ist die Präferenz, in der Nähe zum sozialen Netz zu wohnen, für die Standortwahl von wesentlicher Bedeutung. Dagegen erfährt das Bedürfnis, in einer Wohnumgebung mit einem hohen Anteil an Landsleuten zu leben, nur einen geringen Stellenwert. Andere Untersuchungen stellen jedoch explizit heraus, dass offenbar ein Teil der türkischen Migranten sowohl das Wohnen unter Angehörigen der eigenen Ethnie als auch in der Nähe zum sozialen Netzwerk sowie zu einer türkisch-spezifischen Infrastruktur präferieren und dementsprechend ihre Wohnstandortentscheidung danach ausrichten (Bremer 2000: 164; ILS NRW 2007: 57ff).

Der Realisierung von Präferenzen hinsichtlich des Wohnstandorts stehen Restriktionen entgegen. Die Möglichkeit von Haushalten, Zugang zum erwünschten Wohnraum zu bekommen, hängt zunächst von ihrer Ausstattung mit Ressourcen ab, die sich in Anlehnung an Bourdieu (1982) in ökonomisches (Einkommen, Vermögen), soziales (Netzwerke und Beziehungen) und kulturelles Kapital (Sprachfähigkeit, Wissen, um erfolgreich auf dem Wohnungsmarkt zu agieren) differenzieren lassen (Dangschat 2000: 146). Je nach Ressourcenverfügbarkeit können Präferenzen mehr oder weniger verwirklicht werden. Hierbei kommt dem ökonomischen Kapital ein bedeutender Stellenwert zu (Blasius 2004: 18; Farwick 2001: 58). Darüber hinaus werden die individuellen Handlungsspielräume bei der Entscheidung über den Wohnstandort von strukturellen Gegebenheiten auf dem Wohnungsmarkt beeinflusst. Der städtische Wohnungsmarkt ist durch verschiedene Teilmärkte gekennzeichnet, die unterschiedliche Qualitäten aufweisen. Zu den einzelnen Teilmärkten bestehen Zugangsbarrieren, wie beispielsweise die Höhe des Kaufpreises bzw. der Miete oder diskriminierende Praktiken von Vermietern gegenüber Angehörigen anderer ethnischer Gruppen (Ipsen 1983; Giffinger 1999). Solche Barrieren können den Zugang für Haushalte zu bestimmten Segmenten des Wohnungsmarktes erschweren oder gänzlich verhindern.

Je nachdem, ob Präferenzen bzw. Restriktionen für die Wohnstandortwahl ausschlaggebend sind, unterscheiden Häußermann und Siebel (2004: 159) zwischen einer freiwilligen bzw. erzwungenen Segregation. Von einer freiwilligen Segregation wird dann gesprochen, wenn für die Wahl des Wohnstandorts vor allem Präferenzen verantwortlich sind. Sofern aber bei der Wohnstandortwahl die Präferenzen der Haushalte aufgrund von Restriktionen nicht realisiert werden können, handelt es sich um eine erzwungene Segregation.

3. *Zur Rolle ethnisch geprägter Quartiere*

Mit ethnisch segregiertem Wohnen lassen sich Vor- und Nachteile verbinden, die Erklärungen bieten können, weshalb Migranten einen Wohnstandort in einem ethnisch geprägten Stadtteil aufsuchen bzw. meiden. Die ethnische Gemeinschaft im Quartier kann für sie materielle und immaterielle Unterstützungsleistungen bereitstellen und damit eine wichtige, stabilisierende Funktion im Eingliederungsprozeß übernehmen. Die Einbindung in ein räumlich konzentriertes soziales Netz von Verwandten und Landsleuten kann wichtige emotionale und alltagspraktische Hilfen, Schutz gegen soziale Isolation und Demoralisierung sowie Unterstützung bei der Suche nach einer geeigneten Wohnung oder einer Arbeitsstelle bieten (Häußermann/Siebel 2001: 45ff; Zhou 1997: 995). Bereits Park und Miller (1921) haben diese Funktionen ethnischer Gemeinschaften herausgehoben. Auch Elwert (1982) und Heckmann (1992: 111ff) mit ihrem jeweiligen Konzept der ‚Binnenintegration' bzw. der ‚ethnischen Kolonie' gehen von solchen Leistungen der intraethnischen Vergesellschaftung aus und knüpfen damit an den Überlegungen der klassischen Sozialökologie der Chicagoer Schule an.

Das Wohnen in einem ethnisch geprägten Quartier kann jedoch auch Nachteile für Migranten haben. Soziale Kontakte können sich allein auf die eigenethnische Gruppe beschränken, besonders wenn eine ‚institutionelle Vollständigkeit' (Breton 1964) der ethnischen Gemeinschaft vorliegt. Ausgehend von der Kontakthypothese, nach der die räumliche Nähe von Einheimischen und Migranten zu Kontakten führe, die wiederum die Aneignung von Verhaltensweisen, normativen Orientierungen und Kulturtechniken, wie z.B. die Sprachfähigkeit, begünstigen, könne daher ethnisch segregiertes Wohnen die Übernahme kultureller Fertigkeiten des Aufnahmelandes erschweren (Friedrichs 1977: 263; Häußermann/Siebel 2001: 45). Ethnische Segregation kann zudem mit einer schlechteren infrastrukturellen Versorgung sowie mit Benachteiligungen im schulischen Bereich einhergehen (Esser 1986: 112f). Darüber hinaus können ethnische Gemeinschaften durch die Ausübung sozialer Kontrolle und eines Konformitätsdrucks sowie eine erhöhte Stigmatisierungsgefahr gekennzeichnet sein (Esser 1986: 110, 114f; Heitmeyer 1998: 450; Häußermann/Siebel 2001: 72).

Im Verlauf des Eingliederungsprozesses von Migranten kann sich die Bedeutung der ethnischen Prägung von Quartieren als Kriterium bei der Bewertung von Wohnstandorten verändern. Eine klassische Denkfigur stellt hierbei der ‚race relation cycle' (Park 1950) der Chicagoer Schule dar. In diesem vierstufigen Modell zur Aufnahme und Eingliederung von zugewanderten Personen werden die einzelnen Phasen in Verbindung zu ethnischen und sozialen Segregationsprozessen gesetzt (Fassmann 2005: 8). Innerhalb des Modells konzentrieren sich die Einwanderer zunächst aufgrund der Möglichkeit wechselseitiger Unterstützung in ethnisch geprägten Quartieren. Ethnische Segregation wird hierbei als eine notwendige Stufe für die Assimilation der Einwanderer angesehen. Nach einem linearen, unumkehrbaren Anpassungsprozess steht am Ende des ‚race relation cycle' die Assimilation, welche mit einem Bedeutungsverlust ethnischer Zugehörigkeit einhergeht (Treibel 2003: 91ff). Dabei verlassen die Einwanderer im Laufe ihres Akkulturations- und sozioökonomischen Aufstiegsprozesses die ethnischen Viertel und ziehen in ethnisch heterogene Wohnquartiere der Mittelschicht (Alba/Nee 2004: 24). Eine differenzierte Position in diesem Zusammenhang nehmen Portes und Zhou (1993) ein. Sie gehen davon aus, dass die Eingliederungsprozesse von Migranten nicht nach einem uniformen Muster verlaufen, deren unausweichliches Resultat die Assimilation sei. Vielmehr seien differentielle Eingliederungsergebnisse zu erwarten, was sie mit dem Ansatz der ‚segmented assimilation' umschreiben. Mögliche Ergebnisse der Assimilation sind danach die Integration in die weiße Mittelschicht, was dem klassischen Assimilationskonzept entspricht, die Ausgrenzung in die *underclass* oder ein schneller sozioökonomischer Aufstieg verbunden mit der Zugehörigkeit zu einer ethnischen Gemeinschaft mit gemeinsamer Sprache, geteilten Werten und Solidarität (Portes/Zhou 1993: 82). Versucht man nun diese drei Eingliederungsergebnisse mit Wohnstandortentscheidungen zu verbinden, so könnte die erste Form mit dem Wohnen in ethnisch gemischten Mittelschichtquartieren, die zweite mit dem Wohnen in Quartieren der *underclass* und die dritte mit dem Verbleiben in ethnischen Nachbarschaften auch bei sozioökonomischer Integration einhergehen.

4. Wohnräumliche Segregation der türkischen Bevölkerung in Köln

Die Untersuchung ist in der Stadt Köln durchgeführt worden. Sie weist mit 31 % einen für westdeutsche Großstädte typischen hohen Anteil an Personen mit Migrationshintergrund[2] auf. Die türkische Bevölkerung repräsentiert mit rund 65.500 Einwohnern die größte Ausländergruppe und stellt 6,4 % der Gesamtbevölkerung. An den 175.640 in Köln lebenden Ausländern beträgt ihr Anteil 37,3 %. Darüber hinaus leben die türkischen Staatsangehörigen unter den größeren Ausländergruppen Kölns am stärksten segregiert (ILS NRW 2006: 96f). In Folge der relativ langen Anwesenheit und einer hinreichend großen Anzahl an türkischen Migranten hat sich in einzelnen Stadtteilen eine türkisch-spezifische Infrastruktur herausgebildet, die teilweise ganze Straßenzüge prägt (Firat/Laux 2003: 393).

Das räumliche Verteilungsmuster der türkischen Bevölkerung in Köln lässt deutliche Konzentrationen in bestimmten städtischen Teilgebieten erkennen (vgl. Abb.1). Sehr hohe Anteile an türkischen Staatsangehörigen ver-

2 Die dargestellten Bevölkerungszahlen beruhen auf Daten des Amts für Stadtentwicklung und Statistik der Stadt Köln (Stichtag: 31.12.2005).

zeichnen die Stadtteile Seeberg und Chorweiler im Kölner Norden, die durch Großwohnsiedlungen des sozialen Wohnungsbaus geprägt sind. Weiterhin erstreckt sich auf der rechtsrheinischen Seite von Mülheim bis Gremberghoven ein Band von Stadtteilen, die ebenfalls überdurchschnittlich hohe Anteile an türkischer Bevölkerung aufweisen. Dazu gehören insbesondere die Stadtteile Gremberghoven, Vingst, Kalk und Mülheim, wobei Mülheim mit fast 6.000 Personen der Kölner Stadtteil mit der höchsten absoluten Zahl an türkischen Einwohnern ist.

Abbildung 1: Anteil der türkischen Staatsangehörigen in den Kölner Stadtteilen 2005 (in %)

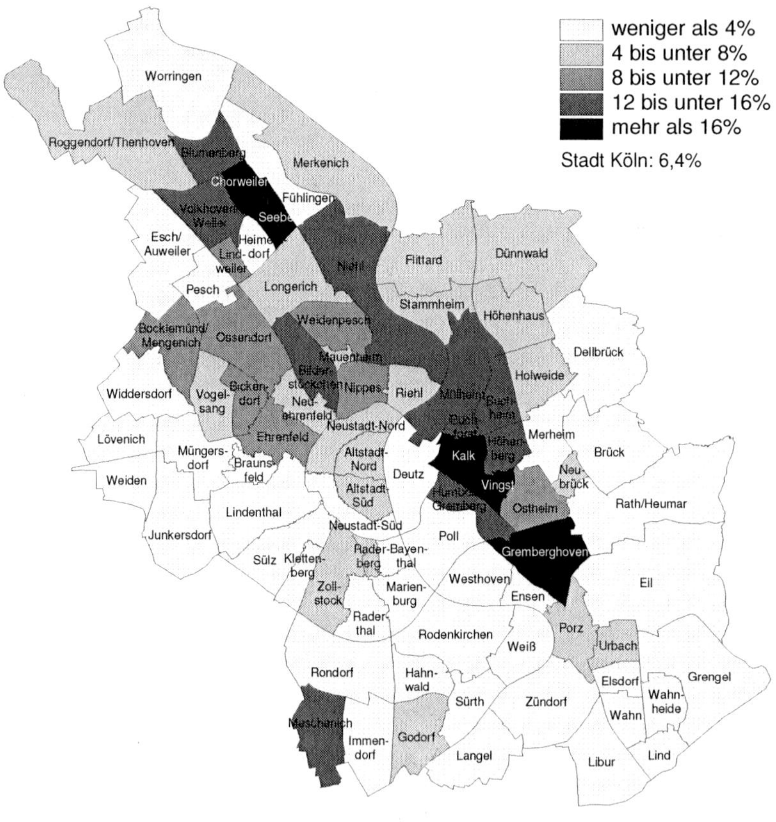

Quelle: Eigene Darstellung nach Daten des Amts für Stadtentwicklung und Statistik der Stadt Köln

Abbildung 2: Anteil der Sozialhilfeempfänger in den Kölner Stadtteilen 2005 (in %)

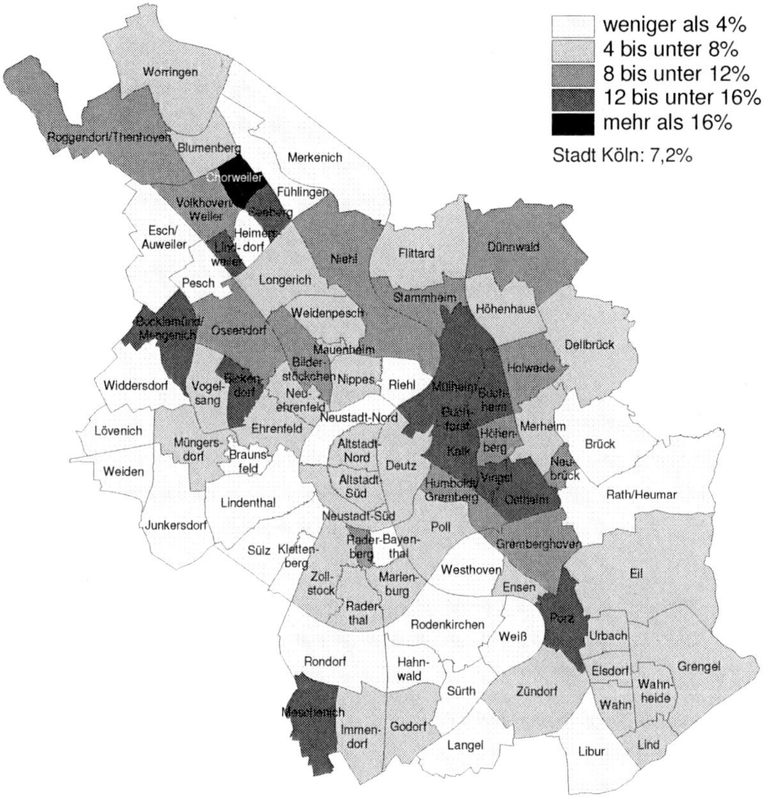

Quelle: Eigene Darstellung nach Daten des Amts für Stadtentwicklung und Statistik der Stadt Köln

Bei diesen Stadtteilen handelt es sich vorwiegend um ehemalige Industrievororte bzw. Arbeiterviertel. Die Wohnumfeldqualität ist hier aufgrund der Nähe zu Industrie- und Gewerbeflächen sowie einer dichten Bebauung wesentlich beeinträchtigt (Firat/Laux 2003: 394). Darüber hinaus ist das räumliche Verteilungsmuster der türkischen Staatsangehörigen dadurch gekennzeichnet, dass sie sich tendenziell in Stadtteilen konzentrieren, die gleichzeitig hohe Anteile an Sozialhilfeempfängern aufweisen (vgl. Abb. 2). Offensichtlich wird dies besonders in den randstädtischen Siedlungen des sozialen Wohnungsbaus wie in Chorweiler und Seeberg und in den rechtsrheinischen Stadtteilen zwischen Mülheim und Ostheim. Türkische Haushalte haben somit ihren Wohnstandort häufig in Stadtteilen, in denen hohe Konzentrationen von Menschen in sozialen Problemlagen vorzufinden sind.

5. Methodische Vorgehensweise

Um die Entscheidungsmuster bei der Wohnstandortwahl zu erfassen, sind insgesamt 14 leitfadengestützte Interviews mit Haushalten türkischer Herkunft geführt worden, die im Zeitraum von 2002 bis 2006 innerhalb Kölns umgezogen sind. Es sind gezielt Haushalte befragt worden, die sich für einen Wohnstandort in einem Stadtteil entschieden haben, der im Vergleich zum städtischen Durchschnitt entweder einen hohen oder niedrigen Anteil an Landsleuten aufweist[3]. Die Interviewpartner sind über Kontaktpersonen aus verschiedenen Einrichtungen (z.B. Quartiersmanagement, Interkulturelles Referat) und mit Hilfe persönlicher Vermittlung in Form des ‚Schneeballverfahrens' gewonnen worden. In der Untersuchung sind Haushalte mit unterschiedlichen Merkmalen (Alter, Einkommen, Bildungsniveau, Haushaltsgröße, Sprachkompetenz etc.) berücksichtigt worden, um eine ausreichende Vielfalt des Samples zu erreichen. Neben den Kriterien, die den Such- und Entscheidungsprozess beeinflussen, sind die Motive der Wohnstandortwahl sowie die Einstellungen zu ethnisch segregiertem Wohnen erfragt worden.

Bei der Analyse der Interviews hat sich herausgestellt, dass auf Ebene der Haushalte komplexe Entscheidungsmuster bestehen, denen jeweils spezifische handlungsleitende Motive zugrunde liegen. Um charakteristische Handlungslogiken bei der Wohnstandortentscheidung aufzuzeigen, ist eine Typenbildung vorgenommen worden. Die Auswertung hat sich an der Methode der Typenbildung nach Kluge (1999) orientiert, wonach Einzelfälle, die einander ähnlich sind, zu einem Typus zusammengefasst werden. Um die Ähnlichkeiten bzw. Unterschiede zwischen den Einzelfällen angemessen zu erfassen, sind in der vorliegenden Untersuchung die Such- und Entscheidungsprozesse sowie die Motive der Wohnstandortwahl als Vergleichsdimensionen herangezogen worden. Im Ergebnis sind vier Typen von Haushalten türkischer Herkunft herausgearbeitet worden, die charakteristische Entscheidungsmuster bei der Wohnstandortwahl zeigen.

3 Von den 14 Interviews sind jeweils sieben in Stadtteilen mit hohem bzw. niedrigem Anteil an türkischer Bevölkerung geführt worden, um eine gleichmäßige Repräsentation zu gewährleisten.

6. Entscheidungsmuster türkischer Migranten bei der Wohnstandortwahl

Der ethnisch-distanzierte Haushalt

Im Such- und Entscheidungsprozess von Haushalten dieses Typs stehen Merkmale der Wohnung wie Preis und Wohnfläche im Vordergrund, Wohnungsangebote in Quartieren mit hohem Anteil an Landsleuten werden jedoch bei der Wohnstandortentscheidung bewusst ausgeschlossen. So konzentriert sich die Wohnungssuche auf Stadtteile, die keine „*typischen Gegenden [sind], wo viele Türken leben wie Mülheim oder Kalk*". Auch die Festlegung auf einen Wohnstandort erfolgt nur dann, wenn dort eine überwiegend deutsche Bewohnerschaft anzutreffen ist.

> *Herr F. (28 J., Student aus Zollstock): „Wenn wir jetzt gemerkt hätten, das ist schon so ein Ghetto, da muss ich sagen, da hätten wir uns weniger wohl gefühlt. Und dann hätte es dazu geführt, dass wir uns gegen die Wohnung hier entschieden hätten."*

Der Grund für die Bevorzugung einer Wohnumgebung mit überwiegend deutschen Bewohnern ist das Bedürfnis, sich gezielt vom türkischen Milieu in ethnisch segregierten Stadträumen zu distanzieren. Mit dem Wohnen in einem türkisch geprägten Quartier wird das Gefühl verbunden, wie in einem ‚Ghetto' zu wohnen. Neben der Sichtbarkeit von Landsleuten im Straßenbild tragen auch die dort vorzufindenden türkischen Infrastruktureinrichtungen zu diesem Gefühl bei.

> *Frau E. (38 J., Akademikerin aus Rath): „In Kalk, es gibt da Straßen, da wohnen nur noch türkische Familien. Da kann man ja schon demnächst Straßen nach Türken benennen. Dann nur türkische Geschäfte, überall zum Beispiel auf der Kalker Hauptstraße nur türkische Geschäfte. Das ist wie in einem Ghetto. Da würde ich nicht wohnen wollen."*

Außerdem wird die Lebensweise der Landsleute in Quartieren mit hohem Anteil an türkischen Migranten als störend empfunden. Deren Lebensart wird als *„traditionell"* oder *„zurück geblieben"* beschrieben und als Kontrast zur eigenen modernen Lebensweise gesehen. Ein weiteres Motiv für das Vermeiden eines Zusammenlebens mit Angehörigen der eigenethnischen Gruppe liegt in den nachbarschaftlichen Umgangsformen begründet. Eine türkisch geprägte Nachbarschaft wird als zu „*intim*" empfunden. Haushalte dieses Typs beklagen sich über einzuhaltende „*Regeln*" oder „*dieses beobachtet werden*". Sie befürchten, sozialer Kontrolle sowie einem Konformitätsdruck zu unterliegen und durch das Beachten bestimmter Verhaltensnormen in der Entfaltung der eigentlich bevorzugten Lebensweise eingeschränkt zu werden. Ebenso stellt die Stigmatisierung von Stadtteilen wegen eines hohen Anteils an türkischen Migranten einen Beweggrund für Haushalte dieses Typs dar, sich vom eigenethnischen Milieu abzugrenzen. Wie das folgende Zitat zeigt wird davon ausgegangen, dass sich die negative Außenwahrnehmung von Quartieren mit einer hohen Konzentration von türkischen Migranten nachteilig auf die eigene Person auswirken könne.

> *Herr F. (28 J., Student aus Zollstock): „Irgendwie ist es ja auch so, wenn du sagst du kommst aus Kalk oder so, dann bist du schon so negativ behaftet, weil das ist so ne Türkengegend und diese Stadtteile haben schon eher einen negativen Ruf.“*

Die Standortwahl soll letztlich auch das Bedürfnis nach einem Zusammenleben mit der deutschen Bevölkerung zum Ausdruck bringen, denn schließlich *„lebe [man] ja in Deutschland und nicht in der Türkei.“*

Der bildungsorientierte Haushalt

Analog zum vorherigen Typ hat auch hier neben wohnungsbezogenen Merkmalen die ethnische Struktur der Wohnumgebung einen wesentlichen Einfluss auf den Such- und Entscheidungsprozess. Wohnungsangebote in ethnisch segregierten Stadträumen bleiben bei der Wohnstandortentscheidung von Haushalten dieses Typs ebenfalls unberücksichtigt. Die Motive, die zu einer Bevorzugung eines Wohnstandorts in einem deutsch geprägten Quartier führen, sind bei dem bildungsorientierten Haushalt jedoch andere als bei dem ethnisch-distanzierten Haushalt. Haushalte dieses Typs haben bereits Kinder oder den konkreten Wunsch danach und befürchten, dass ein ethnisch geprägtes Wohnumfeld negative Folgen für diese haben könnte. Aufgrund der starken Präsenz von Kindern mit Migrationshintergrund in den dortigen Schulen und Kindergärten vermuten sie für ihre Kinder Beeinträchtigungen beim Erlernen der deutschen Sprache.

> *Frau B. (30 J., Selbstständige aus Lindenthal): „Weil da in Kindergarten, da wären nur Türken, Araber, Jugoslawen und so. Dann würde der automatisch wieder Türkisch sprechen oder eine andere Sprache, aber kein Deutsch. Und das ist natürlich nicht gut für ihn später. Und hier in Kindergarten mein Sohn könnte dann öfters Kontakt nehmen zu den Deutschen und würde dann öfters auch Deutsch sprechen.“*

Neben Beeinträchtigungen beim Spracherwerb geht der bildungsorientierte Haushalt auch von einem zu niedrigen Leistungsniveau in den Schulen in ethnisch geprägten Stadträumen aus.

Frau C. (35 J., Akademikerin aus Rodenkirchen): Da in der Schule haben sie in den Klassen nur noch türkische Kinder. Und dann ist ja auch einfach das Niveau niedriger in solchen Klassen, weil die ja alle irgendwie mitkommen müssen im Stoff. Und das will ich halt absolut nicht."

Für Haushalte dieses Typs ist die vorzufindende hohe Konzentration von Personen in sozialen Problemlagen in den ethnisch segregierten Stadtteilen ein weiterer Grund, der gegen einen möglichen Wohnstandort in entsprechenden Vierteln spricht. Sie assoziieren Stadtteile mit hohem Anteil an Migranten mit „*sozialen Brennpunkten*" und befürchten daher unerwünschte Einflüsse auf ihre Kinder. Die Lebensweise der Landsleute in türkisch geprägten Quartieren ruft bei diesem Haushaltstyp, anders als es bei dem ethnisch-distanzierten Haushalt der Fall ist, kein Bedürfnis nach Abgrenzung hervor. Die Wohnstandortwahl in einem Quartier mit mehrheitlich deutschen Bewohnern wird hier allein mit den erwarteten Vorteilen für die Kinder begründet.

Frau B. (30 J., Selbstständige aus Lindenthal): „Für mich selber gibt es keine Vorteile in einer deutschen Gegend. Das war für mich wichtig, wegen meinem Kind."

Zu Gunsten eines Wohnstandorts in einem deutsch geprägten Wohnumfeld wird bei der Wohnstandortentscheidung sogar der eigentliche Wunsch, in räumlicher Nähe zum familiären Netz zu wohnen, zurückgestellt. Das familiäre Netzwerk ist zumeist in einem Stadtteil mit hohem Migrantenanteil lokalisiert und damit in einem Quartier, das den eigentlichen Ansprüchen an die Bewohnerstruktur widerspricht. Im Abwägungsprozess lösen sich Haushalte dieses Typs von der Vorstellung, in unmittelbarer Nähe zu den Familienangehörigen zu leben. Für sie ist „*letztendlich die Bildung der Kinder wichtiger als die Nähe zu den Eltern.*"

Der preisgebundene Haushalt

Aufgrund finanzieller Zwänge reduzieren sich die Kriterien im Such- und Entscheidungsprozess von Haushalten dieses Typs auf die Finanzierbarkeit der Wohnung. Die finanziellen Restriktionen schlagen sich in einer ethnischen Segregation nieder, denn ihr zentrales Motiv der Wohnstandortwahl in einem türkisch geprägten Stadtraum ist das dort vorzufindende preisgünstige Wohnungsangebot.

Frau J. (40 J., Aushilfskraft aus Vingst): „In unserer Lage konnten wir uns sowieso nichts Großartiges wünschen. Wir haben einfach nach etwas Günstigem geguckt. Das war auch der Grund, warum wir hier die Wohnung genommen haben, denn wir haben gedacht, je günstiger desto besser."

Frau H. (60 J., Aushilfskraft aus Kalk): „Wohnung durfte nicht so teuer sein, sollte günstig sein. Das war Hauptgrund."

Die Wohnstandortwahl geht jedoch nicht mit dem Wunsch nach einem Zusammenleben mit Angehörigen der eigenethnischen Gruppe einher. Vielmehr zeigt sich eine deutliche Unzufriedenheit mit der ethnischen Struktur des Quartiers, denn eigentlich möchten Haushalte dieses Typs „*an einem Ort leben, wo es weniger Türken gibt.*" Die Gründe dafür spiegeln die Motive wider, die den ethnisch-distanzierten und den bildungsorientierten Haushalt dazu bewegen, ein Quartier mit überwiegend deutschen Bewohnern zu wählen. So können sich auch Personen dieses Typs nicht mit der Lebensweise der übrigen Landsleute im Quartier identifizieren, da sie diese als traditionell erachten. Ebenfalls verbinden sie mit dem Wohnen unter Angehörigen der eigenen Ethnie das Gefühl, wie in einem ‚Ghetto' zu leben. Die Sorgen über geringere Bildungschancen und einen schlechten sozialen Umgang der Kinder stellen ebenso Gründe für ihre Unzufriedenheit dar. Ihren eigentlichen Wunsch, eine bessere Wohnumgebung mit überwiegend deutschen Bewohnern, können sie am Wohnungsmarkt jedoch nicht durchsetzen, weil aus ihrer Wahrnehmung in solchen Quartieren kaum eine Möglichkeit besteht, eine preisgünstige und damit für sie zugängliche Wohnung zu finden.

Herr I. (33 J., Erwerbsloser aus Buchforst): „Da, wo es ein bisschen besser ist, ist es natürlich dann auch dementsprechend teurer. Da was Günstiges zu finden, ist dann schon Glück."

Die Standortwahl von Haushalten dieses Typs in einem Stadtteil mit hohem Anteil an Landsleuten ist schließlich nicht auf Präferenzen zurückzuführen, die sich aus ihrer ethnischen Zugehörigkeit ergeben könnten. Ausschlaggebend sind vielmehr die sozioökonomische Lage und die fehlenden Alternativen auf dem Wohnungsmarkt, die zu einer erzwungenen Segregation führen. Der preisgebundene Haushalt kann als ‚verhinderter' ethnisch-distanzierter bzw. bildungsorientierter Haushalt gesehen werden. Als ‚verhindert' sind Haushalte dieses Typs deswegen zu bezeichnen, weil sie im Gegensatz zum ethnisch-distanzierten und bildungsorientierten Haushalt nicht über die ausreichenden finanziellen Mittel verfügen, um die eigentlichen Wohnpräferenzen auf dem Wohnungsmarkt durchzusetzen.

Der ethnisch-verbundene Haushalt

Dieser Typ fasst Haushalte türkischer Herkunft zusammen, deren Orientierungspunkt im Such- und Entscheidungsprozess das bisherige türkisch geprägte Quartier bildet. Sie streben allenfalls eine kleinräumige Wohnstandortveränderung an und wählen eine Wohnung im selben oder direkt angrenzenden Quartier. Dafür sind zwei Beweggründe ausschlaggebend: Zum einen ergibt sich die Verbundenheit aus dem lokal zentrierten sozialen Netzwerk. Zum anderen hat die gegebene Nähe zu Angehörigen der eigenen Ethnie Einfluss auf die Bindung an das bisherige Viertel.

Herr L. (25 J., Auszubildender aus Chorweiler): „Wir wollten unbedingt hier bleiben, weil eben unsere ganze Verwandtschaft hier in der Umgebung wohnt. Auch unsere ganzen Freunde. Und deshalb haben wir dann eben ausschließlich hier in der Umgebung nach einer Wohnung gesucht."

Herr M. (39 J., Erwerbsloser aus Mülheim): „Ich wollte Gegend, wo viele Leute von mein Heimat sind. Ich fühle mich gut in Gegend dann. Das ist Grund, warum ich in Gegend bleiben wollte. Dann ich habe in Mülheim nach Wohnung gesucht und schöne Wohnung gefunden."

Für die Hinwendung zum eigenethnischen Milieu sind verschiedene Beweggründe ausschlaggebend. Haushalte dieses Typs stellen sowohl die vielfältigen Kontaktmöglichkeiten, die sich durch die Anwesenheit von Landsleuten im Quartier ergeben, als auch die Option, ihre Muttersprache sprechen zu können, positiv heraus. In diesem Zusammenhang haben ebenfalls die im Viertel lokalisierten türkischen Läden und Geschäfte einen hohen Stellenwert. Neben ihrer Versorgungsfunktion bieten sie zudem Kontaktmöglichkeiten zu Landsleuten.

Herr N. (37 J., Akademiker aus Buchheim): „Wenn ich über die Straße gehe, man kommt ganz schnell ins Gespräch mit den Leuten. So kann ich auch meine eigene Muttersprache hier mit den Leuten reden, wenn ich möchte. Das gefällt mir einfach. Und in einer deutschen Gegend hätte ich das eben nicht so."

Die Möglichkeit, auf innerethnische Kontakte zurückgreifen zu können, kann dabei für Haushalte dieses Typs aus verschiedenen Gründen bedeutsam sein. Wie das nachstehende Zitat verdeutlicht, können die zufälligen Begegnungen und informelle Kontakte innerhalb des Quartiers Verhaltenssicherheit und ein Gefühl der Zugehörigkeit und Geborgenheit vermitteln.

Herr L. (25 J., Auszubildender aus Chorweiler): „Wenn ich hier rausgehe auf die Straße, dann kenne ich fast jeden von den Türken hier. Man trifft sich, redet kurz. Ich habe es halt lieber, wenn da eben türkische Leute in der Gegend sind, mit denen ich dann auch Türkisch reden kann. Das ist mir halt vertrauter. Man fühlt sich einfach besser aufgehoben als jetzt irgendwo anders."

Die ethnische Gemeinschaft mit ihren vielfältigen Kontaktmöglichkeiten kann darüber hinaus die Überwindung von Fremdheit nach der Einwanderung erleichtern und gegen soziale Isolation schützen. Aus diesen Gründen ist beispielsweise Herr M. nach dem Verlassen der Türkei bei seiner Ankunft in

Köln bewusst in den Stadtteil Mülheim gezogen. Da die ethnische Gemeinschaft im Quartier für ihn Rückhalt und Kommunikation gewährleistet und auch noch gegenwärtig das Alleinsein mildert, hat er sich erneut für einen Wohnstandort im Stadtteil Mülheim entschieden.

> *Herr M. (39 J., Erwerbsloser aus Mülheim): „Ich habe 30 Jahre in Türkei gelebt, dann ich musste in ein fremdes Land gehen. Und weil ich war neu, ich kenne keinen hier. Deswegen ich bin nach Mülheim. Da wohnen viele aus mein Heimat und habe schnell Leute kennen gelernt. Habe ich mich besser gefühlt dann. Ist besser als allein irgendwo. Deswegen ich wollte auch wieder bleiben in Mülheim."*

Ein weiterer Beweggrund für die Wohnstandortwahl ist, dass das Quartier durch seine türkische Prägung „*ein Stück Heimat*" repräsentiert. Dieses Empfinden wird neben der Anwesenheit von Landsleuten auch durch die türkischspezifischen Infrastruktureinrichtungen, die manche Straßenzüge im Quartier prägen, ausgelöst. Für die in Mülheim wohnende Frau K. (31 J., Angestellte) ist beispielsweise die Keupstraße wie „*Klein Istanbul*", so dass „*man sich wirklich dort ein bisschen wie zu Hause in der Türkei [fühle]*". Die eigenethnischen Infrastruktureinrichtungen stellen Anknüpfungspunkte an Bekanntes bzw. an heimatliche Elemente dar. Sie erfüllen somit für den ethnischverbundenen Haushalt nicht nur eine Versorgungs- und Kommunikationsfunktion. Sie besitzen darüber hinaus eine emotionale Komponente, die das Gefühl einer vertrauten Heimat bzw. einer türkischen Lebenswelt vermittelt. Die Wohnstandortwahl von Haushalten dieses Typs beruht schließlich auch auf dem Bedürfnis, in direkter Nachbarschaft mit Landsleuten zu leben. Geschätzt wird der intensivere Kontakt aufgrund gemeinsam geteilter Umgangsformen. Zudem wird das Zusammenleben mit türkischen Nachbarn als konfliktärmer bewertet.

Der ethnisch-verbundene Haushalt ist somit derjenige Typ, bei dessen Wohnstandortentscheidung die Nähe zu Landsleuten, zum sozialen Netzwerk sowie zu eigenethnischen Infrastruktureinrichtungen bedeutendes Gewicht besitzt. Für ihn bietet ein türkisch geprägtes Quartier eine kulturell und sprachlich vertraute Umgebung, die einen Rückgriff auf eine türkische Lebenswelt ermöglicht. Im Gegenzug zu den Vorteilen, die sich für ihn aus einem ethnischen Zusammenleben ergeben, ist er auch bereit, die von ihm wahrgenommenen Nachteile im Quartier wie die problematische Situation an Schulen, soziale Auseinandersetzungen sowie eine geringere Wohnumfeldqualität hinzunehmen. Angesichts der Wohnpräferenzen kann seine Standortentscheidung in einem Quartier mit hohem Anteil an Landsleuten als eine freiwillig gewählte Segregation angesehen werden. Unterstrichen wird die Freiwilligkeit auch im folgenden Zitat:

> *Herr N. (37 J., Akademiker aus Buchheim): „Wir hätten auch das Geld, um woanders hinzuziehen, aber das wollen wir nicht, weil wir gerne in*

einem Stadtteil leben, wo es eben viele Türken gibt. Ich könnte auch in einer deutschen Gegend wohnen, wenn ich das will. Aber das wäre nicht das, was ich möchte.“

Selbst Haushalte dieses Typs, die über ausreichend finanzielle Ressourcen verfügen und somit auch über größere Wahlmöglichkeiten auf dem Wohnungsmarkt, optieren aufgrund ihres Wunsches nach einem ethnischen Zusammenleben zugunsten eines türkisch geprägten Quartiers. Außerdem wird deutlich, dass sozioökonomisch integrierte Migrantenhaushalte nicht zwangsläufig ethnisch geprägte Viertel verlassen.

7. *Fazit*

Die türkischstämmige Bevölkerung ist hinsichtlich ihrer Orientierungen bei der Wohnstandortwahl differenziert zu betrachten. Es lassen sich vier Typen von Haushalten identifizieren, die aufgrund verschiedener Bedürfnisse und finanzieller Möglichkeiten voneinander abweichende Entscheidungsmuster aufweisen. Offensichtlich wird auch, dass die ethnische Prägung des Quartiers als Kriterium bei der Wohnstandortentscheidung und der Bewertung der Wohnsituation bei allen Haushaltstypen einen wesentlichen Stellenwert einnimmt. Der ethnisch-distanzierte und der bildungsorientierte Haushalt entscheiden sich bewusst für einen Wohnstandort in einem Stadtteil mit überwiegend deutschen Bewohnern. Jedoch zeigen sich jeweils unterschiedliche Motivbündel, die für die Wohnstandortwal leitend sind. Die Beweggründe für die Bevorzugung eines Quartiers mit geringer Konzentration von Landsleuten spiegeln dabei auch die in der Diskussion um Segregation genannten Nachteile ethnisch segregierten Wohnens wider. Die Wohnstandortwahl des preisgebundenen Haushalts in einem türkisch geprägten Quartier ist allein auf das dort vorzufindende preisgünstige Wohnungsangebot und nicht auf ethnischspezifische Wohnbedürfnisse zurückzuführen. Auch Haushalte dieses Typs präferieren aus denselben Gründen wie der ethnisch-distanzierte und der bildungsorientierte Haushalt einen Wohnstandort in einem deutsch geprägten Quartier. Finanzielle Restriktionen und fehlende Optionen auf dem Wohnungsmarkt stehen jedoch der Realisierung der eigentlichen Präferenzen entgegen. Der ethnisch-verbundene Haushalt ist der einzige Typ, der sowohl die Nähe zum sozialen Netz als auch zu Landsleuten sowie zu einer türkischspezifischen Infrastruktur bevorzugt. Anhand der Beweggründe für die Wohnstandortwahl in einem türkisch geprägten Quartier werden die positiven Leistungen ethnischer Gemeinschaften deutlich (vgl. Tab.1). Sie können zur psychischen Stabilität der Migranten beitragen und damit ihren Eingliederungsprozess erleichtern. Zudem zeigen die Ergebnisse der Studie, dass ein sozialer Aufstieg von Migranten nicht mit dem Verlassen von ethnisch segregierten Vierteln verbunden sein muss. Der ethnisch-verbundene Haushalt umfasst ebenfalls Personen, die trotz sozioökonomischer Integration nicht in deutsche Mittelschichtquartiere ziehen, sondern freiwillig in türkisch geprägten Quartieren verbleiben.

Tabelle 1: Motive der Wohnstandortwahl der verschiedenen Typen

Motive der Wohnstandortwahl			
Stadtteil mit niedrigem Anteil an Landsleuten		Stadtteil mit hohem Anteil an Landsleuten	
Der bildungsorientierte Haushalt	Der ethnisch-distanzierte Haushalt	Der preisgebundene Haushalt	Der ethnisch-verbundene Haushalt
Bessere Bildungschancen der Kinder	Bedürfnis nach einem Zusammenleben mit der deutschen Bevölkerung	Preisgünstiges Wohnungsangebot	Innerethnische Kontaktmöglichkeiten
Kindgerechtes Wohnumfeld	Kein Ghettogefühl		Verhaltenssicherheit / Geborgenheit
	Abgrenzung von Landsleuten aufgrund differierender Lebensweisen		Schutz vor sozialer Isolation
	Anonymes Nachbarschaftsverhältnis / keine soziale Kontrolle		Heimatgefühl
	Keine Stigmatisierung		Kulturell homogene Nachbarschaft

Quelle: Eigene Darstellung

Im Hinblick auf das Segregationsmuster der türkischen Bevölkerung im städtischen Raum haben die aufgezeigten Wohnorientierungen unterschiedliche Auswirkungen. Die Entscheidungsmuster des bildungsorientierten und des ethnisch-distanzierten Haushalts schlagen sich nicht in einer Segregation nieder, die des preisgebundenen und des ethnisch-verbundenen Haushalts tragen hingegen zu einer Verfestigung der Segregation bei. Anhand der Wohnstandortentscheidungen der beiden zuletzt genannten Typen wird deutlich, dass Konzentrationen von türkischen Migranten in bestimmten städtischen Teilräumen als ein Ergebnis erzwungener und freiwilliger Segregation zu verstehen sind. Im Umgang mit Segregation fordern Häußermann und Siebel (2001), freiwillige, ethnisch bedingte Segregation zuzulassen, erzwungene dagegen zu vermeiden. Um erzwungener Segregation entgegenzuwirken, sollte die Stadt- und Wohnungspolitik versuchen, den fehlenden Wahlmöglichkeiten des preisgebundenen Haushalts auf dem Wohnungsmarkt zu begegnen, z.B. durch den Schutz bzw. die Schaffung preisgünstiger Wohnungsbestände in möglichst vielen Stadtteilen. Die auf Desegregation ausgerichtete Stadt- und Wohnungspolitik muss jedoch auch berücksichtigen, dass innerhalb der türkischen Bevölkerung – wie der ethnisch-verbundene Haushalt zeigt – eine Gruppe besteht, die es vorzieht, in der Nähe zum sozialen Netz und zu Landsleuten zu wohnen. Dies gilt es bei der Bewertung ethnischer Segregation sowie bei der Diskussion über politische und planerische Strategien im Umgang mit Quartieren mit hohem Migrantenanteil zu beachten.

Literatur

Alba, Richard u. Victor Nee (2004): Assimilation und Einwanderung in den USA. In: IMIS-Beiträge. H. 23: 21-39.

Beck, Sebastian u. Thomas Perry (2007): Migranten-Milieus. In: Forum Wohneigentum, H. 4: 187-195.

Blasius, Jörg (2004): Die Wahl der Wohnung und der Wohnumgebung als Element des Lebensstils. In: Forum Wohneigentum, H. 1: 16-20.

Bourdieu, Pierre (1983): Ökonomisches, kulturelles, soziales Kapital. In: Kreckel, Reinhard (Hrsg.): Soziale Ungleichheiten (Soziale Welt, Sonderband 2). Göttingen, S. 183-198.

Bremer, Peter (2000): Ausgrenzungsprozesse und die Spaltung der Städte. Zur Lebenssituation von Migranten. Opladen.

Breton, Raymond (1964): Institutional Completeness of Ethnic Communities and the Personal Relations of Immigrants. In: American Journal of Sociology, Vol. 70: 143-205.

Bühler, Doris (1981): Individuelle Determinanten der residentiellen Verteilung von Ausländern im städtischen Raum. In: Hoffmann-Nowotny, Hans-Joachim u. Karl O. Hondrich (Hrsg.): Ausländer in der Bundesrepublik Deutschland und in der Schweiz. Frankfurt am Main. S. 375-448.

Dangschat, Jens S. (2000): Sozial-räumliche Differenzierung in Städten: Pro und Contra. In: Harth, Annette et al. (Hrsg.): Stadt und soziale Ungleichheit. Opladen. S. 141-159.

Eichener, Volker. (1988): Ausländer im Wohnbereich. Regensburg.

Elwert, Georg. (1982): Probleme der Ausländerintegration. Gesellschaftliche Integration durch Binnenintegration? Arbeitsberichte und Forschungsmaterialien der Universität Bielefeld, Nr. 30, Bielefeld.

Esser, Hartmut (1986): Ethnische Kolonien: „Binnenintegration" oder gesellschaftliche Isolation? In: Hoffmeyer-Zlontik, Jürgen H. P. (Hrsg.): Segregation und Integration. Mannheim. S. 106-117.

Farwick, Andreas (2001): Segregierte Armut in der Stadt. Opladen.

Fassmann, Heinz (2005): Integration und Segregation: eine Erläuterung. In: Meyer, Frank (Hrsg.): Wohnen – Arbeit – Zuwanderung. Stand und Perspektiven der Segregationsforschung. Berlin. S. 1-15.

Firat, Serap; Hans D. Laux (2003): Wohneigentumsbildung von Migranten – ihre Bedeutung für die räumliche und individuelle Eingliederung am Beispiel der türkischen Bevölkerung in Köln. In: Informationen zur Raumentwicklung, H. 6: 389-400.

Friedrichs, Jürgen (1977): Stadtanalyse. Reinbek bei Hamburg.

Friedrichs, Jürgen (1988): Makro- und Mikrosoziologische Theorien der Segregation. In: Friedrichs, Jürgen (Hrsg): Soziologische Stadtforschung, (Kölner Zeitschrift für Soziologie und Sozialpsychologie, Sonderheft 29). Opladen. S. 56-77.

Friedrichs, Jürgen (2000): Ethnische Segregation im Kontext allgemeiner Segregationsprozesse in der Stadt. In: Harth, Annette et al. (Hrsg.): Stadt und soziale Ungleichheit. Opladen. S. 174-196.

Giffinger, Rudolf (1999): Wohnungsmarktbarrieren und Stadtentwicklung. Ein regionalwissenschaftlicher Beitrag zur Ausländerdiskriminierung am Beispiel der Stadt Wien. Basel.

Hanhörster, Heike; Margit Mölder (2000): Konflikt- und Integrationsräume im Wohnbereich. In: Heitmeyer, Wilhelm; Reimund Anhut (Hrsg.): Bedrohte Stadtgesellschaft. Soziale Desintegrationsprozesse und ethnisch-kulturelle Konfliktkonstellationen. Weinheim. S. 347-400.

Häußermann, Hartmut; Walter Siebel (2004): Stadtsoziologie. Frankfurt am Main.

Häußermann, Hartmut; Walter Siebel (2001): Soziale Integration und ethnische Schichtung. Gutachten im Auftrag der Unabhängigen Kommission „Zuwanderung“. Berlin/Oldenburg.

Heckmann, Friedrich (1992): Ethnische Minderheiten, Volk und Nation. Stuttgart.

Heitmeyer, Wilhelm (1998): Versagt die „Integrationsmaschine“ Stadt? Zum Problem der ethnisch-kulturellen Segregation und ihrer Konfliktfolgen. In: Heitmeyer, Wilhelm et al. (Hrsg.): Die Krise der Städte. Frankfurt am Main. S. 443-467.

Herlyn, Ulfert (1990): Leben in der Stadt. Lebens- und Familienphasen in städtischen Räumen. Opladen.

ILS NRW (Hrsg.) (2003): Potenziale der Wohneigentumsbildung von Migrantinnen und Migranten in benachteiligten Stadtteilen. Dortmund.

ILS NRW (Hrsg.) (2006): Sozialraumanalyse – soziale, ethnische und demografische Segregation in den nordrhein-westfälischen Städten. ILS NRW Schriften, Nr. 201. Dortmund.

ILS NRW (Hrsg.) (2007): Soziale und räumliche Mobilität von Menschen mit Zuwanderungsgeschichte in nordrhein-westfälischen Städten. Dortmund (im Erscheinen).

Ipsen, Detlev (1983): Segregation, Mobilität und die Chancen auf dem Wohnungsmarkt. Eine empirische Untersuchung in Mannheim. In: Zeitschrift für Soziologie, Jg. 10, H. 3: 256-272.

Klee, Andreas (2001): Der Raumbezug von Lebensstilen in der Stadt. Münchner Geographische Hefte 83, Passau.

Kluge, Susann (1999): Empirisch begründete Typenbildung. Opladen.

Kohlbacher, Josef; Ursula Reeger (2002): Ethnische Segregation aus Perspektive der Migranten. In: Fassmann, Heinz (Hrsg.): Zuwanderung und Segregation: europäische Metropolen im Vergleich. Klagenfurt. S. 233-255.

Nauk, Bernhard (1988): Sozial-ökologischer Kontext und außerfamiliäre Beziehungen. In: Friedrichs, Jürgen (Hrsg.): Soziologische Stadtforschung, (Kölner Zeitschrift für Soziologie und Sozialpsychologie, Sonderh. 29). Opladen, S. 310-327.

Park, Robert E.; Herbert A. Miller (1921): Old World Traits Transplanted. New York.
Park, Robert E. (1950): Our Racial Frontier on the Pacific. In: Park, Robert E. (Hrsg.): Race and Culture. Glencoe. S. 138-151.
Portes, Alejandro; Min Zhou (1993): The New Second Generation: Segmented Assimilation and Its Variants among Post-1965 Immigrant Youth. In: Annals of the American Academy of Political and Social Science, Vol. 530: 74-96.
Rossi, Peter H. (1955): Why families move. Beverly Hills.
Schneider, Nicole; Annette Spellerberg (1999): Lebensstile, Wohnbedürfnisse und räumliche Mobilität. Opladen.
Steinführer, Annett (2004): Wohnstandortentscheidungen und städtische Transformation. Wiesbaden.
Treibel, Annette (2003): Migration in moderne Gesellschaften. Weinheim.
Zentrum für Türkeistudien (2007): Perspektiven des Zusammenlebens: Die Integration türkischstämmiger Migrantinnen und Migranten in Nordrhein-Westfalen. Ergebnisse der achten Mehrthemenbefragung. Essen.
Zhou, Min (1997): Issues, Controversies and Recent Research on the New Second Generation. In: International Migration Review, Vol. 31, No. 4: 975-1008.

Migranten als Akteure der Integration im sozialen und institutionellen Kontext

Ina v. Schlichting

Ecuadorianer in Bonn: Zwischen Transnationalismus und irregulärem Aufenthalt

1. Einleitung

Internationale Migrationen werden zunehmend als globales Phänomen im Zusammenhang weltweiter sozialer, wirtschaftlicher, politischer und kultureller Verflechtungen betrachtet. Diese Beobachtungen schlagen sich in migrationstheoretischen Ansätzen nieder, die einen qualitativen Wandel in den Voraussetzungen, Formen und Folgen internationaler Migration ausmachen. Der Transnationalismus-Ansatz in der Migrationsforschung bietet für die Untersuchung dieser Aspekte zwei Vorteile: Zum einen nimmt er eine neue Perspektive ein, die den nationalstaatlichen Analyserahmen verlässt und Migration nicht ausschließlich als unidirektionale Bewegung von einer Herkunfts- in eine Ankunftsgesellschaft betrachtet. Zum anderen rückt der einzelne Migrant[1] mit seiner Biographie und transnationalen Lebensweise in das Zentrum der empirischen Untersuchung.

Insbesondere den zuletzt genannten Aspekt greift der folgende Beitrag auf und nähert sich mit dem Ansatz der transnationalen sozialen Räume der Analyse einer ecuadorianischen Dorfgemeinschaft, deren Mitglieder seit den 1980er Jahren in erheblichem Umfang nach Bonn migrierten und im weiteren zeitlichen Verlauf auch Spanien in ihr Migrationsgeschehen einbezogen. Dies geschah lange Zeit unter irregulären aufenthaltsrechtlichen Rahmenbedingungen, so dass die Analyse des transnationalen sozialen Raums speziell diesen Gesichtspunkt berücksichtigen will. Welche Bedeutung und Auswirkung hat der fehlende Aufenthaltsstatus für die Ausprägung einer transnationalen Lebensweise? Und darauf aufbauend: Welche verschiedenen Funktionen kann der transnationale Sozialraum je nach Aufenthaltsstatus erfüllen? Dies sind die Fragen, die im Folgenden behandelt werden sollen. Als empirische Grundlage dienen narrative und leitfadenorientierte Interviews, die mit ausgewählten Mitgliedern der Dorfgemeinschaft im Herkunftsort sowie an den Aufenthaltsorten der Migranten in Ecuador, Spanien und Deutschland geführt wurden. Ergänzend werden die Ergebnisse einer Haushaltsbefragung in der untersuchten Ortschaft in Ecuador einbezogen.

---

1 Zur Vereinfachung der Lesbarkeit verwende ich die männliche und meine damit implizit auch die weibliche Form. Wenn im Folgenden nur eines der beiden Geschlechter beschrieben ist, dann wird hierauf explizit hingewiesen.

2. *Der transnationale soziale Raum im Migrationskontext*

Als sich in den 1990er Jahren die Wahrnehmung von weltweit zunehmenden gesamtgesellschaftlichen Entgrenzungsprozessen in einen Globalisierungsdiskurs verdichteten, rückte ebenso in der internationalen Migrationsforschung ein neuer Ansatz in das Blickfeld des Interesses. Die sozialen Verflechtungszusammenhänge zwischen Herkunfts- und Zielregionen von Migranten wurden in das interdisziplinäre Spektrum aufgenommen. Ausgehend von einer vergleichenden anthropologischen Studie über Haitianer und Philippiner in den USA beschrieben Glick Schiller, Basch und Szanton Blanc den Transmigranten, der von dem klassischen Immigranten zu unterscheiden sei: „Transmigrants are immigrants whose daily lives depend on multiple and constant interconnections across international borders and whose public identities are configured in relationship to more than one nation state“ (Glick Schiller et al. 1995: 48). Erfolgt die Migration aus wirtschaftlichen Gründen, in Sequenzen und auf unbestimmte Zeit, so sind dies nach Pries (2000: 59) weitere Kriterien, die einen idealtypischen Transmigranten charakterisieren. Letztlich wird dieser nicht als entwurzelte Person, sondern eingebettet in mehr als nur einen nationalstaatlichen Kontext betrachtet. Der in der klassischen Migrationsforschung durch den Nationalstaat gebildete analytische Bezugsrahmen wird nun aufgebrochen und um die alltägliche plurilokale Lebenswelt der Migranten ergänzt, in der identifikative Elemente sowohl der Herkunfts- als auch der Zielregion aufgegriffen werden und zu der Annahme führen, dass Migranten hybride Identitäten ausbilden (ebd.: 61). Die sozialen Netzwerke, die eine verbindende Funktion zwischen den Lebenswirklichkeiten erfüllen, rücken zunehmend in den Fokus (Pries 1998: 72).

Eine stets wiederkehrende Kritik am Transnationalismus-Ansatz lautet, dass transnationale Migration historisch betrachtet kein Novum darstellt. Dem wird jedoch eine neue Komplexität entgegengesetzt, die sich nicht nur auf die Dimension des globalen Bezugsrahmens bezieht, sondern auch auf die Auswirkungen, die sich für die beteiligten Gesellschaften ergeben (Guarnizo u. Smith 1998: 4). Einige Aspekte sind zu nennen, die eine neue Dynamik einbringen: Die Globalisierung des Kapitals führt zu destabilisierenden Effekten und sich verschlechternden sozialen und ökonomischen Rahmenbedingungen mit Auswirkungen auf internationale Arbeitsmigrationen. Die Ausbreitung neuer Transport- und Kommunikationstechnologien schafft für Migranten zunehmend Möglichkeiten, intensive Kontakte in ihre Herkunftsregionen zu pflegen. Gleichzeitig werden Migranten von ihren Herkunftsländern als globale Ressource und Wählerschaft betrachtet. Staaten verstehen sich zunehmend als deterritorialisiert und finden zu einer Identitätspolitik, die auch dem Nationalstaat zu einer Neuinterpretation verhilft (Levitt et al. 2003: 569; Guarnizo u. Smith 1998: 4; Glick Schiller et al. 1995: 50).

Um eine empirische Analyse der transnationalen Lebenswirklichkeiten der Migranten vornehmen zu können, wird hier auf das Konzept der transnationalen sozialen Räume zurückgegriffen, das von Pries (1998) im Rahmen eines Forschungsprojektes zu Arbeitswanderungen im mexikanisch/US-amerikanischen Kontext in die Migrationsforschung eingebracht wurde. Er lehnt den *transnational community*-Begriff ab, indem er argumentiert, dass dieser für ortsgebundene soziale Beziehungen stehe, deren Überformung eben durch die neue Begriffsprägung deutlich gemacht werden soll (Pries 2001: 19). In der Definition des transnationalen sozialen Raums als „densified and institutionalized framework of social practices, symbol systems and artifacts that span pluri-locally over different national societies" (Herrera Lima 2001: 77) werden drei Elemente benannt, die in ihrer Lagerelation zu untersuchen sind und den kohärenten Sozialraum bilden, in dem sich das alltägliche Leben der Migranten abspielt (Pries 2004: 14-17):

1. Artefakte, also Sachen[2], die im Zuge der Migration transportiert werden und jeweils die (neue) Umgebung prägen, ebenso wie solche Gegenstände, welche die Bindung an den jeweiligen anderen Ort unterstreichen (z. B. Telefon, DVDs, Fotos),

2. soziale Praktiken als routinisierte menschliche Handlungs- und Interaktionsverflechtungen, die sich auf die verschiedenen Orte der Lebenswelt beziehen und diese miteinander verknüpfen (z. B. regelmäßige Kommunikation, Feste, Versammlungen),

3. symbolische Repräsentationen, die sich weniger als die beiden zuvor genannten Elemente durch Beobachtung erkennen lassen, sondern ihren Ausdruck in subjektiven Raumideen und Raumproduktionen erfahren, welche zu rekonstruieren sind.

Es gilt, die Gesetzmäßigkeiten zu untersuchen, nach denen durch geographische Nähe geprägte soziale Beziehungen durch transnationale Austauschbeziehungen überformt oder ersetzt werden (Faist 2004: 4). Die wesentlichen Dimensionen der grenzüberschreitenden Ausweitung des sozialen Raums lassen sich auf zwei Ebenen fassen: Zum einen über die Analyse der zeitlich-räumlichen Ausweitung und Intensivierung von Bindungen grenzüberschreitender Aktivitäten und Tätigkeiten, so dass Ereignisse, Entscheidungen und Aktivitäten in dem einen Land Auswirkungen auf Personen und Gemeinschaften in anderen Ländern haben; zum anderen über eine Untersuchung der Netzwerkverbindungen, entlang derer sich Austauschprozesse über Grenzen hinweg entwickeln.

---

2 Bezug nehmend auf H. Linde bezeichnet Pries (2004: 15) solche Gegenstände als Sachen, die Produkte menschlicher Absicht und Arbeit sind. Davon zu unterscheiden sind Dinge, die als naturgegeben definiert werden.

Technische Infrastruktur und weitere Voraussetzungen für Kommunikation wie Sprache sind ebenso entscheidend wie gesetzliche Regulierungen, die Möglichkeiten oder Hindernisse für Austauschbeziehungen schaffen (Faist 2004: 5, 6).

3. *Eine ecuadorianische Dorfgemeinschaft in Bonn*

Die Entwicklung von Migrationsprozessen wird in besonderem Maße durch soziale Netzwerke bestimmt, die für die Entstehung von transnationalen sozialen Räumen eine unabdingbare Grundvoraussetzung bilden. Familiäre bzw. verwandtschaftliche Netzwerke ebenso wie ganze Dorfgemeinschaften können im Zuge von Migrationsprozessen über große geographische Distanzen hinweg – und damit auch grenzüberschreitend – intensive Bindungen beibehalten und rege Austauschbeziehungen pflegen. Eine solche Dorfgemeinschaft, deren Mitglieder seit über 20 Jahren große Wanderungsdistanzen zurücklegen, ohne die Kontakte untereinander und ihre Zugehörigkeit zu der nunmehr plurilokalen Herkunftsgemeinschaft aufzugeben, wird im Folgenden durch eine Darstellung des ecuadorianischen Ortes Pepinales und den von ihm ausgehenden Migrationsprozessen vorgestellt.[3]

Pepinales befindet sich im Süden der Hochlandprovinz Chimborazo etwa 2.300 m. ü. d. M. oberhalb der Talflanke des Río Chanchán. Die Streusiedlung umfasst aktuell 44 Haushalte, deren traditionelle Wirtschaftsgrundlage die ackerbauliche Produktion von Getreide und Hülsenfrüchten darstellte. Nach einem drastischen Rückgang der Ernteerträge, sich verschlechternden Absatzbedingungen auf den lokalen Märkten sowie einem migrationsbedingten Mangel an Arbeitskräften insbesondere in den Erntezeiten änderte sich die landwirtschaftliche Nutzung. Seit den 1990er Jahren werden überwiegend Rinderzucht und Milchwirtschaft betrieben, die der Selbstversorgung dienen und in geringem Umfang marktorientiert ausgerichtet sind.

Um den von der Dorfgemeinschaft gebildeten transnationalen sozialen Raum zu umschreiben, gilt es zunächst, die zu untersuchende Gemeinschaft einzugrenzen. Die Ergebnisse der Haushaltsbefragung vermitteln einen ersten Überblick (Abb. 1).

---

3 Im Folgenden wird auf die Auswertung von narrativen und leitfadenorientierten Interviews mit ausgewählten Mitgliedern der Dorfgemeinschaft und auf eine Haushaltsbefragung in Pepinales, die 2006 durchgeführt wurde, zurückgegriffen. Des Weiteren werden einzelne Aspekte durch die unveröffentlichte Arbeit „Historia de Pepinales. Un relato históricocrítico y analítico de la formación, desarrollo y actualidad de este recinto de Alausí-Ecuador" von Raúl Salgado (2005) punktuell ergänzt. Seine Arbeit war der Gewinnerbeitrag eines Schreibwettbewerbs, der von der Dorfgemeinschaft über die Geschichte von Pepinales ausgerufen wurde.

Abbildung 1: Vier Formen der Zugehörigkeit zur Dorfgemeinschaft

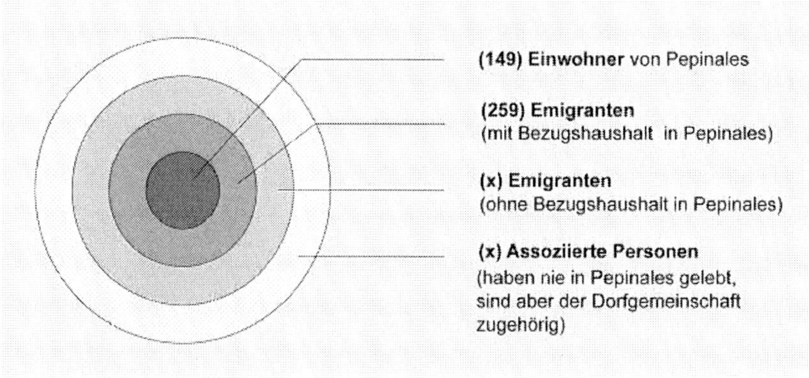

Quelle: Eigene Darstellung

Derzeit leben 149 Personen in Pepinales, die im engen Sinne als Dorfgemeinschaft zu verstehen sind. Eine erste Erweiterung berücksichtigt zusätzlich die Personen, die Pepinales als Migranten verlassen haben. Sofern sie noch über einen Bezugshaushalt in Pepinales verfügen, zu dem sie vor ihrer Migration zugehörig waren, können sie und ihre derzeitigen Wohnorte erfasst werden. Ihre Anzahl beläuft sich auf 259, von denen 59 % innerhalb Ecuadors leben, 28 % nach Spanien, 6 % nach Deutschland und 7 % in weitere Länder emigriert sind (Tab. 1). Jene Personen, die ebenfalls aus Pepinales emigriert sind, dort gegenwärtig jedoch keinen Bezugshaushalt mehr aufweisen können, lassen sich quantitativ nicht ermitteln, sind jedoch als zweite Erweiterung aufzufassen. Eine dritte Erweiterung umfasst ferner den Personenkreis, der nie in Pepinales gelebt hat, sich dennoch zur Dorfgemeinschaft zugehörig fühlt oder von ihr als zugehörig empfunden wird.

Tabelle 1: Wohnorte der Emigranten mit Bezugshaushalt in Pepinales (Quelle: eigene Erhebung)

	absolut	in Prozent
Ecuador	154	59
Spanien	73	28
Deutschland	15	6
England	6	2
USA	7	3
Sonstiges Ausland	4	2

Diese assoziierten Pepinalenser erfahren den Zugang zur Gemeinschaft beispielsweise durch Heirat mit einem Dorfmitglied oder durch Abstammung der eigenen Eltern aus Pepinales.

Diese von mir vorgenommene Begrenzung des zu untersuchenden Sozialraums, die nicht als absolute Grenzziehung zu verstehen ist, erfährt ihren Bezug durch die Herkunft der beteiligten Personen aus dem Ort Pepinales sowie eine Selbst- oder Fremdzuschreibung zur Gemeinschaft der Pepinalenser. So ist zumindest der potenziell mögliche Sozialraum umrissen, dessen empirische Dimension durch die praktizierten Netzwerkverbindungen der Mitglieder der Dorfgemeinschaft und symbolische Repräsentationen geschaffen wird.

Die in Tabelle 1 abgebildete Momentaufnahme der migrierten Bevölkerung wird nun um eine Darstellung der migratorischen (Um-)Wege ergänzt, die zu dieser Verteilung geführt haben. Dabei wird der Fokus auf die Phase gerichtet, in deren Verlauf die Stadt Bonn als Zielort der Migration eine herausragende Rolle gespielt hat (Abb. 2). Bis in die 1980er Jahre dominierten zunächst intranationale Wanderungsbewegungen die Migrationsgeschichte von Pepinales. Die Gründe dafür lagen primär in der nicht ausreichenden agrarischen Wirtschaftsgrundlage und den sich entwickelnden Netzwerkverbindungen in sowohl städtische als auch andere ländliche Regionen Ecuadors (Schlichting 2007: 181). Bereits vor den 1980er Jahren kam es bereits zu vereinzelten Fällen internationaler Migration in die USA. Bis dahin korrespondierte diese Entwicklung mit dem generellen Migrationsgeschehen der südlichen Kantone von Chimborazo und der angrenzenden Provinz Cañar (Gratton 2006: 35; Jokisch u. Kyle 2006: 57). Ab 1986 beschritten die Pepinalenser jedoch einen Sonderweg, der sich auf das weitere Migrationsgeschehen sowohl quantitativ als auch qualitativ erheblich auswirken sollte. Ausgestattet mit einem indirekten Kontakt zu Landsleuten in Bonn reisten drei Mitglieder der Dorfgemeinschaft in der Hoffnung auf bessere Einkommensmöglichkeiten nach Deutschland. Sie bildeten als Pioniere das erste Glied einer Migrationskette von mindestens 70 Personen[4], die sich insbesondere nach Bonn richtete. In der Anfangsphase entwickelte sich die Emigration zunächst zögerlich und wurde durch nahe Verwandte der Pioniere getragen, bevor nach und nach weitere Haushalte einbezogen wurden. Zu dieser Zeit unterlagen Ecuadorianer bei der Einreise nach Europa keiner Visumpflicht, so dass beim Grenzübertritt ein dreimonatiges Touristenvisum ausgestellt wurde.

4 Diese Zahl bezieht sich auf die in der Haushaltsbefragung ermittelten Personen mit Bezugshaushalt in Pepinales. In der Selbsteinschätzung der Pepinalenser wird davon ausgegangen, dass im Laufe der Zeit etwa 400 Personen nach Deutschland kamen (Salgado 2005: 134), wobei hier die Emigranten ohne Bezugshaushalt in Pepinales und die assoziierten Pepinalenser stark ins Gewicht fallen dürften.

Abbildung 2: Emigrationsphasen der Pepinalenser nach Deutschland und Spanien

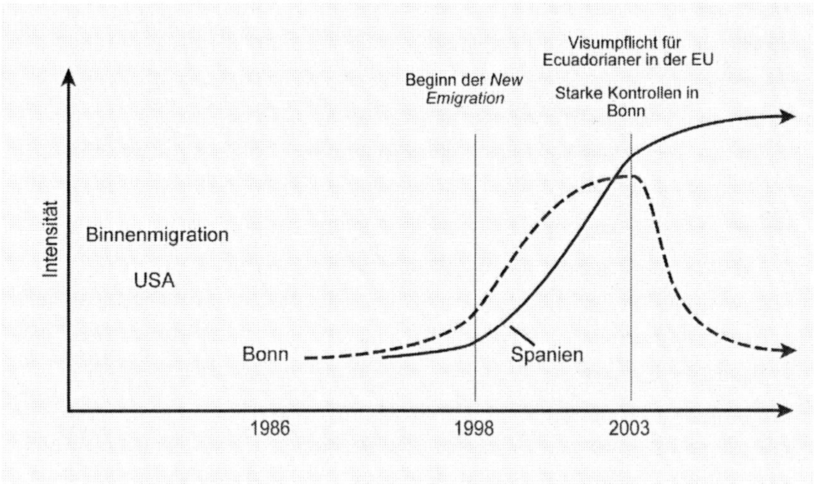

Quelle: Eigene Darstellung

Als *visa-overstayer* verblieben sie nach dessen Ablauf in Deutschland und wurden so zu aufenthaltsrechtlich irregulären Migranten.

Die Schwierigkeiten, die sich für die Pepinalenser in Bonn aus der faktischen Rechtlosigkeit ergaben, entsprechen den typischen Problembereichen, die sich auf die Vulnerabilität aller irregulären Migranten in Deutschland in unterschiedlichem Maße auswirken (Sekretariat der Deutschen Bischofskonferenz 2001: 19-21; Sinn et al. 2005: 109-125; Wehrhahn u. Schlichting 2007). Es sind vor allem vier Bereiche des täglichen Lebens, in denen irreguläre Migranten eine besondere formale Ausgrenzung erfahren. Der erste Bereich betrifft die unzureichend gewährleistete Gesundheitsversorgung. Wegen des fehlenden Krankenversicherungsschutzes müssen anfallende Behandlungskosten von den Migranten privat getragen werden. Zudem besteht die Angst, dass der fehlende Aufenthaltsstatus nach einem Arzt- oder Krankenhausbesuch der Ausländerbehörde gemeldet werden könnte. Zweitens ist der Zugang zum formalen Wohnungsmarkt ohne Meldebescheinigung und regelmäßige Einkommensnachweise erheblich erschwert. Den irregulären Migranten steht somit nur ein eingeschränkter Teil des Mietmarktes offen, in dem sie eine besonders ungünstige Verhandlungsposition besitzen und oft schlechte Wohnverhältnisse zu überhöhten Mieten in Kauf nehmen müssen (Münz et al. 2001: 87). Ebenso können Polizeikontrollen mit Hausdurchsuchungen zu einer Verschärfung der Lage führen, wenn die Unterkunft plötzlich aufgegeben werden muss und dies zu temporärer Obdachlosigkeit führen kann. Drittens können sich aus der geschwächten Verhandlungsposition heraus prekäre Beschäftigungsverhältnisse ergeben, die durch risikobehaftete Arbeitsbedingungen, niedrige Bezahlung bis hin zu einer Verwehrung von Lohnansprüchen gekennzeichnet sind. Der vierte Aspekt thematisiert schließlich den fehlenden rechtlichen Anspruch der Kinder irregulärer Migranten, eine Schule zu besuchen. Trotz der in Deutschland bestehenden Schulpflicht wird die rechtliche Beurteilung der Frage, ob Schulen der Übermittlungspflicht von Informationen über den Aufenthaltsstatus an die Ausländerbehörde unterliegen, in den verschiedenen Bundesländern und Kommunen nach wie vor nicht eindeutig beantwortet (Fisch 2007: 78).

Da die ersten Pepinalenser in Bonn auf keinerlei Unterstützung eines bereits bestehenden Migrantennetzwerkes zurückgreifen konnten, waren sie als Pioniere in besonderer Weise gefordert, ihr Leben unter den oben geschilderten Rahmenbedingungen zu organisieren. Auf ihre Erfahrungen konnten die Nachziehenden der Migrationskette zurückgreifen und dadurch ihre Kosten und Risiken der Migration reduzieren. Die Kettenmigration wurde in starkem Maße durch die Bereitschaft der bereits in Bonn lebenden Migranten geprägt, weiteren Ankömmlingen Unterstützung zu bieten. Diese zusätzliche Belastung wurde auch deshalb in Kauf genommen, weil davon ausgegangen werden konnte, dass die Personen schnell auf eigenen Füßen stehen und nicht zu einer Last werden würden. Der informelle Arbeitsmarkt in Bonn bot in dieser Phase eine ausreichend hohe Arbeitskräftenachfrage. Dabei fanden Frauen überwiegend Beschäftigung als Haushaltshilfen. Männer kamen in Restaurants sowie auch in privaten Haushalten besonders im Bereich von Reparatur-, Hausmeister- und Gartenarbeiten unter. Die Besetzung solcher Beschäftigungsfelder in Bonn durch irreguläre Migranten stellt im europäischen Vergleich keinen Sonderfall dar. Seit den 1990er Jahren ist ihre Präsenz auf den städtischen Arbeitsmärkten in allen EU-Ländern zu einer Normalität geworden (Hillmann 2007: 76).

Eine zweite Emigrationsphase aus Pepinales wurde eingeleitet, als durch eine schwere Wirtschaftskrise in Ecuador das bestehende Netzwerk nach Bonn als Notausgang zur Sicherung der Lebensgrundlage wurde und es zu einer starken Zunahme der Pepinalenser in Bonn kam. Diese Phase verlief parallel zu einer panikhaften Auswanderungswelle, die ganz Ecuador spätestens ab 1998 erfasste, und als *new emigration* bezeichnet wird (Jokisch u. Pribilsky 2002). Sie richtete sich vornehmlich nach Spanien und führte dort zu einem sprunghaften Anstieg der Einreisen ecuadorianischer Staatsangehöriger. Schätzungsweise 2 Mio. Ecuadorianer leben mittlerweile außerhalb ihres Landes, mehrheitlich in Europa, was 12 % der ecuadorianischen Bevölkerung entspricht (Jokisch u. Kyle 2006: 59; Ponce 2005: 9).

Die *new emigration* bedeutete auch für Pepinales, dass sich eine Kettenmigration nach Spanien entwickelte und die Anzahl der Pepinalenser insbesondere in Madrid stark zunahm.

Auch wenn Deutschland quantitativ nie als bedeutsames Zielland ecuadorianischer Emigration[5] in Erscheinung trat, sprechen in Bonn einige Anzeichen dafür, dass es spätestens mit der *new emigration* zu einem deutlichen Anstieg von Ecuadorianern kam. Es ist davon auszugehen, dass ihr Zuwachs mit ausschlaggebend dafür war, dass die schwierige Lebenssituation irregulärer Migranten in Bonn zu einem offen diskutierten Thema wurde. Auf verschiedenen Ebenen bildeten sich formale Strukturen, von denen hier einige aufgeführt sind. Der Caritasverband Bonn richtete Anfang 2002 offiziell einen Beratungsbereich für Menschen ohne Aufenthaltsstatus ein. Anfang 2003 gründete sich das Bonner Netzwerk Migration (MIGRANET), aus dem der Arbeitskreis „Menschen ohne Papiere“ hervorging, der auf eine Verbesserung der besonderen Lebenssituation von Menschen ohne Aufenthaltsstatus hinwirkt (MIGRANET o. J.). Den Impuls für seine Gründung setzten Ecuadorianer, die Bedarf darin sahen, die Problematik in Bonn offen anzusprechen. Als weiterer Meilenstein erfolgte 2006 die Gründung der medizinischen Beratungsstelle MediNetzBonn e.V., die bereits im Vorfeld der Vereinsgründung ein Netzwerk von Ärzten aufbaute, das der Vermittlung von Patienten für anonyme und kostenfreie Behandlungen dient. Aus den Geschäftsberichten lässt sich auch hier eine relative Bedeutung der Ecuadorianer herauslesen: von 491 Vermittlungen im Jahr 2005, bzw. 464 im Jahr 2006 entfielen 217, bzw. 247 auf Personen aus Ecuador (MediNetzBonn e.V. o. J.a; o. J.b). Abschließend sei noch die „Bürgerinitiative für die Rechte und Würde der Menschen ohne Papiere“ genannt, für deren Gründung im Jahr 2002 ebenfalls Migranten aus Ecuador mitverantwortlich zeichneten.

Im Jahr 2003 kam es schließlich zu einschneidenden Ereignissen mit weit reichenden Konsequenzen für Ecuadorianer und die vorgestellten Pepinalenser ohne Aufenthaltsstatus. Diese dritte Phase im Wanderungsgeschehen wird zum einen durch die von der Europäischen Union beschlossene Visumpflicht für Ecuadorianer bestimmt, die als Reaktion auf den rapiden Anstieg von Ecuadorianern in der EU im Zuge der *new emigration* zu deuten ist. Sie gilt seit dem 1. Juni 2003 und ließ die Kettenmigration nicht nur der Pepinalenser abrupt enden. Zum anderen gerieten irreguläre Migranten in Bonn zunehmend in das Blickfeld der Behörden. Im Rahmen der Bekämpfung von Schwarzarbeit und Ermittlungen im Fall von Passfälschungen kam es ab 2003 zu verstärkten Kontrollen in Bonner Restaurants und Haushalten, in deren Verlauf es auch zu über einhundert Aufgriffen ecuadorianischer Migranten ohne Aufenthaltsstatus kam (Vallender 2004). Einige Pepinalenser waren hiervon be-

---

5 In Deutschland waren am 31.12.2006 4.533 Ecuadorianer gemeldet (Statistisches Bundesamt 2007). Eine realistische Gesamtzahl, die auch diejenigen ohne Aufenthaltsstatus einbezieht, wird von Bustamante (2005: 146) auf 10.000 bis 11.000 geschätzt.

troffen und wurden ausgewiesen. Andere fällten zu dieser Zeit den Entschluss, sich dem Risiko eines polizeilichen Aufgriffs zu entziehen und zogen nach Spanien um, wohin ausgeprägte Netzwerkverbindungen bestanden. Die Anzahl der Pepinalenser in Bonn reduzierte sich auf diejenigen, die einen Aufenthaltsstatus besitzen, und einige wenige, die trotz der widrigen Umstände weiterhin in Bonn leben. Ihre Gesamtzahl beträgt nach der über 20jährigen Wanderungsgeschichte nach Bonn nun lediglich 15 Personen.

4. *Zwischen Transnationalismus und irregulärem Aufenthalt*

Nach einer Darstellung der Migrationsprozesse der Pepinalenser und der sie prägenden Rahmenbedingungen wird im Folgenden die Binnenperspektive der Migranten eingenommen. So können der transnationale Charakter ihrer Gemeinschaft nachvollzogen und einzelne Elemente eines transnationalen sozialen Raums herausgestellt werden, die sich entlang der Netzwerkverbindungen zwischen Ecuador, Deutschland und Spanien zeigen. Dazu werden zunächst auf einer individuellen Ebene zwei Migrationsbiographien vorgestellt. Anschließend wird am Beispiel der Migrantenorganisation „Asociación de Pepinalenses residentes en Alemania" eine kollektive und institutionalisierte Ebene in die Betrachtung einbezogen, um ihre Bedeutung und darüber hinaus einzelne Funktionen des transnationalen sozialen Raums aufzuzeigen.

4.1 Transnationale Lebensweisen im Vergleich

Anhand einer vergleichenden Gegenüberstellung von Migrationsbiographien werden zwei Fälle vorgestellt, die sich in ihren Bewegungsmustern in Form von physischen Grenzübertritten stark unterscheiden. Während es in dem einen Fall (Abb. 3) zu mehrfachen Migrationen zwischen Ecuador, Deutschland und Spanien kam, lässt sich jedoch nicht nur unter diesem Aspekt der sequenziellen Migration die transnationale Lebensweise herauslesen. In dem anderen Fall (Abb. 4), der sich lediglich durch eine Migrationsbewegung von Ecuador nach Bonn auszeichnet, zeigt insbesondere die dauerhafte identifikative und sozialstrukturelle Verhaftung in beiden Gesellschaften die plurilokale Lebenswelt einer transnationalen Migrantin.

Fernando fasste 1990 im Alter von 22 Jahren den Entschluss, Ecuador zu verlassen. Da ein Onkel und einige weitere Pepinalenser bereits in Bonn lebten, migrierte er als erster seiner Familie entlang des bereits bestehenden Netzwerks. Nur eine Woche nach seiner Ankunft in Bonn fand er Arbeit in einem Restaurant mit zufriedenstellender Bezahlung. Er teilte sich eine Unterkunft mit Landsleuten und Kollegen und empfand die Wohnsituation als akzeptabel. Nach einem Jahr und zehn Monaten wurde er von der Polizei aufgegriffen und trat im November 1992 seine Rückreise nach Ecuador an.

Kurz darauf lernte er seine heutige Ehefrau Betty kennen, die zu dem Zeitpunkt bereits ihre Ausreise nach Spanien organisiert hatte. Nach nur einmonatigem Aufenthalt in Ecuador reiste Fernando Ende 1992 zu ihr nach Spanien, wo er drei Monate lang Arbeit suchte. Schließlich fanden beide gemeinsam Beschäftigung als Hausangestellte bei einer wohlhabenden Familie. Dort lebten sie als *internos* (die Unterkunft wird im Haushalt des Arbeitgebers gestellt), empfanden die Arbeitsbedingungen jedoch als äußerst unwürdig. Ihre Arbeitskraft war 14 Stunden am Tag gefragt und sie verdienten gemeinsam lediglich etwa 750 Euro monatlich. Auf Grund dessen beschlossen Fernando und Betty 1993, nach Bonn zu gehen. Seiner Erfahrung nach waren die Verdienstmöglichkeiten und die Arbeitsbedingungen dort besser. In Bonn angekommen entwickelte Betty jedoch Angstzustände und litt aus ständiger Furcht vor einem drohenden Aufgriff durch die Polizei an Depressionen.

Abbildung 3: Migrationsweg von Fernando (39 Jahre) aus Pepinales

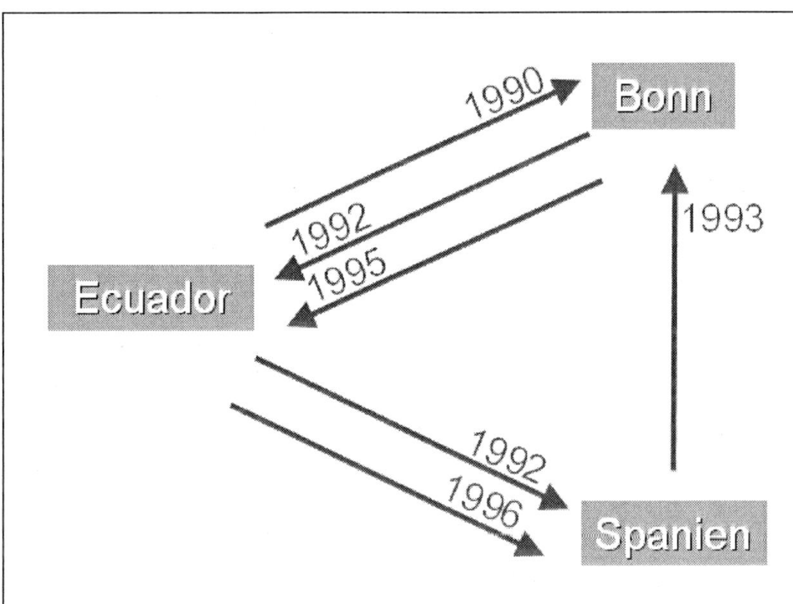

Die finanzielle Situation spitzte sich zu, als Betty nicht mehr arbeiten konnte und zudem Behandlungskosten beglichen werden mussten. Deshalb beschlossen sie 1995 nach Ecuador zu gehen, wo sie sich mit einer Hühnerzucht eine kleine Existenz aufbauten, die aber keine Überschüsse erwirtschaftete. Als sich die Wirtschaftslage in Ecuador verschärfte, kamen sie 1996 erneut zu dem Schluss, in Spanien ihr Glück zu versuchen. Fernando fand in Madrid eine Anstellung in einem Restaurant und konnte über diesen Arbeitsplatz nach etwa drei Jahren an einem Regularisierungsprogramm teilnehmen. Der Aufenthaltsstatus ermöglichte es ihm später, die spanische Staatsangehörigkeit zu beantragen. Seitdem er die doppelte Staatsangehörigkeit besitzt, hat er das Gefühl, etwas aus seinem Leben machen zu können. Mit seiner Frau und seinem Sohn lebt er nun in einer Eigentumswohnung in Madrid und baut ein kleines Transportunternehmen auf.

Im alltäglichen Leben von Fernando zeigen sich deutliche transnationale Handlungsweisen, die sich neben den häufigen Grenzübertritten vor allem durch die regelmäßige Kommunikation und den Austausch mit seinen Eltern und Geschwistern äußert. Von seinen ebenfalls nach Europa migrierten Geschwistern leben drei in Spanien und jeweils ein Bruder in Deutschland und England. Ihre Beziehung pflegen sie besonders intensiv, nicht nur über Telefonate und E-Mail, sondern auch durch regelmäßige gegenseitige Besuche. Rücküberweisungen an die Eltern und in Ecuador getätigte Investitionen in Wohneigentum verweisen auf die enge Bindung, die weiterhin zu Ecuador besteht. Fernando hegt den Wunsch, eines Tages nach Ecuador zurückzukehren. Auf der einen Seite hat er konkrete Pläne, wie dort eine Zukunft für ihn und seine Familie aussehen könnte. Auf der anderen Seite sieht er eine Schwierigkeit darin, dass sein Sohn in Spanien aufwächst und hier verwurzelt ist. In Bezug auf die anderen Pepinalenser, die in Madrid leben, vermutet er allerdings, dass diese künftig nicht nach Ecuador zurückkehren werden.

Eine in ihrem migratorischen Verlauf weniger wechselhafte aber ebenso transnationale Biographie zeigt das zweite Fallbeispiel. Sonia folgte 1993 im Alter von 21 Jahren einem Bruder nach Bonn, der ihre Reise finanzierte und sie in Empfang nahm. In Bonn lebten sie mit zehn weiteren Landsleuten in nur einem Raum unter sehr beengten Verhältnissen und ohne Privatsphäre, worunter Sonia sehr litt. Anfangs fand sie nur mühsam Arbeit als Haushaltshilfe. Im Laufe der Zeit wurde sie von ihren Arbeitgeberinnen jedoch weiterempfohlen, konnte so ihre Arbeitszeit ausfüllen und sich eine relative finanzielle Sicherheit schaffen. Eine Verbesserung der Wohnsituation trat ein, als Sonia gemeinsam mit ihren Geschwistern eine eigene Wohnung anmieten konnte, die sich zwar in einem schlechten baulichen Zustand befand, aber nicht mit fremden Personen geteilt werden musste. Nach einigen Jahren lernte Sonia ihren heutigen deutschen Ehemann kennen, den sie 2001 heiratete. Bis zu dem Zeitpunkt der Hochzeit hatte sie Deutschland nicht verlassen. Seitdem besitzt sie einen Aufenthaltsstatus, kann regelmäßig nach Ecuador reisen und ihre Familie in Pepinales besuchen. In Bonn konnte sie zudem eine Festanstellung finden und vor einigen Jahren mit ihrem Ehemann eine Eigentumswohnung erwerben.

Abbildung 4: Migrationsweg von Sonia (35 Jahre) aus Pepinales

Auch wenn Sonias Lebensmittelpunkt in Deutschland liegt und sie nur besuchsweise nach Ecuador reist, steht sie im alltäglichen Handeln in intensiven Austauschbeziehungen zu ihrer Familie in Ecuador. Nach dem Tod einer Schwester hat sie die Verantwortung für deren drei Kinder übernommen. Sie regelt telefonisch und bei Aufenthalten in Ecuador ihre Belange und unterstützt sie monatlich finanziell mit durchschnittlich 200 US Dollar. Außerdem plant sie mit ihrem Mann auf dem Grundstück ihrer Eltern in Pepinales ein eigenes kleines Haus zu bauen; vielleicht eher zur Freude ihrer Mutter, die fest davon ausgeht, dass Sonia nach Ecuador zurückkehren wird. Ganz ausschließen möchte Sonia dies nicht. Sie sieht zwar realistisch, dass sie in Deutschland zufrieden ist und eine feste Anstellung hat, aber eine eindeutige Aussage über ihre Zukunftspläne kann sie ebenso wenig treffen wie Fernando.

In beiden Kurzbiographien wird trotz der erheblichen Unterschiede in den Verläufen ihrer Migrationen als gemeinsames Merkmal ersichtlich, dass das familiäre Netzwerk und die hier erfolgenden Austauschbeziehungen mit den Eltern und Geschwistern eine Basis und Grundvoraussetzung für die Entstehung und Festigung eines transnationalen sozialen Raumes bilden. Dass darüber hinaus in einem erweiterten Kontext, der die Mitglieder der Dorfgemeinschaft in den verschiedenen Ländern einbezieht, dessen zusätzliche Stabilisierung erfolgt, wird im Folgenden anhand der von den Pepinalensern gegründeten Migrantenorganisationen aufgezeigt.

4.2 Migrantenorganisationen als stabilisierender Faktor der Gemeinschaft

Als in den 1990er Jahren zunehmend mehr Pepinalenser nach Bonn kamen, entstanden unter den Migranten neben den ohnehin vorhandenen familiären und verwandtschaftlichen Kontakten auf individueller Ebene enge Netzwerkbeziehungen. Regelmäßige Treffen wurden organisiert, Festlichkeiten gemeinsam ausgerichtet und gegenseitige Hilfestellung in verschiedenen Lebenslagen geleistet. Bereits 1997, kurz bevor sich die *new emigration* in all ihren Ausmaßen ankündigte, formalisierten die Pepinalenser ihre Gemeinschaft in Bonn und gründeten die „Asociación de Pepinalenses residentes en Alemania" mit anfangs etwa 20 Mitgliedern. Die Zielsetzung sah in erster Linie die Unterstützung und Entwicklung des Heimatortes in Ecuador vor. Monatliche Mitgliedsbeiträge wurden dafür verwendet, kollektive Rücküberweisungen zu tätigen, die in einzelne Projekte für Pepinales flossen. So wurden der Umbau des Gemeindesaals, eine Renovierung der Schule und der Aufbau einer Gesundheitsstation mitfinanziert und so regionale Entwicklungsimpulse gesetzt. Neben den monetären Rimessen, die in materielle Projekte investiert wurden, waren auch solche Rücküberweisungen von besonderer Bedeutung, die eine soziale Positionierung innerhalb der Dorfgemeinschaft bewirkten. Um die fünftägigen Feierlichkeiten zu Ehren des Schutzpatrons in Pepinales zu finanzieren, ist die Dorfgemeinschaft jedes Jahr erneut auf Sponsorengelder in Höhe von 2.000-3.000 US $ pro Tag angewiesen, die entweder von Einzelpersonen oder seit den 1990er Jahren zunehmend von Migrantengruppen aufgebracht werden. Nachdem neben der *asociación* in Bonn auch Vereinigungen in Spanien (2003) und kürzlich auch innerhalb Ecuadors (in Quito im Jahr 2004 und in Riobamba im Jahr 2005) gegründet wurden, ist diese kollektive Form der Mitfinanzierung für Pepinales bedeutsam geworden. Mit der namentlichen Würdigung der einzelnen Sponsoren während des Festes und dem Prestige, das die Finanzierung einzelner Programmpunkte einbringt, werden monetäre Rimessen vor Ort in einen symbolischen Wert überführt, der durch die Erinnerungen und Erzählungen derjenigen, die die *fiesta* miterlebt haben, geschaffen wird. Zusätzlich werden die Erlebnisse durch Erzählungen und Filmmaterial sowie über die *homepage* der Dorfgemeinschaft (www.pepinales.com) zugänglich gemacht. In diesem Kontext erfolgt jährlich eine Neupositionierung im sozialen Gefüge der transnationalen Dorfgemeinschaft, selbst wenn die Sponsoren nicht persönlich anwesend sein konnten.

Ein zweites wichtiges Betätigungsfeld der „Asociación de Pepinalenses residentes en Alemania" lag ferner darin, in Bonn die Gemeinschaft zu pflegen. Mit der Organisation traditioneller Feste wurde ein institutioneller Rahmen aufgegriffen, wie er aus Ecuador bekannt ist. So wurde über mehrere Jahre hinweg das bereits erwähnte Dorffest auch in Bonn ausgerichtet, insbesondere zu der Zeit, als der überwiegende Teil der Migranten wegen des fehlenden Aufenthaltsstatus nicht zur Originalfeier nach Ecuador reisen konnte. Weitere Feste wie Weihnachten oder Muttertag wurden ebenso gemeinsam begangen.

Ein drittes Ziel der Arbeit der *asociación* bestand während der Phase der größten Mitgliederzahl zudem in gegenseitiger Hilfestellung und Unterstützung in Bonn. Die Statuten der Organisation regelten den Zugang zu kurzzeitiger finanzieller Unterstützung, die in schwierigen Lebenslagen in Anspruch genommen werden konnte und aus den Mitteln der Mitgliedsbeiträge bereitgestellt wurde. Es waren besonders die Belastungen durch Arztrechnungen im Krankheitsfall, die die Mitglieder der *asociación* veranlassten, auf Hilfe durch die Gemeinschaft zurückzugreifen. Ebenso Behandlungskosten für Familienangehörige in Ecuador konnten für die Migranten in Bonn zu einer akuten finanziellen Überbelastung führen.

Die heutigen Aktivitäten der *asociación* beziehen sich im Wesentlichen auf die beiden erst genannten Bereiche. Wegen der mittlerweile stark gesunkenen Mitgliederzahl werden sie in einem wesentlich geringeren Umfang als noch vor einigen Jahren durchgeführt. Allerdings nimmt nun der formale Austausch mit den Migrantenorganisationen in Madrid, Riobamba und Quito größeren Raum ein, wobei die Koordination von Hilfe und Unterstützung für den Heimatort Pepinales inhaltlich im Zentrum steht. Zusätzlich ergab sich im Jahr 2007 ein politisches Tätigkeitsfeld, da für die Wahlen der Mitglieder der verfassungsgebenden Versammlung in Ecuador auch Migranten beteiligt wurden, die je zwei Vertreter aus USA/Kanada, Südamerika und Europa wählten. Einige Pepinalenser in Europa engagierten sich hier im Vorfeld um politische Mitsprache.

5. *Fazit*

Die untersuchte Dorfgemeinschaft der Pepinalenser, deren Migrationsgeschehen bereits seit über 20 Jahren durch internationale Wanderungen geprägt ist, weist auf verschiedenen Ebenen deutliche Merkmale auf, die einen transnationalen sozialen Raum in Erscheinung treten lassen. Dabei ist der Aufenthaltsstatus für die Migranten in Europa insofern entscheidend, als er sich auf die unterschiedlichen Funktionen auswirkt, die der transnationale soziale Raum für sie erfüllen kann. Für den Fall eines fehlenden Aufenthaltsstatus schafft die enge Vernetzung der transnationalen Dorfgemeinschaft ein plurilokales soziales Sicherungssystem, auf das in Krisensituationen zurückgegriffen wird. Dies äußert sich beispielsweise darin, dass kurzfristig kleine Kredite aufgenommen werden können, aber auch entlang der bestehenden Netzwerke relativ mühelos der Standort zwischen verschiedenen Ländern gewechselt werden kann, da das soziale Referenzsystem trotz Migration nicht verlassen wird. Es wurde gezeigt, dass dauerhaft vorhandene Anknüpfungsorte an verschiedenen Standorten (Ecuador, Spanien, Deutschland) dazu verhelfen, sich spontan und flexibel auf neue Situationen einzustellen, sei es aufgrund einer Ausweisung, als Reaktion auf schlechte Arbeitsbedingungen oder wegen persönlicher Umstände. Die dauerhafte Integration der Migranten in ihre transnationale Dorfgemeinschaft stellt letztlich eine Ressource dar, auf die ortsungebunden zurückgegriffen werden kann. Bieten Staaten keine Strukturen oder keinen Zugang zu formalen Sicherungssystemen, schafft sich der einzelne Migrant durch die transnationale Lebensweise und seine Integration in transnationale soziale Räume Absicherungen. Dies trifft auf irreguläre Migranten in Deutschland in besonderer Weise zu, denn hier werden ihnen Rechte auf soziale Mindeststandards noch immer größtenteils verwehrt, so dass individuelle Problemlösungen erforderlich sind.

Im Umkehrschluss bedeutet dies jedoch nicht, dass sich die transnationale Ausrichtung in der Lebensweise abschwächt, wenn der Aufenthaltsstatus legalisiert wird. Sie kann sich in Teilen sogar verstärken, wenn nun ohne Restriktionen zwischen den Ländern gereist werden kann, wie beispielsweise zu der *fiesta* im Heimatort. Auch treten die regelmäßigen Treffen der Migrantenorganisationen nicht in den Hintergrund. Eher erfüllt die transnationale Lebensweise nun verstärkt die Funktion, Lebensqualität und emotionale Zufriedenheit zu geben, da Traditionen und Bräuche in gewohnter Weise gepflegt werden können, aber auch soziales Engagement in Gemeinschaft geübt wird. In diesem Sinne darf der physische Wechsel zwischen verschiedenen Lebensorten, der nach Pries (2000: 59) ein Normalzustand im Leben eines idealtypischen Transmigranten sei, nicht zu einem entscheidenden Kriterium innerhalb des Transnationalismus-Ansatzes gemacht werden. Vielmehr sollte die Lebensweise, die sich als transnationaler Lebensstil beschreiben ließe, stärkere Beachtung finden, die sich – wie gezeigt – sehr facettenreich darstellt. Der Transnationalismus-Ansatz stellt hierfür als Analyserahmen eine Perspektive bereit, die den einzelnen Migranten mit seiner individuellen Identität und Biographie zum Ausgangspunkt nimmt und retrospektiv die Möglichkeit bietet, das Verständnis um Migrations- und schließlich auch Integrationsprozesse auszudifferenzieren.

Literatur

Bustamante, Xavier (2005): Reseña Historica de la Migración Ecuatoriana a Alemania. In: Ponce, Javier (Hrsg.): Migrantes. Problemas y Ayudas. Quito, S. 137-157.

Faist, Thomas (2004): The Border-Crossing Expansion of Social Spaces: Concepts, Questions and Topics. In: Faist, Thomas; Eyüp Özveren (Hrsg.): Transnational Social Spaces. Agents, Networks and Institutions. Aldershot: 1-34.

Fisch, Andreas (2007): Menschen in aufenthaltsrechtlicher Illegalität. Reformvorschläge und Folgenabwägungen aus sozialethischer Perspektive. Berlin.

Glick Schiller; Nina, Linda Basch; Cristina Szanton Blanc (1995): From Immigrant to Transmigrant: Theorizing Transnational Migration. In: Anthropological Quarterly 68 (1): 48-63.
Guarnizo, Luis Eduardo; Michael Peter Smith (1998): The Locations of Transnationalism. In: Smith, Michael Peter u. Luis Eduardo Guarnizo (Hrsg.): Transnationalism from Below. New Brunswick (Comparative Urban and Community Research V6): 3-31.
Gratton, Brian (2006): Ecuador en la historia de la migración internacional. ¿Modelo o aberración? In: Herrera, Gioconda, María Cristina Carrillo u. Alicia Torres (Hrsg.): La migración ecuatoriana. Transnacionalismo, redes e identidades. Quito. S. 31-55.
Herrera Lima, Fernando (2001): Transnational families. Institutions of transnational social space. In: Pries, Ludger (Hrsg.): New Transnational Social Spaces. International migration and transnational companies in the early twenty-first century. London/New York: 77-93.
Hillmann, Felicitas (2007): Migration als räumliche Definitionsmacht? Beiträge zu einer neuen Geographie der Migration in Europa. Stuttgart (Erdkundliches Wissen 141).
Jokisch, Brad; David Kyle (2006): Las transformaciones de la migración transnacional del Ecuador, 1993-2003. In: Herrera, Gioconda, María Cristina Carrillo u. Alicia Torres (Hrsg.): La migración ecuatoriana. Transnacionalismo, redes e identidades. Quito. S. 57-69.
Jokisch, Brad; Jason Pribilsky (2002): The Panic to Leave. Economic Crisis and the „New Emigration" from Ecuador. In: International Migration 40 (4): 75-101.
Levitt, Peggy; Josh DeWind; Steven Vertovec (2003): International Perspectives on Transnational Migration: An Introduction. In: International Migration Review 37 (3): 565-575.
MediNetzBonn e.V. (o. J.a): Jahresbericht 2006. Bonn. URL: http://www.medinetz bonn.de/downloads/Jahresbericht%202006.doc (11.01.2008).
MediNetzBonn e.V. (o. J.b): Jahresbericht 2005. Bonn. URL: http://www.medinetz bonn.de/downloads/Jahresbericht%202005.doc (11.01.2008).
MIGRANET (o. J.): Arbeitskreis „Menschen ohne Papiere". Bonn. URL: http://www.migranet-bonn.de/arbeitskreise/ak-illegal.html (11.01.2008).
Münz, Rainer; Stefan Alscher; Veysal Özcan (2001): Leben in der Illeglität. In: Bade, Klaus J. (Hrsg.): Integration und Illegalität in Deutschland. Osnabrück. S. 77-90.
Ponce, Javier (2005): Estudio Introductorio. In: Ders. (Hrsg.): Migrantes. Problemas y Ayudas. Quito: 9-18.
Pries, Ludger (2004): Integration als Raumentwicklung – Soziale Räume als Identifikationsräume. In: Müller, Johannes; Mattias Kiefer (Hrsg.): Grenzenloses „Recht auf Freizügigkeit"? Weltweite Mobilität zwischen Freiheit und Zwang. Stuttgart (Globale Solidarität – Schritte zu einer neuen Weltkultur 10), S. 1-26.
Pries, Ludger (2001): The approach of transnational social spaces. Responding to new configurations of the social and the spatial. In: Ders. (Hrsg.): New Transnational Social Spaces. International migration and transnational companies in the early twenty-first century. London/New York. S. 3-33.
Pries, Ludger (2000): Transnationalisierung der Migrationsforschung und Entnationalisierung der Migrationspolitik. Das Entstehen transnationaler Sozialräume durch Arbeitswanderung am Beispiel Mexico – USA. In: Bommes, Michael (Hrsg.):

Transnationalismus und Kulturvergleich. Osnabrück (IMIS-Beiträge 15/2000): 55-78.

Pries, Ludger (1998): Transnationale Soziale Räume. Theoretisch-empirische Skizze am Beispiel der Arbeitswanderung Mexiko – USA. In: Beck, Ulrich (Hrsg.): Perspektiven der Weltgesellschaft. Frankfurt a. M.. S. 55-86.

Salgado, Raúl (2005): Historia de Pepinales. Un relato histórico-crítico y analítico de la formación, desarrollo y actualidad de este recinto de Alausí-Ecuador. Riobamba. (unveröffentlicht).

Schlichting, Ina v. (2007): Die new emigration Ecuadors. Rückwirkungen auf eine translokale Dorfgemeinschaft. In: Wehrhahn, R. (Hrsg.): Risiko und Vulnerabilität in Lateinamerika. Kiel (=Kieler Geographische Schriften 117): 171-191.

Sekretariat der Deutschen Bischofskonferenz (2001): Leben in der Illegalität in Deutschland – eine humanitäre und pastorale Herausforderung. Bonn. URL: http://www.forum-illegalitaet.de/DBK_2001.pdf (11.01.2008).

Sinn, Annette; Axel Kreienbrink; Hans Dietrich v. Loeffelholz (2006): Illegal aufhältige Drittstaatsangehörige in Deutschland. Staatliche Ansätze, Profil und soziale Situation. Forschungsstudie 2005 im Rahmen des Europäischen Migrationsnetzwerks. Nürnberg.

Statistisches Bundesamt (2007): Ausländische Bevölkerung am 31.12.2006 nach Staatsangehörigkeit und ausgewählten Merkmalen. Wiesbaden. URL: http://www.destatis.de/jetspeed/portal/cms/Sites/destatis/Internet/DE/Content/Statistiken/Bevoelkerung/AuslaendischeBevoelkerung/Tabellen/Content100/ Alter-Aufenthaltsdauer,property=file.xls (12.01.2008)

Vallender, Frank (2004): Die illegale Putzfrau kann teuer werden. In: General Anzeiger, 17.02.2004: 6.

Wehrhahn, Rainer; Ina v. Schlichting (2007): Vulnerability of irregular migrants in Germany. Vortrag auf der 4. International Conference of Population Geographies in Hong Kong. (unveröffentlichtes Vortragsmanuskript).

Erol Yildiz

Urbaner Wandel durch Migration.

Eine unspektakuläre Alltagspraxis

Städte waren und sind die Verdichtungsräume, in denen bedeutende historische Veränderungen frühzeitig einsetzen und vorweggenommen werden. Für die Migrationsgeschichte gilt dies in besonderem Maße, da ohne Wanderungen von Menschen die Entstehung von städtischen Räumen seit dem Mittelalter nicht möglich gewesen wäre. Auch in Europa kann man das anschaulich demonstrieren (vgl. Bade 2002). Wanderungen von Arbeitskräften führten in den Großstädten immer wieder, und besonders nach dem Zweiten Weltkrieg, zur Entstehung von Einwandererquartieren.

Migrationsgeprägte Viertel in der Bundesrepublik Deutschland – manchmal sind es nur einzelne Straßenzüge – geraten pauschal ins Gerede. Im öffentlichen Diskurs werden sie vielfach negativ als „Ghettos" oder „Parallelgesellschaften" abgewertet und zum Symbol einer verfehlten Migration und Integration stilisiert (vgl. Bukow u.a. 2007). Aus dieser Sicht ist es wenig erstaunlich, dass Binnenentwicklung solcher Stadtquartiere und die Potentiale, die sie für die Städte bieten, bisher übersehen bzw. ignoriert wurden.

Ich werde hier die Perspektive wechseln und die Lebenspraxis „vor Ort" in den Mittelpunkt rücken, indem ich die Quartierbewohner als Experten ihres Alltags betrachte. Dabei werde ich am Beispiel eines Kölner Migrantenquartiers, nämlich der Keupstraße, zeigen, dass es sich hier nicht um eine geschlossene „Parallelgesellschaft", sondern um ein recht differenziertes und mobilitätsgeprägtes Wohnumfeld handelt. Ich will mit dieser Betrachtungsweise eine theoretisch vielleicht noch immer ungewohnte Perspektive eröffnen. Denn, woran man sich in seinem Umfeld praktisch längst gewöhnt hat, gerät eben deshalb so leicht aus dem Blick, nämlich eine *unspektakuläre städtische Alltagspraxis*. Um diese im Kern selbstverständliche Praxis zu erhellen, muss man sich Einblicke in die „soziale Grammatik" eines solchen städtischen Quartiers verschaffen, in dessen Alltäglichkeit überhaupt erst sichtbar wird, was im hegemonialen Diskurs oft ausgeblendet wird, wie Menschen in einem durch Mobilität geprägten Stadtteil lebenspraktisch miteinander umgehen und welchen Beitrag sie – trotz immer wieder errichteter Barrieren – zur Stadtentwicklung leisten bzw. leisten können (vgl. Bukow u.a. 2001).

1. Kölns Geschichte als Migrationsgeschichte

Kölns Stadtentwicklung und die Ausprägung der lokalen Kultur sind für eine Migrationsgeschichte geradezu exemplarisch. Mobilität und Migration haben die Stadt im Laufe der Zeit geprägt, haben der Sozialgeschichte genauso wie der Alltagskultur ihren Stempel aufgedrückt und eine erhebliche Vielfalt hervorgebracht, die zu Recht als ein Ergebnis der 2000-jährigen Kölner Migrationsgeschichte anzusehen ist (vgl. Orywal 2007).

Ob als römische Kolonie, als Pilger-, Wallfahrts- oder Handelszentrum, als französische oder preußische Garnisonsstadt, als Ziel von Arbeitsmigration, Touristenmagnet oder als selbsternannte „nördlichste Provinz Italiens" – die Entwicklung Kölns mit ihrem Image als Rheinmetropole hat schon immer von grenzüberschreitenden und heute längst weltweiten Einflüssen und Verbindungen profitiert. Und sogar scheinbar „urkölsche" Aspekte des Alltagslebens wie die romanischen Kirchen, der Stil des Kölner Doms, der Karneval, die kölsche Sprache, der „rheinische Katholizismus" bis hin zur regionalen Küche, dem „Kölsch" und den „Heinzelmännchen" sind so unterschiedlicher Provenienz, dass eigentlich nichts als der „Kölner Klüngel" wirklich kölnischen Ursprungs sein mag. Diversität ist jedenfalls überall gegenwärtig.

Im öffentlichen Bewusstsein Kölns scheint diese Entwicklung dennoch kaum verankert zu sein, weil weder die Migranten noch deren Nachkommen zu den selbstverständlichen Bestandteilen des urbanen Alltags gezählt werden – im Gegenteil, ihr beständiger und von jeder Generation neu gestiftete Beitrag zur städtischen Diversität und zum urbanen Wandel wird zwar alltagspraktisch gern vereinnahmt, andererseits aber nicht angemessen gewürdigt. Wird Vielfalt thematisiert, dann oft nur, um damit Defizite und Passungsprobleme zu markieren. Dieser selektive Umgang erscheint nicht nur doppelbödig sondern auch fatal, weil er den Blick für eine realistische Einschätzung und Mobilisierung der gesellschaftsverändernden Kraft von Migrationsbewegungen versperrt.

Ein Blick über Grenzen hinaus belegt, dass sich da andere leichter tun. Das Paradebeispiel wäre Toronto: Die kanadische Metropole hat sich kulturelle Vielfalt als offizielles Leitbild gegeben und damit zu einem grundlegenden Element ihrer städtischen Identität erhoben. Dies wurde auch möglich durch eine schon seit den 1960er Jahren initiierte staatliche Debatte um kulturelle Vielfalt als Grundwert der Gesellschaft, in deren Folge 1988 schließlich die Idee kultureller Vielfalt als „Canadian Multiculturalism Act" in die Verfassung aufgenommen wurde (vgl. Ipsen 2006; Ipsen/Debik u.a. 2005).

2. *Die Kölner Keupstraße als Beispiel einer unspektakulären Alltagspraxis*

Welchen Beitrag Migration zur Entwicklung bestimmter Stadtquartiere geleistet hat, wie solche mobilitätsgeprägten Viertel in der Öffentlichkeit wahrgenommen werden, kann man am Beispiel der im Kölner Raum immer wieder diskutierten *Keupstraße* veranschaulichen. Sie ist aus vielfältigen Gründen interessant. Für uns ist sie gerade deshalb wichtig, weil sie immer wieder mit dem Begriff „Parallelgesellschaft" diskreditiert wird, wir aber aufgrund eigener Studien meinen, dass sie vielmehr ein wegweisendes Erfolgsmodell darstellt. Sie ist also ein besonders plastisches Beispiel für die oben bereits skizzierte Widersprüchlichkeit zwischen pragmatischer Alltagspraxis und öffentlichem Diskurs. Das Quartier in Köln-Mülheim ist durch die Zuwanderung von Flüchtlingen nach dem Zweiten Weltkrieg und die Arbeitsmigration seit den 60er Jahren zu einem eindeutig migrationsgeprägten Viertel bzw. „Veedel", wie es auf Kölsch heißt, geworden. Allerdings ist das keine neue Entwicklung. Die in der Keupstraße – damals noch Wolfsstraße – seit 1874 für die Bedürfnisse des neuen Industriestandorts Mülheim gebauten Wohnungen waren für die Arbeitskräfte des in unmittelbarer Nachbarschaft errichteten Kabelwerks Felten & Guilleaume AG bestimmt. Schon damals mussten die Arbeiter von weither angeworben werden und fanden sich schnell zu einem proletarischen Quartier zusammen, das alsbald entsprechend diskriminiert und von kommunaler Seite vernachlässigt wurde.

Menschen unterschiedlicher Herkunft und Weltanschauung siedelten sich über die Jahre in der Keupstraße an und verließen sie wieder. Die letzte große Zuwanderungswelle fand zur Zeit der Gastarbeiteranwerbung statt. Die letzte Einwanderergruppe verblieb schließlich in der Straße. Sie bestand überwiegend aus türkischen Migranten. Mit der Entindustrialisierung Mülheims ging die Zeit der Mobilität zunächst einmal zu Ende. Sie machte faktisch alle auf einen Schlag arbeitslos. Da es nichts mehr zu verdienen gab, schlossen die letzten alteingesessenen Besitzer ihre Geschäfte und verließen die Straße. Zurück blieb ein zerfallender Stadtteil. Die leer stehenden Wohnungen, Lokale und Läden wurden, wie auch an anderen Stellen in Köln (vgl. Bukow 1993), nach und nach von türkischen Migranten übernommen, weil der Schritt in die Selbständigkeit für die meisten der einzige Weg aus der Arbeitslosigkeit war. Allmählich wurden die Geschäfte renoviert und wiedereröffnet. Dienstleister, kleine Läden und Restaurants reihen sich seitdem aneinander, bald wurden auch Fassaden und Wohnungen instand gesetzt. Auch von der Stadt Köln wurde schließlich eine Sanierung durchgeführt. Heute bietet die Straße in ihrer orientalischen Inszenierung ein attraktives Bild. Für die Quartierentwicklung sind dabei zwei Befunde besonders wichtig. Erstens haben die Bewohner aus der Not eine Tugend gemacht und Arbeitsplätze geschaffen. Zweitens ist es eine der wenigen Kölner Straßen, die bis heute nicht in die Hand der bekannten Billigketten und „Ein-Euro-Shops" geraten ist. Diese beschränken sich drei Straßen weiter auf die Frankfurter Straße.

Vor diesem Hintergrund ist die Diskrepanz zwischen Alltagsrealität und öffentlicher Wahrnehmung irritierend. Denn zeitgleich mit der beschriebenen Entwicklung wird von kommunaler Seite ebenso wie in den Massenmedien vor der Ghettoisierung und Verslumung dieses Stadtteils gewarnt, wobei zum Teil genau auf das Vokabular zurückgegriffen wird, mit dem die Straße nachweislich bereits im 19. Jahrhundert stigmatisiert wurde. Der Name Keupstraße wird dabei regelrecht zu einer Negativmetapher. Nachdem 1997 in einer Studie von Heitmeyer u.a. (1997) zum ersten Mal vor „Parallelgesellschaften" gewarnt wurde, wird auch in Köln bald von dieser Straße als einer „türkischen Parallelgesellschaft" gesprochen. Jeder Kölner kennt seitdem ihren Ruf, auch wenn viele diese Gegend, die zudem auf der „falschen" Rheinseite der „Schäl Sick" und dort auch noch etwas abseits liegt, nicht einmal mit eigenen Augen gesehen haben.

In der Folge dieser Dramatisierungen wird im Jahr 1999 eine kleine Dokumentation über das Leben auf der Keupstraße im Auftrag des damaligen Sozialministeriums NRW erstellt, die aber nach außen als eine „wissenschaftliche Studie" vorgestellt wurde (vgl. die Dokumentation Keupstraße 1999). Diese Dokumentation stellt sich nun keineswegs kritisch gegen diesen Trend, sondern ordnet sich in ihn ein und übernimmt bis in die Zitate hinein den negativ ausgerichteten und dramatisierenden Diskurs. Man warnt ausdrücklich vor einer Ghettoisierung, fordert eine „ausgewogene Mischung der Wohnbevölkerung", um einer weiteren „Verslumung" der Straße zu begegnen. Folgendes Zitat ist kennzeichnend für diesen skandalisierenden Blick: „Die sozial-räumliche Segregation von sozial schwachen ausländischen und deutschen Familien hat im Bereich der Keupstraße zu einer Konkurrenz um soziale Räume, Arbeitsplätze, Freizeiträume und zu einem Aufeinanderprallen von unterschiedlichen Werte- und Normsystemen geführt. In jedem dieser Bereiche steckt Konfliktpotential. Isolation, Hoffnungslosigkeit, Konkurrenzangst, Desintegration und Gewaltbereitschaft haben die notwendige Kommunikation und konstruktive Auseinandersetzung zwischen Migranten und Deutschen erschwert" (Die Dokumentation Keupstraße 1999). Diese lokale Dokumentation, der mediale und lokal-politische Umgang mit dem Quartier (vgl. Yildiz 2006), zeigen letzten Endes, wie an der territorialen Stigmatisierung und Isolierung einer Straße gearbeitet wird.

Begriffe „Parallelgesellschaft" bzw. „Ghetto" sind das, was Loïc Wacquant (2006: 79) in Anlehnung an Pierre Bourdieu einen „wissenschaftlichen Mythos" nennt, also eine diskursive Formation, die in wissenschaftlicher Codierung und auf scheinbar neutrale Weise soziale Phantasien über Unterschiede zwischen „Wir" und den „Anderen" konstruiert (in der Regel kommt niemand auf die Idee, von Parallelgesellschaft oder Segregation im Falle der Selbstabsonderung wohlhabender Stadtbewohner zu sprechen).

Wenn man aber einen genaueren Blick auf urbane Realitäten wirft, dann zeigt sich, dass isolierte „Parallelgesellschaften“ in Städten aus strukturellen Gründen nicht denkbar sind, weil städtische Strukturen Menschen auf unterschiedliche Weise in unterschiedlichen Zusammenhängen zur Interaktion nötigen. Man bewegt sich auf den Märkten, Straßen, in der U-Bahn etc., nimmt verschiedene Dienstleistungen in Anspruch oder genießt kulinarische Spezialitäten aus aller Welt. Ingrid Breckner stellt zu Recht fest: „Wer also behauptet, es hätten sich in den Städten so genannte Parallelgesellschaften unbemerkt etabliert und stünden nun der Mehrheitsgesellschaft als Gefahr gegenüber, ignoriert die langjährige Integrationskompetenz von Stadtgesellschaften und verschleiert die Tatsache des eigenen Versagens in der Wahrnehmung und Analyse der Entwicklung von Andersartigkeiten“ (Breckner 2007: 90)

In den seit 2000 von uns durchgeführten Studien versuchen wir, die Straße aus der Nähe zu betrachten und das Alltagsleben genauer in den Blick zu nehmen (vgl. Bukow/Yildiz 2002: 81ff). Der ethnographische Blick auf das Leben vor Ort verhilft zu differenzierten Einsichten in die soziale Praxis der Migranten, aber auch der verbliebenen „Alteingesessenen“. Ziel war es, den durch Migranten geprägten Stadtteil nicht als Abbild der „Herkunftswelt“ oder als Perpetuierung einer so genannten Herkunftskultur zu verstehen, sondern als ein lokales und spezifisches Arrangement, das die Lebenslage der Menschen abbildet – eine Lebenslage, die sich nicht zuletzt unter zum Teil deutlich restriktiven Bedingungen der „Aufnahmegesellschaft“ entwickelt. Die besonderen Erfahrungen der Bewohner sind in den Mittelpunkt gerückt, die Eigenperspektiven von Migranten sichtbar gemacht und als konstitutiver Bestandteil von Migrationsprozessen einbezogen worden. Uns ging es darum, die Kompetenzen zu identifizieren, die zum Erfolg im Quartier beigetragen haben und deren Relevanz für die Gestaltung des urbanen Alltags sichtbar zu machen. Aus diesem eher ungewohnten Blick auf das Leben der Keupstraße sahen wir uns plötzlich mit einer recht trivialen, unspektakulären städtischen Alltagspraxis konfrontiert (vgl. Stienen 2006). Es hat sich schnell herausgestellt, dass die Keupstraße keine in sich geschlossene „Parallelgesellschaft“ darstellen kann, weil sie ökonomisch, politisch, sozial und rechtlich mit dem urbanen Kontext verwoben ist und ein hoch differenziertes und flexibles Quartier ist, dessen Einwohner man zu Recht als „Vorreiter der Globalisierung“ bezeichnen könnte (vgl. Apitsch 2001). Das besondere Flair dieser Wohngegend, die „orientalische Inszenierung“ ist faszinierend. Die Mischung der präsentierten Elemente, die nur scheinbar der Herkunftskultur der Migranten entstammt, erweist sich schlicht als eine praktische Geschäftsstrategie, als ein strategisches Zugeständnis an die lokalen, hier die deutschen Vorstellungen vom „Orient“. Hier wird deutscher „Orientalismus“ inszeniert, den Edward Said eine „imaginäre Geographie“ (1978) nannte. Hier werden neue Traditionen geschaffen. Lebensstile und Geschäfte spiegeln auf diese

Weise längst eine von „Glokalität“ (Robertson 1998) geprägte ausdifferenzierte Alltagswirklichkeit wider. In der Keupstraße wird an zahllosen Beispielen das sichtbar, was Robert Pütz als „transkulturelle Praxis“ (2004) bezeichnet.

Einblicke in urbane Alltagspraktiken

In unserer Studie wurden unterschiedliche alltagsweltliche Kontexte und Situationen sichtbar, in denen sich das Leben der Quartierbewohner abspielt. Sie zeigen, wie die Menschen im Quartier leben, welche Orte und Kontexte für sie im formalen gesellschaftlichen Kontext ökonomisch, schulisch und politisch relevant werden, wie sie sich privat einrichten, einen entsprechenden Lebensstil entfalten und ihn biographisch einfügen und begründen, mit welchen Konflikten und Barrieren sie konfrontiert werden, und welche pragmatischen Handlungsstrategien sie dabei entwickeln, welche Rolle die Familie, die Freundschaften und persönliche Netzwerke dabei spielen – kurz, wie sich die Menschen auf unterschiedliche Art und Weise die Straße bzw. den Stadtteil aneignen. Es hat sich gezeigt, dass sich Lebenslagen und Lebenswelten in immer wieder neuen Mischungen zusammenfügen. So entstehen höchst unterschiedlich gestaltete Orte und Räume, die in ihrer Summe für das Leben im Quartier stehen. So entsteht das Bild von einer Straße, die in Wahrheit nichts als die Summe individueller Arrangements darstellt. Jeder Interviewte entwirft auf eigene Weise sein Hier und Heute, gibt in seiner Lebenslage aus seinem Lebenstil heraus seine Sicht der Dinge kund. Dabei entstehen, wie Martin Albrow (1997) sagt, unterschiedliche „Soziosphären“, die unterschiedlich gelagerte gesellschaftliche bzw. lebensweltliche Kombinationen präsentieren. Damit meint Albrow die Globalisierung der Lebensentwürfe und die weltweite Ausdehnung der Beziehungsnetze des Einzelnen im lokalen Kontext, also die Gestaltung des Lokalen auf weltgesellschaftlicher Basis. Die gegenwärtige „Realität“ des Quartiers setzt sich also aus diesen unterschiedlichen persönlichen Netzwerken und Milieus zusammen, die durch die gewachsene Mobilität ständig neu interpretiert und immer wieder neu zusammengefügt werden. Dazu formuliert Martin Albrow: „Die Beziehungen von Menschen, die unter globalisierten Bedingungen an einem Ort leben, lassen sich am ehesten als unzusammenhängendes Nebeneinander bezeichnen. Unter dem Blickwinkel der alten Theorie müsste man diesen Zustand als Desorganisation oder Anomie interpretieren. Doch diese Begriffe sind wenig angemessen, da sie sich mehr auf einen Ort als auf einen Raum beziehen. Das Leben von Menschen in solchen Umgebungen ist weder desorganisiert noch sinnlos. Im Gegenteil: Sie sind Teil eines intensiven Sozialgefüges, das zusammenhän gende Aktivitäten hervorbringt, die den gesamten Globus einbeziehen“ (1998: 245). In vielen Interviews zeigten sich auf allen Seiten diverse, sich überlagernde und überkreuzende soziale und kulturelle Erfahrungen. Die von uns geführten Gespräche mit den Bewohnern der Keupstraße belegen, wie Menschen unterschiedliche kulturelle Elemente, die grenzüberschreitend sind, in diesem Quartier nutzen, neu definieren und zu neuen Lebensentwürfen verbinden. Daher ist die Entwicklung der Keupstraße eine lokale Kölner Geschichte. Die Einwanderer entwickeln nicht nur einen eigenen und zugleich neuen Lebensstil neben den Alteingesessenen, innerhalb ihrer Gruppe lassen sich vielmehr neben gewissermaßen zitierter türkischer Multikulturalität auch Griechen und Spanier finden – wie innerhalb der einheimischen Bevölkerung neben Mülheimern auch Zugezogene aus der Eifel oder dem Ruhrgebiet. Durch alle Gruppen ziehen sich neue jugendkulturelle Orientierungen hindurch, die sich längst nicht mehr nach Herkunft, sondern nach altersspezifischen Lebenstilen differenzieren.

Aus den Interviews mit Bewohnern ergibt sich, dass sich die meisten von ihnen im Quartier wohlfühlen, die Lebensqualität hier betonen und sich mit der Straße identifizieren. Sie verstehen nicht, warum ihre Wohngegend durch dieses hartnäckige öffentliche Ghettoimage abgewertet wird. Herr G., der seit 20 Jahren in der Keupstraße lebt und ursprünglich aus Mazedonien kommt, beschreibt die Straße wie folgt: „Ist eine gute Straße, die aber einen schlechten Ruf hat, weil so viele Ausländer hier wohnen. Aber das ist nicht wahr, hier ist es ehr freundlich. Wir haben alles hier, was billig ist und es ist sehr gastfreundlich“.

Frau K. polnischer Herkunft, wohnt seit kurzem hier und beschreibt die Straße: „Es ist eigentlich sehr angenehm, also laut ist es schon natürlich, aber ist überall eigentlich so. Ich könnte sagen, es ist angenehm hier zu wohnen, hier kann man ja nämlich vieles Verschiedenes sehen. Hier gefällt es mir, das Essen schmeckt auch sehr gut. Also die Leute sind auch sehr nett. Also bin ich zufrieden“. Herr I., der ein Immobiliengeschäft auf der Keupstraße besitzt, nimmt das Leben auf der Straße so wahr: „Ich bin also froh, hier in der Keupstraße zu sein, hier arbeiten zu dürfen. Die Keupstraße hatte früher einen schlimmen Ruf, aber das ist gar nicht mehr so. Es gibt immer wieder unseriöse Leute, wie überall, aber die Keupstraße hat sich in meinen Augen zu einer seriösen Geschäftsstraße entwickelt“.

Bei den Alteingesessenen klingt in den meisten Gesprächen eine wohlwollende Distanziertheit an. Man hat sich mit der Entwicklung der Straße arrangiert und betrachtet die Situation durchaus positiv und pragmatisch, wenn auch unter einem „exotischen“ Blick. Herr M., der aus der Eifel kommt und seit 15 Jahren hier lebt, äußert sich dazu: „Das ist Klein Istanbul hier, ich habe mich gewöhnt an die Istanbulis, was bleibt mir auch anders über“.

Auch im Gespräch mit Herrn A., der in Mülheim geboren und aufgewachsen ist, kommt der pragmatische Umgang mit der Entwicklung des Quartiers deutlich zum Ausdruck: „Ist eigentlich gemischt. Wir sind vereinzelt noch en paar Deutsche, die hier noch leben, wir kommen eigentlich mit türkischen Kollegen sehr gut zurecht (....) Das Flair hat ein bisschen was von

Urlaub, gerade jetzt, wo die Sonne scheint und wenn die Jungs hier draußen sitzen mit ihrem Tee. Was ich bei den Türken beeindruckend finde, ist die Zusammengehörigkeit. Das ist ja bei den Deutschen nicht (...) Man ist hier integriert. Jetzt, als Deutscher ist man hier schon integriert, das ist ja schon paradox. Wir gehen ja nur in türkische Geschäfte, wir gehen ja nur hier einkaufen"

Die heutige ökonomische Struktur der Keupstraße

Betrachten wir die heutige ökonomische Struktur der Keupstraße: Es gibt ca. 90 unterschiedliche Läden, die sich vornehmlich in privater Hand befinden. Niederlassungen großer Ketten sind in der Straße nicht vorzufinden. Die vorhandenen Geschäfte decken eine breite Palette des alltäglichen Bedarfs ab. Neben Bäckereien und Konditoreien finden sich Bekleidungsgeschäfte, aber auch ein Elektrofachhandel und eine Buchhandlung. Es gibt mehrere Restaurants, Bistros und Imbissbuden, ebenso wie Kneipen und für Köln so typische Kioske. Lückenhaft ist das Angebot einzig im Bereich des Lebensmitteleinzelhandels. Allerdings wird dieser Mangel punktuell an einigen Wochentagen durch einen mobilen Verkauf von Gemüse auf der Straße sowie einen die Straße regelmäßig anfahrenden Fischwagen ausgeglichen.

Die meisten Geschäftsleute setzen sich zunehmend für die Belange der Straße ein. Durch Öffentlichkeitsarbeit, vielfältige Aktivitäten, Projekte und kulturelle Veranstaltungen ist es der *Interessengemeinschaf Keupstraße* zumindest teilweise gelungen, das negative Image der Straße zu verbessern und die bestehende Infrastruktur an Dienstleistungen, Einzelhandelsgeschäften und Gastronomiebetrieben zu professionalisieren.So ist die Keupstraße heute über Köln hinaus bekannt als attraktive Einkaufsstraße mit orientalischem Flair. Die bestehende Infrastruktur an Dienstleistungen, Einzelhandelsgeschäften und Gastronomiebetrieben mit ihrer Angebotsvielfalt zieht auch Kunden aus anderen Städten an, wie die Kennzeichen der parkenden Autos erkennen lassen.

Auch die Qualität der Waren und Dienstleistungen wird von den Geschäftsleuten als Grund für dieses weite Einzugsgebiet genannt. So erklärt Herr Ö., Besitzer eines Restaurants auf die Frage nach seiner Kundschaft: „Es gibt viele Stammgäste. Früher hatten wir ja nur Außenverkauf und jetzt essen die alle hier, zu 80 Prozent sind das Stammkunden, die nicht nur aus Köln kommen, sondern aus ganz Nordrhein Westfalen, auch Leute, die von Frankfurt nach Hamburg fahren wollen, die fahren extra von Köln durch, um nur hier auf die Straße zu kommen, um hier zu essen, sei es bei uns oder bei meinen Nachbarn". Die Straße wird für den Einkauf gezielt angefahren, Durchreisende biegen zum Essen in die nahe an der Autobahnausfahrt gelegene Keupstraße ab und selbst Touristen werden in Reiseführern oder auf diversen Homepages auf diesen Ort hingewiesen.

Was die Zusammensetzung der Kundschaft betrifft, werden in den Gesprächen unterschiedliche Zugänge zu unterschiedlichen Käufergruppen sichtbar, ebenso wie die Verwendung unterschiedlicher Strategien diese anzusprechen. So erläutert Frau S., Besitzerin einer Konditorei: „Aber durch unsere Mehrsprachigkeit und unseren Freundeskreis sind auch andere Nationalitäten darauf aufmerksam geworden, also inklusive auch gemischte Pärchen, das ist auch immer ganz schön. Wenn die dann auch sehr gerne multi-kulti essen gehen, gehört dann unser Laden auch dazu. Und das macht die Keupstraße auch dann aus. Aber die deutschen Kunden haben wir durch unsere tolle Medienpräsenz gewonnen. Also, dass halt beim WDR dann fünfmal hintereinander über fünf Jahre gleiche Berichte ausgestrahlt worden sind, dann haben sich unsere deutschen Kunden auch geöffnet und getraut, hierher zu kommen und ihre Geburtstagstorten und die essen auch sehr gern unser Gebäck, was wir auch als Weihnachtsgebäck mittlerweile an die Düsseldorfer Weihnachtsmärkte hier vorbereiten, und wir verkaufen die dann da."

Die Angebotsvielfalt und deren Qualität stellen einen zentralen Aspekt der ökonomischen Prosperität dieser Straße dar. Denn vergleicht man diese Straße mit der nahe gelegenen Berliner oder Frankfurter Straße, den zentralen Einkaufsstraßen des Stadtviertels, so wird ihre hohe Beständigkeit augenfällig. Während in diesen Haupteinkaufsstraßen vor allem im letzten Jahrzehnt ein Niedergang sichtbar wurde, der sich in der hohen Fluktuation der Geschäfte und einer wachsenden Präsenz von „Ein-Euro-Läden" sowie Niederlassungen großer Ketten äußert, ist die Keupstraße durch eine hohe Beständigkeit geprägt. Dieser Erfolg ist dabei nicht zuletzt auch das Ergebnis der hohen Beweglichkeit und Flexibilität der Gewerbetreibenden und ihrer Fähigkeit, vorhandene Ressourcen formeller und informeller Art einzusetzen.

Die Entstehung der ökonomischen Struktur der Keupstraße zeigt, wie Arbeitsmigranten und deren Nachkommen unter diskriminierenden Bedingungen eine Kultur der Selbständigkeit entwickelten, die ohne die Nutzung informeller Ressourcen nicht denkbar wäre. Fast in allen Fällen handelt es sich um Familienbetriebe, oft sind ganze Familien in den jeweiligen Betrieb eingebunden. Darüber hinaus zeigt sich, dass es oft gerade Familienunternehmen sind, die in schwierigen Zeiten und an desolaten Standorten Risiken eingehen und Geschäfte eröffnen und so zu einer grundlegenden Verbesserung der Versorgungssituation im Quartier beitragen. „In der Startphase hat sich die Familie zusammengehalten und Tag und Nacht gearbeitet, über mehrere Monate, ohne Lohn", erzählt Frau M., die Besitzerin einer Bäckerei auf der Keupstraße. Ökonomische Aktivitäten und soziale Netzwerke sind eng miteinander verschränkt. Da Migranten im formellen Arbeitsmarkt marginalisiert und oft ausgegrenzt werden, werden sie dazu gezwungen, andere Strategien und Beziehungskompetenzen zu entwickeln, als bei der einheimischen Bevölkerung der Fall ist (vgl. dazu Hillmann 2001: 43f). Die ökonomische Entwicklung der Keupstraße zeigt deutlich, dass die Geschäftsleute auf Netzwerke und Ressourcen zurückgreifen können, die für sie überlebensnotwendig sind. Indem Netzwerke und Ressourcen mobilisiert werden, werden sie automatisch auch gestärkt. „Sie akkumulieren soziales Kapital", so Saskia Sassen (2000: 3).

Zusammenfassend lässt sich festhalten, dass der Diskurs über die Keupstraße in den letzten Jahren einen Wandel erfahren hat. Der skandalisierende Ton ist zurückhaltender geworden und weitgehend in den Hintergrund getreten. So bezeichnete der Oberbürgermeister Kölns, Fritz Schramma, die Straße mehrfach als Erfolgsmodell, das Vorbildcharakter hat. Die folgenden Zitate in der lokalen Presse zeigen dennoch, dass die Skandalisierung nicht ganz verschwunden ist. So wird die Keupstraße als „eine Parallelgesellschaft mit eigenen Regeln" bezeichnet oder unterschwellig gewarnt: „In die Keupstraße ist seit Jahrzehnten das Morgenland eingezogen. Hier herrschen türkische Sitten, die Gesetze einer in sich fast geschlossenen Gesellschaft" (Boldt 2005: 28). Diese Passagen zeigen, dass die „symbolische Exterritorialisierung" (Lang 1998: 162) der Keupstraße im öffentlichen Diskurs immer noch fest verankert ist.

3. Ausblick

Die Keupstraße bleibt letztlich nur eine Episode und wird morgen schon so selbstverständlich sein, wie das polnische Ruhrgebiet heute. Gegenwärtig spricht man von transnationaler Migration und meint damit, dass für viele Migranten, die unterschiedliche Orte im Alltäglichen miteinander verbinden, Mobilität zu einem unabdingbaren Lebensentwurf wird. In der Keupstraße ist dies bereits angelegt, ganz unspektakulär und ohne von den Bewohnern groß thematisiert zu werden. Ulrich Beck spricht von einem „Beobachtungshorizont", der die Öffnung der eigenen Biographie ins Weltweite möglich macht (1997: 40). Auf diese Weise ergeben sich im urbanen Alltag immer neue Möglichkeiten, weltweite Perspektiven und individuelle Verortungen aufeinander abzustimmen und biographisch zu bearbeiten.

So sind mit der Zeit neue transnationale Netzwerke von Familien, Freunden und Bekannten entstanden, was auch als „Kosmopolitisierung von unten" (Yildiz 2005) bezeichnet werden kann: Die migrantische Bevölkerung lebt und arbeitet zwar in den deutschen Großstädten, aber ihre sozialen Beziehungen reichen weit über das Lokale hinaus. Auf diese Weise sind transnationale Netzwerke, Lebensentwürfe, Lebensräume und Kompetenzen entstanden. Man kann die Keupstraße als eine lokale Manifestation globaler Interdependenzen, einen kleinen Ausschnitt weltweiter Migration bzw. deren Folgen betrachten, als ein Ergebnis transnationaler und transkultureller Praktiken.

Grenzüberschreitende räumliche Beziehungen sind heute prägend für viele Migrantenbiographien. In diesem Kontext wird zunehmend von „transnationalen Räumen“ (Ludger Pries) und transnationalen Lebensentwürfen geredet. Die Biographien zeigen, wie mehrortige Migrationsstrategien neuartige soziale Formationen konstituieren. Sie bilden, so geographisch verstreut sie auch immer sein mögen, in zunehmendem Maße die Referenzstruktur der alltäglichen Lebensführung: von ökonomischen und politischen Aktivitäten bis hin zu individuellen Lebensentwürfen. Während im dominanten Ghettodiskurs Kultur in ethnischen und quasibiologischen Kategorien definiert wird, demonstrieren die „demotischen Diskurse“ (Baumann 1998) eine Diversität der Alltagspraxis, durch die binäre Kategorien wie „Wir“ und die „Anderen“ in Frage gestellt werden und verweisen auf neue Kategorien wie Hybridität, Mobilität und Gleichzeitigkeit verschiedenster Art. Statt des alten Entweder-Oder-Denkens repräsentieren sie ein Sowohl-als-Auch.

Kognitive, räumliche und soziale Mobilität ist offensichtlich eine urbane Grunderfahrung, die sich insbesondere in lebensweltlicher Diversität äußert. Migrantenviertel wie das beschriebene sind nicht nur ein Beleg für die Kosmopolitisierung und Pluralisierung des Alltags, sondern auch für erfolgreiche Strategien im Umgang mit den Herausforderungen unserer Zeit und nicht zuletzt für die erfolgreiche Wiederbelebung von Stadtteilen durch Migration.

Wie wir sehen, hat sich ein urbaner Alltag entwickelt, der weder der ethnischen Sortierung, noch dem neoliberalen Modell einer globalen Wirtschaft folgt. Stadtquartiere sind Bühnen, Ausgangspunkte und Schnittstellen für viele verschiedenartige Lebensentwürfe und deren Einbettung in translokale und transnationale Räume, die weit über die Grenze der Stadt hinausweisen und längst zur banalen Alltagsnormalität gehören.

Literatur

Albrow, Martin. (1997): Auf Reisen jenseits der Heimat. Soziale Landschaften in einer globalen Stadt, in: Beck, Ulrich. (Hrsg.): Kinder der Freiheit. Frankfurt am Main. S. 288-314.

Apitzsch, Ursula (2001): Leben in der Stadt: Der „Modernisierungsvorsprung“ der allochthonen Bevölkerung. In: Bukow, Wolf-Dietrich; Claudia Nikodem et al. (Hrsg.): Auf dem Weg zur Stadtgesellschaft. Die multikulturelle Stadt zwischen globaler Neuorientierung und Restauration. Opladen. S. 44-58.

Bade, Klaus J. (2002): Europa in Bewegung. Migration vom späten 18. Jahrhundert bis zur Gegenwart. München.

Baumann, Gerd (1998): Ethnische Identität als duale diskursive Konstruktion. In: Assmann, Friese/Hanna Friese (Hrsg.): Identitäten. Erinnerung, Geschichte, Identität 3. Frankfurt am Main. S. 288-313.

Boldt, Kirsten (2005): Kulturschock im Kindergarten. In: Kölner Stadtanzeiger vom 15.11.2005.

Beck, Ulrich (1997): Das fremde eigene Leben – Globalisierung und Politisierung der Lebensführung. In: Beck, Ulrich; Timm Rautert; Ulf Erdmann Ziegler, (Hrsg.): Ausflüge in die unbekannte Gesellschaft, in der wir leben. München. S. 38-43.

Breckner, Ingrid (2007): Minderheiten in der Stadtentwicklung. In: Bukow, Wolf-Dietrich; Claudia Nikodem et al. (Hrsg.): Was heißt hier Parallelgesellschaft? Zum Umgang mit Differenzen. Wiesbaden. S. 83-92.

Bukow, Wolf-Dietrich (1993): Leben in der multikulturellen Gesellschaft. Opladen.

Bukow, Wolf-Dietrich; Claudia Nikodem et al. (Hrsg.) (2007): Was heißt hier Parallelgesellschaft? Umgang mit Differenz. Wiesbaden.

Bukow, Wolf-Dietrich; Erol Yildiz (2002): Der Wandel von Quartieren in der metropolitanen Gesellschaft am Beispiel Keupstraße in Köln oder: Eine verkannte Entwicklung? In: Bukow, Wolf-Dietrich; Erol Yildiz (Hrsg.): Der Umgang mit der Stadtgesellschaft. Ist die multikulturelle Stadt gescheitert oder wird sie zu einem Erfolgsmodell? Opladen. S. 81- 111.

Bukow, Wolf-Dietrich; Claudia Nikodem et al. (2001): Multikulturelle Stadt. Von der Selbstverständlichkeit im städtischen Alltag. Opladen.

Dokumentation Keupstraße (1999): Veränderungsprozesse und Konfliktebenen in der Keupstraße. Köln.

Heitmeyer, Wilhelm; Joachim Müller; Helmut Schröder (1997): Verlockender Fundamentalismus. Frankfurt am Main.

Hillmann, Felicitas (2001): Ethnische Ökonomien: eine Chance für die Städte und ihre Migrant(inn)en? In: Gestring, Norbert Herbert Glausauer et al.(Hrsg): Jahrbuch StadtRegion. Opladen, S. 35-56.

Ipsen, Detlev (2006): Migration und Vielfalt der Kulturen als Ressource der Stadtentwicklung. In: Heinrich-Böll-Stiftung (Hrsg.): Das neue Gesicht der Stadt. Strategien für die urbane Zukunft im 21. Jahrhundert. Berlin. S. 105-120.

Ipsen, Detlev; Johanna Debik et al. (2005): Toronto. Migration als Ressource der Stadtentwicklung. Arbeitsberichte des Fachbereichs Architektur, Stadtplanung, Landschaftsplanung. Heft 160.

Lang, Barbara (1998): Mythos Kreuzberg. Ethnographie eines Stadtteils 1961-1995. Frankfurt/New York.

Orywal, Erwin (2007): Kölner Stammbaum. Zeitreise durch 2000 Jahre Migrationsgeschichte. Köln.

Pütz, Robert (2004): Transkulturalität als Praxis. Unternehmer türkischer Herkunft in Berlin. Bielefeld.

Robertson, Roland (1998): „Glokalisierung: Homogenität und Heterogenität in Raum und Zeit“. In: Beck, Ulrich (Hrsg.): Perspektiven der Weltgesellschaft. Frankfurt am Main. S. 192-220.

Said, Edward W. (1978): Orientalism. New York.

Sassen, Saskia (2000): „Dienstleistungsökonomien und die Beschäftigung von Migranten in Städten“. In. Schmals, Klaus M. (Hrsg.): Migration und Stadt. Entwicklungen – Defizite – Potentiale. Opladen, S. 87-114.

Stienen, Angela (Hrsg.) (2006): Integrationsmaschine Stadt? Interkulturelle Beziehungsdynamiken am Beispiel von Bern. Bern/Stuttgart/Wien.

Wacquant, Loïc (2006): Entzivilisieren und Dämonisieren. Die soziale und symbolische Transformation des schwarzen Ghettos. In: Wacquant, Loïc: Das Janusgesicht des Ghettos und andere Essays. Basel/Boston/Berlin. S. 61-84.

Yildiz, Erol (2006): Stigmatisierende Mediendiskurse in der kosmopolitanen Einwanderungsgesellschaft. In. Butterwegge, Christoph; Gudrun Hentges (Hrsg.): Massenmedien, Migration und Integration. Wiesbaden. S. 37-54.
Yildiz, Erol (2005): Leben in der kosmopolitanen Moderne: Die Öffnung der Orte zur Welt. (Unveröffentlichte Habilitationsschrift) Köln.

Edith Pichler

Community, Milieus und Schulkarrieren am Beispiel der italienischen Bevölkerung in Berlin

Einleitung

Bereits Anfang der 50er Jahre begannen auf Initiative Italiens die Verhandlungen mit Deutschland über die Anwerbung von italienischen Arbeitskräften, die 1955 mit einem bilateralen Vertrag zwischen den beiden Ländern abgeschlossen wurden. Im Jahre 1957 folgten die Römischen Verträge, die den Aufbau der Europäischen Union implantierten. Seither sind fast 50 Jahre vergangen, und in Deutschland lebt mittlerweile eine zweite bzw. dritte Generation von Italienern, die auch aufgrund der Integrationsprozesse der EU bei den Politikern sowie in der deutschen Öffentlichkeit als „integriert" gilt. Wenn man jedoch die schulische Laufbahn italienischer Schüler betrachtet, zeigt sich ein ganz anderes Bild: Italienische Schüler weisen eine der höchsten Quoten an Sonder- und Hauptschülern auf. Allerdings kann man bezüglich des Schulverlaufs italienischer Schüler regionale Unterschiede feststellen, die auf die Zusammensetzung der jeweiligen Communities zurückzuführen sind. Gerade die PISA Studie etc, haben gezeigt, wie abhängig in Deutschland die schulischen Erfolge von sozialer Herkunft sind, und so kann die Präsenz von Migrantentypen bzw. *Milieus,* die mit verschiedenen Kapitalien ausgestattet sind, die Schulkarriere italienischer Schüler positiv oder negativ beeinflussen. Dies wird am Beispiel Berlins gezeigt, dessen Community-Formierung anders verlief als in den für die italienische „Arbeitsmigration" typischen Städten wie Stuttgart oder München. Bei dem Artikel handelt es sich nicht um Ergebnisse eines Forschungsprojektes, sondern um erste Überlegungen und Analysen, die aus der jahrelangen Beschäftigung mit der italienischen Community in Deutschland bzw. Berlin resultieren

Milieus und Habitus

Nachdem der Milieubegriff jahrelang keine bedeutende Rolle für die sozialwissenschaftliche Analyse spielte, ist im Laufe der 80er Jahre der Begriff wieder aufgetaucht, um gesellschaftliche Unterschiede zu erklären, die nicht nur schichtenspezifisch und vertikal sind[1]. Soziale Milieus und Lebensstile beeinflussen die Sozialisation, und es finden sich „innerhalb der einzelnen Schichten mehrere Milieus nebeneinander“ (Hradil 2006: 7). Als soziale Milieus werden Gruppen von Gleichgesinnten betrachtet, die „jeweils ähnliche „Werthaltungen, Prinzipien der Lebensgestaltung, Beziehungen zu Mitmenschen und Mentalitäten aufweisen“ (ebd: 4).

Ging man auch aufgrund der Anwerbepolitik der Bundesregierung und der Typologie der Zuwanderer von „homogen“ Migrantencommunities aus, fand inzwischen durch Pluralisierungsprozesse und neue Formen der Mobilität auch in diesen eine Diversifizierung statt. Inzwischen sind einige Studien über die verschiedenen Milieus in Migrantencommunities erschienen, wie die über die italienische Community in Berlin (Pichler 1997, 2008; Del Pra 2006). Eine ausführliche Untersuchung über die Lebenswelten und Lebensstile von Personen mit Migrationshintergrund wurde 2006/7 von SINUS-Sociovision mit der Studie „Die Milieus der Menschen mit Migrationshintergrund in Deutschland“ unternommen. Die Forscher haben acht verschiedene Milieus identifiziert:

1. Religiös verwurzeltes Milieu
2. Traditionelles Gastarbeiter-Milieu
3. Statusorientiertes Milieu
4. Entwurzeltes Milieu
5. Intellektuell-kosmopolitisches Milieu
6. Adaptives-Integrationsmilieu
7. Multikulturelles Performermilieu
8. Hedonistisch-subkulturelles Milieu

Die Studie zeigt, dass Menschen mit Migrationshintergrund keine soziokulturell homogene Gruppe sind, vielmehr unterschieden sich die Migranten-Milieus weniger nach ethnischer Herkunft und sozialer Lage als nach Ihren Wertvorstellungen, Lebensstilen und ästhetischen Vorlieben. Die Herkunftskultur sagt nichts aus über die Milieuzugehörigkeit und umgekehrt. So kann man gemeinsame lebensweltliche Muster bei Migranten aus verschiedenen Herkunftskulturen finden: „Menschen des gleichen Milieus mit unterschiedlichem Migrationshintergrund verbindet mehr miteinander als mit dem Rest ihrer Landsleute aus anderen Milieus“ (Sinus-Sociovis 2007)..

Was die Milieu-Angehörigen verbindet, ist ein bestimmter klassenspezifischer Habitus, der unterschiedliche Lebensstile hervorruft. In seinen Studien über Klassenstrukturen hat Bourdieu die Konzepte von Distinktion und Lebensstilen eingeführt, die eben einem bestimmten Habitus entsprechen: d.h die Haltung des Individuums in der sozialen Welt, seine Gewohnheiten, seine Disposition, seine Lebensstile, seine Wertvorstellungen und Einstellungen.

---

1 S. dazu die Arbeiten von Vester, Peter von Oertzen usw

Der Habitus enthält die Schemata, die dazu dienen, die soziale Realität wahrzunehmen, die ästhetischen Kriterien, um kulturelle Produkte und Praktiken zu bewerten, sowie Schemata, die die Hervorbringung von Handlungen einleiten (Fuchs-Heinritz/König 2005).

Verantwortlich für die Herausbildung eines „klassenspezifischen Habitus" ist die ungleiche Verteilung von ökonomischem, sozialem und kulturellem Kapital, das Bourdieu (1983; 2001) so definiert:

Ökonomisches Kapital ist all das, was an Besitz von ökonomischen Gütern einschließlich Leistungen aus dem System redistributiver Leistungen durch den Staat zur Verfügung steht; dieser Begriff schließt an traditionelle Vorstellungen an.

Soziales Kapital ist die Zugangsmöglichkeit zu sozialen Ressourcen, die über soziale Beziehungen (Netzwerke und Assoziationen) und über den politisch-rechtlichen Status (Staatsbürgerschaftsstatus) vermittelt werden.

Bourdieu unterscheidet zwischen drei Formen des kulturellen Kapitals:

In einer objektivierten Form: Bücher, Kunstwerke, etc.

In einer inkorporierten Form: Wissen, Erziehung, kulturelle Fähigkeiten. Bei dieser Form spielt die soziale Herkunft eine bedeutende Rolle, also das Aufwachsen in einem bestimmten Milieu.

In einer institutionalisierten Form: Bildungstitel, akademische Titel. Das von der Familie ererbte kulturelle Kapital wird so durch Titel von akademischen Institutionen bestätigt und legitimiert.

Nicht immer werden vorhandene Kapitalien – wie das kulturelle Kapital im Sinne von Wissen – anerkannt. In diesem Fall, und das kann den Migranten gegenüber geschehen, findet eine symbolische Exklusion der Kapitalien statt. Die sozialen Auseinandersetzungen verlagern sich dann in den Raum der symbolischen Auseinandersetzung, wo das symbolische Kapital an Bedeutung zunimmt (Eder/Rauer/Schmidtke 2004).

Die italienische Migration nach Deutschland

1952 begannen auf Initiative Italiens die Verhandlungen über die Anwerbung italienischer Arbeiter. Durch diesen Arbeitskräfteexport sollte die steigende Arbeitslosigkeit in Italien verringert werden und gleichzeitig die zu erwartenden Transferzahlungen die passive Handelsbilanz ausgleichen. Während die Gewerkschaften, die SPD, die CDU und die CSU die mögliche Anwerbung ausländischer Arbeiter kritisierten, plädierte der damalige Bundeswirtschaftsminister Erhard dafür. Der Bundeswirtschaftsminister teilte die negativen Einschätzungen der Unternehmerverbände bezüglich der Vollbeschäftigung, die zu einer verstärkten Konkurrenz um Arbeitskräfte unter den Unternehmern und damit zu übermäßigen Lohnzugeständnissen geführt hatte. Eine Konsequenz davon wären Preissteigerungen gewesen, die die Wettbewerbsfähigkeit Deutschlands auf dem Weltmarkt gefährdet hätten.

Nachdem das Bundeswirtschaftsministerium angesichts der besonderen Verhältnisse auf dem Arbeitsmarkt in einem 11-Punkte-Programm vom Oktober 1955 zur Stabilisierung von Wirtschaft und Währung unter anderem die Heranziehung ausländischer Arbeitskräfte ankündigte, kam es im Dezember 1955 zur Unterzeichnung des Anwerbevertrags zwischen Italien und der Bundesrepublik Deutschland (Dohse 1985; Pichler 1997).

1957 unterzeichneten die Gründerstaaten der EWG die Römischen Verträge. In den im Januar 1958 in Kraft getretenen Verträgen wurde mit den Artikeln 48 und 49 die Einführung der Freizügigkeit von Arbeitskräften aus den Mitgliedstaaten innerhalb der EWG festgelegt, die durch sukzessive Verordnungen schrittweise verwirklicht werden sollten. Mit der Verordnung 1612 vom 15. Oktober 1968 wurde allen Angehörigen der EWG-Staaten das gleiche Recht bei der Bewerbung um eine Arbeitsstelle eingeräumt (Geiselberger 1972).

Vor dem bilateralen Anwerbeabkommen von 1955 waren Italiener in geringer Anzahl in der bundesdeutschen Landwirtschaft beschäftigt. Die Zahl italienischer Migranten nahm erst zu, als nach dem Mauerbau 1961 der Zustrom von Vertriebenen und von DDR-Flüchtlingen abnahm.

Die größte Zahl der italienischen Migranten kam aus ländlichen und industriell unterentwickelten Gebieten Nord- und Süditaliens und war vor ihrer Auswanderung in der Landwirtschaft, im Handwerk oder als Kleinhändler tätig. Ihre dort erworbenen beruflichen Kenntnisse waren jedoch für die vorgesehenen Arbeitsplätze in der Bundesrepublik Deutschland nicht von Nutzen. Besaßen sie jedoch eine berufliche Ausbildung, wurde diese in vielen Fällen nicht anerkannt, weil sie nicht den deutschen Maßstäben entsprach (Pichler 1997).

Die Zahl der italienischen Arbeitnehmer stieg, abgesehen von der während der Rezession 1966/1967 kurz einsetzenden Rückwanderungswelle von 124.905 Personen, kontinuierlich an und erreichte 1973 mit 450.115 Beschäftigten ihren Höhepunkt. Ab 1973 ist die Zahl der beschäftigten Italiener ständig gesunken: 1966 stellten die Italiener mit 399.145 Beschäftigten noch 30,4 Prozent aller beschäftigten Migranten in der Bundesrepublik Deutschland, 1978 ging ihr prozentualer Anteil auf 15,4% (288.643 Beschäftigte) und Ende 1983 auf 13,9% (238.850 Beschäftigte) zurück. Die italienischen Migranten waren bis in die siebziger Jahre vorwiegend alleinstehende Männer. Dies erklärt die damals in Anbetracht der Gesamtzahl der italienischen Wohnbevölkerung in der Bundesrepublik Deutschland sehr hohe Erwerbsquote bei den Italienern: 1961: 90,3 Prozent (Deutsche: 47,5 Prozent); 1970: 72,2 Prozent (Deutsche: 42,7 Prozent) (Pichler 1997).

Die Krise der Massenindustrie, die Auslagerung der Produktion in Billiglohnländer sowie Deindustrialisierungs- und Tertiärisierungsprozesse haben die Zahl der Arbeitsplätze in der Industrie sinken lassen. Besonders die damals für die Migranten vorgesehenen Arbeitsplätze, die keine berufliche Qualifikation verlangten und stark konjunkturabhängig waren, fielen durch die Rationalisierung der Produktion sowie ihre Verlagerung ins Ausland weg. Italiener wie andere Migrantengruppen sehen sich immer mehr mit einem segmentierten Arbeitsmarkt konfrontiert, der vom Dienstleistungssektor dominiert wird, so betrug die Arbeitslosenquote 2007 unter den Italienern 16% (Ministero Affari Esteri 2007).

Während das Jahrzehnt 1970-1980 durch den Rückgang der italienischen Bevölkerung in Deutschland charakterisiert war, kann man seit Ende der achtziger Jahre eine Wiederbelebung der italienischen Zuwanderung beobachten. Während zwischen 1973 und 1985 die Zahl der in Deutschland lebenden Italiener von 630.000 auf 531.338 sank mit einem Tiefstand von 499.562 Personen im Jahre 1987, lebten am 31. Dezember 2006 534.657 Italiener in Deutschland (Männer 315.432; Frauen 219.255) das bedeutet einen Anteil von 7,9% an der gesamten ausländischen Bevölkerung. Mit einem Bevölkerungsanteil von 24,5% bilden sie unter den EU- Bürgern die stärkste Gruppe. Mehr als 28% der Italiener ist in Deutschland geboren. (Statistisches Bundesamt; Bundesanstalt für Arbeit, verschiedene Jahrgänge).

Die Hauptziele italienischer Migranten in der Bundesrepublik Deutschland waren die industriellen Ballungszentren, so zum Beispiel München, Köln, Frankfurt, Stuttgart[2]. Ein besonderer Fall ist die Stadt Wolfsburg, wo aufgrund der Rekrutierungspraktiken von Volkswagen, vorwiegend italienische Arbeiter eingestellt wurden. Ende 2004 waren die Italiener mit 5.518 Personen die stärkste Zuwanderergruppe.

Die italienische Community in Berlin

Im Unterschied zu anderen Städten, in denen die italienische Bevölkerung sinkt bzw. stagniert, hat sich die Zahl der Italiener in Berlin seit Mitte der 80er Jahre verdoppelt: von etwa 8.000 Personen auf mehr als 14.000 Personen im Jahr 2007.

2 Die italienische Bevölkerung in diesen Städten ist allerdings seit einigen Jahren rückläufig: in Frankfurt sank ihre Zahl von 16.035 im Jahr 2000 auf 13.923 im Jahr 2006; in Stuttgart von 16.025 auf 13.780; in München von 22.282 auf 20.781.

Tabelle 1: Melderechtlich registrierte Italiener in Berlin

Jahr	Italiener
1985	7.556
1990	8.549
1995	11.034
2000	12.838
2003	12.692
2007	14.446

Bei der italienischen Bevölkerung in Berlin kann man keine Konzentration in einem bestimmten Viertel beobachten; sie ist jedoch verstärkt in den westlichen Bezirken ansässig, so z.B. im bürgerlichen Willmersdorf-Charlottenburg.

Tabelle 2: Die italienische Community in Berlin

Bezirk	**Insgesamt**	**%**	**m.**	**w.**
Mitte	2.059	14,2	1.252	807
Friedrichshain-Kreuzberg	2.124	14,7	1.208	916
Pankow	1.528	10,6	876	652
Charlottenburg-Wilmersdorf	2.504	17,3	1.566	938
Spandau	540	3,7	360	180
Steglitz-Zehlendorf	1.176	8,1	680	496
Tempelhof-Schöneberg	1.905	13,2	1.226	679
Neukölln	1.357	9,4	858	499
Treptow-Köpenick	169	1,2	111	58
Marzahn-Hellersdorf	88	0,6	62	26
Lichtenberg	208	1,4	124	84
Reinickendorf	788	5,4	529	259
Berlin	14.446	100	8.852	5.594

Quelle: Amt für Statistik Berlin-Brandenburg

Bei der Entscheidung, nach Berlin zu kommen und dort zu bleiben, spielten mehrere Faktoren eine Rolle. Die politische, kulturelle und gesellschaftliche Situation Berlins war und ist ein Motiv, das die Zuwanderer nach Berlin zog und zieht. Diese Charakteristiken haben verschiedene Typen von Migranten angezogen, die mit ihren unterschiedlichen Bedürfnissen und Lebensstilen zur Entfaltung vielfältiger Aktivitäten innerhalb der Community und so zu deren Diversifizierung beigetragen haben. Anhand von empirischen Studien (1997, 2001), kontinuierlichen Beobachtungen und Feldforschungen hat die Autorin versucht, die verschiedenen Migranten zu kategorisieren, und folgende Migrantentypen mit entsprechenden Milieus identifiziert:

Tabelle 3: Eine Typologisierung der italienischen Community in Berlin und ihrer Aktivitäten

Migrantentypen		
Pioniere	Katholische Mission (Circolo Cesare Orsenigo)	Handwerk, Gaststätten („Wirtshäuser"), Eisdielen
Arbeitsmigranten	Italienische Parteien parteinahe Migrantenorganisationen (Filef, IstitutoSanti, CircoloCarlo Levi, CTIM) Coro Carlo Levi	Industrie, Bauwirtschaft Ristorante-Pizzeria
Rebellen	Außerparlamentarische Linke (u.a. Lotta Continua) Fraueninitiativen, Casa di Cultura Popolare, Asilo italiano, Neue Rebellen: Associazione Luna Rossa, Movimento Stop-Berlusconi	Lokale mit linkem Image (kneipenähnliche Lokale, Osterias) Neue Musikgruppen (musica politica-popolare)
Postmoderne	Unabhängige Organisationen oft mit (inter)kulturellem Charakter (Tubo Kurvo, Club Donne Italiane, Lavori in Corso, Associazione Culturale Malaparte)	Neue Lebensstile-Szene-Lokale (Trattorias, Enoteca, Bars, Spezialitätenläden, Mode, Design, Buchhandlungen) Musica „popolare" (canzoni napoletane, tarrantelata etc.)
Mobile	VIP Club (Incontri Berlinesi, DIF e.V.)	Gehobener Dienstleistungssektor, Freiberufler Studium Gastronomie

Die Pioniere: Unmittelbar nach dem Zweiten Weltkrieg holten die in Berlin verbliebenen Italiener – meist ehemalige, nach 1938 im Rahmen der Anwerbungsvereinbarung zwischen Deutschland und Italien eingewanderte Arbeiter oder internierte Soldaten – ihre Familien zu sich, was eine erste, wenn auch vom Umfang her geringe Art der Zuwanderung bedeutete. Sie wurden in den damals gegründeten Familienbetrieben – Eisdielen oder Gaststätten – eingesetzt. Zu diesem Zweck wurde ohne Komplikationen eine Aufenthaltserlaubnis für die nachgezogenen Familienmitglieder erteilt.

Die Arbeitsmigranten: Italienische Arbeitsmigranten kamen erst Mitte der 1960er-Jahre, allerdings in geringeren Zahlen, nach Berlin, häufig nach Zwischenaufenthalten in Westdeutschland. Die finanzielle Unterstützung, die der Berliner Senat als Anreiz für zuziehende Arbeitnehmer bereit stellte sowie die so genannte Berlin-Zulage waren auch für Italiener ein Grund, nach Berlin zu kommen. Außerdem war die Stadt politisch interessant und die Aktivitäten der PCI, wie etwa die von ihr organisierten Pressefeste der „Unità", fanden großen Anklang unter den Berliner Linken und Studenten. Ihre Bedeutung innerhalb der italienischen Community war jedoch nicht so groß wie in Westdeutschland. In den 1970er-Jahren eröffneten immer mehr italienische Arbeitsmigranten in den westlichen Bezirken Berlins Pizzerias. Viele der durch die Deindustrialisierungsprozesse entlassenen Arbeiter sahen in der Gastronomie neue berufliche Perspektiven und eröffneten eigene Lokale, zumal für die nachgefragte Küche keine besonderen gastronomischen Vorkenntnisse notwendig waren..

Die Rebellen: Ende der 1960er- und zu Beginn der 1970er-Jahre kam es verstärkt zur Einwanderung von Italienern aus dem linken politischen Spektrum, die sich vom „Mythos Berlin" als einer Stadt der Studentenrevolte angezogen fühlten. Berlin galt als Stadt, in der neue Lebensformen ausprobiert werden konnten, wo das kulturelle Leben mit seiner Off-Szene lebendig war. Einige von ihnen, darunter viele Frauen, hatten ihr Studium in Italien abgebrochen, andere wollten es hier fortsetzen, oder hatten schon ein Studium absolviert und wollten in Berlin promovieren. Schon Mitte der 70er Jahre wurde durch die jungen „Rebellen" der erste zweisprachige vom Berliner Senat finanzierte italienische Kindergarten aufgemacht. Um neben ihren politischen Aktivitäten ihren Lebensunterhalt zu sichern, jobbten sie in Restaurants und Kneipen, unterrichteten privat oder in Volkshochschulen. In den 1980er-Jahren waren es der Mythos des Bezirks Kreuzberg, die Hausbesetzerbewegung sowie die autonome Szene, die junge italienische Rebellen nach Berlin zog. Die Rebellen griffen bei ihren Existenzgründungen auf ihre politische Einstellung als Opportunität zurück und eröffneten Lokale mit einem „linken" Image.

Die Postmodernen: Ab Anfang der 1980er-Jahre lässt sich ein weiterer Migrantentypus erkennen, nämlich der junge, nicht unbedingt stark politisierte Italiener. Einige der Vertreter kamen als Studenten nach Berlin. Gerade die in den 1990er-Jahren entstandenen EU-Austauschprogramme für Studenten beförderten diese Wanderung. Viele blieben nach der Austauschzeit in Berlin. Für diese flexiblen Italiener besaß die Auswanderung auch eine „Abenteuerkomponente“. Sie genießen das Großstadtleben, das „multikulturelle Milieu“ und die Möglichkeiten, (inter)kulturell aktiv zu werden, z.B. auch durch die Gründung eigener Vereine. Ein neues Verständnis von Lebensqualität, ein verändertes Konsumverhalten, die Betonung eigener Lebensstile sowie urbane Veränderungen ließen neue Nischen entstehen, die von den Postmodernen besetzt wurden.

Die Mobilen: Besonders nach dem Fall der Mauer sind Personen nach Berlin gezogen, die auf Grund ihrer Berufsbiografie sehr mobil und häufig im gehobenen Dienstleistungssektor aktiv sind, wie im Banken- und Versicherungswesen, im Firmenmanagement oder in Firmenvertretungen. Auch die Zahl italienischer Journalisten ist mit dem Regierungsumzug gestiegen. Eine weitere Gruppe besteht aus jungen Akademikern (s.o. Erasmus-Studenten), die nach Berlin kommen, um bei verschiedenen Institutionen Praktika bzw. erste Berufserfahrungen zu absolvieren.

Während die Pioniere und die Arbeitsmigranten jeweils eine bestimmte Zeit geprägt haben, kann man die anderen Migrantenkategorien nicht auf einen Zeitraum festlegen. So sind heute unter den neuen Zuwanderern verschiedene Migrantentypen zu finden. Charakteristisch für sie ist, dass sie häufig aufgrund ihrer Biographien über ein höheres kulturelles und soziales Kapital verfügen.

Eine Diversifizierung ist auch bei den aktiven italienischen Organisationen zu beobachten: So spiegelt sich in der Beteiligung an Organisationen die Differenzierung der verschiedenen Migrantengruppen wider. Die italienischen Migrantenorganisationen bildeten lange Zeit die Verhältnisse der italienischen Gesellschaft ab, die durch eine katholische bzw. eine kommunistisch-sozialistische Kultur geprägt war. Die neuen Zuwanderertypen, die diesen Organisationen eher ablehnend gegenüberstehen, haben eigene Initiativen ergriffen und neben diesen quasi offiziellen Institutionen andere, ihren politischen und kulturellen Bedürfnissen und Interessen mehr entsprechende Einrichtungen oder lockere Zusammenschlüsse gegründet. Außerdem findet eine Wiederbelebung der regionalen Organisationen statt, die häufig von den „Postmodernen“ initiiert wurde: so für die Associazione Emilia-Romagna, Centro Culturale Sardo etc.

Milieus und schulische Karriere

Die PISA Studie zeigte, wie abhängig in Deutschland schulische Erfolge von sozialer Herkunft sind, und wie das Schulsystem durch Mechanismen der Auslese zum Teil benachteiligend und exkludierend wirkt. So gibt es „neue empirische Belege dafür, dass die Kinder mit ungleichen sozialen und kulturellen „Startkapitalien“ in das Bildungssystem eintreten und dort dann nach ihrer sozialen Herkunft schrittweise so „sortiert" werden, dass sie überwiegend in das ebenfalls sozial gestufte Berufssystem gelenkt werden (Vester 2006: 73). Gerade die Kinder der *Gastarbeiter* sind am meisten von diesem selektiven System betroffen, das Kinder aus bildungsfernen Familien bestraft. Besonders italienische Schüler weisen die höchste Quote an Sonderschülern und Hauptschülern auf, während ihr Anteil an weiterführenden Schülen gering ist (Pichler 2006).

Tabelle 4: Prozentsätze nach bestimmten Schularten– Schuljahr 2005/6

Nation.	**Sonders.**	**Haupts.**	**Reals.**	**Gymnas.**	**Gesamts.**
Italiener	8,6	48,3	22	14,2	11,2
Türken	6,6	44,7	21,6	13	16,9
Griechen	5,9	41	23	23	9,4
Spanier	5,1	26,1	25,4	28,1	15,4
Deutsche	4,4	17,7	22	42,6	9

Quelle: Statistisches Bundesamt 2006

Nach Bourdieu ist „der Einfluss des familialen Milieus auf den Schulerfolg fast ausschließlich kultureller Art" (Bourdieu 2001: 26). So stellen in einer Untersuchung über die Bedeutung ökonomischen, kulturellen und ethnischen Kapitals der Familie für den Schulbesuch der Kinder die Autoren fest : „Während in autochthonen deutschen Familien der sozioökonomische Status der Eltern die Bildungschancen der Kinder maßgeblich mitbestimmt, spielt im Kontext von Migrationsfamilien offenkundig das Bildungskapital der Eltern die ausschlaggebende Rolle, wenn es um die Bildungschancen der nachfolgenden Generation geht" (Zinnecker/Stecher 2006: 308).

Für den Schulerfolg spielt das kulturelle Kapital besonders in seiner inkorporierten Form eine große Rolle und so indirekt auch der Habitus der Familie bzw. der Schüler; denn im „Bildungssystem wird nicht nur Wissen vermittelt und abgefragt, sondern es wird zudem ein spezifischer Habitus erwartet und belohnt, der mit demjenigen der definitionsmächtigsten Gruppen korrespondiert. Neben den individuellen Kompetenzen und Fähigkeiten ist nach Bourdieus Auffassung eine habituelle Passung zwischen Herkunftskultur und der „Kultur" der jeweiligen Bildungsinstitutionen oder des jeweiligen Studienfaches förderlich, um einen erfolgreichen Abschluss zu erzielen" (Georg 2006: 125). Die soziale Ungleichheit im Bildungssystem findet also auch auf der symbolischen Ebene statt „durch die Definitionsmacht der herrschenden Kapitalfraktionen hinsichtlich der legitimen Kultur und Wissensbestände in den Bildungsinstitutionen..." (Georg 2006: 125) . So ist die soziale Reproduktion durch kulturelles Kapital „mit der Verteilung von symbolischer Macht im Rahmen von Lebensstil und Habitus verknüpft" (ebd.).

Auch unter den italienischen Schülern in Deutschland sind Unterschiede festzustellen, die eine Korrelation zwischen Migrationsprozessen, Migrantentypen, Milieus, Habitus und Schulperformance zeigen, was ein differenziertes Bild der Schulsituation italienischer Schule abgibt.

Tabelle 5: Italienische Schüler in den früheren Bundesländern: Prozentsätze für die Sonderschule und für den Sekundärbereich, Schuljahr 2006/2007

Bundes Land.	Ins. Absolut	Sonders. %	Haupts. %	S. mehr. Bildungsgänge %	Reals. %	Gymnas. %	Gesamts. %	Waldorfs. %
Baden-Württem.	20.503	9,98	62,10		24,84	10,96	0,36	0,52
Bayern	6.999	10,81	64,66		18,33	15,80	0,27	0,44
Berlin	945	2,32	11,52		20,64	46,38	17,15	1,07
Bremen	102	5,88	9,67	20,96	14,51	33,87	40,32	
Hamburg	452	6,85	30,88	2,70	8,88	32,43	19,35	2,31
Hessen	6.985	8,83	24,55		27,88	23,35	22,17	0,11
Niedersachsen	2.088	4,78	29,10		29,81	19,98	19,74	0,31
Nordrhein-Westfalen	14.720	7,52	37,56		21,28	14,25	24,03	0,09
Rheinland-Pfalz	2.838	6,48	2,41	13,19	21,63	14,11	8,37	0,13
Saarland	1.858	5,22	0,78	6,34	2,45	15,92	23,30	0,09
Schleswig-Holstein	268	5,97	38,88		33,33	18,74	8,33	0,69
Frühere Bundesl.	56.813	8,73	46,49	2,60	22,63	14,81	11.57	0,32

Quelle: Statistisches Bundesamt 2007

Diese Differenzen beziehen sich nicht nur auf die jeweiligen Schulsysteme – selektiver in Bayern, in Baden-Württemberg und in Hessen – sondern eben auf die Zusammensetzung der jeweiligen Communities, die durch die Präsenz verschiedener *Milieus* charakterisiert sind. Dementsprechend weisen die Schulperformances italienischer Schüler in Berlin, das keine traditionelle italienische „Arbeitsmigration" erlebt hat, sondern durch die Zuwanderung unterschiedlicher mit verschiedenen Kapitalien ausgestatteten Migrantentypen geprägt ist, günstigere Entwicklungen auf[3].

3 Positiv könnte sich in Berlin auch auswirken, dass ein Schüler normalerweise erst nach

In den verschiedenen Analysen und Berichten wird häufig erwähnt, dass in Deutschland besonders auffällt, dass Jugendliche aus zugewanderten Familien der ersten Generation, die zum Teil hier geboren sind, schlechter abschneiden als Jugendliche aus Migrantenfamilien, die noch nicht als ansässig gelten können (Allmendinger/Nikolai 2006). Diese Tatsache bestätigt einerseits die These über die Bedeutung des „Habitus" für die Schulkarriere und ist andererseits eine weitere mögliche Erklärung für die positive Schulperformance italienischer Schüler in Berlin. Neuzugewanderte, wie das Beispiel der Italiener in Berlin zeigt, gehören nicht mehr zur „Gastarbeitergeneration" und ihren Nachfolgern, die in der Öffentlichkeit mit einem bestimmten Habitus konnotiert war und ist, sie sind die „postmodernen" „neutralen" Zuwanderer, die neuen Mobilen. Die „Mitglieder" der italienischen Community in Berlin sind häufig noch nicht „ansässige Migranten" der zweiten oder dritten Generation. Ihnen und ihren Kindern ist noch nicht ein bestimmter Habitus zugeschrieben worden, und wenn doch, scheinen der Habitus und die Lebensstile positiv besetzt zu sein.

Literatur

Allmendinger, Jutta; Rita Nikolai (2006): Bildung und Herkunft. In: APuZ 44-45: S. 32-38.

Bourdieu, Pierre (1983): Ökonomisches Kapital, kulturelles Kapital, soziales Kapital, In: Kreckel, R. (Hrsg.) Soziale Ungleichkeiten, Soziale Welt, Sonderband 2. Göttingen. S. 183-198.

Bourdieu, Pierre (2001): Wie die Kultur zum Bauern kommt. Über Bildung, Schule und Politik. Hamburg.

Del Prá, Alvise (2006): Giovani italiani a Berlino: nuove forme di mobilitá europea, in: Altreitalie, International journal of studies on the people of Italian origin in the world. Edizioni Fondazione Giovanni Agnelli. Turin. S. 103-124.

Dohse, Knut (1985): Ausländische Arbeiter und bürgerlicher Staat. Genese und Funktion von staatlicher Ausländerpolitik und Ausländerrecht. Vom Kaiserreich bis zur Bundesrepublik Deutschland. Königstein/Taunus.

Eder, Klaus; Valentin Rauer; Oliver Schmidtke (2004): Die Einhegung des Anderen. Türkische, Polnische und Russlanddeutsche Einwanderer in Deutschland. Wiesbaden.

Fuchs-Heinritz, Werner; Alexandra König (2005): Pierre Bourdieu. Eine Einführung. Konstanz.

Geiselberger, Siegmar (Hrsg.) (1972): Schwarzbuch: Ausländische Arbeiter. Frankfurt/Main.

Georg, Werner (2006): Kulturelles Kapital und Statusvererbung, in: Georg, W. (Hrsg.): Soziale Ungleichheit im Bildungssystem. Eine empirisch-theoretische Bestandaufnahme. Konstanz. S. 123-146.

---

sechs und nicht nach vier Schuljahren in die Sekundär- Stufe kommt.

Hradil, Stefan (2006): Soziale Milieus – eine praxisorientierte Forschungsperspektive, in: APuZ 44-45: 3-10.

Ministero degli Affari Esteri Direzione Generale per gli Italiani all'Estero e le Politiche Migratorie, 2007. Piano-Paese 2007-2009.

Pichler, Edith (1997): Migration, Community-Formierung und ethnische Ökonomie. Die italienischen Gewerbetreibenden in Berlin. Berlin.

Pichler, Edith (2002): Pioniere, Arbeitsmigranten, Rebellen, Postmoderne und Mobile: Italiener in Berlin. In: Friedrich-Ebert-Stiftung in Verbindung mit dem Institut für Sozialgeschichte e.V. Braunschweig-Bonn (Hrsg.), Archiv für Sozialgeschichte. Bd. 42 Arbeitsmigration in Deutschland nach 1945 – Bonn. S. 257-274.

Pichler, Edith (2006): Fra inclusione ed esclusione la comunitá italiana in Germania/Inklusion und Exklusion. Die italienische Comunity in Deutschland. In, Ambasciata di Italia a Berlino, Humboldt Universität zu Berlin-Institut für Romanistik Kattenbusch/Ugolini (Hrsg.) I ragazzi italiani nel sistema scolastico tedesco: problemi e prospettive – Italienische Jugendliche im deutschen Schulsystem: Probleme und Perspektive. Atti del Congresso Berlino 9-11 Settembre 2004, Regensburg. S. 279-294.

Pichler, Edith (2008) Memoria, identitá, comunitá e milieus: Analisi e discorsi sugli italiani di Germania, in, Altreitalie, International journal of studies on the people of Italian origin in the world. Edizioni Fondazione Giovanni Agnelli, Turin, (noch im Druck).

Sinus-Studie (2007): Die Milieus der Menschen mit Migrationshintergrund In Deutschland,. http://www.sinus-Sociovision.de/Download/Zentrale_Ergebnisse_16102007.pdf.

Statistisches Bundesamt (2007): Bildung und Kultur, Allgemeinbildende Schulen Schuljahr 2006/07. Erschienen am 30.10.2007. Korrigierte Fassung vom 31. Januar 2008. Wiesbaden. Fachserie 11 Reihe 1.

Zinnecker, Jürgen; Ludwig Stecher (2006): Gesellschaftliche Ungleichheit im Spiegel hierarchisch geordneter Bildungsgänge. Die Bedeutung ökonomischen, kulturellen und ethnischen Kapitals der Familie für den Schulbesuch der Kinder, in: Georg, W. (Hrsg.): Soziale Ungleichheit im Bildungssystem. Eine empirisch-theoretische Bestandaufnahme. Konstanz. S. 291-310.

Vester, Michael (2006): Die geteilte Bildungsexpansion – Die sozialen Milies und das segregierende Bildungssystem der Bundesrepublik Deutschland, in: Rehberg, K-S. (Hrsg.): Soziale Ungleichheit, Kulturelle Unterschiede. Verhandlungen des 32. Kongress der Deutschen Gesellschaft für Soziologie in München 2004, Frankfurt/New York. S. 73-89.

Vester, Michael; Peter von Oertzen et. al. (2001): Soziale Milieus im gesellschaftlichen Strukturwandel. Zwischen Integration und Ausgrenzung. Frankfurt am Main.

Dita Vogel, Berit Rinke

Sprache als *der* Schlüssel zur Integration?

Theoretische Überlegungen und qualitativ-empirische Befunde zu Sprachfunktionen im Integrationsprozess

1. Einleitung

Gute Deutschkenntnisse gelten in Deutschland als der Schlüssel zur Integration. Die Forderung an Migranten, dass sie gut deutsch lernen sollen, und die Forderung an den Staat, dies zu fördern, dominieren die Diskussion um Sprache und Integration.

In der Integrationspolitik hat die Förderung des deutschen Spracherwerbs seit langem ein hohes Gewicht (Unabhängige Kommission Zuwanderung 2001: 204). Das Zuwanderungsgesetz von 2005, das erstmals Ansprüche auf Integrationsförderung festlegt, bestätigt dies, wie schon allein aus der Zahl der Stunden in Förderkursen ersichtlich ist (600 Stunden Sprachkurs, 30 Stunden Orientierung/ Landeskunde). Bei der Einbürgerung von AusländerInnen wurde schon immer der Nachweis von Deutschkenntnissen verlangt. Fehlende Deutschkenntnisse schließen seit der Änderung des Staatsangehörigkeitsgesetzes (StAG) eine Einbürgerung aus (Sachverständigenrat für Zuwanderung und Integration 2004: 250). Die „migrationspolitische Konzeptualisierung von Integration durch Sprache" (Bommes 2006: 60) schreibt aber auch die Verantwortung für ‚ihre' Integration einseitig MigrantInnen zu. „Denn Sprache müssen die Individuen selbst erwerben, es bezeichnet in zunehmendem Maße ihre Bringschuld" (ebd.: 80).

In der Aufnahmepolitik wächst die Bedeutung von Deutschkenntnissen als Aufnahmekriterium. Während sie bei Spätaussiedlern seit den 90er Jahren als Zeichen der Zugehörigkeit zur deutschen Volksgruppe getestet wird, ist die im Juli 2007 eingeführte Vorschrift, dass nachziehende Ehegatten aus Drittstaaten grundlegende Deutschkenntnisse nachweisen müssen, integrationspolitisch begründet. Zugleich gibt es Gruppen, an die keine sprachlichen Anforderungen gestellt werden: Das sind in erster Linie EU-BürgerInnen und Gleichgestellte sowie kurzfristig Beschäftigte und Hochqualifizierte[1].

1 Siehe für die entsprechenden Regelungen u. a. die Migrationsberichte (Sachverständigenrat für Zuwanderung und Integration 2004).

Bundesinnenminister Schäuble sieht in der fehlenden Beherrschung der deutschen Sprache den Grund für die segregierte Lebenslage vieler Zugewanderter und fordert, dass MigrantInnen auf ihre Herkunftssprachen verzichten sollen:

> „Und wenn wir keine Parallel- und Separatgesellschaften wollen, müssen wir eine gemeinsame Sprache haben. Deswegen müssen diejenigen, die zu uns kommen und bei uns leben, die Sprache lernen wollen, erlernen und sprechen – wenn möglich auch zu Hause in den Familien" (Schäuble 2005).

Sprache hat also eine eminente Bedeutung in Politik und Gesellschaft in Deutschland. Dies spiegelt sich auch in den Interviews mit Zuwanderern in Deutschland, die im Rahmen eines europäischen Forschungsprojekts befragt wurden.[2]

Ein Zuwanderer aus der Türkei, der im Rahmen eines unten näher beschriebenen europäischen Forschungsprojekts befragt wurde, spricht die Hoffnungen aus, die einheimische und zugewanderte Deutsche mit der Sprachförderung verbinden:

> „Die größte Barriere ist die Sprache, ist das Deutsche. Deutsch schreiben, Deutsch kommunizieren. Wenn wir das Problem mit der Sprache lösen könnten, könnten wir vielleicht auch in höhere Positionen aufsteigen."

Zugleich gibt es eine Vielzahl von Hinweisen aus diesem Projekt, die skeptisch machen, dass sich die meisten Integrationsprobleme auflösen würden, wenn die Zuwanderer nur gut genug Deutsch sprechen würden. Solchen Hinweise wurden für diesen Beitrag systematisch ausgewertet.

Vor diesem Hintergrund einer Rezeption des Stands der Forschung zum Thema Sprache und Integration fassen wir die Ergebnisse unserer Auswertungen zusammen und illustrieren sie mit zwei kontrastierenden Beispielen, bevor wir in der Schlussbemerkung über die Konsequenzen unserer Auswertungen für die Sprachpolitik nachdenken.

2. *Sprache und Integration – Stand der Forschung und theoretische Überlegungen*

Im Folgenden soll der Stand der Forschung zu Sprache und Integration kurz zusammengefasst werden. Dazu wird Bericht von Hartmut Esser (2006a), der die ‚belastbaren' Forschungsergebnisse quantitativer Studien analysiert hat, rezipiert und ergänzt.

2 POLITIS – Building Europe with New Citizens? An inquiry into the civic participation of naturalized citizens and foreign residents in 25 countries"; gefördert im 6. Forschungsrahmenprogramm der Europäischen Kommission (www.uni-oldenburg.de/politis-europe).

Sprache ist allgegenwärtig und scheint selbstverständlich: Sie ist Ausdrucks- und Kommunikationsmittel, durch das Menschen die Welt beschreiben und sich miteinander verständigen. Eine Sprache ist „ein komplexes, flexibles, dynamisches Gefüge von Ausdrucksweisen“ (Stölting 2005: 236; Hervorhebung im Original), das sich das Individuum in der Interaktion mit anderen aneignet, um mit diesen zu kommunizieren. Zumindest der Erstspracherwerb erfordert die Beziehung zu einer anderen Person. Zweitspracherwerb kann z.B. durch Selbststudium ohne Interaktion erfolgen (Oksaar 2003: 16f.). Mit dem Spracherwerb erfolgt die Aneignung kulturellen Wissens, welches auf individuelle Weise unter bestimmten sozialen, politischen und historischen Bedingungen in die Identität eingebaut wird.

Esser (2006a:11) identifiziert drei Funktionen der Sprache. Sprache wird erstens als – mehr oder weniger – wertvolle Ressource bezeichnet, in die jemand investieren kann und die einen Teil des Humankapitals der Akteure bildet. Sprache hat zweitens symbolische Funktionen, indem sie innere Zustände ausdrücken und Situationsrahmen festlegen kann. Damit kann sie auch z.B. über einen Akzent Stereotypen über den Sprecher aktivieren und zu Diskriminierung führen. Als Medium der Kommunikation hat sie drittens die Funktion der Abstimmung und Verständigung.

Bei diesen drei Funktionen handelt es sich unseres Erachtens nicht um gleichrangige Funktionen: Sprache kann in Modellen, die auf einem Humankapitalansatz beruhen, als Ressource gedeutet werden, weil sie für diejenigen, die sich einer Sprache bedienen, kommunikative und symbolische Funktionen erfüllt. Da wir den Humankapitalansatz in dieser Arbeit nicht nutzen wollen, kommen wir mit der kommunikativen und der symbolischen Funktion aus, wobei wir für letztere den Ausdruck identitäre Funktion bevorzugen, da es im wesentlichen darum geht, dass Zugehörigkeiten ausgedrückt oder zugeschrieben werden.

Identitäten werden in einem individuellen, lebenslangen Prozess der sozialen Selbstverortung in der Gesellschaft ausgehandelt. In einem Wechselspiel zwischen Selbst- und Fremdwahrnehmung bestimmen einzelne ihre Zugehörigkeit zu verschiedenen sozialen Gruppen (Keupp u. a. 1999). Sprache fungierte schon immer als Unterscheidungsmerkmal von sozialen Gruppen (Wolfram 2004: 107), z. B. indem inkorrekte Grammatik mit einer Zugehörigkeit zur Arbeiterklasse assoziiert wurde. Literarisch wurde dies z.B. in George Bernhard Shaws Geschichte vom Blumenmädchen Eliza verarbeitet, das die Sprache der Oberklasse lernt und – entsprechend präsentiert – auch so akzeptiert wird. Wenn Individuen mehrere Sprachen oder Sprachvarianten beherrschen, handeln sie für sich immer wieder neu aus, welche Sprachen und Sprachvarianten sie benutzen.

In pluriformen Zuwanderungsgesellschaften kann zwischen Erst- oder Herkunftssprache und der Zweitsprache unterschieden werden – also zwischen der Sprache, die jemand als Kind in der Familie gelernt hat und der

Sprache, die in der Umgebung des Zuwanderungslandes gesprochen wird und als Zweites erworben wird. Zudem gibt es weitere Sprachen, die als Drittsprachen ebenfalls zur Kommunikation genutzt werden können (z. B. häufig Englisch).

Inwieweit Menschen ihre Erst- oder Zweitsprache(n) oder beide als konstitutiven oder begleitenden Faktor für ihre „Patchwork-Identität" (Keupp u. a. 1999: 294) betrachten, hängt neben ihren eigenen Vorstellungen von den ihnen durch Anerkennung bereitgestellten Möglichkeiten ab. Oberndörfer (2001: 24) betont, dass auch gute Sprachkenntnisse nicht automatisch eine Identifikation mit der Sprachgemeinschaft bedeuten und keinen Schutz vor Ausgrenzung garantieren. Ebenso kann ein bestimmter Akzent oder der Gebrauch einer bestimmten Herkunftssprache mit der Zugehörigkeit mit einer Migrantenminderheit assoziiert werden und sich auf die Anerkennungsangebote für die SprecherIn auswirken.

Die kommunikative Funktion bezeichnet die Möglichkeit, dass sich Akteure mit Hilfe der Sprache verständigen. Kommunikation gelingt, wenn ein Sprecher eine Botschaft aussendet, die vom Empfänger verstanden wird und ihn zu entsprechenden Reaktionen bzw. Handlungen veranlasst. In einfachen Kommunikationssituationen kann Kommunikation auch weitgehend ohne Sprache gelingen. Die meisten Menschen werden es schaffen, einem Bäcker deutlich zu machen, dass sie zwei Brötchen kaufen möchten, ob sie dieselbe Sprache wie der Bäcker beherrschen oder nicht. Ein Bäcker, der Brötchen verkaufen möchte, wird sich anstrengen, die Botschaft zu verstehen, und Brötchen gegen Geld über den Tresen reichen. Die Kommunikation ist gelungen und hat das gewünschte Ergebnis erzielt.

In komplexeren Situationen kommt es – nach Esser (2006a:15) –darauf an, „dass die Sprachkompetenz den formellen und informellen Anforderungen in den jeweiligen relevanten Alltagsbereichen bzw. Funktionssystemen, wie Schule, Ausbildung und Arbeitsmarkt, entspricht". Die Sprachkompetenz wird also als ausreichend und ein Sprecher als kompetent definiert, wenn er den Anforderungen der Rezipienten in einem Funktionssystem entspricht. Solche Anforderungen können durch funktionalen Erfordernisse eines Bereichs geprägt sein, aber auch davon den Erwartungen, wie sich Menschen in bestimmten Positionen ausdrücken können sollten. Selbst wenn sich ein Sprecher in der Interaktionssituation gut verständlich machen kann, muss dies nicht unbedingt als hinreichende Kompetenz gedeutet werden. Hinreichende Kompetenz wird in der Regel als Voraussetzung für Integration betrachtet.

Unter sozialer Integration lässt sich die Inklusion (bzw. Exklusion) von Akteuren in ein bestehendes soziales System, etwa eine Bildungseinrichtung oder eine berufliche Tätigkeit in einem Betrieb verstehen, wobei vier Dimensionen unterschieden werden können (Esser 2006a:7): die kulturelle, strukturelle, soziale und emotionale Dimension.

Zuwanderer sind danach kulturell integriert, wenn sie über im Aufnahmeland wichtiges Wissen und Fertigkeiten verfügen – insofern sind Sprachkenntnisse an sich ein Zeichen für Integration. Sie sind strukturell integriert, wenn ihnen der gleichberechtigte Zugang zu Positionen gelingt, z.B. im Bildungssystem oder im Arbeitsmarkt. Soziale Integration ist durch Kontakte und sozialen Beziehungen in der Aufnahmegesellschaft gekennzeichnet, und emotionale Integration meint eine Identifikation mit der Aufnahmegesellschaft.

Im folgenden beschränken wir uns auf die Rolle der Sprache für die strukturelle und die emotionale Integration für Menschen, die als Erwachsene zugewandert sind, so dass also die umfangreiche Diskussion zum Sprachlernen im Kindesalter und zum Bildungssystem hier nicht rezipiert wird. Kann die deutsche Sprache für Zuwanderer kommunikative und identitäre Funktionen erfüllen, so dass sie zu ihrer strukturellen und emotionalen Integration beiträgt? Dazu ist es wichtig zu überlegen, welches Sprachniveau Zuwanderer erreichen können.

Erwachsenen, die in ein Land mit einer anderen Sprache zuwandern, gelingt es in der Regel nicht mehr, eine Sprachkompetenz zu erreichen, die ihnen eine akzent- und fehlerfreie Ausdrucksweise erlaubt. Im Erwachsenenalter kann ein hohes sprachliches Niveau und ein akzentfreies Sprechen nur mit besonderem Aufwand und bei einer ausgeprägten Motivation erreicht werden können (Esser 2006a:61). Wer bereits gebildet ist, hat es leichter, als Erwachsener ein hohes Sprachniveau in einer fremden Sprache zu erreichen. Eine kompetente Bilingualität gelingt häufiger für den Bereich der mündlichen Verständigung als für die Schriftsprache (Esser 2006a:51). Wenn nun in gehobenen Positionen die Schriftsprache eine größere Bedeutung hat als bei manuellen Tätigkeiten, kann dies als Erklärung für geringere Aufstiegschancen von Migranten herangezogen werden. Esser (2006a:82) argumentiert, dass in funktional differenzierten Gesellschaften Kenntnisse in der Schriftform einer Sprache generell eine höhere Produktivität haben als das bloße Verstehen und Sprechen. Diese Vermutung wird u.a. aus einer internationalen Studie abgeleitet, die Einkommensabschläge in Abhängigkeit von Sprachdefiziten untersucht. Danach sind diese bei leitenden und Instandsetzungsberufen am stärksten, während die Einkommensabschläge bei landwirtschaftlichen und Dienstleistungsberufe am geringsten sind.

Die Produktivität von leitenden Tätigkeiten ist aber generell schlecht messbar. Man könnte ebenso argumentieren, dass es in funktional differenzierten Gesellschaften Wege gibt, dass Mängel in der Schriftsprachenkompetenz kompensiert werden können – z.B. bei der ausländischen Ärtzin, die eine Sprechstundenhilfe mit der Erstsprache des Aufnahmelandes einstellt, oder dem ausländischen Manager, der einen erstsprachlichen Assistenten beschäftigt. Man könnte auch vermuten, dass die Erwartungen an die Schriftsprachenkompetenz davon abhängen, ob Zuwanderer in gesuchte oder machtvolle

Positionen zuwandern, oder ob sie mit Einheimischen in einem Arbeitsmarktsegment konkurrieren, indem sich die Arbeitgeber unter vielen guten Bewerbern Arbeitskräfte aussuchen können.

Bisher gibt es relativ wenig statistische Untersuchungen zur Wirkungen von Akzenten im Arbeitsmarkt. Akzente können zu Diskriminierung führen, sei es, weil Unternehmer eine geringere Produktivität vermuten, sei es weil negative Stereotype aktiviert werden (Esser 2006a:86). Ein Teil der Unterschiede zwischen ethnischen Gruppen lässt sich bisher nicht schlüssig erklären, z.B. auch die relative schlechte Positionierung türkischer Zuwanderer im deutschen Arbeitsmarkt. Neben anderen Erklärungen könnte auch das niedrige Prestige von Migrantensprachen, die nicht Englisch oder Französisch sind, dazu beitragen, denn sie werden in der Mehrheitsgesellschaft mit dem niedrigen sozialen Status ihrer SprecherInnen verknüpft (Leiprecht 2001: 265-275).

Qualitative Studien mit Mitgliedern der ‚zweiten Generation', die gut deutsch sprechen, deuten darauf hin, dass die deutsche Sprachbeherrschung zwar zur strukturellen Integration beiträgt, aber nicht zur emotionalen. Riegel (2004) untersuchte Orientierungen und Handlungsformen von sechs jungen Frauen mit Migrationshintergrund im Umgang mit Ausgrenzung und Integration. Nach dem Integrationsverständnis der Interviewpartnerinnen ist der Erwerb der deutschen Sprache eine Selbstverständlichkeit, die sie als individuelle Aufgabe verstehen (ebd.: 342ff.). Obwohl die jungen Frauen gut deutsch sprechen, sehen sie sich nicht durch die Mehrheitsgesellschaft anerkannt (ebd.: 351ff.). Schramkowski (2006) interviewte themenorientiert acht junge Erwachsene türkischer Herkunft und acht mit Spätaussiedlerhintergrund, deren strukturelle Integration u. a. aufgrund beruflicher Positionen als positiv bewertet wird. Sie sehen Deutschlernen als eine selbstverständliche Grundlage für die Integration. Doch obwohl sie längst Deutsch sprechen, werden ihnen immer wieder unreflektiert Sprachprobleme zugewiesen, was als ein Grund dafür gesehen wird, dass sie sich nicht integriert fühlen.

Wie wirkt sich Sprachpolitik in einem solchen Kontext aus? Zu den Wirkungen des politischen Klimas im Allgemeinen und von Sprachkursen im speziellen auf die Sprachkompetenz von Zuwanderern gibt es bisher wenig gesicherte Erkenntnisse (Esser 2006a:30). Sprachförderung bei Migranten scheint schwach positive Ergebnisse zu haben. Eine Förderung der Herkunftssprachen wirkt sich eher nachteilig auf den Erwerb der Sprache des Aufnahmelandes auf, während ein öffentliches Klima der Toleranz und Offenheit sich eher positiv auswirkt, so Esser (2006a:29) in Interpretation einer Studie von van Tubergen (2004). Beides zugleich anzutreffen, sei aber eher unwahrscheinlich, wenn man davon ausgeht, Politik eines Landes und das Werteklima der Öffentlichkeit wenigstens in einer gewissen Beziehung zueinander stehen.

Aus dieser Sicht erscheint es folgerichtig, dass sich Esser in den politischen Schlussfolgerungen gegen eine Förderung von Herkunftssprachen ausspricht. In Bezug auf Integration und Mehrsprachigkeit postulierte Esser in der Süddeutschen Zeitung „Schluss mit dem Placebo. Zweisprachigkeit hilft nicht der Integration“ (Esser 2006b). Als ‚Placebo’ bezeichnet er die Erstsprachen der Zugewanderten, deren leistungsfördernde Wirkung in Bezug auf den Erwerb der Zweitsprache empirisch nicht gesichert ist, aber oft angenommen wird. Ebenso sieht er keine statistischen Belege für einen positiven Effekt der Herkunftssprachen auf das Selbstwertgefühl, das er als „Wellness“ bezeichnet und durch „Fitness“, nämlich kompetente Deutschkenntnisse, ersetzt wissen will.

Während der Sinn guter Deutschkenntnisse außer Frage steht und auch von niemandem bestritten wird, wird die Frage nach den Wirkungen der starken Betonung von Deutschforderungen an die Zuwanderer im Integrationsdiskurs kaum gestellt. Sprachpolitik kann aber nicht nur die die Sprachlernmotivation und die Sprachlernmöglichkeiten der Zuwanderer beeinflussen, sondern auch die Spracherwartungen, die Erstsprachler an Zuwanderer herantragen. Erst aus dem Zusammenspiel von eigenen Sprachkenntnissen und Spracherwartungen der Interaktionspartner ergibt sich aber die kommunikative und identitäre Funktion, die Sprache erfüllen kann.

Wenn eine Überbetonung der Wichtigkeit von Sprachkompetenzen in der Sprachpolitik die Erwartungen der Erstsprachler heraufschrauben würde, könnte eine aktive Sprachpolitik zwar die Sprachkompetenz der Zugewanderten heben, ihre strukturelle und emotionale Integration aber dennoch nicht fördern, weil sie zugleich die Barrieren erhöht.

3. Sprache aus der Sicht engagierter Zuwanderer – Auswertungen auf der Basis der POLITIS-Studie

Zunächst wird die Studie vorgestellt und Ergebnisse zum Thema Sprache präsentiert, dann wird dies an zwei kontrastierenden Beispielen näher erläutert.

Kommunikative und identikative Funktionen der Sprache aus der Sicht aktiver Zuwanderer – Hauptergebnisse

Zugewanderte, die sich gesellschaftlich besonders engagieren, gelten als besonders integriert, wenn sie in Organisationen der Mehrheitsgesellschaft wie z.B. politischen Parteien mitarbeiten, Brückenfunktionen zwischen Menschen aus ihrem Herkunftsland und der Mehrheitsgesellschaft übernehmen, z.B. in führenden Positionen in Migrantenvereinigungen. Solche Zugewanderte wurden 2005 im Rahmen der POLITIS-Studie interviewt. 176 engagierte MigrantInnen aus aller Welt, die in 24 EU-Ländern leben, wurden von internationalen Studierenden befragt, die in einer Sommerschule für diese Aufgabe geschult worden waren[3]. In den qualitativen leitfadengestützten Gesprächen sollten die InterviewpartnerInnen ihr eigenes Engagement im Lebensverlauf nachzeichnen und aus ihrer Sicht analysieren. Dabei ging es hauptsächlich darum, Regelmäßigkeiten in den Prozessen aufzuspüren, die gesellschaftliches Engagement begünstigen. Für diesen Analysefokus hat es sich nicht als Nachteil erwiesen, dass die Studie auf vielfältige sprachliche Transferleistungen zurückgreifen musste.

Die Interviewer stammen in der Regel aus demselben Land wie die Interviewpartner. Sie haben die Gespräche in der in der Erstsprache durchgeführt, transkribiert, ins Englische übersetzt und mit Zusammenfassungen und Erklärungen versehen. Wie in vielen anderen europäischen Forschungsprojekten wurden die Analysen von einem internationalen Forscherteam in englischer Sprache durchgeführt, die für fast alle eine kompetent beherrschte Zweit- oder Drittsprache darstellt. Dita Vogel hat den Forschungsprozess organisiert und daher über mehrere Jahre mit einem hochqualifizierten mehrsprachigen Team gearbeitet. Dabei hat sie an der Aufklärung einer Vielzahl von Missverständnissen mitgewirkt, die z.B. Reibungsverluste mit sich gebracht haben, zum Teil aber auch produktiv waren, weil scheinbare sprachliche Fragen zu inhaltlichen Fragen wurden. Durch diese Arbeitserfahrung stellt sie sich die Frage, ob nicht für qualifizierte Arbeiten in Deutschland bessere Deutschkenntnisse verlangt werden, als die Arbeit sie erfordern – mit anderen Worten, ob die informellen und formellen Sprachbeherrschungsanforderungen ineffizient hoch sind, weil die Reibungsverluste durch eine unvollständige Sprachbeherrschung überschätzt werden.

In den Interviews selbst brachten viele Gesprächspartner von sich aus auch das Thema Sprache zur Sprache, ohne dass danach explizit gefragt war. In ihrer Diplomarbeit hat Berit Rinke die neun in Deutschland geführten Interviews näher analysiert. Je drei Interviewte stammten aus der ehemaligen Sowjetunion, der Türkei und aus verschiedenen Ländern Afrikas[4]. Das angewandte Auswertungsverfahren orientiert sich an der qualitativen Inhaltsanalyse nach Mayring (2003). Rinke hat sprachliche und nicht-sprachliche Integrationsbarrieren kodiert und bei den Aussagen zur Sprache unterschieden, ob Sprache in ihrer kommunikativen oder identitären Funktion angesprochen wird.

Dabei wurde deutlich, dass alle Interviewpartner in Übereinstimmung mit dem deutschen Diskurs die Beherrschung der deutschen Sprache für sehr

---

3 Die Interviews sind im Kontext des europäischen Forschungsprojektes POLITIS (s. Fußnote 2) durchgeführt worden. Die Übersetzungen umfassen im Durchschnitt ca. 15 Manuskriptseiten und wurden in der Software MaxQda bearbeitet (www.maxqda.com). Zum Forschungsdesign von POLITIS siehe Vogel (2006).

4 Zur Auswertung dieser Interviews siehe die Diplomarbeit von Berit Rinke. Überbewertung von der Bedeutung von Sprache im Integrationsdiskurs? Eine empirische Analyse von Einschätzungen engagierter Eingewanderter, vorgelegt an der Universität Oldenburg im Studiengang Interkulturelle Pädagogik im August 2007.

wichtig halten und an sich selbst und die Menschen aus ihren Herkunftsländern die Erwartung haben, dass sie sich um eine kompetente Sprachbeherrschung bemühen. Begründet wird dies mit der ausschließlich mit der Kommunikationsfunktion der Sprache. Darüber hinaus wird aber auch die Kommunikationsfunktion der Herkunftssprache betont, indem auf die Notwendigkeit ergänzender und vermittelnder herkunftssprachlicher Angebote hingewiesen wird. Erwachsene Zuwanderer sollen schnell in der Aufnahmegesellschaft zurechtkommen können, auch bevor sie die Sprache sicher gelernt haben.

Der Herkunftssprache wurde eine darüber hinaus eine hilfreiche Funktion für die Identität der Minderheit in der Aufnahmegesellschaft zugewiesen. Der deutschen Sprache wird dagegen nie in einer identitätsstiftenden Funktion angesprochen. Als Gründe können die dargestellten Erfahrungen und Einschätzungen angeführt werden, dass die Verständigungsfähigkeit im Deutschen keineswegs zu einer gleichberechtigten Anerkennung in der Fremdwahrnehmung durch die deutsche Mehrheitsgesellschaft führt.

Selbstverständlich können mit einer kleinen Zahl von systematisch im Hinblick auf eine andere Fragestellung ausgewählten Interviews keine repräsentativen Ergebnisse erzielt werden. Möglicherweise hat die deutsche Sprache für andere Zuwanderergruppen eine durchaus identitätsstiftende Funktion. Allerdings kann durchaus darüber nachgedacht werden, ob einige der beschriebenen Situationen und Mechanismen allgemeingültigen Charakter haben.

Dita Vogel hat im Gesamtdatensatz der POLITIS-Studie nach Fällen gesucht, die zu den Ergebnissen im Widerspruch stehen. Interview aus Finnland wurden gelesen, weil dort so gut wie niemand Vorkenntnisse des Finnischen hatte und die Sprache schwierig zu lernen ist. Wenn die Interviewpartner dort anders über die kommunikative oder die identitäre Funktion der Sprache des Aufnahmelandes und der Erstsprache reden würden, müsste uns das zu denken geben. Das ist jedoch nicht der Fall. Sprache ist wie in Deutschland ein wichtiges Thema: Erstsprachliche Dienstleistungen für Neuankömmlinge werden für wichtig erachtet, die Pflege der Erstsprache auch für die zweite Generation in identitären Zusammenhängen erwähnt und Stereotypisierungen und Diskriminierungen auf grund nicht akzentfreier Finnischkenntnisse angesprochen. Es ist eine so schwierige Sprache, klagt ein Interviewpartner, der als offizieller Übersetzer bei Gericht arbeitet, dass ihm auch nach 25 Jahren noch kleinere Grammatikfehler unterlaufen können.

Was erzählen dagegen Zuwanderer, die in ein Land gleicher Sprache einreisen? Dazu hat Dita Vogel Interviews aus Portugal, England und Irland gelesen, in denen Sprachprobleme keine Rolle spielten. In der Tat finden sich dort keine Hinweise auf sprachliche Kommunikationsprobleme, die durch herkunftssprachliche Zusatzangebote ergänzt werden müssten. Schlechte Positionierungen von Zuwanderern werden in diesen Interviews nicht mit Hinweis auf Sprachprobleme der Zuwanderer diskutiert, sondern als Fragen der Diskriminierung durch Einheimische, vor allem gegenüber Schwarzen. In England geschieht dies eher mit dem Tenor, dass schon einiges erreicht sei, in Irland mit dem Tenor, dass vieles möglich sei, in Portugal mit dem Tenor, dass noch viel nötig sei. Die Lektüre dieser Interviews deutet darauf hin, dass erstsprachliche Kompetenz nur bedingt Integrationsprobleme löst.

Aus den neun näher analysierten Fällen für Deutschland wurden zwei Beispiele ausgewählt, um zu illustrieren, wie sich aktive Zuwanderer zur kommunikativen und identitären Funktion der Sprache äußern. Wir stellen zwei Gesprächspartner aus Russland vor, die wir anonymisierend Herrn Loskow und Frau Ivanowa nennen wollen. Im Unterschied zu den in afrikanischen Ländern geborenen InterviewpartnerInnen, die wegen ihrer Hautfarbe oft als ‚fremd' oder zugewandert eingeordnet wurden, sind beide äußerlich nicht von der ‚eingeborenen' deutschen Mehrheitsbevölkerung zu unterscheiden. Beide sind mit der Perspektive auf einen Daueraufenthalt nach Deutschland gekommen und hatten zum Interviewzeitpunkt die deutsche Staatsangehörigkeit, aber im Unterschied zu Herrn Loskow sprach Frau Ivanova bei ihrer Einreise kein Deutsch.[5] Ihre Erfahrungen lassen sich gut kontrastieren und illustrieren gut die Ergebnisse der ausführlicheren Analysen.

„Sie erkennen mich nicht als Russen"

Herr Loskow wurde in den 1930er Jahren in der Sowjetunion geboren. Da seine Familiensprache deutsch war, spricht er aufgrund der Herkunft seines Vaters fließend deutsch mit einem Wiener Dialekt. Aufgrund der Lage seines Geburtsortes, der im Laufe der Geschichte zu unterschiedlichen Nationen gehörte, spricht er auch Russisch, Ukrainisch und Rumänisch. Herr Loskow nahm bereits während seiner Schul- und Studienzeit aktiv an der Organisation von Freizeitaktivitäten teil. Nach seinem Studium engagierte er sich über einen Zeitraum von 15 Jahren neben seiner Arbeit als Gewerkschaftssekretär. 1988 emigrierte Herr Loskow als Aussiedler mit 58 Jahren in eine süddeutsche Kleinstadt. Bereits kurz nach seiner Ankunft wurde er Mitglied beim Bund der Vertriebenen. 1992 gründete Herr Loskow einen regionalen Unterverein, im Rahmen dessen er kulturelle Veranstaltungen organisiert und herkunftssprachliche Beratung für neuankommende SpätaussiedlerInnen gibt. Herr Loskow ist pensioniert.Herr Loskow betont die Notwendigkeit des Deutschen für die Integration in Kernstrukturen der Gesellschaft

> Man muss Sprachkenntnisse haben, um sich zu integrieren. Wenn man nicht Deutsch sprechen kann, kann man nirgendwo allein hingehen, weder zum Arbeitsamt noch irgend-

5 Die Interviews wurden in Russisch geführt und von der Interviewerin ins Englische übersetzt. Die ausgewählten Zitate wurden für diesen Text ins Deutsche übertragen. Wenn sie allein für diesen Zweck erhoben worden wären, hätten wir sicherlich ein weniger kompliziertes Verfahren gewählt. Unser Dank geht an dieser Stelle an die Interviewerin Kira Svetlova und den betreuenden Wissenschaftler Norbert Cyrus.

wohin. Man muss sie begleiten und mit ihnen die Formulare ausfüllen (Herr Loskow: 108)
Man findet Arbeit, man muss nur die Sprache kennen. Wenn man die Sprache nicht spricht, kann man nicht WIRKLICH arbeiten (Herr Loskow: 182)

Herr Loskow arbeitet an einem zweisprachigen Magazin mit und betont dabei, dass mangelnde deutsche Sprachkenntnisse mit mangelnden Kenntnissen der behördlichen Verfahrensweisen einhergehen:

Unsere Arbeit besteht darin, Leuten zu helfen. Sie kommen hierher und wissen gar nichts, nicht wo sie hingehen müssen. Sie sprechen die Sprache nicht und wissen nicht, an wen sie sich wenden können. Da ist unsere Hilfe gefragt (Herr Loskow: 36)

Herr Loskow hebt also klar die kommunikative Funktion des Deutschen und herkunftssprachlicher Vermittlung für die Integration im Aufnahmeland hervor. Darüberhinaus schreibt er der Mehrheitsgesellschaft Verständnis für inkorrektes Deutsch zu, so dass Kommunikation gut möglich ist:

Die Deutschen regen sich nie auf, wenn jemand nicht gut Deutsch spricht. Sie korrigieren dich, und sie verstehen dich. (Herr Loskow: 162)

Wenn es um die emotionale Funktion der Sprache geht, wird dagegen nur die Herkunftssprache angesprochen. Herrn Loskow begründet dies für sich damit, dass Identität einen fixen Kern hat, dem die Menschen nicht entkommen können. Aus zweckrationalen Gründen sollen sie die Sprache des Aufnahmelandes lernen, aber er sieht sie doch als Gefangene ihrer Herkunftskultur.

Wir bemühen uns um die Integration unserer Leute. Wir helfen auch, die kulturellen Bräuche aus dem Herkunftsland zu erhalten. Das kann man nicht auf einmal unterbrechen, wenn die Leute noch kein Deutsch sprechen. Sie brauchen auch etwas, das ihnen gehört. Alle sprechen Russisch und sind mit russischen Dingen aufgewachsen. [...] Sie können da nicht einfach so heraus, so wie der Tiger nicht aus seiner Haut heraus kann. Das sind philosophische Fragen. Sie sind die Opfer ihrer Zeit. Sie können sich nicht lösen, und deshalb muss man es ihnen lassen. (Herr Loskow: 188)

Für sich selbst reklamiert Herr Loskow jedoch, in einer offenen, interkulturellen Kultur aufgewachsen zu sein, in der Mehrsprachigkeit eine Resource war und die Menschen in erster Linie nach ihrer Individualität beurteilt wurden:

Der Ort, in dem ich geboren wurde, gehörte im Verlauf der Geschichte zu verschiedenen Ländern. Es gab Deutsche und Ukrainer und Russen, Rumänen, Moldavier, verschiedene Nationalitäten, Juden. Ich bin in einem internationalen Ort aufgewachsen. Wir haben nicht gefragt: Wer bist du? Wir haben die Leute danach betrachtet, WAS sie gemacht haben. (Herr Loskow: 54)

Das romantisierende Zitat lässt sich so interpretieren, dass Herr Loskow eine entsprechende interkulturelle Haltung als positiv und vorbildlich heraustellen will, während er an anderer Stelle Stereotypisierungen als Normalfall charakterisiert:

Wir aus der Sowjetunion werden hier dargestellt, als wenn wir völlig anders wären als die Deutschen – als ob wir Hörner hätten (lacht). Als ich noch dort gelebt habe, dachte ich selbst ähnliche Dinge über die Deutschen (Herr Loskow: 189ff.)

Er selbst hatte keinerlei Probleme mit einer solchen negativen Stereotypisierung. Wegen der Wiener Färbung seiner Sprache, die er beibehalten hat, wird er dem privilegierten Nachbarstaat Österreich zugeordnet:

Sie erkennen mich nicht als Russen. Ich spreche deutsch, und sie halten mich für Deutsch, weil ich keinen russischen Akzent habe (Herr Loskow: 90)

Er wiederholt dies auf die Frage nach Hindernissen für sein Engagement:

Die Deutschen erkennen mich nicht wegen meines Dialekts. Ich spreche Wienerisch. Darum denkt niemand dass ich aus Russland kommen könnte (Herr Loskow: 174)

Ihm ist offenbar bewusst, dass er als Zugewanderter aus Russland möglicherweise mit weniger Anerkennung hätte rechnen müssen. Trotz perfekter Deutschkenntnisse und trotz darauf bezogener Anerkennung identifiziert sich Herr Loskow im Interview nicht als Deutscher und spricht distanzierend von ‚ihnen', ‚den Deutschen'.

„Ich bin offensichtlich eine Fremde"

Im Gegensatz zu Herrn Loskow sprach die in den 1940er Jahren in der Sowjetunion geborene Frau Ivanova bei ihrer Ankunft kein Deutsch. Während ihrer Schul- und Studienzeit beteiligte sie sich aktiv an der Organisation von Freizeitaktivitäten. Politisch begann sie sich während ihres Studiums in der Opposition zu engagieren, stoppte ihre Aktivitäten aber wegen staatlicher Repressionen. Nach ihrem Studium der Psychologie, währenddessen sie auch Englisch studierte, arbeitete sie in ihrem Beruf. 1991 verließ Frau Ivanova mit ihrem Sohn Russland und beantragte mit als Mittvierzigerin politisches Asyl in Deutschland, das nach einem Jahr anerkannt wurde. Seitdem lebt sie in derselben süddeutschen Kleinstadt wie Herr Loskow. Bereits kurz nach ihrer Ankunft engagierte sich Frau Ivanova bei verschiedenen Wohlfahrtsorganisationen in der Beratung von MigrantInnen. Nach eineinhalb Jahren konnte sie eine qualifizierte Anstellung bei der Jüdischen Gemeinde annehmen, nachdem sie zuvor in der Reinigungsbranche und als Saisonarbeiterin tätig war.

Wie Herr Loskow tritt Frau Ivanova aktiv dafür ein, dass ihre Landsleute deutsch lernen sollen und meint sogar, dass man die Leute dazu zwingen müsste (Frau Ivanova: 53). Wenn sie ihre eigene Geschichte erzählt, hebt sie hervor, dass anfänglich ihre Bildung und ihre Energie wichtiger waren als Sprachkenntnisse. Sie beschreibt eine Szene in einer Behörde am Anfang ihres Aufenthalts in Deutschland, dass die Erfüllung der Kommunikationsfunktion nicht nur mit ,Sprechen können', sondern auch mit ,Verstehen wollen' zusammenhängt

Als ich meine Dokumente zusammengesucht habe, war ich hier in einer Organisation und habe um Rat gefragt. Ich sagte, dass ich unglücklicherweise nur Englisch spreche und kein Deutsch. Sie gaben mir ein Formular zum Ausfüllen und sagten: Das ist ihr Problem. Dann machten sie mir die Tür vor der Nase zu. Ich war schrecklich beleidigt. Und nicht nur das, ich hatte Angst. Ich war allein und hatte ein kleines Kind (Frau Ivanova: 26)

Sie begründet mit dieser Szene ihre Motivation zu helfen. Da sie Psychologin war, bot sie am Anfang ihres Aufenthalts, als sie noch nicht arbeiten durfte, Hilfsorganisationen ihre Mitarbeit auf ehrenamtlicher Basis an, stieß aber anfangs zunächst auf Unverständnis. Sie begann im Asylbewerberheim anderen mit Hilfe eines Wörterbuchs beim Ausfüllen von Formularen zu helfen und fand schließlich ehrenamtliche Betätigungsmöglichkeiten, die später in bezahlte Tätigkeiten mündeten. Währenddessen begann sie, mit dem Ausländerbeirat der Stadt zusammenzuarbeiten – nach eigener Einschätzung immer noch ohne besonders gute Deutschkenntnisse. Ihre Lebensgeschichte zeigt, was auch in vielen anderen Erzählungen engagierter MigrantInnen deutlich wird: Zugewanderte mit professionellen Hintergrund haben oft schon sehr früh die Motivation, die Fähigkeiten und das Selbstbewusstsein, sich trotz Rückschlägen aktiv einzubringen (Kosic 2008). Dabei übernehmen sie oft Vermittlungsfunktionen zwischen der Mehrheitsgesellschaft und Menschen aus ihrem Herkunftskontext, bevor sie ihre eigene Sprachkompetenz in der Sprache des Aufnahmelandes als gut einschätzen.

In einer solchen Vermittlungsfunktion findet Frau Ivanova nicht nur persönliche Bestätigung, wie Herr Loskow, sondern auch eine Erwerbsmöglichkeit. Frau Ivanova sieht die Notwendigkeit für herkunftssprachliche Vermittlungsdienste nimmt dies zugleich als Chance für eine qualifizierte Tätigkeit wahr. So betont Frau Ivanova die Vorzüge einer anonymen Telefonhotline für russischsprachige Menschen mit Problemen:

So ein Service basiert auf Vertrauen. Ein Russischsprechender würde niemand anrufen, der Deutsch spricht. (Frau Ivanova: 85ff.)

Gleichzeitig betont sie in diesem Zusammenhang erneut die Bedeutung von Deutschkenntnissen für die Integration.

Unsere Zuwanderer igeln sich ein, und ich bin die erste, die laut ausspricht, das Russisch sprachige Hilfe nötig ist. Hilfe ist SEHR NÖTIG, aber sie muss ausgewogen sein. Sie muss die Leute aufbauen, so dass sie nicht auf Dauer auf den Russisch sprechenden Spezialisten angewiesen sind. Sie müssen in dieser Gesellschaft leben, und dann kann man sich in einem russischen Club treffen, russische Lieder singen, aber man muss in DEUTSCHLAND leben. (Frau Ivanova: 122)

Dieses Zitat leitet zur Frage der identitären Funktion von Sprache über. Frau Ivanovas Äußerung kann so interpretiert werden, dass sie die kommunikative Bedeutung der deutschen Sprache und der Herkunftssprache gleichermaßen betont, aber hervorhebt, dass die Herkunftssprache weiterhin für die kulturelle Identität der Zugewanderten wichtig bleiben kann.

Die Identifizierung als Russland-Deutsche hat für sie zur Folge, dass sie mit einer Reihe negativer Stereotype in Verbindung gebracht wird. Den Grund sieht sie in einer verbreiteten Unkenntnis über Menschen aus Russland:

Es gab früher diese großartigen Mittel für neu ankommende Deutsche, als es in ganz Deutschland nur fünf von ihnen gab. Diese Hilfe gibt es schon lange nicht mehr, aber sie existiert noch in den Köpfen der Deutschen. Sie denken: Wir müssen Kredite aufnehmen, um unser Haus zu bezahlen, aber die müssen das nicht. Das ist natürlich Unfug, aber es führt zu einer negativen Haltung in der einheimischen Gesellschaft. Außerdem ist da die bekannte Sache mit unserem Alkoholkonsum. Ich habe nichts gegen Alkohol, aber er trennt Leute. Die allgemeine Vorstellung scheint zu sein: „Alle Russen trinken, und dann fangen sie Schlägereien an.“ Darum denken viele Leute, dass die Hälfte oder 80 Prozent aller Einwanderer – Entschuldigung – Scheiße sind, und darum mögen sie uns nicht. Aber wenn man beachtet wird, wenn du als normale Person erkannt wirst, benehmen sich die Leute zu dir auch normal. (Frau Ivanova: 97-98)

Vor dem Hintergrund der typischerweise negativen Stereotypisierung von Menschen aus Russland äußert sie sich dazu, dass sie sich wegen ihres Akzentes nicht als Deutsche fühlt.

Die Deutschen können die Fremden einfach nicht verstehen. Ich bin eine Fremde in Deutschland,. das ist offensichtlich. Ich werde eine Fremde bleiben, auch wenn ich schon lange deutsche Staatsangehörige bin. Sobald mich jemand deutsch sprechen hört, gibt es daran gar keinen Zweifel. (Frau Ivanova: 89)

Während Herr Loskow ‚nicht erkennbar' ist, bleibt sie aufgrund ihres Akzents erkennbar einer Minderheit zuzuordnen, mit der negative Vorstellungen verbunden sind.

4. Schlussfolgerungen

Im Integrationsdiskurs sind ‚Integration und Sprache' zu einem untrennbaren Begriffspaar geworden. Quantitative Studien zeigen die hohe Bedeutung der Sprache für die strukturelle Integration. Für die emotionale Integration im Sinne der Entwicklung eines Zugehörigkeitsgefühls ist eine Bedeutung der Sprache nicht nachgewiesen. Qualitative Analysen – einschließlich der hier vorgestellten – legen nahe, dass Zuwanderer so lange kein Zugehörigkeitsgefühl über die Sprache entwickeln können, wie ihnen Kommunikationsprobleme zugeschrieben werden. Wer als Erwachsener zuwandert, kann in der Regel die Sprache des Aufnahmelandes nicht mehr akzentfrei lernen, so dass er als Zuwanderer erkennbar bleibt, selbst wenn dies nicht schon durch andere Merkmale wie die Hautfarbe oder den Namen nahezuliegen scheint. Selbst wenn die Deutschkenntnisse gut genug sind, um in allen Alltagssituationen ihre kommunikative Funktion zu erfüllen, reichen sie nicht, um als ‚Deutsch' betrachtet zu werden. Wenn Menschen aber als Fremde wahrgenommen werden, können sie sich nicht leicht als Deutsche identifizieren.

Außerdem wurden hier einige Überlegungen und Erfahrungen präsentiert, die nachdenklich machen können, ob nicht die Anforderungen an die Sprachkompetenz von Zuwanderern aus Ländern mit niedrigem Prestige höher sind, als es die Kommunikationserfordernisse von Funktionsbereichen erfordern. Eine Überbetonung der Sprachpolitik könnte für die Integration zu kontraproduktiven Ergebnissen führen, wenn nicht nur die Sprachkompetenz der Zuwanderer besser wird, sondern auch das Niveau, dass in Funktionsbereichen erwartet wird. Eine aktivierende Sprachpolitik müsste erfolgreicher sein, wenn sie zugleich bei Angehörigen der Mehrheitsgesellschaft Zuhören und Anerkennen fördert, damit sie keine ‚Lern-doch-erst-mal-richtig-Deutsch'-Haltung' entwickeln.

Eine einseitige Integrationspolitik, die nur auf Sprachförderung bei MigrantInnen abzielt, läuft somit das Risiko, sich einer Illusion hinzugeben – wenn nur alle Zugewanderten gut Deutsch lernen würden, würden Integrationsprobleme verschwinden. Der Blick in andere Länder, in denen es substantielle Minderheiten gibt, die mit erstsprachlichen Kenntnissen eingereist sind, macht deutlich, dass dann Diskriminierungen verstärkt thematisiert werden.

Nach diesen Überlegungen, die zum Nachdenken über die dominante Fokussierung auf Sprache im Integrationsprozess anregen sollen, werfen wir abschließend einen Blick auf die zentrale Metapher, die in diesem Zusammenhang allgemein verwendet wird: Sprache ist der Schlüssel zur Integration. Das Bild vom Schlüssel hat große Verbreitung gefunden. Auch die Bundeskanzlerin Angela Merkel hat es zum Beispiel beim letzten deutsch-französischen Gipfeltreffen am 12.11.07 bemüht. Das Bild des Schlüssels suggeriert, dass der Besitzer des Schlüssels die Macht hat, selbstständig Türen und Tore zu öffnen. Das Bild verspricht damit Zuwanderern Macht und Zugang, wenn sie nur in den Besitz des entscheidenden Schlüssels kommen. Es ist attraktiv, den Schlüssel zu besitzen, um sich selbständig Bereiche der Gesellschaft erschließen zu können. Übersetzt man nun unsere weiteren Überlegungen in das viel verwendetete Bild, so wird die Aufmerksamkeit vom Schlüssel auf das Tor gelenkt. Muss jedes Tor zur Integration verschlossen sein, so dass Zugewanderte einen Schlüssel benötigen? Könnte nicht manches verschlossene Tor auch von innen geöffnet werden?

Bommes, Michael (2006): Integration durch Sprache als politisches Konzept. In: Davy, Ulrike/ Weber, Albrecht (Hrsg.): Paradigmenwechsel in Einwanderungsfragen? Überlegungen zum neuen Zuwanderungsgesetz. Baden-Baden. S. 59-86.

Esser, Hartmut (2006a): Migration, Sprache und Integration. AKI-Forschungsbilanz 4. In: http://www.wzb.eu/zkd/aki/files/aki_forschungsbilanz_4.pdf.

Esser, Hartmut (2006b): Schluss mit dem Placebo. Zweisprachigkeit hilft nicht der Integration. In: Süddeutsche Zeitung vom 07.04.2006.

Keupp, Heiner; Thomas Ahbe; Wolfgang Gmür (1999, 2006): Identitätskonstruktionen. Das Patchwork der Identitäten in der Spätmoderne. Reinbek.

Kosic, Ankica (2008): What Motivates Civic Participation Of Immigrants? Antecedents and experiences, in. Vogel, Dita (2008) Highly Active Immigrants – A resource for European civil societies, Frankfurt. S. 93-108.

Leiprecht, Rudolf (2001): Alltagsrassismus. Eine Untersuchung bei Jugendlichen in Deutschland und den Niederlanden. Münster.

Mayring, Philipp (2003): Qualitative Inhaltsanalyse. Grundlagen und Techniken. 8. Auflage. Weinheim und Basel.

Oberndörfer, Dieter (2001): Integration der Ausländer in den demokratischen Verfassungsstaat: Ziele und Aufgaben. In: Bade, Klaus J.(Hrsg.): Integration und Illegalität in Deutschland. Osnabrück: IMIS. S. 11-29.

Oksaar, Els (2003): Zweitspracherwerb. Wege zur Mehrsprachigkeit und zur interkulturellen Verständigung. Stuttgart.

Riegel, Christine (2004): Im Kampf um Zugehörigkeit und Anerkennung. Orientierungen und Handlungsformen von jungen Migrantinnen. Eine sozio-biografische Untersuchung. Frankfurt am Main, London.

Sachverständigenrat für Zuwanderung und Integration (2004): Migration und Integration – Erfahrungen nutzen, Neues wagen. Jahresgutachten 2004 des Sachverständigenrates für Zuwanderung und Integration. Nürnberg: Bundesamt für die Anerkennung ausländischer Flüchtlinge (BAFl).

Schäuble, Wolfgang (2005): Fremdheit ist Bereicherung, nicht Bedrohung. Eröffnungsrede beim EU-Handbuch-Seminar „Integration Infrastructure“ am 19. Dezember 2005 in Berlin. In: http://www.bmi.bund.de/nn_338776/ Internet/Content/Nachrichten/Reden/2005/12/EU__Handbuch__Seminar.html (29.07.2007).

Schramkowski, Barbara (2006): Integration unter Vorbehalt. Perspektiven junger Erwachsener mit Migrationshintergrund. Frankfurt am Main/London.

Stölting, Wilfried (2005): Erziehung zur Mehrsprachigkeit und zweisprachige Erziehung. In: Leiprecht, Rudolf; Anne Kerber (Hrsg.): Schule in der Einwanderungsgesellschaft. Schwalbach. S. 235-251.

Tubergen, Frank van (2004). The integration of immigrants in cross-national perspective. Origin, destination and community effects. Utrecht.

Unabhängige Kommission Zuwanderung (2001): Zuwanderung gestalten – Integration fördern. Bericht der Unabhängigen Kommission Zuwanderung. Berlin: BMI.

Vogel, Dita (2006): Methodological and organisational aspects of the POLITIS-interview study on active civic participation of immigrants. University of Oldenburg. POLITIS Working paper No. 3/2006. In: http://www.uni-oldenburg.de/politis-europe/download/WP3_POLITIS_Vogel_2006fin.pdf.

Wolfram, Walt (2004): Dialect in Society. In: Coulmas, Florian (ed.): The Handbook of Sociolinguistics. Oxford. S. 107-126.

Zuwanderungsgesetz (2004): Gesetz zur Steuerung und Begrenzung der Zuwanderung und zur Regelung des Aufenthalts und der Integration von Unionsbürgern und Ausländern. Bundesgesetzblatt Jahrgang 2004 Teil I. Nr. 41: 1950-2014. In: http://www.bmi.bund.de/Internet/Content/Common/Anlagen/Gesetze/Zuwanderungsgeetz,templateId=raw,property=publicationFile.pdf/Zuwanderungsgesetz.pdf.

Christian Babka von Gostomski, Anja Stichs

Der Einfluss von Gelegenheitsstrukturen auf die Häufigkeit des Kontaktes von Zuwanderern mit Deutschen

1. Problemstellung[1]

Der Einfluss residentieller Segregation auf das Ausmaß der Kontakte von ethnischen Minderheiten und Angehörigen der Aufnahmegesellschaft ist wichtiger Gegenstand der Stadtforschung. Intergruppenkontakte tragen nach der Kontakthypothese von Allport (1954) wesentlich zum Abbau von Vorurteilen gegenüber Angehörigen der jeweils anderen Gruppe bei und verbessern die wechselseitigen Beziehungen. Die positiven Effekte von Kontakten auf Intergruppenbeziehungen wurden in zahlreichen Studien empirisch überprüft und bestätigt (Pettigrew/Tropp 2006). Auch in dem Modell der sozialen Integration von Zuwanderern in die Aufnahmegesellschaft von Esser (1980: 230) wird interethnischen Kontakten hohe Bedeutung beigemessen.[2] Die Dimension der Interaktion, die Kontakte zwischen Zugewanderten und Alteingesessenen beschreibt, stellt eine von insgesamt vier zentralen Dimensionen der sozialen Integration dar. Interethnische Kontakte stellen damit eine wichtige Voraussetzung zur sozialen Integration von Migranten in die Aufnahmegesellschaft dar.

Die Frage, ob vom Wohngebiet eigene Kontexteffekte ausgehen, ist in der sozialwissenschaftlichen Forschung allerdings umstritten. Die eine Position geht auf die Grundannahme der Sozialökologie zurück, die besagt, dass das Verhalten von Individuen durch die soziale Zusammensetzung ihrer Wohnumgebung beeinflusst wird (Friedrichs 1977). Blau (1977) führt aus, dass durch die sozialräumliche Konzentration ethnischer Minderheiten seltener Kontakte mit Angehörigen der Mehrheitsgesellschaft zustande kommen. Die andere Position bestreitet Kontexteffekte des Wohngebiets. Sie geht davon aus, dass nicht die Kontaktgelegenheiten in der Nachbarschaft, sondern vielmehr individuelle Eigenschaften und Fähigkeiten wie zum Beispiel Bildungsstand, Aufenthaltsdauer und Sprachkenntnisse die Kontakte von Zuwanderern beeinflussen. Implizit geht mit dieser Annahme die Kritik einher, dass es sich bei den festgestellten Gebietseffekten vielfach um Artefakte han-

1 Der Artikel gibt die persönliche Ansicht der Autoren wieder.

2 Es wird aus Gründen der besseren Lesbarkeit im Folgenden in der Regel die männliche Form verwendet.

delt, die dadurch zustande kommen, dass sich gerade die besonders Benachteiligten in bestimmten Wohngebieten konzentrieren (Friedrichs 1990).

Beiden Positionen ist gemeinsam, dass sie sich bei der Betrachtung der Kontaktgelegenheitsstrukturen auf das Wohngebiet konzentrieren. Hierbei wird übersehen, dass für Zuwanderer auch an anderen Orten Gelegenheiten zum interethnischen Kontakt bestehen. Diesbezüglich sind insbesondere der Arbeitsplatz sowie Orte, an denen die Freizeit verbracht wird, zu nennen. Von einem hohen Einfluss des Wohngebiets ist entsprechend nur bei wenig mobilen Personen auszugehen, die weder durch eine Arbeit oder Ausbildung noch durch ihr Freizeitverhalten Zugang zu anderen Gelegenheitsstrukturen haben. Bei Bewohnern mit weitläufigen Verkehrskreisen werden Gelegenheitsstrukturen durch das Wohngebiet hingegen nur unzureichend operationalisiert. Ausgehend von dieser Überlegung wird im Folgenden argumentiert, dass sich Gelegenheiten zu interethnischen Kontakten auf die tatsächlichen sozialen Kontakte von Zuwanderern auswirken. Dabei sind nicht nur das Wohngebiet, sondern auch die Einbindung in den Arbeits- und Ausbildungsmarkt sowie im Freizeitbereich als Gelegenheitsstrukturen für Angehörige ethnischer Minderheiten zum Kontakt mit Deutschen anzusehen. Insofern wird über eine zu eingeengte Betrachtungsweise, die das Wohngebiet als zentrale Gelegenheitsstruktur zum Kontakt mit Deutschen heranzieht, hinausgegangen.

2. *Forschungsstand*

Die bisherige Forschungslage in Deutschland erbringt kein eindeutiges Ergebnis über den Einfluss des Wohngebietes auf die Kontakte von Migranten zu Deutschen.[3] Bei Esser (1986) sowie Farwick (2007) zeigt sich insbesondere bei kleinräumigen Gebietseinheiten (auf Ebene des Hauses, des Blocks bzw. der Nachbarschaften), dass sich der Grad der ethnischen Konzentration auch unter Kontrolle individueller Eigenschaften und Fähigkeiten auf das Ausmaß der Kontakte von Zuwanderern zu Deutschen auswirkt. Bei Alpheis (1990), Drever (2004) und Haug (2005) gehen in multivariaten Modellen indessen keine Kontexteffekte vom Wohngebiet aus. Allerdings kommen die hier aufgeführten Studien fast übereinstimmend zu dem Ergebnis, dass sich die Wahrscheinlichkeit interethnischer Kontakte mit wachsenden Deutschkenntnissen erhöht. Weitere Kontaktgelegenheiten außer dem Wohngebiet werden zwar teilweise in den abschließenden Diskussionen der angeführten Studien angesprochen, in den getesteten Modellen aber nicht explizit berücksichtigt.

Insgesamt lässt sich bezogen auf den Forschungsstand feststellen, dass

3 Die Ergebnisse internationaler Studien lassen sich aufgrund unterschiedlicher Rahmenbedingungen in Bezug auf die Bevölkerungszusammensetzung, die Integrations-politik sowie den Wohnungsmarkt nur eingeschränkt auf Deutschland übertragen.

sich themenrelevante Untersuchungen hinsichtlich der untersuchten Bezugsgruppen, der Kriterien zur Definition des Wohngebiets bzw. von ethnisch segregierten Wohngebieten sowie sonstiger Operationalisierungen erheblich unterscheiden. Dennoch kann man vorsichtig resümieren, dass sich bei bivariater Betrachtungsweise meist ein Effekt auf die Kontakte oder Freundschaften zu Deutschen einstellt.[4] Dieser Effekt scheint größer zu sein, je kleinteiliger die Gebietseinheiten zur Messung der Konzentration der Migranten oder Ausländer in der Wohnumgebung operationalisiert werden. Werden weitere Sachverhalte berücksichtigt, dann reduziert sich in der Regel der sozialräumliche Effekt oder wird gänzlich irrelevant. Zumindest soviel lässt sich mit Sicherheit sagen: Sprachkenntnisse haben einen sehr viel größeren Einfluss auf die Kontakte oder Freundschaften zu Deutschen als die Konzentration von Zuwanderern im Wohngebiet.[5]

3. Grundmodell und Hypothesen

Die eingangs formulierte Überlegung, dass Gelegenheitsstrukturen durch das Wohngebiet nur unzureichend abgebildet werden, führt zu dem in Abbildung 1 aufgeführten, gegenüber anderen Studien erweiterten Grundmodell. Neben dem Wohngebiet werden außerdem die Einbindung in den Arbeitsmarkt bzw. das Bildungswesen sowie das Freizeitverhalten als Gelegenheitsstrukturen für interethnische Kontakte berücksichtigt.

Durch das Modell sollen zwei Hypothesen geprüft werden. In Hypothese 1 wird formuliert, dass jede der drei genannten Gelegenheitsstrukturen einen eigenständigen Effekt auf den Umfang der Kontakte zu Deutschen hat. Entsprechend dieser Annahme ist sie in drei Unterhypothesen untergliedert und lautet:

> Haben Zuwanderer und ihre Angehörigen
> *H1a: im Wohngebiet,*
> *H1b: in der Arbeitswelt, bei der Ausbildung oder im Studium*
> *H1c: oder in der Freizeit,*
> die Gelegenheit, Deutsche zu treffen, dann haben sie auch mehr Kontakte zu Deutschen.

---

4 Bei Schülern der achten bis zehnten Klasse in den Städten Freiburg und Köln hat die Konzentration in der Schule einen größeren bivariaten Einfluss auf die interethnischen Kontakte als jene in der Nachbarschaft (*Oberwittler* 2007: 31f).

5 Der bivarat starke Zusammenhang zwischen deutschen Sprachkenntnissen und interethnischen Freizeitkontakten zeigt sich auch bei erwachsenen türkischstämmigen Migranten in Nordrhein-Westfalen (*Sauer* 2007: 122).

Eine zweite Hypothese geht auf die Frage ein, inwieweit sich verschiedene Kontaktgelegenheitsstrukturen, in die ein Zuwanderer eingebunden ist, in Bezug auf den Umfang der Kontakte zu Deutschen ergänzen. Hierbei wird vermutet, dass es letztlich nicht so sehr darauf ankommt, in welchem Bereich Zuwanderer Gelegenheiten zu Kontakten zu Deutschen haben, sondern dass in ihrer alltäglichen Lebenspraxis überhaupt entsprechende Gelegenheiten bestehen. Werden Kontaktgelegenheiten zu Deutschen im Wohngebiet, in der Arbeitswelt und im Ausbildungswesen sowie der Freizeit unter Kontrolle der jeweils anderen betrachtet, dann sollte sich daher der Einfluss des Wohngebietes verringern.

H2: Ist eine Person in zusätzliche Kontaktgelegenheitsstrukturen eingebunden, vermindert sich der Einfluss des Wohngebiets auf die Häufigkeit der Kontakte zu Deutschen.

Die letztgenannte Forschungsfrage ist von hoher stadtpolitischer Relevanz, da fehlende Gelegenheiten zum Kontakt mit Deutschen bei Bewohnern ethnisch segregierter Wohngebiete dann gegebenenfalls durch die Einbindung in andere Gelegenheitsstrukturen, in denen entsprechende Möglichkeiten bestehen, kompensiert werden können. Von einem hohen Einfluss des Wohngebietes ist entsprechend nur bei Personen auszugehen, die weder durch eine Arbeit oder Ausbildung noch durch ihre Freizeit Zugang zu anderen Gelegenheitsstrukturen bzw. nur zu ebenfalls segregierten Gelegenheitsstrukturen haben. Zu nennen sind hier etwa Schüler, die in einem ethnisch segregierten Wohngebiet leben und dort eine Schule mit einem hohen Anteil an Schülern mit Migrationshintergrund besuchen. Betroffen sind aber auch Hausfrauen oder Arbeitslose eines entsprechenden Wohnquartiers, die ihren Alltag hauptsächlich in der näheren Wohnumgebung verbringen. Bei Bewohnern, die – sei es in der Arbeitswelt, sei es in der Freizeit – Gelegenheiten zu interethnischen Kontakten haben, ist hingegen ein geringerer Effekt des Wohngebiets zu erwarten.

Darüber hinaus wird geprüft, ob auch bei Kontrolle individueller Eigenschaften und Fähigkeiten die Einflüsse der Kontaktgelegenheitsstrukturen auf tatsächliche Kontakte zu Deutschen bestehen bleiben. Dies ist erforderlich, da in der Forschungsdiskussion angenommen wird, dass individuelle Eigenschaften und Fähigkeiten mit dem Wohnen im ethnisch segregierten Gebiet zusammenhängen. Oder vereinfachter ausgedrückt: In ethnisch segregierten Wohngebieten leben eher Migranten mit individuellen Eigenschaften und Fähigkeiten, die mit einer Verringerung der Möglichkeiten, mit Deutschen in Kontakt zu treten, im Zusammenhang stehen (zu Ergebnissen selektiver Auswahl von Bewohnern in Gebieten mit hoher Konzentration an Migranten etwa: Drever 2004: 1431; Häußermann/Kapphan 2000: 237ff; Schönwälder/Söhn/Schmid 2007: 25f; Strohmeier/Alic 2007: 21ff; qualitativ beschreibend auch etwa bei: Wiesemann 2007).

Werden entsprechende Merkmale kontrolliert, dann sollte sich entsprechend dieser Annahme der Effekt des Wohngebietes verringern. Im Folgenden werden die berücksichtigten Kontrollvariablen über individuelle Eigenschaften und Fähigkeiten vorgestellt.

Vorhersagen über den Einfluss des Bildungsabschlusses auf die Kontakte zu Deutschen werden durch verschiedene hinter dieser Variable stehenden Einflussfaktoren erschwert. So ist es plausibel anzunehmen, dass mit einer besseren Bildung auch die Sprachkenntnisse in Deutsch zunehmen, die wiederum die Kontaktaufnahme mit Deutschen erleichtern. Auch ist es mit einem guten Bildungsabschluss wahrscheinlicher, im Arbeitsmarkt Fuß zu fassen und hierdurch in eine Gelegenheitsstruktur zur Aufnahme von interethnischen Kontakten eingebunden zu sein. Treffen diese Vermutungen zu, dann ist bivariat ein positiver Zusammenhang zwischen Höhe des Schulabschlusses und Kontakten zu Deutschen zu erwarten. Multivariat – bei Kontrolle der eben angesprochenen Transmissionsriemen Sprachkenntnisse in Deutsch sowie Einbindung in den Arbeitsmarkt – wäre nur ein geringer oder kaum ein Effekt des Schulabschlusses zu erwarten.

Generell sollten auch mit der Zeitdauer, in der man sich in Deutschland aufhält, die Möglichkeiten zunehmen, interethnische Kontakte aufzubauen. Eine Geburt in Deutschland sollte die Möglichkeit bieten, dass hiesige Kindergarten- und Schulsystem zusammen mit Angehörigen der Mehrheitsgesellschaft zu durchlaufen, so dass Kontakte zu Deutschen bereits in Kindheit und Jugend aufgebaut werden konnten.

Frauen mit und ohne Migrationshintergrund sind, wie sich aus aktuellen Untersuchungen ergibt, seltener in den Arbeitsmarkt eingebunden als Männer (Bundesministerium des Innern 2008: 96f; Statistisches Bundesamt 2006: 88ff). Ein höherer Anteil an Frauen als an Männern hat daher keine Gelegenheit, am Arbeitsplatz Kontakte zu Deutschen aufzunehmen. Über diesen Mechanismus könnte es zu einem Effekt des Geschlechts auf die Kontakte zu Deutschen kommen: Frauen sollten dann bivariat weniger Kontakte zu Deutschen haben als Männer. Kontrolliert man hingegen Gelegenheiten zur Kontaktaufnahme mit Deutschen im Arbeitsmarkt und Ausbildungswesen, dann sollte sich multivariat kein Effekt zeigen.

In der Annahme, dass mit den genannten Individualmerkmalen viele relevante sozialstrukturelle Unterschiede zwischen verschiedenen Migrantengruppen in Deutschland abgebildet werden, wird davon ausgegangen, dass sich in einem multivariaten Modell kein zusätzlicher Effekt der Staatsangehörigkeit zeigt.

4. *Empirische Analyse*

Die formulierten Hypothesen werden im Folgenden auf Basis der im Auftrag des Bundesamts für Migration und Flüchtlinge (BAMF) durchgeführten Repräsentativbefragung „Ausgewählte Migrantengruppen in Deutschland 2006/2007“ (RAM 2006/2007) (Babka von Gostomski 2008) erhobenen Daten geprüft.

Datenbasis

RAM 2006/2007 befasst sich mit Personen der fünf größten Ausländergruppen in Deutschland. Diese stellten Ende des Jahres 2006 die Türken (1.738.831), Personen mit einer Staatsangehörigkeit aus den Nachfolgestaaten des ehemaligen Jugoslawiens (949.937), Italiener (534.657), Griechen (303.761) und Polen (361.696) (Statistisches Bundesamt 2007: 24ff).

Für die Befragung bei RAM 2006/2007 wurde eine Zufallsstichprobe aus dem Ausländerzentralregister (AZR) gezogen. Im AZR werden grundsätzlich alle Ausländer, die sich nicht nur vorübergehend in Deutschland aufhalten, erfasst (ausführlicher zum AZR auch: Bundesamt für Migration und Flüchtlinge 2007).

Die Grundgesamtheit für RAM 2006/2007 umfasst alle türkischen, griechischen, italienischen oder polnischen Staatsangehörigen, die am Stichtag 30.06.2006 das 14. Lebensjahr vollendet und jünger als 80 Jahre waren, die eine Mindestaufenthaltsdauer von zwölf Monaten in Deutschland sowie einen gesicherten Aufenthaltstitel hatten. Gleiches gilt für Bürger eines Nachfolgestaates des ehemaligen Jugoslawien (Bosnien-Herzegowina, Kroatien, Slowenien, Serbien und Montenegro, Jugoslawien oder Mazedonien) (zu weiteren methodischen Aspekten: Babka von Gostomski 2008: 9ff). Zielgruppe der Untersuchung waren entsprechend ausländische Staatsangehörige der genannten Länder, so dass bei den folgenden Dateninterpretationen auch der verkürzende Terminus „Ausländer“ verwendet wird.

Für die Analysen wurde ein fallweiser Ausschluss fehlender Werte vorgenommen. Damit reduziert sich die Fallzahl von 4.576 Interviews auf insgesamt 4.166 Personen (siehe Tabelle 1). Durch Gewichtung wurde die Stichprobe an die Strukturen der Grundgesamtheit der in Deutschland lebenden Ausländer der entsprechenden Herkunftsländer angepasst.

Tabelle 1: Verteilung (in Prozent) und Mittelwerte (kursiv) der Variablen differenziert nach Ausländergruppen

		Ausländergruppen				
	Alle	Türken	Ehemalige Jugoslawen	Italiener	Griechen	Polen
Freundeskreiskontakte zu Deutschen	*4,32*	*4,08*	*4,50*	*4,63*	*4,43*	*4,57*
Gar nicht/Seltener	21,3	27,2	17,4	15,2	16,5	15,7
Mehrmals im Monat/Einmal wöchentlich	18,6	18,7	17,1	17,7	21,9	20,4
Mehrmals wöchentlich/Täglich	60,1	54,1	65,5	67,1	61,6	63,9
Hoher Ausländeranteil im Wohnviertel						
Nein	64,0	59,1	66,1	72,9	64,3	69,3
Ja	29,8	36,1	25,4	21,9	27,8	22,9
w.n., k.A.	6,2	4,8	8,5	5,3	7,9	7,8
In Arbeitswelt/Bildungswesen						
Nein	44,5	50,8	42,2	36,9	38,4	35,8
Ja	55,5	49,2	57,8	63,1	61,6	64,2
Deutsche Mitgliedschaften	*0,29*	*0,27*	*0,28*	*0,38*	*0,34*	*0,24*
Keine	76,4	77,6	77,4	70,2	73,9	81,1
Eine	19,0	18,8	18,3	22,8	19,3	14,8
Zwei	3,5	2,7	3,3	5,6	5,9	2,8
Drei und mehr	1,0	0,9	1,0	1,4	0,8	1,3
Anzahl der Fälle (ungewichtet)	4166	1432	869	684	616	565

Quelle: RAM 2006/2007, gewichtet

Operationalisierung und deskriptive Resultate

Die Kontakte beziehen sich auf die Häufigkeit der Freundeskreiskontakte zu Deutschen. Sie wurden über die Frage: „Wie häufig haben Sie Kontakt zu Personen deutscher Herkunft in Ihrem Freundeskreis?“ erhoben. Die Antwortskala reichte von 1 „Gar nicht“, 2 „Seltener“, 3 „Mehrmals im Monat“, 4 „Einmal wöchentlich“, 5 „Mehrmals wöchentlich“ bis 6 „Täglich“. Türken haben weniger Freundeskreiskontakte zu Deutschen als Personen der anderen vier Gruppen (siehe Tabelle 1).[6]

Die räumliche Verteilung der Wohnstandorte ausländischer Bevölkerungsgruppen im Wohngebiet oder residentielle Segregation wird über eine Selbsteinschätzung des Befragten vorgenommen. Wurde die Frage bejaht, in einem Wohnviertel zu leben, in dem mehr als 50% der Bewohner Ausländer sind, dann wird hier im Folgenden von einem Hohen Ausländeranteil im Wohnviertel gesprochen.[7] Demnach leben 36% der Türken in einem entspre-

6 Die nur knapp berichteten Unterschiede zwischen den fünf Gruppen beruhen auf Tests auf Mittelwertunterschiede mittels einfaktorieller Varianzanalysen mit a posteriori durchgeführten Test nach Duncan.

7 Es ist anzunehmen, dass die Befragten nicht den Ausländeranteil gemäß der Nationalität der Bewohner einschätzen, sondern den Anteil an Personen mit Migrationshintergrund.

chenden Wohnquartier, bei den anderen vier Gruppen liegen die entsprechenden Anteilswerte bei unter 30%.[8]

Die Gelegenheiten, in der Arbeitswelt und im (Aus-)Bildungswesen (kurz: In Arbeitswelt/Bildungswesen) Kontakte zu Personen deutscher Herkunft herzustellen, wurden über eine Zusammenfassung der jeweils angegebenen Haupttätigkeit zur Befragungszeit abgebildet.[9] Danach partizipieren 49% der Türken am Arbeitsmarkt oder sind im Bildungswesen. Bei allen anderen Gruppen ist die Beteiligung in der Arbeitswelt oder im Bildungswesen höher.

Die Gelegenheiten zu Kontakten zu Deutschen in der Freizeit wurden über die Zahl der Mitgliedschaften in deutschen Vereinen, Verbänden und Organisationen erfasst. Italiener und Griechen weisen häufiger Mitgliedschaften auf als Angehörige der anderen drei Gruppen.[10]

Bezogen auf den Bildungsgrad wurde zwischen Befragten ohne Schulabschluss, mit niedriger, mittlerer oder hoher Schulbildung unterschieden.[11] Türken und Italiener sind als vergleichsweise bildungsfern zu bezeichnen (siehe Tabelle 2). Bei ehemaligen Jugoslawen und Griechen ist eine höhere Schulbildung vorhanden. Polen sind als noch einmal deutlich besser schulisch gebildet zu bezeichnen. Zudem verfügen Türken über nicht so gute deutsche Sprachkenntnisse wie Personen aus den anderen vier Gruppen.[12]

---

8 Da vergleichsweise viele Personen sagten, dass sie das nicht wissen, werden neben den Antworten „Nein“ und „Ja“ auch die Anteile der Personen, die „Weiß nicht“ angaben oder keine Angabe machten, ausgewiesen.

9 Für die Einteilung in die Variable *In Arbeitswelt/Bildungswesen* wurden die insgesamt 17 Antwortkategorien auf die Frage nach der derzeitigen Haupttätigkeit in einer dichotomisierten Variablen zusammengefasst. Die Kategorien Schüler/in, Berufliche Ausbildung, Berufsvorbereitung, Praktikant/in, Student/in, Mithelfende/r im Familienbetrieb, Teilzeiterwerbstätige, Vollzeiterwerbstätige und Selbstständige/r, Freiberufler/in wurden zu „Ja“; Hausfrau/-mann, Rentner/in, Erwerbs-, Berufsunfähig, Keine Arbeitserlaubnis, Ungemeldet arbeitslos, Arbeitslos gemeldet, Sonstiges und Keine Angabe zu „Nein“ rekodiert.

10 Für *Deutsche Mitgliedschaften* wurde nach folgenden Mitgliedschaften gefragt: Gewerkschaft, Berufsverband, Sportverein, Kulturverein (Musik, Tanz), Bildungsverein, Freizeitverein (Jugend, Senioren), Frauenverband, Religiöse Organisation, Politische Vereinigung/Gruppe (auch deutsch-ausländische Gruppen), Wohlfahrtsverbände, Politische Partei und Sonstiges. Die Mitgliedschaften wurden aufsummiert.

11 Die Operationalisierung des *Schulabschlusses* ist detailliert bei *Babka von Gostomski* (2008: 18) dargestellt. Bei rund 5% der Befragten, die noch eine Schule besuchten, fanden darüber hinaus die angestrebten deutschen Schulabschlüsse Verwendung.

12 *Deutsche Sprachkenntnisse* wurden auf Basis von Selbsteinschätzungen für die Bereiche Verstehen, Sprechen, Lesen und Schreiben über jeweils sechsstufige Skalen, die von 1 „Gar nicht“, 2 „Sehr schlecht“, 3 „Schlecht“, 4 „Mittelmäßig“, 5 „Gut“ bis 6 „Sehr gut“ reichten, erhoben und in einem Index zusammengefasst.

Tabelle 2: Verteilung (in Prozent) und Mittelwerte (kursiv) der Variablen differenziert nach Ausländergruppen

	Alle	Ausländergruppen Türken	Ehemalige Jugoslawen	Italiener	Griechen	Polen
Schulabschluss	*2,42*	*2,30*	*2,46*	*2,33*	*2,49*	*3,08*
Ohne Schulabschluss	10,3	12,6	8,1	11,2	11,3	0,9
Niedrige Schulbildung	53,8	57,1	53,6	58,2	48,4	32,4
Mittlere Schulbildung	19,5	18,0	22,1	17,4	19,8	24,8
Hohe Schulbildung	16,3	12,4	16,2	13,2	20,4	41,8
Deutsche Sprachkenntnisse	*4,68*	*4,45*	*4,88*	*4,93*	*4,82*	*4,77*
Gar nicht/Sehr schlecht	9,1	13,8	4,7	4,0	8,2	6,0
Schlecht/Mittelmäßig	39,6	40,8	39,2	39,1	34,4	40,6
Gut/Sehr gut	51,2	45,4	56,1	56,9	57,4	53,5
Aufenthaltsdauer	*24,73*	*24,79*	*23,46*	*29,69*	*29,65*	*13,07*
Ein Jahr bis vier Jahre	3,7	2,9	3,3	1,6	2,0	16,3
Fünf bis acht Jahre	7,0	6,6	6,8	3,3	2,8	22,3
Neun bis 19 Jahre	28,0	25,3	38,4	15,6	23,3	42,3
20 und mehr Jahre	61,2	65,2	51,5	79,4	71,9	19,1
Geburtsland						
Herkunftsland/Anderes Land	79,7	75,4	89,5	74,0	70,3	96,9
Deutschland	20,3	24,6	10,5	26,0	29,7	3,1
Geschlecht						
Männlich	53,4	53,5	51,2	59,8	56,1	43,4
Weiblich	46,6	46,5	48,8	40,2	43,9	56,6

Quelle: RAM 2006/2007, gewichtet

Die Polen heben sich hinsichtlich ihrer vergleichsweise kurzen durchschnittlichen Aufenthaltsdauer in Deutschland von den anderen Gruppen ab.[13] Etwa ein Viertel der Griechen, der Italiener und der Türken wurde in Deutschland geboren, hingegen nennen nur 11% der ehemaligen Jugoslawen und 3% der Polen Deutschland als ihr Geburtsland. Als soziodemographische Besonderheit fällt auf, dass sich unter den in Deutschland lebenden Polen mehr Frauen (57%) als Männer (43%) befinden. Unter den Italienern sind mehr Männer (60%) als Frauen (40%). Bei den anderen drei Gruppen ist der Männerüberschuss nicht so ausgeprägt.

Freundeskreiskontakte zu Deutschen – bivariate Zusammenhänge

Bivariat lassen sich die Hypothesen über den Einfluss von Gelegenheitsstrukturen auf Freundschaftskontakte bezogen auf alle Herkunftsgruppen bestätigen. Bewohner eines Wohnviertels mit hohem Ausländeranteil haben seltener Freundeskreiskontakte zu Deutschen (H1a). Allerdings muss man hierbei

13 Die *Aufenthaltsdauer* wurden anhand der Formel „2007 – Geburtsjahr" (bei in Deutschland Geborenen) bzw. „2007 – Einwanderungsjahr" (bei nicht in Deutschland Geborenen) berechnet.

darauf hinweisen, dass auch Personen, die in einem ethnisch segregierten Wohngebiet leben, Mittelwerte bei den Freundeskreiskontakten zu Deutschen haben, die im Bereich der Formulierung „einmal wöchentlich" liegen. Griechen, ehemalige Jugoslawen, Polen und Italiener, die nicht in einem Viertel mit einem hohen Ausländeranteil wohnen, haben Mittelwerte im Bereich der Formulierung „mehrmals wöchentlich" (siehe Tabelle 3).

Die Hypothese 1b findet ebenfalls bei allen fünf untersuchten Gruppen Bestätigung: Sind Ausländer in der Schule, in der Berufsausbildung, im Studium oder arbeiten sie, dann haben sie auch mehr Kontakte zu Deutschen. Besonders ausgeprägt ist dieser Zusammenhang bei Türken. Türken, die nicht am Arbeitsmarkt oder im Bildungswesen partizipieren, haben vergleichsweise selten Freundeskreiskontakte zu Deutschen (siehe Tabelle 3).

Mit der Eingebundenheit in deutsche Vereine, Verbände und Organisationen nehmen auch Freundeskreiskontakte zu Deutschen zu (H1c). Die sehr kleine Gruppe der Personen, die mehr als zwei Mitgliedschaften angaben (1%, siehe Tabelle 1), berichtet im Durchschnitt von mehrmals wöchentlichen (ehemalige Jugoslawen, Türken, Italiener) bis täglichen Kontakten (Polen, Griechen) zu Deutschen (siehe Tabelle 3).

Auch zwischen individuellen Eigenschaften und Fähigkeiten der Ausländer mit den Freundeskreiskontakten zu Deutschen zeigen sich bei bivariaten Analysen erwartungsgemäß signifikante Zusammenhänge. Je qualifizierter der Schulabschluss bei Türken, ehemaligen Jugoslawen, Italienern und Griechen ist, desto häufiger sind bei ihnen Freundeskreiskontakte zu Deutschen. Bei Polen ist dieser Zusammenhang schwächer ausgeprägt als bei den anderen Gruppen (siehe Tabelle 4).

Der deutlichste Zusammenhang stellt sich bei der Beziehung zwischen deutschen Sprachkenntnissen und den Freundeskreiskontakten zu Deutschen ein: Personen mit gar keinen oder sehr schlechten deutschen Sprachkenntnissen haben durchschnittlich nur „mehrmals im Monat" oder „seltener" Kontakte zu Deutschen, Ausländer mit guten oder sehr guten Sprachkenntnissen stehen hingegen in der Regel „mehrmals wöchentlich" mit Deutschen in Kontakt (siehe Tabelle 4).

Die Aufenthaltsdauer steht bei keiner der fünf Ausländergruppen in einem nennenswerten linearen Zusammenhang mit der Kontakthäufigkeit zu Deutschen (siehe Tabelle 4).

Wenn man das Geburtsland berücksichtigt, stellt sich wie erwartet eine Beziehung ein. Personen, die in Deutschland geboren wurden, haben etwas mehr Kontakte zu Deutschen als Personen, die im Ausland das Licht der Welt erblickten (siehe Tabelle 4). Bei Polen ist allerdings darauf hinzuweisen, dass nur eine geringe Varianz vorhanden ist, da 97% der Polen im Ausland geboren wurden.

Tabelle 3: Mittelwerte der Freundeskreiskontakte zu Deutschen (kursiv) sowie bivariate Zusammenhänge nach/mit den Variablen differenziert nach Ausländergruppen

	Ausländergruppen											
	Alle		Türken		Ehem. Jugoslawen		Italiener		Griechen		Polen	
Hoher Ausländeranteil im Wohnviertel	-0,14	***	-0,12	***	-0,11	**	-0,16	***	-0,11	*	-0,14	**
Nein	*4,51*		*4,27*		*4,65*		*4,76*		*4,58*		*4,74*	
Ja	*3,98*		*3,80*		*4,24*		*4,14*		*4,21*		*4,24*	
w.n., k.A.	*4,04*		*3,76*		*4,11*		*4,75*		*4,00*		*3,97*	
In Arbeitswelt/Bildungswesen	0,26	***	0,29	***	0,20	***	0,24	***	0,22	***	0,10	***
Nein	*3,82*		*3,54*		*4,13*		*4,12*		*3,98*		*4,34*	
Ja	*4,72*		*4,63*		*4,77*		*4,92*		*4,71*		*4,69*	
Deutsche Mitgliedschaften	0,20	***	0,21	***	0,17	***	0,17	***	0,21	***	0,18	***
Keine	*4,12*		*3,84*		*4,33*		*4,44*		*4,24*		*4,43*	
Eine	*4,95*		*4,86*		*5,10*		*5,00*		*4,85*		*5,08*	
Zwei	*5,07*		*4,99*		*4,90*		*5,21*		*5,19*		*5,35*	
Drei und mehr	*5,18*		*4,88*		*5,06*		*5,35*		*6,00*		*5,61*	

Quelle: RAM 2006/2007, gewichtet
Signifikanzniveau: *** = $p < 0.001$, ** = $p < 0.01$, * = $p < 0.05$
Anmerkung: Die Zusammenhangsmaße sind Pearsons r. Beim Hohem Ausländeranteil im Wohnviertel wurde für die Korrelationen mit den Kontakten zu Deutschen nur die Kategorien „Nein" und „Ja" berücksichtigt.

Frauen haben bei den Gruppen der Türken, Italiener, Griechen und ehemaligen Jugoslawen weniger Kontakte zu Deutschen als Männer. Bei Polen stellt sich die Beziehung umgekehrt dar: Hier verfügen Frauen über mehr Freundeskreiskontakte zu Deutschen als Männer (siehe Tabelle 4).

Freundeskreiskontakte zu Deutschen – multivariate Modelle

Im Folgenden wird der Einfluss von Gelegenheitsstrukturen auf die Häufigkeit von Freundeskontakten zu Deutschen in einer multiplen Regressionsanalyse geprüft. Hierbei werden die Variablen zur Einbindung in Gelegenheitsstrukturen sowie über individuelle Eigenschaften/Fähigkeiten der Befragten in schrittweise erweiterten Modellen eingeführt (siehe Tabelle 5). Es soll zum einen geprüft werden, ob der Einfluss des Wohngebiets durch die Berücksichtigung anderer Gelegenheitsstrukturen abnimmt (H2), zum anderen wird untersucht, ob Effekte der Kontaktgelegenheitsstrukturen auch unter Kontrolle der individuellen Eigenschaften/Fähigkeiten bestehen bleiben.

Tabelle 4: Mittelwerte der Freundeskreiskontakte zu Deutschen (kursiv) sowie bivariate Zusammenhänge nach/mit den Variablen differenziert nach Ausländergruppen

	Ausländergruppen											
	Alle		Türken		Ehemalige Jugoslawen		Italiener		Griechen		Polen	
Schulabschluss	0,22	***	0,23	***	0,17	***	0,25	***	0,20	***	0,09	*
Ohne Schulabschluss	*3,52*		*3,30*		*3,81*		*3,92*		*3,49*		*4,52*	
Niedrige Schulbildung	*4,17*		*3,92*		*4,38*		*4,45*		*4,42*		*4,30*	
Mittlere Schulbildung	*4,77*		*4,70*		*4,74*		*5,21*		*4,59*		*4,75*	
Hohe Schulbildung	*4,81*		*4,69*		*4,89*		*5,22*		*4,83*		*4,66*	
Deutsche Sprachkenntnisse	0,49	***	0,51	***	0,44	***	0,49	***	0,40	***	0,45	***
Gar nicht/Sehr schlecht	*2,62*		*2,54*		*3,10*		*2,36*		*2,90*		*2,60*	
Schlecht/Mittelmäßig	*3,79*		*3,59*		*3,89*		*3,97*		*4,04*		*4,14*	
Gut/Sehr gut	*5,04*		*4,98*		*5,04*		*5,23*		*4,89*		*5,11*	
Aufenthaltsdauer	0,01		0,00		0,02		0,02		0,05		0,05	
Ein Jahr bis vier Jahre	*3,83*		*3,54*		*3,87*		*4,61*		*3,96*		*3,97*	
Fünf bis acht Jahre	*3,70*		*3,08*		*4,02*		*4,18*		*3,43*		*4,39*	
Neun bis 19 Jahre	*4,49*		*4,38*		*4,57*		*4,48*		*4,18*		*4,81*	
20 und mehr Jahre	*4,35*		*4,08*		*4,54*		*4,67*		*4,57*		*4,72*	
Geburtsland	0,22	***	0,29	***	0,17	***	0,26	***	0,16	***	0,04	
Herkunftsland/Anderes Land	*4,13*		*3,77*		*4,41*		*4,38*		*4,26*		*4,55*	
Deutschland	*5,09*		*5,02*		*5,29*		*5,32*		*4,83*		*4,95*	
Geschlecht	-0,11	***	-0,15	***	-0,09	**	-0,12	**	-0,11	**	0,11	**
Männlich	*4,50*		*4,33*		*4,64*		*4,78*		*4,59*		*4,35*	
Weiblich	*4,12*		*3,78*		*4,35*		*4,40*		*4,23*		*4,73*	

Quelle: RAM 2006/2007, gewichtet,
Signifikanzniveau: *** = $p < 0.001$, ** = $p < 0.01$, * = $p < 0.05$, # = $p < 0.1$

Im Modell 2, in dem neben dem Wohnviertel mit hohem Ausländeranteil zusätzlich die Möglichkeit, im Arbeits- oder Ausbildungsfeld Kontakt zu Deutschen aufzunehmen, eingeführt wird, zeigt sich, dass von beiden Gelegenheitsstrukturen ein eigenständiger Effekt ausgeht (siehe Tabelle 5). Mit Einführung der zusätzlichen Gelegenheitsstruktur nimmt der Effekt des Lebens in einem ethnisch segregierten Wohnquartier kaum ab. Werden außerdem die Gelegenheiten zu Kontakten zu Deutschen über die Mitgliedschaften in deutschen Organisationen berücksichtigt, dann bleiben die bisherigen angesprochenen Effekte des Wohnviertels mit hohem Ausländeranteil und der Partizipation am Arbeits- und Ausbildungsmarkt weitgehend bestehen (siehe Modell 3 in Tabelle 5). Zusätzlich zeigt sich ein Einfluss der Mitgliedschaften in deutschen Organisationen: Je mehr davon vorhanden sind, desto mehr Kontakte sind auch im Freundeskreisbereich zu Deutschen vorhanden. Insgesamt verändert sich der Einfluss des Lebens in einem Wohnviertel mit hohem Ausländeranteil im Vergleich zu den Modellen 1 und 2 also nur unwesentlich. Vergleicht man die Koeffizienten der drei Kontaktgelegenheitsstrukturen miteinander, dann wird deutlich, dass der stärkste Einfluss von der Arbeitswelt/Bildungswesen ausgeht, gefolgt von Mitgliedschaften in deutschen Vereinen und vom Wohngebiet.

Vereinfacht ausgedrückt heißt dies alles zusammengenommen: Ausländer, die in den Arbeitsmarkt/das Bildungswesen eingebunden sind und in ähnlicher Häufigkeit Mitglied in deutschen Organisationen sind, haben weniger Freundeskreiskontakte zu Deutschen, wenn sie in einem ethnisch segregierten Wohnquartier wohnen und mehr von solchen Kontakten, wenn sie nicht in einem entsprechenden Viertel leben. Die Hypothese 2, die besagt, dass der Einfluss des Wohngebiets auf Kontakte zu Deutschen durch andere Gelegenheitsstrukturen kompensiert werden kann, konnte damit nicht eindeutig bestätigt werden.

Die Effekte des Wohnviertels mit hohem Ausländeranteil und insbesondere der beiden anderen Gelegenheitsstrukturen verringern sich deutlich, wenn individuelle Eigenschaften und Fähigkeiten kontrolliert werden (siehe Modell 4 in Tabelle 5). Ein – wenn auch nur noch recht geringer – Einfluss aller drei Gelegenheitsstrukturen bleibt bestehen. Weiterhin wird aus dem erweiterten Modell ersichtlich, dass es besonders die Sprachkompetenzen in Deutsch sind, die mit Kontakten zu Deutschen zusammenhängen. Oder mit anderen Worten: Die Gelegenheit zum Kontakt reicht für Freundeskreiskontakte nicht aus, wenn deutsche Sprachkenntnisse zur Realisierung der Freundeskreiskontakte zu Deutschen fehlen. Die Höhe des Schulabschlusses, die Aufenthaltsdauer sowie eine Geburt in Deutschland haben keinen, das Geschlecht einen minimalen Einfluss auf die Kontakthäufigkeit.

Tabelle 5: Stufenweise multiple Regressionsanalyse zur Erklärung der Freundeskreiskontakte zu Deutschen (Beta-Koeffizienten, Signifikanz und erklärte Varianzen), alle fünf Gruppen

	Modell	1	2	3	4	5
Theoretische Konstrukte und Variablen						
Gelegenheitsstrukturen						
1. Wohngebiet						
Hoher Ausländeranteil	Ja	-0,14***	-0,11***	-0,10***	-0,07***	-0,06***
im Wohnviertel	w.n., k.A.	-0,06***	-0,06***	-0,05**	-0,03*	-0,03*
2. Arbeit/Bildungswesen						
In Arbeitswelt/Bildungswesen	Ja		0,25***	0,22***	0,06***	0,06***
3. Freizeit						
Deutsche Mitgliedschaften				0,14***	0,05***	0,05***
Individuelle Eigenschaften/Fähigkeiten						
Schulabschluss					0,02	0,01
Deutsche Sprachkenntnisse					0,43***	0,42***
Aufenthaltsdauer					-0,02	-0,02
Geburtsland						
Deutschland					0,02	0,03*
Geschlecht						
Weiblich					-0,04**	-0,04**
Staatsangehörigkeit						
Türkisch						-0,04*
Italienisch						0,01
Griechisch						-0,01
Polnisch						0,02
Erklärte Varianz (R^2) in %		2,0	8,0	9,8	25,9	26,1

Signifikanzniveau: *** = p < 0.001, ** = p < 0.01, * = p < 0.05, # = p < 0.1

Quelle: RAM 2006/2007, gewichtet

Anmerkung: Dummyvariablen sind kursiv, metrisch skalierte Variablen sind normal gesetzt. Die Ausprägungen bei Dummyvariablen sind unterstrichen.

Referenzkategorien bei Dummyvariablen sind: Nein (bei Hoher Ausländeranteil im Wohnviertel), nein (bei In Arbeitswelt/Bildungswesen), nicht in Deutschland (bei Geburtsland), männlich (bei Geschlecht), Staatsangehörigkeit aus Nachfolgestaat des ehemaligen Jugoslawien (bei Staatsangehörigkeit)

Aus Modell 5 wird deutlich, dass zwischen den Herkunftsgruppen kaum Unterschiede bestehen, wenn die Gelegenheitsstrukturen und die individuellen Eigenschaften und Fähigkeiten kontrolliert werden. Sowohl bezüglich der erklärten Varianz als auch bezüglich der Stärke des Einflusses der einzelnen Variablen ist nach Einführung der herkunftsbezogenen Variablen nur eine graduelle Veränderung zum vorherigen Modell feststellbar. Lediglich die Gruppe der Türken weist geringfügig weniger Freundschaftskontakte zu Deutschen auf als die Referenzgruppe der ehemaligen Jugoslawen. Bei einer separaten Überprüfung der multivariaten Modelle für die verschiedenen Herkunftsgruppen bestätigte sich ebenfalls, dass die hier diskutierten Grundtendenzen in den Auswertungen über alle Gruppen (siehe Tabelle 5) im Wesentlichen auch für die einzelnen Herkunftsgruppen zutreffen.

5. *Zusammenfassung und Diskussion*

Das Leben in einem Wohnviertel mit hohem Ausländeranteil geht bei den hier untersuchten ausländischen Staatsangehörigen der fünf wichtigsten Herkunftsländer in der Regel mit verringerten Kontakten zu Deutschen im Freundeskreis einher. Gleichzeitig zeigen die Analysen, dass Gelegenheiten zum Kontakt in der Arbeitswelt/dem Bildungswesen und/oder in der Freizeit die Kontakte von Ausländern zu Deutschen vermehren. Damit hat sich die Annahme bestätigt, dass beide Bereiche neben dem Wohngebiet wichtige Gelegenheitsstrukturen für interethnische Kontakte darstellen. Auch wenn weitere soziodemographische Merkmale inklusive deutscher Sprachkenntnisse berücksichtigt werden, bleibt ein geringer Einfluss aller drei Gelegenheitsstrukturen bestehen. Ethnische Segregation – sei es durch das Leben in einem Wohngebiet mit einem hohen Anteil ethnischer Minderheiten, sei es durch fehlende Berührungspunkte mit Deutschen in den Bereichen der Arbeitswelt bzw. Ausbildung oder der Freizeit – wirkt sich demnach nachteilig auf die Kontakthäufigkeit zu Deutschen und damit auf einen wichtigen Aspekt ihrer sozialen Integration aus.

Der stärkste Einfluss auf die Ausbildung von Freundeskreiskontakten zu Deutschen geht jedoch von den deutschen Sprachkenntnissen aus. Es kann daher geschlussfolgert werden, dass die reine Möglichkeit, dass Zuwanderer und Deutsche einander begegnen, nicht ausreicht. Zusätzlich müssen Zuwanderer auch über die erforderlichen Fähigkeiten zur gemeinsamen Kommunikation verfügen. Aber auch die Kontrolle der Sprachkenntnisse vermag die eigenständigen Effekte der drei Gelegenheitsstrukturen Wohngebiet, Arbeitsmarkt/Bildungswesen sowie Einbindung in deutsche Vereine bzw. Organisationen nicht gänzlich zu reduzieren. Dies spricht dafür, dass Strategien, die alleine auf den helfenden Einfluss guter deutscher Sprachkenntnisse für die Ausbildung von Kontakten zu Deutschen setzen, letztlich zu kurz greifen werden. Insofern sind vielfältige Maßnahmen, wie sie etwa im Nationalen Integrationsplan (Die Bundesregierung 2007) angesprochen werden, die Gelegenheiten zum gegenseitigen Kontakt von Ausländern und Deutschen fördern, zu unterstützen, sei es durch das Wohnen in ethnisch gemischten Vierteln, sei es durch den Zugang zum Arbeitsmarkt/Bildungswesen, sei es durch interethnische Angebote zur Freizeitgestaltung. Das Argument, dass „Ausländer unter sich bleiben wollen“, scheint mit Blick auf die Datenlage bei RAM nur für eine kleine Gruppe zuzutreffen. Auf die Frage „Ziehen Sie es vor, in einem Wohnviertel mit überwiegend Ausländern zu wohnen oder würden Sie lieber in einem Wohnviertel mit überwiegend Deutschen wohnen oder ist

Ihnen das egal?“ sagten nur 4%, dass sie mit überwiegend Ausländern wohnen wollen, rund 36% würden lieber in einem Wohnviertel mit überwiegend Deutschen leben und den meisten (60%) ist das egal. Dies deckt sich mit stadtsoziologischen Erklärungsansätzen, die als wichtige Ursachen der sozialräumlichen Konzentration von Zuwanderern und ihren Angehörigen die selektiven Mechanismen des Wohnungsmarktes sowie die Auswirkungen sozial selektiver, innerstädtischer Wanderungsbewegungen und hierbei insbesondere der Wanderung von deutschen Mittelstandsangehörigen an den Stadtrand hervorheben (Bremer/Gestring 2004: 275ff, Häußermann/Siebel 2004: 161).

Nicht eindeutig belegt werden konnte die Annahme, dass der negative Einfluss ethnisch segregierter Wohngebiete auf die Kontakthäufigkeit zu Deutschen durch zusätzliche Kontaktgelegenheitsstrukturen kompensiert wird bzw. die Annahme, dass es letztlich irrelevant ist, an welchen Orten Zuwanderer Gelegenheit zum Kontakt mit Deutschen haben. Der leichte Rückgang des Einflusses des Wohngebietes nach Einführung der weiteren Gelegenheitsstrukturen bei den multivariaten Analysen deutet zwar tendenziell in diese Richtung, ist aber zu gering, um diesbezügliche Aussagen treffen zu können.

Untersuchungen mit Indikatoren, durch die der jeweilige Segregationsgrad der verschiedenen Gelegenheitsstrukturen differenzierter erfasst wird, könnten hier für Aufschluss sorgen. Insgesamt sind daher Forschungsarbeiten zu wünschen, die sich dem hier angerissenen Problemfeld nähern und in denen die Gelegenheitsstrukturen zur Kontaktaufnahme mit Deutschen im Wohnumfeld, bei der Arbeit/Ausbildung und in der Freizeit unter der Beachtung von drei Aspekten erhoben werden: nach verschiedenen Zuwanderergruppen (ethnische Struktur), nach dem Grad der Einbindung in die Gelegenheitsstrukturen und nach der Art der Kontakte zu Deutschen. Letzteres knüpft an die ungeklärte Frage an, ob und wie die Art der Operationalisierung von „Kontakten“ die Resultate beeinflusst. Ähnlich wie bei Farwick (2007: 150) oder Haug (2005: 255) wurde bei RAM 2006/2007 mit dem Begriff „Freunde“ operiert. Es ist aber nicht auszuschließen, dass „Freunde“ in verschiedenen Sprachen, bei unterschiedlichen Herkunftsgruppen oder in verschiedenen sozialen Milieus ungleich interpretiert wird.

Die Untersuchung RAM konnte punktuell, aber aufgrund der auf andere Gesichtspunkte ausgerichteten Schwerpunkte nur mit wenigen Indikatoren zur Vertiefung der Fragestellung beitragen. Die Befunde verweisen jedoch auf den weiteren Forschungsbedarf über den Einfluss ethnischer Segregation auf Aspekte der sozialen Integration. Dies ist umso wichtiger, als die Ergebnisse der Stadtpolitik wichtige Hinweise zur Entwicklung von Maßnahmen zur Förderung interethnischer Kontakte und letztlich zur Förderung des besseren Zusammenlebens von Zuwanderern, ihren Angehörigen und alteingesessenen Deutschen liefern können.

Literatur

Alpheis, Hannes (1990): Erschwert die ethnische Konzentration die Eingliederung? S. 147-184 in: Hartmut Esser; Jürgen Friedrichs (Hrsg.): Generation und Identität. Theoretische und empirische Beiträge der Migrationssoziologie. Opladen.

Allport, Gordon W. (1954): The Nature of Prejudice. Cambridge, Massachusetts.

Babka von Gostomski, Christian (2008): Türkische, griechische, italienische und polnische Personen sowie Personen aus den Nachfolgestaaten des ehemaligen Jugoslawien in Deutschland. Erste Ergebnisse der Repräsentativbefragung „Ausgewählte Migrantengruppen in Deutschland 2006/2007" (RAM). Nürnberg: Bundesamt für Migration und Flüchtlinge. (Online: http://www.bamf.de/cln_011 /nn_444062/SharedDocs/Anlagen/DE/Migration/Publikationen/Forschung/WorkingPapers/wp11-ram-erste-ergebnisse,templateId=raw,property=publicationFile.pdf/wp11-ram-erste-ergebnisse.pdf, 14.05.2008).

Blau, Peter M. (1977): Inequality and Heterogeneity. A Primitive Theory of Social Structure. New York.

Bremer, Peter; Norbert Gestring (2004): Migranten – ausgegrenzt? in Hartmut Häußermann, Martin Kronauer und Walter Siebel (Hrsg.): An den Rändern der Städte. Armut und Ausgrenzung. Frankfurt am Main. S. 258-285.

Bundesamt für Migration und Flüchtlinge (2007): Ausländerzentralregister. Nürnberg: Bundesamt für Migration und Flüchtlinge (Online: http://www.bamf.de /cln_042/nn_566334/sid_D246B5AA9A85E1538A99024097F32CD9/DE/Migration/AZR/azr-inhalt.html__nnn=true, 14.05.2008).

Bundesministerium des Innern (2008): Migration und Integration. Aufenthaltsrecht, Migrations- und Integrationspolitik in Deutschland. Berlin: Bundesministerium des Inneren (Online: http://www.bmi.bund.de/Internet/Content/Common/ Anlagen/Broschueren/2008/Migraton__und__Integration,templateId=raw,property=publicationFile.pdf/Migration_und_Integration.pdf, 14.05.2008).

Die Bundesregierung (2007): Der Nationale Integrationsplan. Neue Wege – Neue Chancen. Berlin: Presse- und Informationsamt der Bundesregierung (Online: http://www.bundesregierung.de/Content/DE/Artikel/2007/07/Anlage/2007-08-30-nationaler-integrationsplan,property=publicationFile.pdf, 14.05.2008).

Drever, Anita I. (2004): Separate Spaces, Separate Outcomes? Neighbourhood Impacts on Minorities in Germany, Urban Studies 41 (No. 8): 1423-1439.

Esser, Hartmut (1980): Aspekte der Wanderungssoziologie. Assimilation und Integration von Wanderern, ethnischen Gruppen und Minderheiten. Eine handlungstheoretische Analyse. Darmstadt, Neuwied.

Esser, Hartmut (1986): Social Context and Inter-Ethnic Relation: The Case of Migrant Workers in West German Urban Areas, European Sociological Review 2 (No. 1): 30-51.

Farwick, Andreas (2007): Ethnische Segregation und die Herausbildung interethnischer Freundschaften. In: Frank Meyer (Hg.): Wohnen – Arbeit – Zuwanderung. Stand und Perspektiven der Segregationsforschung. Beiträge zur europäischen Stadt- und Regionalforschung. Münster. S.147-164.

Friedrichs, Jürgen (1977): Stadtanalyse. Soziale und räumliche Organisation der Gesellschaft. Reinbek.

Friedrichs, Jürgen (1990): Interethnische Beziehungen und städtische Strukturen. S. 305-320 in: Hartmut Esser und Jürgen Friedrichs (Hrsg.): Generation und Identität. Theoretische und empirische Beiträge der Migrationssoziologie. Opladen.
Haug, Sonja (2005): Interethnische Kontakte, Homogenität und Multikulturalität der Freundesnetzwerke. In: Sonja Haug; Claudia Diehl (Hrsg.): Aspekte der Integration. Eingliederungsmuster und Lebenssituation italienisch- und türkischstämmiger junger Erwachsener in Deutschland. Wiesbaden. S. 251-275.
Häußermann, Hartmut; Andreas Kapphan (2000): Berlin: Von der geteilten zur gespaltenen Stadt? Sozialräumlicher Wandel seit 1990. Opladen.
Häußermann, Hartmut; Walter Siebel (2004): Stadtsoziologie. Eine Einführung. Frankfurt am Main.
Oberwittler, Dietrich (2007): The Effects of Ethnic and Social Segregation on Children and Adolescents: Recent Research and Results from a German Multilevel Study. Discussion Paper Nr. SP IV 2007-603. Berlin: Arbeitsstelle Interkulturelle Konflikte und gesellschaftliche Integration, Wissenschaftszentrum Berlin für Sozialforschung AKI (Online: http://www.wzb.eu/zkd/aki/files /aki_segregation_kinder_jugendliche.pdf, 14.05.2008).
Pettigrew, Thomas F.; Linda R. Tropp (2006): Interpersonal Relations and Group Processes. A Meta-Analytic Test of Intergroup Contact Theory, Journal of Personality and Social Psychology 90 (No. 5): 751-783.
Sauer, Martina (2007): Perspektiven des Zusammenlebens: Die Integration türkischstämmiger Migrantinnen und Migranten in Nordrhein-Westfalen. Ergebnisse der achten Mehrthemenbefragung. Eine Analyse im Auftrag des Ministeriums für Generationen, Familie, Frauen und Integration des Landes Nordrhein-Westfalen. Essen: Stiftung Zentrum für Türkeistudien.
Schönwälder, Karen; Janina Söhn unter Mitarbeit von Nadine Schmid (2007): Siedlungsstrukturen von Migrantengruppen in Deutschland: Schwerpunkte der Ansiedlung und innerstädtische Konzentrationen. Discussion Paper Nr. SP IV 2007-601. Berlin: Arbeitsstelle Interkulturelle Konflikte und gesellschaftliche Integration, Wissenschaftszentrum Berlin für Sozialforschung AKI (Online: http://www.wzb.eu/zkd/aki/files/aki_siedlungsstrukturen_migrantengruppen_deu tschland.pdf, 14.05.2008).
Statistisches Bundesamt (Hg.) (2006): Datenreport 2006. Zahlen und Fakten über die Bundesrepublik Deutschland. Bonn: Bundeszentrale für politische Bildung.
Statistisches Bundesamt (2007): Bevölkerung und Erwerbstätigkeit. Ausländische Bevölkerung. Ergebnisse des Ausländerzentralregisters. 2006. Fachserie 1 Reihe 2. Wiesbaden: Statistisches Bundesamt.
Strohmeier, Klaus Peter unter Mitarbeit von Safet Alic (2007): Segregation in den Städten. Bonn: Friedrich-Ebert-Stiftung, Abteilung Wirtschafts- und Sozialpolitik. (Online: http://library.fes.de/pdf-files/asfo/04168.pdf, 14.05.2008).
Wiesemann, Lars (2007): Wohnstandortentscheidungen türkischer Migranten. Eine Typologie charakteristischer Entscheidungsmuster, PLANERIN 3_07: 46-47.

*Andrea Hense, Annette Stürmer, Christiane Böer, Markus Gamper**

Arrangierte Ehen muslimischer Migranten in Deutschland

Die gegenwärtige Migrationsforschung zeigt ein vielfältiges und differenziertes Bild der Muslime in Deutschland (vgl. Gamper et al. 2007). Das Heiratsverhalten von in Deutschland lebenden muslimischen Migranten ist faktisch aber nur sehr wenig erforscht. Entsprechend geringe Kenntnisse existieren über die tatsächlich stattfindenden Prozesse einer Eheanbahnung und über die Verhaltensmuster hinsichtlich der Eheschließung. Bisherige Studien geben lediglich einen ersten Einblick und zeigen etwa, dass sowohl türkischstämmige Männer als auch türkischstämmige Frauen überwiegend innerethnisch heiraten (vgl. Gonzáles-Ferrer 2006; Schroedter 2006; Straßburger 2003). Familiäre Heiratsarrangements stellen dabei eine gängige Form der Ehestiftung dar,[1] werden in der deutschen Migrations- und Familiensoziologie – außer von Straßburger – jedoch kaum beachtet.

Heiratsbeziehungen zwischen Migranten und Einheimischen gelten als ein Indikator für Sozialintegration (vgl. Klein 2005: 206), da sie alltägliche Sozialbeziehungen dauerhaft stabilisieren (vgl. Esser 2001) und als „bridging capital" (Putnam 1995) dienen können. Voraussetzung für diese affektuell positiven Beziehungen ist eine geringe subjektive und objektive soziale Distanz zwischen den Bevölkerungsgruppen, welche über Interaktionsvermeidungswünsche sowie realisierte Kontaktvermeidung gemessen wird (vgl. Pappi 1998: 585-587). Distanz generierende Mechanismen sind insbesondere Partnerwahlpräferenzen und objektive Gelegenheitsstrukturen: Homogamieneigungen sowie eingeschränkte Begegnungsmöglichkeiten (z. B. infolge segmentierter/segregierter Verkehrskreise) verstärken die Selbstselektion und soziale Schließung einer ethnischen Gruppe und führen zu einer Begrenzung von interethnischen Sozialbeziehungen und Netzwerken. Zur vollständigen Segmentation (vgl. Esser 2001) kommt es jedoch erst, wenn jegliche interethnischen Sozialkontakte fehlen und zudem die kulturelle, strukturelle und

---

* Mitglieder des Forschungsteams waren zudem Marén Schorch, Midia Majouno und Christina Hanck. Insbesondere Midia Majouno ist ausdrücklich zu danken, da durch sie der erste Feldkontakt zustande kam und zahlreiche Interviews mit ihrer Unterstützung realisiert werden konnten.

1 Arrangierte Ehen werden nicht nur von muslimischen Migranten praktiziert, sondern kommen auch in anderen Kulturkreisen vor.

emotionale Dimension der Sozialintegration die Etablierung getrennter gesellschaftlicher Einheiten erkennen lässt. Insofern ist innerethnisches Heiratsverhalten nicht mit genereller Abschottung der jeweiligen Migranten gleichzusetzen.

Der vorliegende Artikel basiert auf einer qualitativen Befragung muslimischer Migranten zu arrangierten Eheschließungen. Er geht der Frage nach, ob und wie die arrangierte Partnerwahl Tendenzen zur innerethnischen Heirat fördert und damit zu einer diesbezüglichen sozialen Schließung beiträgt. Während das erste Kapitel die Charakteristika sowie den idealtypischen Ablauf eines arrangierten Eheanbahnungsprozesses darstellt, erläutert das zweite Kapitel methodische Aspekte der Studie. Daran anschließend wird im dritten Kapitel untersucht, inwiefern sozialstrukturelle Rahmenbedingungen und individuelle sowie familiäre Präferenzen zur Begrenzung von interethnischen Sozialbeziehungen beitragen. Der Artikel endet mit einem kurzen Fazit und Ausblick.

1. Charakteristika arrangierter Ehen

Jede Form der Partnerwahl unterliegt gesellschaftlichen Einflüssen und sozialen Arrangements. Welche idealtypischen Unterschiede existieren also zu anderen Partnerfindungskonzepten, und welche Charakteristika rechtfertigen die besondere Betonung des Arrangements?

(1) In Abgrenzung zu anderen Partnerwahlkonzepten beginnt die Beziehung bei arrangierten Ehen bereits mit der konkreten Heiratsabsicht (vgl. Straßburger 2003: 208). Dies ist durch die intersubjektiv geteilte Norm begründet, dass die einzig legitime und denkbare Beziehungsform zwischen Mann und Frau in einer Ehe besteht (vgl. Breuer 1998: 15; Straßburger 2007: 74; Toprak 2005: 87).

(2) Die sich daraus ergebenden Restriktionen hinsichtlich Kohabitation, Zusammenleben und sonstiger privater Interaktionen der noch unverheirateten Partner schließen einen unmittelbaren Test der Paarbeziehung aus. Dahinter steht, nach Nauck (1997), folgende alltagstheoretische Entwicklungslogik: „(1.) (konsensuelle oder arrangierte) *Ehe*, (2.) *Kinder*, und dann stellt sich auch (3.) *Liebe* zwischen den Ehepartnern und – durch die Kinder – (4.) *ökonomische Sicherheit* ein.“ (Nauck 1997: 171). Arrangierte Ehen gründen folglich auf einem nicht-intimisierten Konzept der Partnerwahl (vgl. Straßburger 2003: 207).

(3) Sie stützen sich stattdessen auf einen innerfamiliären Bewertungsprozess, bei dem die Interessen der Familienmitglieder miteinander verhandelt und die Rahmenbedingungen für eine dauerhafte und stabile Beziehung zwischen den Heiratskandidaten und ihren Familien überprüft werden. Dahinter steht der Gedanke, dass eine solch gewichtige

Entscheidung nicht allein durch das Paar auf Basis eines emotionalen Ausnahmezustandes der Verliebtheit (vgl. Meyer 1994: 211) gefällt werden sollte, sondern zu einem zuverlässigeren Ergebnis führt, wenn sie im gesamten Familienverband getroffen wird. Die Entscheidung basiert auf Informationen über den potentiellen Partner und dessen Familie, die während familiärer Treffen und durch Erkundigungen im sozialen Umfeld eingeholt werden. Damit sind die Herkunftsfamilien explizit in den Eheanbahnungsprozess involviert, weshalb das Beziehungskonzept eher als familienorientiert denn als dyadisch zu bezeichnen ist (vgl. Straßburger 2003: 208ff, 215ff). Im Unterschied zu anderen Partnerfindungsprozessen ist der familiäre Einfluss bei arrangierten Ehen wesentlich direkter, legitimer, strukturierter und umfassender. Genau dieser Institutionalisierung trägt die Bezeichnung „*arrangierte* Ehe“ Rechnung.

Betrachtet man den arrangierten Eheanbahnungsprozess unter einer zeitlichen Perspektive, so lassen sich folgende idealtypische Phasen einteilen:

Abildung. 1: Idealtypisches Phasenablaufmodell des Eheanbahnungsprozesses

PHASE	CHARAKTERISTIKA	FUNKTIONEN
Vorverlobung	Partnersuche familiäre Vorstellungsbesuche Heiratsantrag	Vorselektion Informationssuche Kontaktherstellung Eignungsprüfung Ziel: Partnerwahl
2. Verlobung	Annahme des Heiratsantrags Verlobungsfeier gemeinsame Aktivitäten des Paares Familientreffen: Verhandlungen zum Ehevertrag, Organisation der Hochzeit	rituelle Markierung von Statuspassagen näheres Kennenlernen der Partner und Familien Aushandlung der Konditionen für die Hochzeit Ziel: Sicherheit für alle Beteiligten schaffen
3. Ehe	Hochzeit evt. Familienzusammenführung in Deutschland Haushaltsgründung oder Patrilokalität Intimisierung der Paarbeziehung Kinder	rituelle Markierung von Statuspassagen Ziel: Legalisierung einer intimisierten Partnerschaft, des Zusammenlebens und der Familiengründung

Quelle: Eigene Darstellung

Die Vorverlobung umgrenzt den Prozess der Partnerwahl. Dieser besteht im Wesentlichen aus der Vorselektion eines möglichen Partners sowie der familiären Eignungsprüfung desselben und gilt als abgeschlossen, sobald ein Heiratsantrag durch die Seite des Mannes gestellt und von der Familie der Frau angenommen wird. Die Vorauswahl eines Heiratskandidaten kann entweder durch die Partner selbst oder durch deren Familien erfolgen,[2] sie muss anschließend jedoch mit der jeweils anderen Akteursebene abgestimmt und definitiv entschieden werden. Die Familientreffen dienen der Signalisierung der Heiratsabsicht, dem Kennenlernen der Familien und Heiratskandidaten sowie der Prüfung der Rahmenbedingungen einer Ehe und der Qualitäten der möglichen Partner und ihrer Familien (vgl. Straßburger 2003: 215ff, 227; Toprak 2005: 77ff).

Mit der offiziellen Verlobung wird die zweite Phase eingeleitet, deren Funktion darin besteht, Sicherheit für alle Beteiligten zu schaffen und die Legitimierung der Beziehung organisatorisch vorzubereiten. Die Absicherung wird zum einen erreicht, indem die Partner und Familien ihre Kenntnis voneinander vertiefen und vertrauter miteinander werden. Das bedeutet auch, dass es den zukünftigen Eheleuten nun erlaubt ist, sich privat zu treffen. Zum anderen werden konkrete Vereinbarungen getroffen und offiziell in einem Ehevertrag festgehalten, welcher insbesondere die Frau im Falle des Todes ihres Ehepartners oder einer Scheidung absichern soll. Sollten während der Verlobungsphase gravierende Unstimmigkeiten bezüglich dieser Punkte auftreten, so ist ein Abbruch des Prozesses bis zu diesem Zeitpunkt prinzipiell möglich (vgl. Straßburger 2003: 222ff; Toprak 2005: 79ff).

Ob die Ehephase mit der islamischen Trauung, der Hochzeitsfeier oder dem erstmals zwischen den Partnern vollzogenen Geschlechtsakt beginnt, variiert mit dem individuellen Verständnis der jeweiligen Akteure. Typischerweise enthält sie jedoch folgende Merkmale: Das Zusammenleben des Brautpaars,[3] die Gründung einer eigenen Kernfamilie sowie die zunehmende Intimisierung der Paarbeziehung (vgl. Straßburger 2003: 226f; Toprak 2005: 81ff). Ihr Ziel ist die Legalisierung der Beziehung und der damit verbundenen Handlungen.

Insgesamt zeichnet sich der Eheanbahnungsprozess durch eine qualitative und quantitative Intensivierung der Interaktionen zwischen den beteiligten Akteuren aus. Dabei werden die Beziehungen zunehmend intimisiert, konkretisiert und verbindlicher, während die Wahrscheinlichkeit eines sanktionslosen Abbruchs sinkt. Ausschlaggebend für die Fortsetzung ist die Einigung zwischen allen beteiligten Akteuren. Genau hier beginnt der Graubereich

---

2 Traditionell geht die Vorselektion möglicher Partner von den Eltern und insbesondere den Müttern aus, welche sich in ihrem Umfeld (Nachbarschaft, Verwandtschaft) informell nach geeigneten Heiratskandidaten erkundigen und das Einverständnis ihrer Kinder später einholen (vgl. Toprak 2005: 77ff). Aktuell zeigt sich eine Verschiebung hin zu anderen Varianten, bei denen entweder die heiratsfähigen Familienmitglieder und deren Angehörige parallel nach möglichen Partnern suchen (vgl. Straßburger 2003: 218) oder aber erstere alleine die Initiative ergreifen. Hierbei treffen sie aufgrund von persönlicher Bekanntschaft oder infolge der Vermittlung von Freunden oder Geschwistern eine Vorauswahl, die anschließend den Eltern vorgestellt wird.

3 Traditionell wird nach der patrilokalen Residenzregel gehandelt, aktuell gründen jedoch viele Paare eigene Haushalte (vgl. Toprak 2005: 89).

zwischen konsensuell arrangierten Ehen und Zwangsehen. Letztere kommen durch den Einsatz physischen oder psychischen Drucks zustande, der mindestens einen der Partner zur Ehe nötigt (vgl. Karakaşoğlu et al. 2007: 104; Mirbach et al. 2006: 4; Fachkommission Zwangsheirat der Landesregierung Baden-Württemberg 2006: 16). Verantwortlich hierfür sind asymmetrische Machtverhältnisse innerhalb der Familie und nicht das Konzept der arrangierten Ehe an sich (vgl. Straßburger 2003: 210f). Entsprechend sind „konsensuell arrangierte" und „erzwungen arrangierte" Ehen zu differenzieren, welche fließende Grenzen besitzen und auf einem Kontinuum verortet sind. Aufgrund der speziellen Fragestellung des Artikels und der Untersuchung allgemeiner Charakteristika bleibt diese Unterscheidung nachfolgend unberücksichtigt.

2. *Methodische Aspekte und Feldzugang*

Angesichts der Sensibilität des Forschungsthemas und der mangelnden Datenlage wurde ein qualitatives Forschungsdesign gewählt. Die Interviewpartner wurden in Bonn, Stuttgart und Trier mit Hilfe des Schneeballverfahrens ermittelt. Neun leben in einer konsensuell arrangierten Ehe, drei hingegen sollten zur Ehe gezwungen werden. Insgesamt wurden neun Frauen im Alter von 19 bis 40 Jahren und drei Männer zwischen 31 und 51 Jahren interviewt. Die Befragten stammen aus Syrien, der Türkei, dem Libanon und dem Kosovo, wobei auch Migranten der zweiten Generation einbezogen wurden. Sie sind Sunniten, Schiiten und Yeziden. Mit diesem heterogen angelegten Sample konnten durch den Vergleich von Kontrastgruppen allgemeine Charakteristika arrangierter Ehen im muslimischen Kulturkreis aufgedeckt und Idealtypen gebildet werden. Differenzierte Analysen für einzelne ethnische Gruppen und Glaubensrichtungen können erst daran anschließend in Folgestudien erfolgen.

Die Daten wurden mit fokussierten, semi-strukturierten, biographischen Interviews erhoben, um einerseits vergleichbare Daten zu produzieren und andererseits mittels narrativer Passagen individuelle Sichtweisen zu rekonstruieren. Die Interviewer arbeiteten in Teams aus Personen mit und ohne Migrationshintergrund, um die jeweiligen Vorteile der Innen- und Außenperspektive auszuschöpfen. Zur Kontextualisierung der biographischen Interviews wurden fünf weitere Leitfadeninterviews mit Experten geführt. Die Befragung von Pädagogen und Psychologen aus den Bereichen Migrationsberatung, Frauenrecht und Psychotherapie diente der Vorbereitung und Interpretation der übrigen Interviews. Das Interviewmaterial wurde transkribiert und entsprechend der qualitativen Analyse in Anlehnung an Mayring (1999: 91ff.) strukturiert ausgewertet.

3. Gelegenheitsstrukturen und Partnerwahlpräferenzen

Um der Frage nachzugehen, inwiefern arrangierte Ehen zu sozialer Schließung beitragen können, wurden die Interviews im Hinblick auf zwei Einflussbereiche näher ausgewertet, welche die Wahl prinzipiell möglicher Partner sozial einschränken: Zum einen wurden Gelegenheitsstrukturen analysiert, welche eine Begegnung der potentiellen Heiratspartner bzw. ihres sozialen Umfeldes erst ermöglichen. Zum anderen wurden Partnerwahlpräferenzen identifiziert, welche den Kreis Wählbarer weiter einschränken. Beide sind aufgrund sozialstruktureller Rahmenbedingungen und gesellschaftlicher Normen sozial vorstrukturiert und beeinflussen sich gegenseitig. Die Partnerwahl ist somit keinesfalls sozial zufällig, sondern beeinflusst durch die gesellschaftlich vorstrukturierte und individuell interpretierte Wahrnehmung relevanter Heiratskandidaten. Sofern nur Angehörige der eigenen (beispielsweise ethnisch oder religiös definierten) Gruppe als solche angesehen werden, kann die Konstituierung entsprechender Heiratsmärkte sowohl Ursache als auch Folge sozialer Schließungsprozesse sein.

3.1 Gelegenheitsstrukturen der Partnerwahl

Die Gelegenheitsstrukturen der arrangierten Partnerwahl lassen sich anhand der Interviews in Bezug auf Fokusgruppenmitgliedschaften analysieren, weitere quantitative Aspekte des Heiratsmarktes werden in einer quantitativen Folgestudie untersucht. Ein Fokus wird, nach Feld (1981: 1016ff), definiert als soziale, psychologische, rechtliche oder physische Entität, welche das Zentrum sozialer Aktivitäten darstellt (z. B. Arbeitsplätze, Vereine, Familien). Die Kontaktchancen – und somit das Kennenlernen sowie Schließen einer Partnerschaft – sind weitgehend auf Personen beschränkt, mit denen man einzelne Foki gemein hat. Dieser Gedanke muss bei arrangierten Eheschließungen systematisch erweitert werden, da die Vorauswahl[4] eines in Frage kommenden Heiratskandidaten explizit auch durch Dritte (Eltern, engeres soziales Umfeld) erfolgen kann, so dass zukünftige Ehepartner nicht automatisch bestimmte Foki miteinander teilen müssen.

Da Foki als kleinräumliche Gelegenheitsstrukturen und Teilheiratsmärkte betrachtet werden können und homogene Teilheiratsmärkte die Wahrscheinlichkeit erhöhen, einen ähnlichen Partner zu heiraten (vgl. Blau et al. 1982: 56ff; Hill et al. 2007: 166; Klein 2005: 191), kann die Analyse der gewählten Foki Aufschluss über soziale Schließungstendenzen liefern.

4 Diese Auswahl ist im Sinne einer „Vorselektion" aus dem „Pool" prinzipiell verfügbarer Ehepartner zu verstehen und nicht im Sinne der endgültigen Partnerwahl (vgl. Kap. 1).

Denn sofern ihre Größe und Zusammensetzung eine homogene Partnerwahl zulassen, können arrangierte Ehen in sozial geschlossenen Kreisen entstehen und diese reproduzieren.

Die Vorauswahl wurde bei den konsensuellen Ehen in lediglich einem Fall durch die Eltern getroffen. Dabei handelte es sich um einen in Deutschland lebenden Kurden syrischer Herkunft, der seine Familie beauftragte, für ihn nach einer in Syrien lebenden yezidischen Kurdin Ausschau zu halten, da er Rückkehrabsichten hegte. Die Eltern fanden eine geeignete Partnerin in ihrer Verwandtschaft. Die drei Zwangsehen sollten ebenfalls von den Eltern innerhalb ihrer Verwandtschaft bzw. ihres Bekanntenkreises arrangiert werden. Bei drei weiteren Interviewpartnerinnen erfolgte die Kontaktherstellung durch das soziale Umfeld, das Freunde aus seinen Fokusgruppen vermittelte: Ein Bruder empfahl einen syrischen Arbeitskollegen an seine in Syrien lebende Schwester, die auf dem einheimischen Heiratsmarkt keinen geeigneten Partner finden konnte. In einem anderen Fall machte ein Bruder seine Schwester mit einem Mitglied seiner Koranschule bekannt, da sie einen Partner derselben islamischen Glaubensrichtung heiraten wollte. Im dritten Fall stellte eine Freundin der Interviewten die Verbindung zu ihrem syrischstämmigen Kommilitonen her. Bei den restlichen Heiraten trafen die Interviewpartner die Vorauswahl selbst. Dabei war in zwei Fällen die Verwandtschaft als gemeinsamer sozialer Verkehrskreis dafür verantwortlich, dass die Partner, die innerhalb ihres Kulturkreises heiraten wollten, sich begegneten. Zwei lernten sich im syrischen Bildungssystem kennen und eine Ehe entstand im ethnisch homogenen Freundeskreis der Frau.

Es muss an dieser Stelle betont werden, dass der persönliche Kontakt der Ehekandidaten nicht automatisch mit direkter face-to-face-Interaktion gleichgesetzt werden kann. Dies wird insbesondere in Interviews deutlich, bei denen die Partnersuche auf dem transnationalen Heiratsmarkt stattfand. Hier spielten schriftliche sowie Tele- und Internetkommunikationsmittel eine erhebliche Rolle bei der gegenseitigen Annäherung, während dem unmittelbaren Kontakt zwischen den Partnern aufgrund der geographischen Distanz oder sozialer Restriktionen insgesamt eine untergeordnete Bedeutung zukam. Auch generell gilt für die arrangierte Ehe, dass sich eine intimisierte Paarbeziehung offiziell erst mit einer Heirat legitimiert. Das bedeutet, dass sich die Partner zwar vor der Ehe treffen können, dieses jedoch in der Öffentlichkeit oder im semi-öffentlichen Bereich (Familienfeiern etc.) in der Anwesenheit Dritter erfolgen sollte.

Bisher ist festzuhalten, dass die Foki der beteiligten Akteure auch bei arrangierten Ehen für eine erste Einschränkung des Heiratsmarktes verantwortlich sind. Die relevanten Foki sind in den meisten hier untersuchten Fällen hinsichtlich der Dimensionen Nationalität, Ethnie, Religion und sozialem Status sowie in einigen Fällen bezüglich des Bildungsgrads ihrer Mitglieder homogen zusammengesetzt. Gerade bei Paarbeziehungen, die sich auf dem transnationalen Heiratsmarkt herausbilden, zeigt sich, dass gezielt nach Heiratspartnern mit den entsprechenden Merkmalen gesucht wird und alternative Foki mit diesbezüglich heterogener Mitgliederstruktur bei der Partnersuche von vorneherein ausgeblendet werden. Dies lenkt den Blick auf gesellschaftliche Steuerungsmechanismen wie auch individuelle Präferenzen der jeweiligen Akteure, welche dazu führen, dass der als relevant erachtete Heiratsmarkt hinsichtlich kultureller Kriterien homogen konstituiert wird und insofern in diesem Punkt einer sozialen Assimilation in Deutschland (vgl. Esser 2001) tendenziell entgegenwirkt.

3.2 Partnerwahlpräferenzen

Die Merkmale, welche eine Person erfüllen sollte, um als Ehepartner in Betracht gezogen zu werden, orientieren sich zum einen an sozialen Normen, zum anderen entspringen sie den individuellen Wünschen und Motiven der Heiratskandidaten und ihrer Familien.

Gesellschaftliche Steuerungsmechanismen, die auf die Partnerwahl einwirken, werden auch als Heiratsregimes bezeichnet. Diese Mechanismen bestehen vor allem aus normativen Regeln, welche den Kreis wählbarer Personen eingrenzen, etwa juristische Vorgaben zum Mindestheiratsalter oder gesellschaftlich etablierte Klassenschranken. Neben derartigen offiziellen Einschränkungen existieren auch latente Heiratsregimes in Form von intersubjektiv geteilten Vorstellungen darüber, welche Merkmale ein akzeptabler Partner mindestens erfüllen sollte. Diese werden im Prozess der Sozialisation über Normen und Werte verinnerlicht und bestimmen später, oft unbewusst, die individuellen Präferenzen bei der Partnerwahl (vgl. Klein 2005: 190f; Nauck 2001: 41ff). Ziel dieses Kapitels ist eine vertiefende Analyse dieser Präferenzen.

Dazu eignen sich die ökonomische Theorie der Familie (vgl. Becker 1974) sowie die Austauschtheorie (vgl. Homans 1972; Winch 1955). Beide gehen davon aus, dass Individuen eine Maximierung ihrer individuellen Nutzenfunktion anstreben. Die Partnersuche zielt nach dem Verständnis beider Theorien auf Personen ab, deren Ressourcen, Fähigkeiten und Eigenschaften besonders gut zu den eigenen passen, weil sie sich für die Produktion erstrebenswerter Güter oder den direkten Austausch komplementär oder substitutiv ergänzen. Überträgt man beide Theorien auf das Konzept der arrangierten Ehen, so muss in diesem Zusammenhang sowohl die familiäre als auch die individuelle Nutzenmaximierung berücksichtigt werden. Es ist folglich danach zu fragen, warum bestimmte Kriterien für die Heiratskandidaten bzw. ihre Familien bei der Partnerwahl ausschlaggebend sind. Die optimale Partnerwahl wird zum einen dadurch beschränkt, dass die Akteure nicht mit vollständiger Information über die Eigenschaften potentieller Heiratskandidaten ausgestattet sind, und zum anderen dadurch, dass Suchkosten (Zeit, Geld, persönliches Engagement) anfallen. Die Analyse der Interviews ergibt, dass das *gesellschaftliche Ansehen* einer Person sowie das Ansehen ihrer Familie das wichtigste Auswahlkriterium darstellt. Eine Syrerin berichtet:

„Für meinen Vater war nicht die Frage, ob ihm der Junge gefällt oder nicht. Er will nur, Hauptsache die Familie ist gut und der Ruf stimmt." [Syrerin, 39, B2, Z. 192-194]

Dies wird durch ein Experteninterview mit einem Psychologen, welcher selbst über einen Migrationshintergrund verfügt, bestätigt:

„Die Leute fragen, wenn sie aus der gleichen Gegend kommen, nicht nach dem Nachnamen, weil der Nachname keine Bedeutung hat, sondern der Name des Vaters oder des Großvaters. So können sie identifizieren, mit wem sie es zu tun haben. Ist das eine gute Familie, ist das eine schlechte Familie usw. Da ist auch noch sehr wichtig, dass nicht nur die Person an sich gut ist sondern auch das, was dahinter ist, also die Familie auch, ob die einen Namen hat." [Psychologe, E4, Z. 1060-1065]

Erklären lässt sich die starke Betonung des sozialen Ansehens wie folgt: Familien, welche die arrangierte Form der Eheanbahnung präferieren, weisen in der Regel einen hohen Grad an Gemeinschaftsorientierung auf, die auf Tradition, Bräuchen, Vertrauen und Solidarität basiert. Achtbarkeit und Ansehen bilden hier die zentralen Ressourcen des sozialen Kapitals einer Familie oder eines Einzelnen, weil sie Auskunft über deren Vertrauenswürdigkeit geben. Da das Verhalten eines Mitglieds des Kollektivs positiv oder negativ auf das Ansehen der gesamten Gruppe zurückwirkt, müssen Achtbarkeit und Reputation des zukünftigen Familienmitgliedes und seiner Familie im Voraus genauestens geprüft werden (vgl. Schiffauer 1983). Ist das soziale Ansehen eines Heiratskandidaten nicht gegeben, so würde sich eine Eheschließung negativ auf die zu verheiratenden Personen und ihre Familien auswirken. Folglich muss sich das soziale Ansehen der Heiratskandidaten und ihrer Familien komplementär zueinander verhalten, damit alle Beteiligten eine Nutzenoptimierung erreichen können.

Da der Zweck einer Eheschließung ganz im Sinne der Austauschtheorie in der Etablierung, Sicherung oder Verstärkung sozialer Beziehungen zu sehen ist und diese Beziehungen Stabilität und Schutz des Individuums gewährleisten sollen, ist es unabdingbar, dass das Arrangement das weitere Leben aller involvierten Personen berücksichtig (vgl. Schiffauer 1983). Der schon erwähnte Psychologe analysiert die Bedeutung einer arrangierten Ehe wie folgt:

„Es hat auch immer ökonomische Hintergründe, eine ökonomische Logik, eine Rationalität, wo es um Interessen und Beziehungen geht, darum Beziehungen zu stärken. Wenn man sagt, dass das eine ordentliche Familie ist, soll meine Tochter da einheiraten. Zum einen ist sie dann geschützt. Wenn sie eine Familie gründet, kann man davon ausgehen, [...], dass sie eine Perspektive fürs Leben hat, und dass die Kernfamilie, aus der sie kommt, noch zusätzlich was davon hat." [Psychologe, E4, Z. 60-74]

Ein zweiter wichtiger Faktor bei der Auswahl möglicher Heiratspartner besteht in der Homogenität der Partner bezüglich *kultureller Merkmale*. Als relevante Indikatoren gelten hier Nationalität, Ethnizität, Sprachgruppe sowie Religion bzw. spezifische Glaubensrichtungen. Die Gewichtung dieser Faktoren variiert mit den individuellen Präferenzen der Heiratspartner und den kollektiven Interessen der Familien. Auf individueller Ebene können diese sowohl von biographischen Einflüssen als auch von Heiratsregimes in Gestalt gemeinschaftlich geteilter Vorstellungen über eine ideale Partnerwahl geprägt sein. Durch die geographische Ausdehnung des Suchgebietes auf einen transnationalen Heiratsmarkt können strukturelle Restriktionen, wie z.B. die geringe Größe des innerethnischen Heiratsmarkts in Deutschland, umgangen werden (vgl. Straßburger 2003: 104ff; Gonzáles-Ferrer 2006: 178ff.). Über die Gründe seiner transnationalen Partnersuche sagt ein syrischer Interviewpartner:

> „Mein Ziel war, ich hab gedacht, ich will eine von meiner Nationalität und meiner Sprache heiraten. Das war mein Ziel, oder meine Idee, meine Meinung." [Syrer, 43, B3, Z. 198-199]

Auch bei Ehen, die zwischen Angehörigen der zweiten Migrantengeneration geschlossen werden, spielen kulturelle Merkmale im Prozess der Partnerwahl eine ausschlaggebende Rolle. Diese können jedoch innerhalb derselben Familie unterschiedlich gewichtet werden. Eine Frau syrischer Abstammung äußert sich diesbezüglich folgendermaßen:

> „Also mir war das Wichtigste...Ich hatte, ehrlich gesagt, so Panik und Angst, dass ich keinen finden werde, der so leben will, wie ich leben will, so was Islam angeht. Und, ehrlich gesagt, bei uns Kurden gibt es selten welche, die so sind [...] Und auch so ein Verständnis, wie ich es vom Islam habe, gibt es selten heutzutage. [...] Für meine Eltern war es auch immer wichtig, dass es ein Kurde ist, ehrlich gesagt, mir war das am Anfang gar nicht wichtig, ich hätte auch einen Araber oder einen Deutschen geheiratet oder so, aber im Endeffekt habe ich mir gedacht, ich will auch irgendwo das Wohlgefallen meiner Eltern haben. Und dann hatte ich halt zwei Fliegen auf einer Klatsche. Er war halt islamisch und kurdisch." [Deutsche syrischer Abstammung, 21, B6, Z. 54-69]

Das wichtigste Merkmal stellt für die Interviewte also Homogamie in Bezug auf religiöse Glaubensrichtung und -praxis dar, während sie hinsichtlich Nationalität und ethnischer Zugehörigkeit prinzipiell auch eine heterogame Ehe eingehen würde. Letzteres spielt jedoch eine entscheidende Rolle im Entscheidungsprozess der Eltern und muss insofern erfüllt sein, um eine Fortführung der Eheanbahnung (vgl. Kap. 1) erzielen zu können. Da sie eine Heiratsanfrage von einem Mann erhält, welcher die relevanten Selektionskriterien der Interviewten sowie die ihrer Eltern erfüllt, hält sie die Ehe mit ihm für eine ideale Option. Hier zeigt sich sehr deutlich die für arrangierte Eheschließungen typische Abwägung familiärer Interessen mit den selbstbestimmten Absichten des heiratsfähigen Kindes (vgl. Kap. 1).

Dass die familiären Interessen dabei auch die Stellung der Familie innerhalb der – in diesem Fall ethnisch definierten – Gemeinschaft berücksichtigen, veranschaulicht die Interviewpartnerin an anderer Stelle. Sie berichtet, dass der Eheanbahnungsprozess zu einem späteren Zeitpunkt beinahe durch den Vater abgebrochen wird, weil das soziale Umfeld negativ auf die Partnerwahl reagiert:

„Mein Vater war dann auch erst mal einverstanden und so, und dann kamen die Kurden hier in unserer Gesellschaft und haben gesagt: „Nee, das ist ein Kurde aus der Türkei.“ [...] Sie haben voll den Druck gemacht, von wegen, das sei nicht gut, die Kurden aus der Türkei seien alle räudig und so (lacht). Und dann hat das meinen Vater, ehrlich gesagt, ein bisschen beeinflusst, und er meinte dann: „Wir kennen die nicht“ und „Die sind nicht wie wir.“ [...] Ja, aber dann hat mein Vater irgendwann eingesehen und hat gesagt: „Ehrlich gesagt, ich sehe keinen Fehler an dieser Familie oder an dem Jungen.“ Ja und dann wurde endlich Ja gesagt.“ [Deutsche syrischer Abstammung, 21, B6, Z. 158-167]

Fragt man nach den Hintergründen, die eine kulturell homogame Partnerwahl beeinflussen, so gehen die Interviewpartner übereinstimmend davon aus, dass sich der Nutzen einer Ehe nur entfalten kann, wenn die Partner gleiche Werte vertreten und bezüglich der Lebensgestaltung gleiche Vorstellungen haben. Da die Paarbeziehung nicht an sich getestet werden kann, stützt man sich auf Indikatoren, die es wahrscheinlich erscheinen lassen, dass gleiche Werte geteilt werden. Dies wird umso wichtiger, wenn es sich um Angehörige religiöser und/oder ethnischer Minderheiten innerhalb der nationalen Herkunftsgruppe handelt. In den Interviews wird diesbezüglich häufig über Diskriminierungserfahrungen berichtet und es kann vermutet werden, dass eine doppelte bis dreifache Minderheitenposition (beispielsweise als Syrer, Kurde und Yezide) zu verstärkten Abschottungstendenzen der entsprechenden Teilheiratsmärkte führt. Ferner ist zu berücksichtigen, dass aufgrund der Gemeinschaftsorientierung die Entscheidung auch vor dem Hintergrund der Akzeptanz der Partnerwahl innerhalb der Familie und der für sie als relevant erachteten Gemeinschaft getroffen wird. Es wird also geprüft, ob die zukünftigen Ehepartner die Kriterien für die Aufnahme in diese Gemeinschaft erfüllen. Alle diese Faktoren sprechen dafür, dass die Partner anhand komplementärer kultureller Eigenschaften ausgewählt werden.

Das Interview mit einem Yeziden syrischer Herkunft illustriert diesen Zusammenhang am Beispiel der Familienplanung. Er erklärt seine Präferenz für kulturelle Homogamie mit Konflikten und Problemlagen bei der Kindererziehung, die in binationalen Ehen entstehen können. Konkrete Beweiskraft liefert ihm hierfür das Beispiel seines Bruders:

„Ich habe auch von vorneherein gesagt, ich wollte eine aus meinem Familienkreis, aus meinem Glaubenskreis heiraten. Weil ich will das den Kindern nicht antun. Ich habe gesehen: Mein Bruder ist mit einer deutschen Frau verheiratet, und die Kinder leiden unter zwei Nationalitäten und so. Und ich habe immer gedacht, eine kurdische Frau wäre besser. Dann hat man diese Probleme nicht.“ [Syrer, 51, B4, Z. 314-319]

Hinzu kommt, dass er sich aufgrund von Negativerfahrungen mit einer Deutschen in erster Ehe eine in Bezug auf Religion, Ethnizität und Nationalität homogene Partnerschaft wünscht.

Neben den genannten Selektionskriterien des Ansehens und der kulturellen Homogenität werden in einigen Fällen auch das Alter, der Bildungsgrad und der sozioökonomische Status als relevante Merkmale betrachtet. Diesen kommt aber insgesamt eine geringere Bedeutung zu, was sich u. a. darin zeigt, dass diesbezügliche Präferenzen teilweise aufgegeben werden, wenn ein möglicher Partner die genannten Merkmale nicht aufweist, aber ansonsten gut passt. Die optimale Partnerwahl wird durch anfallende Suchkosten und das Problem unvollständiger Information begrenzt. Die Suchkosten sind vergleichsweise hoch, weil viel Zeit und Engagement in die Suche eines optimalen Partners investiert wird, dessen Eignung aus unterschiedlichen Perspektiven geprüft wird. Allerdings verteilen sich die Kosten ebenso wie der Nutzen auf alle Akteure, was die individuell zu investierenden Kosten bei einer Übereinstimmung der Präferenzen reduzieren kann. Das Problem der unvollständigen Information wird bei arrangierten Ehen auf eine sehr spezielle Art gelöst: Da die Befragung von Heiratskandidaten, Herkunftsfamilien und weiteren Informanten institutionalisiert ist und als legitim erachtet wird, können diese Informationen vergleichsweise vollständig erhoben werden. Hinzu kommt, dass ihre Bewertung von mehreren Personen durchgeführt wird, die gleichermaßen an einem optimalen Ergebnis interessiert sind. Allerdings haben die zukünftigen Ehepartner nur begrenzte Möglichkeiten, sich persönlich kennen zu lernen, und ein realer Test der Paarbeziehung ist offiziell untersagt. Diesbezügliche Informationen bleiben also bis zu Hochzeit intransparent. Es ist zu vermuten, dass die nicht gelieferte Information insgesamt einen geringeren Stellenwert hat, wenn die Situationsdefinition der Heiratskandidaten durch den Frame der Normerfüllung und Familienehre geprägt ist. Diese kurzen Ausführungen machen somit deutlich, dass sich gängige familiensoziologische Theorien auch für die Analyse arrangierter Ehen eignen und dabei alternative Lösungswege für Such- und Auswahlstrategien entdecken lassen.

Insgesamt deutet die Analyse der Selektionskriterien bei der arrangierten Partnerwahl darauf hin, dass diese zur sozialen Schließung beitragen. Denn die deutliche Präferenz der beteiligten Akteure für einen kulturell ähnlichen Partner kann als Interaktionsvermeidung mit Angehörigen der Aufnahmegesellschaft und daher als Indikator für soziale Distanz gewertet werden. Offensichtlich wird dies insbesondere bei transnationalen Heiraten, bei denen höhere Kosten in Kauf genommen werden, um ein nutzbringendes Ergebnis zu erzielen.

4. *Zusammenfassung und Ausblick*

Die arrangierte Partnerfindungsform unterscheidet sich von anderen Formen, in denen Liebe als oberstes Primat gilt, durch die ausdrückliche Heiratsabsicht am Beginn des Prozesses, wobei ein intensiver affektiver Austausch zwischen den prospektiven Partnern nicht vorgesehen ist. Stattdessen werden verschiedene Kriterien geprüft, die als Indikatoren für eine dauerhafte Paarbeziehung angesehen werden. Die jeweiligen Familien sind in relativ starkem Ausmaß an der Eheanbahnung beteiligt, welche sich idealtypisch über drei Phasen (Vorverlobung, Verlobung und Ehe) erstreckt und nach institutionalisierten Regeln erfolgt. Die Eheentscheidung wird dabei im Rahmen eines endogenen familiären Bewertungsprozesses getroffen, welcher versucht, die Interessen der beteiligten Akteure (Heiratskandidaten, Herkunftsfamilien) konsensuell miteinander zu verhandeln.

Arrangierte Eheschließungen lassen sich mit allgemeinen familien- und ehesoziologischen Theorien erklären. Diese sind aufgrund der besonderen Bedeutung familiärer Arrangements zum Teil zu ergänzen. Ferner konnten bei der Anwendung der Theorien auf das Phänomen der arrangierten Ehe neue Erkenntnisse bezüglich alternativer Eheanbahnungsprozesse gewonnen werden, die bisher in der Familiensoziologie nicht berücksichtigt worden sind. Insofern scheint eine stärkere Verschränkung von migrations- und familiensoziologischen Studien aussichtsreich zu sein. Dasselbe gilt für eine stärkere Beachtung und Analyse arrangierter Heiraten innerhalb der Migrationsoziologie – so ist beispielsweise die interne Differenzierung arrangierter Ehen und eine quantitative Untersuchung ihrer Einflussfaktoren bisher noch nicht durchgeführt worden. Auch zum Umfang konsensueller und erzwungener arrangierter Ehen sowie zu ihren Auswirkungen auf Ehezufriedenheit und Scheidungsverhalten liegen bisher keine Ergebnisse vor.

Hinsichtlich der Konstituierung von Heiratsmärkten wurden die Gelegenheitsstrukturen und Selektionskriterien untersucht. Es wurde festgestellt, dass die Foki der beteiligten Akteure für eine erste Einschränkung des Heiratsmarktes verantwortlich sind. Bei der Selektion relevanter Foki aus dem Kreis der prinzipiell wählbaren sozialen Verkehrskreise spielen kulturelle Kriterien (Nationalität, Ethnie, Religion) eine zentrale Rolle. Gerade transnationale Heiraten zeigen, dass alternative Foki mit diesbezüglich heterogener Mitgliederstruktur bei der Partnersuche von vorneherein ausgeblendet werden. Ferner wurde dargestellt, dass sich die – oftmals durch soziale Normen geprägten – Partnerwahlpräferenzen insbesondere auf das Ansehen der potentiellen Heiratspartner und ihrer Familien sowie auf kulturelle Merkmale (Sprachgruppe, Ethnizität, Religion oder Nationalität) beziehen. Nachgeordneter waren die Merkmale sozio-ökonomischer Status, Bildungsniveau und Alter. All diese Kriterien sollen aus Sicht der Befragten im Idealfall Komplemente zu den Merkmalen des heiratsfähigen Akteurs darstellen, deren Zusammenlegung die Nutzenfunktion der Heiratskandidaten wie auch ihrer Familien optimiert. Begründen lässt sich dies vor allem mit dem Bedürfnis nach Sicherheit und Dauerhaftigkeit der Beziehung. Die genannten Kriterien dienen den Beteiligten dabei als Indikatoren, die eine entsprechende Bedürfnisbefriedigung am wahrscheinlichsten erscheinen lassen. Dieser Wunsch nach einem Partner mit demselben kulturellen Hintergrund führt, sofern der Heiratsmarkt in Deutschland keine potentiellen Kandidaten bietet, dazu, dass eine Orientierung hin zu einer transnationalen Eheschließung stattfindet.

Soziale Schließungsprozesse ergeben sich folglich aus den als relevant erachteten Auswahlkriterien und der Wahl diesbezüglicher homogener Foki. Gesellschaftliche und innerfamiliäre Steuerungsmechanismen sowie individuelle Präferenzen der jeweiligen Akteure führen dazu, dass der als relevant erachtete Heiratsmarkt hinsichtlich kultureller Kriterien homogen konstituiert wird und insofern in diesem Punkt einer sozialen Assimilation (vgl. Esser 2001) in Deutschland tendenziell entgegenwirkt. Die bisherige Forschung auf dem Gebiet der arrangierten Ehen beschränkt sich weitgehend auf qualitative Analysen. Gerade im Hinblick auf soziale Schließungsprozesse, welche durch dieses Konzept der Partnerwahl und Heirat verursacht werden können, erscheint eine Quantifizierung der vorliegenden Ergebnisse sinnvoll. Eine derartige quantitative Erhebung müsste insbesondere die verschiedenen Akteursebenen – etwa im Rahmen einer Familienbefragung – in die Untersuchung miteinbeziehen.

Literatur

Becker, Gary S. (1974): A Theory of Marriage. In: Schultz, Theodore W. (Hrsg.): Economics of the Family. Marriage, Children and the Human Capital. Chicago. S. 299-344.

Blau, Peter M.; Terry C. Blum; Joseph E. Schwartz (1982): Heterogeneity and Intermarriage. In: American Sociological Review 47: 45-62.

Breuer, Rita (1998): Familienleben im Islam: Traditionen, Konflikte, Vorurteile. Freiburg im Breisgau.

Feld, Scott L. (1981): The Focused Organization of Social Ties. In: American Journal of Sociology 88/4: 1015-1035.

Gamper, Markus; Julia Reuter, (2007): „Der Islam?" Probleme und Perspektiven aktueller Islamforschung in Deutschland. In: Soziologische Revue 30: 37-48.

Gonzáles-Ferrer, Amparo (2006): Who Do Immigrants Marry? Partner Choice Among Single Immigrants in Germany. In: European Sociological Review 22: 171-185.

Homans, George C. (1972): Elementarformen sozialen Verhaltens. Opladen.

Hill, Paul B.; Johannes Kopp (2007): Familiensoziologie. Grundlagen und theoretische Perspektiven. Wiesbaden.

Karakaşoğlu, Yasemin; Sakine Subaşi (2007): Ausmaß und Ursachen von Zwangsverheiratungen in europäischer Perspektive. Ein Blick auf Forschungsergbnisse

aus Deutschland, Österreich, England und der Türkei. In: BMFSFJ (Hrsg.): Zwangsverheiratung in Deutschland. Baden-Baden. S. 103-130.
Klein, Thomas (2005): Sozialstrukturanalyse. Eine Einführung. Reinbek.
Mayring, Philipp (1999): Einführung in die qualitative Sozialforschung. Eine Anleitung zu qualitativem Denken. München.
Meyer, Heinz (1994): Sexualität und Bindung. Weinheim.
Nauck, Bernhard (1997): Sozialer Wandel, Migration und Familienbildung bei türkischen Frauen. In: Ders.; Schönpflug, Ute (Hrsg.): Familien in verschiedenen Kulturen. Stuttgart. S. 162-199.
Nauck, Bernhard (2001): Generationenbeziehungen und Heiratsregimes – theoretische Überlegungen zur Struktur von Heiratsmärkten und Partnerwahlprozessen am Beispiel der Türkei und Deutschland. In: Klein, Thomas (Hrsg.): Partnerwahl und Heiratsmuster. Sozialstrukturelle Voraussetzungen der Liebe. Opladen. S. 35-74.
Pappi, Franz U. (1998): Soziale Netzwerke. In: Schäfers, Bernhard; Wolfgang Zapf (Hrsg.): Handwörterbuch zur Gesellschaft Deutschlands. Opladen. S. 584-596.
Putnam, Robert D. (1995): Bowling Alone. The Collapse and Revival of American Community. New York.
Schiffauer, Werner (1983): Die Gewalt der Ehre. Erklärungen zu einem türkisch-deutschen Sexualkonflikt. Frankfurt am Main.
Schroedter, Julia H. (2006): Binationale Ehen in Deutschland. In: Statistisches Bundesamt Wirtschaft und Sozialstatistik 4/2006: 419-431.
Straßburger, Gaby (2003): Heiratsverhalten und Partnerwahl im Einwanderungskontext. Eheschließungen der zweiten Migrantengeneration türkischer Herkunft. Würzburg.
Straßburger, Gaby (2007): Zwangsheirat und arrangierte Ehe. Zur Schwierigkeit der Abgrenzung. In: BMFSFJ (Hrsg.): Zwangsverheiratung in Deutschland. Baden-Baden. S. 72-86.
Toprak, Ahmet (2005): Das schwache Geschlecht. Die türkischen Männer, Zwangsheirat, häusliche Gewalt, Doppelmoral der Ehre. Freiburg im Breisgau.
Winch, Robert F. (1955): The Theory of Complementary Need in Mate Selection: Final Results on the Test of General Hypotheses. In: American Sociological Revue 20: 552-555.

Online verfügbare Quellen:

Esser, Hartmut (2001): Integration und ethnische Schichtung. URL: http://library.fes.de/pdf-files/akademie/online/50366.pdf (Abruf: 23.06. 2008).
Fachkommission Zwangsheirat (2006): Bericht der Fachkommission Zwangsheirat der Landesregierung Baden-Württemberg. Problembeschreibung, Statistik und Handlungsempfehlungen. Stuttgart. URL: http://www.justizportal-bw.de/servlet/PB/show/1199041/Bericht%20Fachkommission%20Zwangsheirat%20BaW%20Endfassung%20Januar%202006.pdf (Abruf: 23.06.2008).
Mirbach, Thomas; Simone Müller; Triebl, Katrin (Bearbeiter/innen) (2006): Ergebnisse der Lawaetz-Stiftung zu dem Thema Zwangsheirat in Hamburg. Durchgeführt im Auftrag der Behörde für Soziales, Familie, Gesundheit und Verbraucherschutz in Hamburg. Hamburg: URL: http://www.lawaetz.de/af/few/dokumente/Bricht%20Zwangsheirat%20Hamburg%20Oktober%202006.pdf (Abruf: 23.06.2008).

Susann Rabold, Dirk Baier

Ethnische Unterschiede im Gewaltverhalten von Jugendlichen – Die Struktur von Freundschaftsnetzwerken als Erklärungsfaktor

1. Einleitung

Sowohl Hell- als auch Dunkelfelddaten belegen, dass nichtdeutsche Jugendliche häufiger durch delinquentes, speziell durch gewalttätiges Verhalten in Erscheinung treten als deutsche Jugendliche (vgl. u.a. Babka von Gostomski 2003, Baier/Pfeiffer et al. 2006, Goldberg 2006, Polizeiliche Kriminalstatistik 2006). Diese ethnischen Unterschiede in der Gewaltbelastung sind dabei in zeitlicher, regionaler und geschlechtsspezifischer Hinsicht relativ stabil, d.h. Jungen wie Mädchen nichtdeutscher Herkunft weisen eine höhere Gewaltbelastung auf als Jungen und Mädchen deutscher Herkunft; ethnische Unterschiede sind zudem in nord- wie in süddeutschen Gebieten und bereits seit vielen Jahren zu beobachten (vgl. Baier/Pfeiffer 2007). In der öffentlichen und wissenschaftlichen Diskussion wird der Frage nach den Ursachen für diese Unterschiede deshalb besondere Aufmerksamkeit geschenkt.

Zur Erklärung der höheren Gewaltbelastung nichtdeutscher Jugendlicher werden bislang einerseits methodenkritische, andererseits inhaltliche Gründe herangezogen. Methodenkritik wird beispielsweise an der Polizeilichen Kriminalstatistik geübt, die aufgrund ihrer Konstruktionsprinzipien nichtdeutsche Personen notwendig häufiger als Tatverdächtige registriert als deutsche Personen (vgl. Drewniak 2004, Baier/Pfeiffer 2007: 6f.). Gegen die sehr häufig im Bereich der kriminologischen Dunkelfeldforschung eingesetzte Methode der Befragung wird eingewandt, dass sie für nichtdeutsche Befragte weniger verlässliche Ergebnisse erzielt als für deutsche (Köllisch/Oberwittler 2004). Dies wird damit begründet, dass gerade bei neu eingewanderten Migranten[1] das Motiv sozial erwünschten Antwortverhaltens eine wichtige Rolle spielt (Naplava 2002); bei bereits in zweiter oder dritter Migrantengeneration hier lebenden Jugendlichen, insbesondere aus dem südeuropäischen und arabischen Raum, dürften sich hingegen auch spezifische kulturelle Vorstellungen in der Beantwortung von Fragen zur Gewaltanwendung widerspiegeln.

---

1 Aus Gründen der einfacheren Darstellung wird im Text die männliche Form verwendet, obschon sowohl weibliche als auch männliche Personen gemeint sind. Wenn sich Aussagen nur auf männliche oder weibliche Personen beziehen, wird dies kenntlich gemacht.

Methodenkritische Gründe für die höhere Gewaltbereitschaft von Migranten stellen allerdings keine abschließende Erklärung für mögliche Ursachen ethnischer Unterschiede dar, da sie gerade über Dunkelfelduntersuchungen zu identifizierende, theoretisch plausible Zusammenhänge vernachlässigen. Im Wesentlichen lassen sich hier drei Faktoren benennen, die gleichzeitig mit einer nichtdeutschen Herkunft und der Gewaltbereitschaft korreliert sind und deshalb ethnische Unterschiede zu erklären helfen: erstens die soziale Benachteiligung, die sich in der geringen schulischen Integration von Migranten sowie ihrer höheren Armutsquote niederschlägt; zweitens die innerfamiliäre Erziehung, die in Migrantenfamilien deutlich häufiger gewaltsam erfolgt als in einheimisch deutschen Familien; drittens eine sozial und (familien-)kulturell bedingte, stärkere Befürwortung des Gewalteinsatzes z.B. in Form von Gewalt legitimierenden Männlichkeitsnormen (vgl. u.a. Babka von Gostomski 2003, Baier/Pfeiffer 2007, Enzmann/Brettfeld/Wetzels 2004).

Die bisher herangezogenen Erklärungen für ethnische Unterschiede im Gewaltverhalten beziehen sich vor allem auf die individuelle Ebene; soziale Kontexte wie die Freundesgruppe oder der Stadtteil, die als eigenständige Einflussfaktoren auf delinquentes Verhalten diskutiert werden und hinsichtlich derer sich ethnische Gruppen ebenfalls unterscheiden, werden dagegen kaum berücksichtigt. Im Rahmen des vorliegenden Beitrages soll deshalb geprüft werden, inwieweit die spezifische Zusammensetzung der Freundesgruppe und des Wohnortstadtteils zur Genese und Stabilisierung des „ethnic gap" im Gewaltverhalten beitragen können.

2. *Die Struktur des Freundesnetzwerks als Erklärungsansatz für ethnische Unterschiede im Gewaltverhalten*

Dass die Struktur bzw. Zusammensetzung des Freundschaftsnetzwerkes als Erklärungsfaktor für gewalttätiges Verhalten im Allgemeinen und für ethnische Unterschiede in der Gewaltbereitschaft im Besonderen eine Rolle spielt, lässt sich mit Hilfe sozialkapital-, lern- und kontrolltheoretischer Überlegungen begründen. Soziales Kapital stellt eine Ressource dar, die durch Investitionen in soziale Beziehungen entsteht. Nach Coleman definiert sich Sozialkapital „aus einer Vielzahl verschiedener Gebilde, die zwei Merkmale gemeinsam haben: Sie alle bestehen nämlich aus irgendeinem Aspekt einer Sozialstruktur, und sie begünstigen bestimmte Handlungen von Individuen, die sich innerhalb der Struktur befinden. Wie andere Kapitalformen ist soziales Kapital produktiv, denn es ermöglicht die Verwirklichung bestimmter Ziele, die ohne es nicht zu verwirklichen wären" (Coleman 1991: 392). Nach Bourdieu (1983) wächst soziales Kapital mit zunehmender Größe eines Netzwerkes und der Kapitalausstattung der zu diesem Netzwerk gehörigen Personen (ders. 1983: 191, vgl. für einen ausführlichen Überblick über Definitionen von Sozialkapital Haug 1997, Baier/Nauck 2006). Die Zusammensetzung des Netzwerkes bestimmt also die Ausstattung einer Person mit sozialem Kapital. Finden sich in einem Netzwerk viele Personen, die z.B. in einer privilegierten sozialen Lage leben, die eine hohe Bildung genossen haben oder über andere wertvolle Güter verfügen, dann können diese Ressourcen von einer anderen Person des Netzwerks für deren eigenes Fortkommen genutzt werden. Die aus diesen sozialen Beziehungen gewonnenen Ressourcen sind also produktiv im Sinne Colemans, da bestimmte Ziele erreicht werden, die ohne das Vorhandensein dieses entsprechenden Netzwerks schwieriger zu erreichen wären.

Verschiedene Studien belegen, dass nichtdeutsche (insbesondere türkische) Jugendliche häufig Beziehungen zu Personen derselben ethnischen Herkunft unterhalten (Haug 2003, Kecskes 2003, Weiss/Strodl 2007). Nichtdeutsche Jugendliche unterscheiden sich im Hinblick auf verschiedene Erfahrungen, Einstellungen und Verhaltensweisen jedoch von deutschen Jugendlichen (u.a. mehr innerfamiliäre Gewalt, stärkere Zustimmung zu Gewalt legitimierenden Männlichkeitsnormen), die wiederum relevant für die eigene Gewaltbereitschaft sein können. Die Häufung von solchen Jugendlichen in den Netzwerken der nichtdeutschen Jugendlichen und damit die Häufung bestimmter (mehr oder weniger Gewalt förderlicher) Einstellungen und Verhaltensweisen stellt somit eher geringes soziales Kapital dar. Vor dem Hintergrund dieser Überlegungen lässt sich vermuten, *dass mit einem steigenden Anteil an deutschen Jugendlichen im Netzwerk die Gewaltbereitschaft von Migranten sinkt.*[2] *Unter Berücksichtigung der geringeren Ausstattung der Migranten-Netzwerke mit Sozialkapital müssten sich ethnische Unterschiede im Gewaltverhalten reduzieren (Hypothese 1).* Gleichzeitig wird angenommen, *dass in Freundesgruppen mit einem hohen Anteil an deutschen Jugendlichen abweichende Einstellungen (z.B. Gewalt legitimierende Männlichkeitsnormen) weniger verbreitet sind als in Freundesgruppen, in denen kaum Kontakte zu deutschen Jugendlichen bestehen (Hypothese 2, Pfeil 2 in Abbildung 1).*

Aus der Theorie des differentiellen Lernens (Akers 1998, Sutherland 1968) lassen sich gleichlautende Thesen ableiten. Ausgangspunkt dieser theoretischen Perspektive ist die Annahme, dass sowohl abweichende als auch konforme Verhaltensweisen in sozialen Interaktionen erlernt werden. Die Wahrscheinlichkeit abweichenden Verhaltens ist dabei eine Funktion von abweichenden und konformen Einstellungen und Verhaltensweisen, mit denen eine Person im Laufe ihrer Lebensgeschichte in ihrem unmittelbaren Lebenskontext (z.B. der Familie, später dann der Freundesgruppe) in Berührung gekommen ist. Überwiegen die devianten Rollenvorbilder gegenüber den

2 Der in dieser ersten Hypothese postulierte Zusammenhang ist in Abbildung 1 mit einem Pfeil zwischen „Freundesgruppe" und „Person: höhere Gewaltbereitschaft" gekennzeichnet (1).

normenkonformen Vorbildern, ist die Ausübung abweichenden Verhaltens wahrscheinlicher. Die Theorie setzt voraus, dass innerhalb einer Gesellschaft nicht alle Personen die gleichen Einstellungen vertreten, sondern bestimmte Subkulturen existieren, die abweichendes Verhalten positiv sanktionieren. Hat eine Person überwiegend Kontakte zu diesen „Subkulturen", wird ein Prozess des Lernens durch Beobachtung und des positiven Bewertens von Abweichung ausgelöst, an dessen Ende die selbst ausgeführte Abweichung stehen kann. Umgekehrt führt der vermehrte Kontakt zu normenkonformen Vorbildern dazu, dass abweichendes Verhalten weniger wahrscheinlich wird. Wenn also Menschen überwiegend Kontakte zu anderen, deviant eingestellten Menschen besitzen, die sie zu ihren Freunden zählen, dann erhöht sich die eigene Bereitschaft, selbst deviant zu handeln (vgl. u.a. Haynie et al. 2001, Thornberry et al. 2003, Windzio/Baier 2007). Deutsche Jugendliche sollten auch in dieser Perspektive mit größerer Wahrscheinlichkeit positive, Gewalt ablehnende Rollenvorbilder darstellen, da sich deutsche Jugendliche in einigen bereits beschriebenen Merkmalen von nichtdeutschen Jugendlichen abheben. Insofern stellt der Anteil an deutschen Jugendlichen im Freundesnetzwerk eine Proxy-Variable für die Häufigkeit des Kontakts zu positiven Rollenvorbildern dar.

Schließlich verweisen auch kontrolltheoretische Ansätze auf die Bedeutung der Freundesgruppe und der in ihr gepflegten Normen und Regeln für die Wahrscheinlichkeit abweichenden Verhaltens. Die Kontrolltheorie von Sampson und Laub (1993) geht davon aus, dass die Einbindung in verschiedene soziale Gruppen für die soziale Kontrolle ihrer Mitglieder entscheidend ist. Durch die Verhaltenserwartungen der Akteure eines sozialen Beziehungsnetzwerkes wird informelle Sozialkontrolle erzeugt. In der Regel wird ein Individuum als Teil dieses Beziehungsnetzwerkes diese Verhaltensanforderungen erfüllen, um diese Bindungen und damit einhergehend die Verfügbarkeit bestimmter Ressourcen nicht zu verlieren. Vor dem Hintergrund einer unterschiedlichen Befürwortung beispielsweise Gewalt legitimierender Männlichkeitsnormen von deutschen und nichtdeutschen Jugendlichen ist davon auszugehen, dass sich Verhaltenserwartungen in durch überwiegend deutsche Freunde gekennzeichneten Freundesnetzwerken anders darstellen als in durch nichtdeutsche Personen dominierten Freundesgruppen. Aus kontrolltheoretischer Perspektive wäre deshalb ebenfalls zu erwarten, dass unter Berücksichtigung einer unterschiedlichen Freundesgruppenzusammensetzung von deutschen und nichtdeutschen Jugendlichen ethnische Unterschiede im Gewaltverhalten zumindest teilweise erklärt werden können.

Freundschaftsbeziehungen sind im Kindes- und Jugendalter, in dem Mobilitätsoptionen eingeschränkt sind, in erster Linie eine Folge struktureller Möglichkeiten, d.h. sie werden vor Ort im Stadtteil, der Schule oder dem Verein geknüpft. Kinder und Jugendliche entscheiden zwar selbst, mit wem sie befreundet sein wollen; welche Personen bei dieser Entscheidung aber überhaupt zur Wahl stehen, ist durch den Wohnort weitestgehend vorgegeben. Eine Konzentration bestimmter Migrantengruppen in einem Gebiet, wie sie in vielen Gesellschaften mit Zuwanderung größerer Bevölkerungsgruppen zu beobachten ist, verringert die Möglichkeiten zum Aufbau interethnischer Beziehungen. Diese residentielle Segregation zeigt sich dabei in erster Linie in Ballungsgebieten, da große Städte für viele Migranten mit fehlender oder geringer (Berufs-)Ausbildung bessere Aussichten für die Aufnahme einer bezahlten Tätigkeit bieten. In Großstädten wohnt dementsprechend ein überproportional großer Anteil an Zuwanderern, die sich in wenigen Stadtteilen konzentrieren. Im Rahmen der vorliegenden Arbeit soll deshalb weiterhin geprüft werden, ob solche strukturellen Gegebenheiten einen Einfluss auf die Struktur der Freundesgruppe haben, d.h. *ob mit zunehmendem Anteil an deutschen Jugendlichen im Stadtteil auch der Anteil an Deutschen im Freundesnetzwerk einer Person zunimmt (Hypothese 3, Pfeil 3 in Abbildung 1).*

Dass der Anteil an deutschen Jugendlichen im Stadtteil nicht nur die Wahrscheinlichkeit von Freundschaftsbeziehungen zu deutschen Jugendlichen, sondern auch direkt das Risiko eigener Gewalttätigkeit beeinflussen kann, lässt sich aus desorganisationstheoretischen Überlegungen ableiten. Die Theorie der sozialen Desorganisation geht davon aus, dass neben einer hohen Armutsquote und hoher Bewohnerfluktuation auch ein hohes Maß an ethnischer Heterogenität den Grad der sozialen Desorganisation eines Stadtteils und damit unmittelbar das Ausmaß von Gewalt in einem Stadtteil beeinflussen (Shaw/McKay 1969). Soziale Desorganisation meint dabei „the inability of a community structure to realize the common values of its residents and maintain effective social controls“ (Sampson/Groves 1989: 777). Das Fehlen verbindlicher Werte und der Mangel an informeller Sozialkontrolle, welche auf Grund der kulturellen Unterschiede in ethnisch heterogenen Gebieten schwerer aufgebaut werden können, haben zur Folge, dass sich Jugendliche in solchen Gebieten eher sozial unangepasst verhalten. Gebiete mit hoher ethnischer Homogenität sollten dagegen über ein höheres Maß an sozialer Kohäsion und informeller Sozialkontrolle verfügen, wodurch gewalttätiges Verhalten unwahrscheinlicher wird. In Stadtteilen mit einem hohen Anteil an deutschen Jugendlichen ist die ethnische Homogenität stärker ausgeprägt als in Stadtteilen mit wenigen deutschen Jugendlichen, in denen unterschiedliche ethnische Gruppen zu finden sind. Entsprechend der Desorganisationstheorie sollte informelle Sozialkontrolle in Gebieten mit einem hohen Anteil an deutschen Jugendlichen in höherem Maße vorhanden sein. Zudem sind einheimische Rollenvorbilder eher präsent. Die spezifische Siedlungsstruktur von Migranten, d.h. die Konzentration von Migrantengruppen in bestimmten Gebieten innerhalb der Städte (vgl. Söhn/Schönwalder 2007), kann demzufolge für ein unterschiedlich hohes Maß an Delinquenz der ethnischen Gruppen verantwortlich sein. Studien aus dem englischsprachigen Raum konnten diesbezüglich bereits zeigen, dass unter Berücksichtigung von Merkmalen des Wohnortstadtteils ethnische Unterschiede im Gewaltverhalten zurückgehen (vgl. McNulty/Bellair 2003, Peeples/Loeber 1994). Insofern wird vermutet, dass *mit zunehmendem Anteil an deutschen Jugendlichen im Stadtteil die Gewaltbereitschaft Jugendlicher sinkt und ethnische Unterschiede im Gewaltverhalten reduziert werden (Hypothese 4, Pfad 4 in Abbildung 1).*

Abbildung 1: Freundschaftsnetzwerke als Folge von Stadtteileigenschaften und als Ursache ethnischer Unterschiede im Gewaltverhalten – Ein theoretisches Modell[3]

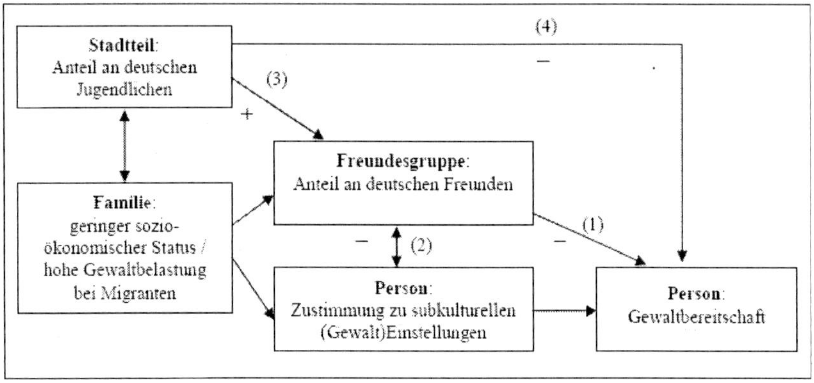

3. *Datenbasis und Stichprobenbeschreibung*

Als Datengrundlage zur empirischen Prüfung der Hypothesen wird eine Schülerbefragung des Kriminologischen Forschungsinstituts Niedersachsen (KFN) herangezogen, die im Jahr 2006 in der Stadt Hannover durchgeführt wurde (Rabold/Baier/Pfeiffer 2008). Dabei sollten alle Schüler der neunten Jahrgangsstufe schriftlich im Klassenverband befragt werden, wobei letztlich 88,6 % aller Neuntklässler (bezogen auf die bereinigte Bruttostichprobe) erreicht werden konnten (N=3.661). Für die nachfolgenden Analysen stehen Daten von insgesamt 1.967 Neuntklässlern zur Verfügung. Gegenüber der Ausgangsstichprobe von 3.661 Jugendlichen ist die Fallzahl deutlich reduziert, da nur Personen einbezogen werden, die zum einen überhaupt eine feste Freundesgruppe haben und mindestens einen gültigen Wert bei den Fragen zur Zusammensetzung der Freundesgruppe aufweisen[4] und die zum anderen in

3 Weitere, ebenfalls in Abbildung 1 postulierte Zusammenhänge werden an dieser Stelle nicht geprüft. Ergebnisse zum Zusammenhang zwischen familiärer Lage bzw. der innerfamiliären Erziehung und der Zuwendung zu bestimmten Freundesgruppen oder der Ausbildung von Gewalteinstellungen finden sich z.B. bei Baier, Pfeiffer & Windzio (2006), Baier & Wetzels (2006) oder Wetzels & Enzmann (1999).

4 Förderschüler, die ebenfalls Teil der Gesamtstichprobe sind, gehen nicht in die Analyse

Stadtteilen leben, in denen mindestens 20 Jugendliche befragt wurden. Die Beschränkung auf solche Stadtteile ist erforderlich, weil für eine zuverlässige Schätzung im Rahmen der im vorliegenden Beitrag angestrebten Mehrebenenanalyse – insbesondere für die Aggregierung von Kontextmerkmalen – eine Mindestanzahl an Beobachtungen je Kontext vorhanden sein sollte. Gewählt wurde hier eine Mindestanzahl von 20 Befragten pro Stadtteil, wobei die Grenze in der Literatur durchaus auch niedriger angesetzt wird (vgl. z.B. Nonnenmacher 2007). Im Ergebnis können Jugendliche aus 40 von insgesamt 51 Stadtteilen in die Analyse einbezogen werden.

Die zugrunde liegende Stichprobe setzt sich entsprechend dieser Einschränkungen zu 45,8 % aus männlichen und zu 54,2 % aus weiblichen Befragten zusammen. Das Durchschnittsalter beträgt 15 Jahre. Erfahrungen mit elterlicher Arbeitslosigkeit oder eigenem bzw. elterlichem Sozialhilfe- bzw. Arbeitslosengeld II-Bezug berichtet jeder 5. Jugendliche (19,9 %). Ein Drittel der Befragten (36,5 %) lebt nicht mehr mit beiden leiblichen Eltern zusammen. Mehr als jeder zweite Befragte hat eine deutsche Herkunft (54,9 %), 45,1 % der Befragten haben eine nichtdeutsche Herkunft. Zur Bestimmung der ethnischen Herkunft wurden die Jugendlichen gebeten, im Fragebogen die Nationalität der Eltern bei deren Geburt zu berichten. War diese Nationalität türkisch, so wird der Jugendliche als türkisch bezeichnet, war sie russisch, als russisch usw. Wenn Vater und Mutter verschiedene nicht-deutsche Nationalitäten besaßen, entschied die Herkunft der Mutter über die Zuordnung. Bei der Konstellation Vater nicht-deutsch – Mutter deutsch, wurde der Jugendliche der entsprechenden nicht-deutschen Gruppe zugeteilt. Lagen keine Informationen über die Eltern vor, wurden weitere Angaben der Jugendlichen u.a. zur eigenen Nationalität bei Geburt bzw. zum möglichen Einwanderungsland eines der Elternteile zur Klassifizierung herangezogen. Allerdings lassen sich mit dieser Strategie die russischen oder polnischen Jugendlichen nicht fehlerfrei bestimmen. Da es sich hier um die klassischen Aussiedlernationen handelt, schreiben die Jugendlichen im Fragebogen häufiger sich selbst und den eigenen Eltern eine deutsche Staatsangehörigkeit zu. In diesen Fällen wurden deshalb noch zusätzlich gestellte Fragen über einen Aussiedler-Migrationsgrund bzw. über das Einwanderungsland der Eltern für die Zuordnung herangezogen. Die türkischen und russischen[5] Jugendlichen stellen entsprechend dieser Klassifikation die größten Migrantengruppen dar (11,8 bzw. 9,9 %), jeder 16. Jugendliche hat eine polnische Herkunft (6,2 %), 17,2 % haben eine andere ethnische Herkunft.[6]

---

ein, da hier ein verkürztes Befragungsinstrument zum Einsatz kam und Fragen zur Zusammensetzung der Freundesgruppe nicht gestellt wurden.

5 Korrekterweise müsste die Bezeichnung Jugendliche mit türkischer bzw. russisch-deutscher Abstammung lauten, der Einfachheit halber wird an dieser Stelle und im Folgenden von türkischen und russischen Jugendlichen gesprochen.

6 Auf Grund der geringen Fallzahl wurden alle anderen ethnischen Gruppen in einer Katego-

4. *Deskriptive Befunde*

4.1. Ethnische Unterschiede im Gewaltverhalten

Bei der deskriptiven Betrachtung ethnischer Unterschiede im Gewaltverhalten bestätigen sich die Befunde der bisherigen Forschung (Abbildung 2): Nichtdeutsche Jugendliche treten häufiger als Gewalttäter in Erscheinung als deutsche Jugendliche. Fast ein Viertel aller türkischen Jugendlichen und mindestens ein Fünftel aller Jugendlichen mit einer russischen oder anderen ethnischen Herkunft haben im letzten Jahr mindestens eine Gewalttat (Körperverletzung, Raub, Bedrohung mit Waffen und/oder Erpressung) begangen (Prävalenz[7]); die niedrigsten Gewalttäterraten sind mit 13,2 % bei den deutschen Jugendlichen zu konstatieren. Im Hinblick auf die Mehrfach-Gewalttäterrate, also den Anteil an Jugendlichen, die im vergangenen Jahr fünf und mehr Gewalttaten verübt haben, liegen die türkischen Jugendlichen fast dreimal so hoch wie die deutschen Jugendlichen. Innerhalb der Gruppe der deutschen bzw. polnischen Jugendlichen ist der Anteil an Mehrfach-Gewalttätern am geringsten; etwa jeder 30. Jugendliche berichtet hier von mindestens fünf Gewalttaten im vergangenen Jahr.

Abbildung 2: Anteil an Gewalttätern im letzten Jahr nach ethnischer Herkunft (in %)

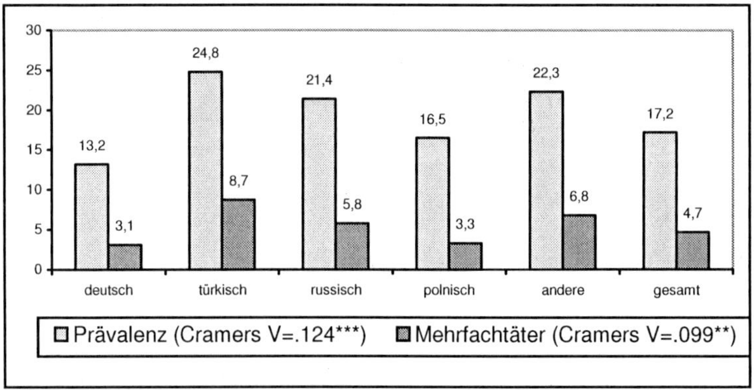

** p<.01 ***p<.001

Eine gesonderte Auswertung für Personen, die nicht in eine feste Freundesgruppe eingebunden sind und damit nicht in die Analyse eingehen, ergibt ein ähnliches Bild – insofern werden die ethnischen Unterschiede durch die not-

rie „andere ethnische Herkunft“ zusammengefasst.

7 Prävalenzraten drücken aus, welcher Anteil an Jugendlichen ein Delikt mindestens einmal im Beobachtungszeitraum verübt hat.

wendigen Beschränkungen der Stichprobe nicht künstlich verkleinert oder vergrößert. Die türkischen Jugendlichen stellen mit 18,4 % bzw. 5,4 % den höchsten Anteil an Gewalttätern bzw. Mehrfachgewalttätern, gefolgt von den Jugendlichen mit russischer bzw. anderer Herkunft (Prävalenz: 12,0 % bzw. 18,9 %; Mehrfachtäterquote: 4,3 bzw. 3,3 %). Am geringsten belastet sind die deutschen (Prävalenz: 7,2 %, Mehrfachtäter: 1,2 %) und polnischen Jugendlichen (7,7 % bzw. 1,9 %). Dieser Befund widerspricht nicht der Grundthese dieses Beitrags, dass Freundschaftsgruppen zur Ausbildung bzw. Stabilisierung ethnischer Unterschiede im Gewaltverhalten beitragen, da für die Jugendlichen, die derzeit keine feste Freundesgruppe haben, nicht bekannt ist, ob dies eventuell früher bereits einmal der Fall gewesen ist. Der Befund unterstreicht nur, dass allein die Zugehörigkeit zu festen Freundesgruppen die Bereitschaft zum Begehen delinquenter Taten erhöht. Insofern wird die Ermöglichungshypothese bestätigt, nach der Jugendgruppen Kontexte darstellen, in denen Effekte des Gruppendrucks oder der Verantwortungsdiffusion dazu führen, dass auch bislang unauffällige Jugendliche delinquent werden (vgl. Thornberry et al. 2003).

4.2. Ethnische Zusammensetzung der Freundesgruppe

Um die ethnische Zusammensetzung der Freundesgruppe der Jugendlichen zu erfassen, wurden die Jugendlichen gebeten, die Herkunft von maximal fünf Personen ihrer Freundesgruppe zu berichten. Die Ergebnisse in Abbildung 3 verdeutlichen, dass Kontakte zu deutschen Jugendlichen von den nichtdeutschen Befragten in höchst unterschiedlichem Maße unterhalten werden. Nur etwa ein Viertel der Freunde von türkischen Jugendlichen hat eine deutsche Herkunft (24,8 %), obwohl es mehr als doppelt so viele deutsche Neuntklässler in Hannover gibt (55,8 %).[8] Bei den russischen Jugendlichen ergibt sich ein ähnliches Bild: nur 30,1 % der Freunde im Netzwerk eines russischen Jugendlichen sind Deutsche. Besonders viele Freundschaftsbeziehungen werden dagegen zu Jugendlichen der eigenen ethnischen Herkunft gepflegt. Der Anteil an türkischen Schülern beträgt in der Gesamtstichprobe 11,7 %, innerhalb des Freundschaftsnetzwerks türkischer Jugendlicher liegt er mit 54,2 % um mehr als das 4,5fache über diesem Wert. Ähnlich verhält es sich bei den russischen Jugendlichen: Während sich in der Stichprobe insgesamt nur 9,1 % russische Jugendliche finden, ist der Anteil in der Freundesgruppe mehr als fünfmal so hoch. In der Freundesgruppe der polnischen Jugendlichen ent-

8 Für die Berechnung des Anteils in der Gesamtstichprobe wurden alle befragten Neuntklässler herangezogen, da potenziell Kontakte zu all diesen Jugendlichen möglich sind. Freundschaftsnetzwerke können sich selbstverständlich auch auf Personen anderer Jahrgangsstufen erstrecken, wobei davon auszugehen ist, dass die Anteile der jeweiligen ethnischen Gruppen in der neunten Jahrgangsstufe ein gutes Abbild für die darüber- bzw. darunterliegenden Jahrgänge darstellen.

spricht der Anteil der deutschen Jugendlichen im Netzwerk dem Anteil deutscher Jugendlicher in der Gesamtstichprobe. Insofern erscheint diese Migrantengruppe sozial am besten integriert zu sein. Entsprechend wenig Beziehungen werden zu Personen der gleichen ethnischen Herkunft unterhalten: der Anteil an polnischen Freunden beträgt 13,9 %, was mehr als doppelt so hoch ist wie der Anteil in der Stichprobe (5,5 %). In der Gruppe der Jugendlichen einer anderen Herkunft findet sich ein ähnlich hoher Anteil an deutschen Freunden wie bei den polnischen Jugendlichen; zur ethnischen Homogenität lassen sich keine genauen Aussagen treffen, weil in dieser Gruppe viele verschiedene Ethnien zusammengefasst wurden.

Abbildung 3: Ethnische Zusammensetzung der Freundesgruppe nach eigener ethnischer Herkunft (in %)

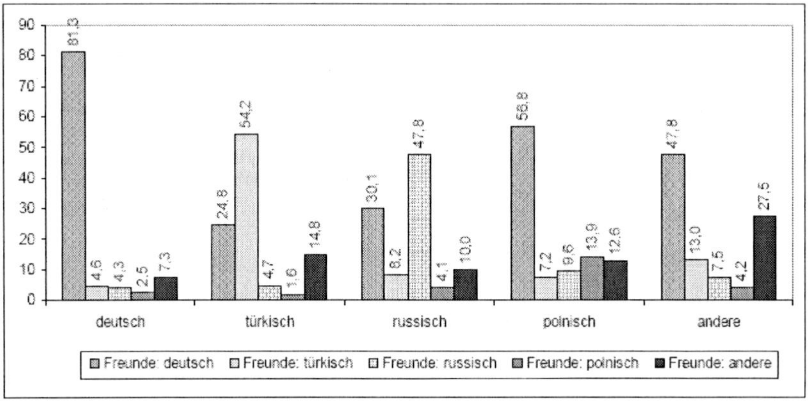

5. *Multivariate Auswertungen*

5.1. Der Einfluss der Struktur von Freundschaftsnetzwerken auf ethnische Unterschiede im Gewaltverhalten

Neben der Frage, ob die Freundesgruppe einen Einfluss auf ethnische Unterschiede im Gewaltverhalten hat, soll im Rahmen der vorliegenden Arbeit geprüft werden, ob individuelles Verhalten durch Eigenschaften übergeordneter Kontexte wie dem Stadtteil beeinflusst wird. Letzteres kann nur auf dem Weg der Mehrebenenanalyse geklärt werden (vgl. Snijders/Bosker 1999). In Tabelle 1 sind die Befunde verschiedener Mehrebenen-Modelle dargestellt.[9] In Modell I wird zunächst ein „leeres" Modell (ohne erklärende Variablen) geschätzt, um zu prüfen, ob die Gewaltprävalenz signifikant zwischen den

9 Alle Modelle wurden mit HLM 6.0 berechnet.

Stadtteilen variiert. Die Intraklassenkorrelation beträgt 0,026, was bedeutet, dass maximal 2,6 % der Gesamtvarianz auf Kontextmerkmale zurückgehen.

Dem zweiten Modell lässt sich in Übereinstimmung mit den deskriptiven Befunden entnehmen, dass Jugendliche mit einer türkischen, russischen oder anderen ethnischen Herkunft einem im Vergleich zur Referenzgruppe der deutschen Jugendlichen signifikant höheren Risiko unterliegen, im letzten Jahr mindestens eine Gewalttat begangen zu haben. Die Gewaltbelastung der polnischen Jugendlichen unterscheidet sich dagegen kaum von der der deutschen Jugendlichen. Bisherige Faktoren zur Erklärung ethnischer Unterschiede wie die besuchte Schulform[10] und die Erfahrung elterlicher Gewalt in der Kindheit[11] werden im dritten Modell aufgenommen. Dabei wird zunächst ersichtlich, dass diese Faktoren einen direkten Einfluss auf gewalttätiges Verhalten von Jugendlichen haben. Im Vergleich zu Hauptschülern haben sowohl Real- und Gesamtschüler als auch Gymnasiasten/Waldorfschüler ein geringeres Risiko, im letzten Jahr eine Gewalttat begangen zu haben. Jugendliche, die schwere Formen elterlicher Gewalt erlebt haben, weisen ein mehr als doppelt so hohes Risiko eigener Gewalttäterschaft auf. Weiterhin zeigt sich, dass die Aufnahme dieser Faktoren zu einem deutlichen Rückgang des Risikos der eigenen Gewalttäterschaft bei türkischen und russischen Jugendlichen sowie denen einer anderen Herkunft führt. Allerdings sind diese gegenüber den deutschen Jugendlichen noch immer signifikant höher belastet.

10 Hauptschulen werden am seltensten von deutschen und polnischen Jugendlichen besucht (10,4 bzw. 12,4 %), am häufigsten von türkischen und russischen Jugendlichen (26,3 bzw. 18,6 %). Auf eine Gesamtschule bzw. ein Gymnasium gehen dagegen 20,3 bzw. 45,8 % der deutschen, 15,1 % bzw. 24,6 % der türkischen, 8,2 bzw. 39,2 % der russischen und 11,6 bzw. 31,4 % der polnischen Jugendlichen (Cramers V=.136, p<.001).

11 Insgesamt geben 13,2 % der Jugendlichen an, mindestens einmal in ihrer Kindheit schwere Formen der Gewalt von Seiten der Eltern erlebt zu haben (mit einem Gegenstand geschlagen, mit der Faust geschlagen oder getreten oder geprügelt oder zusammengeschlagen), wobei 7,6 % der deutschen, 22,4 % der türkischen, 19,9 % der russischen und 18,3 % der polnischen Jugendlichen hiervon berichten (Cramers V=.185, p<.001).

Tabelle 1: Einflussfaktoren auf ethnische Unterschiede im Gewaltverhalten (binär logistische Mehrebenenanalyse, abgebildet: unstandardisierte Effektkoeffizienten)

	I	II	III	IV	V
Intercept (β_0)	0.217***	0.159***	0.138***	0.149***	0.138***
Fixe Effekte – Individualebene					
Ethnische Herkunft (Ref. deutsch)					
türkisch		2.172**	1.509†	0.851	1.507†
russisch		1.783**	1.436*	0.807	1.434*
polnisch		1.286	1.015	0.827	1.014
andere		1.849**	1.550*	1.065	1.549*
Geschlecht: männlich			4.201***	4.209***	4.201***
Schulform (Ref. Hauptschule)					
Realschule			0.598**	0.600**	0.598**
Gesamtschule			0.480***	0.535**	0.481***
Gymnasium/Waldorf			0.247***	0.292***	0.247***
Schwere Elterngewalt in Kindheit: erlebt			2.722***	2.550***	2.726***
Anteil Deutsche in Freundesgruppe [z]				0.314***	
Fixe Effekte – Kontextebene					
Anteil deutscher Jugendlicher im Stadtteil [z]					0.991
Zufällige Effekte					
Varianz auf Ebene 2	0.08617**	0.06876*	0.06803*	0.08762*	0.07403*
Extra-Dispersion	0.97378	0.97782	0.94956	0.95880	0.95031
N (Schüler/Stadtteile)	1937/40	1937/40	1937/40	1937/40	1937/40
Pseudo R^2	-	0.037	0.263	0.286	0.265

*** p<.001 **p<.01 *p<.05 † p<.10
[z] Variablen sind am grand-mean zentriert

Wird der Anteil an deutschen Freunden im Netzwerk eines Jugendlichen in die Analyse einbezogen (Modell IV), ergibt sich zunächst ein direkter Effekt auf das Risiko eigenen gewalttätigen Verhaltens derart, dass Personen mit einem im Vergleich zur Gesamtstichprobe überdurchschnittlich hohen Anteil an deutschen Freunden ein mindestens dreimal niedrigeres Risiko eigener Gewaltdelinquenz aufweisen; Hypothese 1 wird somit bestätigt. Über den direkten Effekt hinaus führt die Berücksichtigung dieses Merkmals – ebenfalls wie erwartet – dazu, dass bei allen ethnischen Gruppen die im Vergleich zur Referenzgruppe der deutschen Jugendlichen höheren Gewaltbelastungen verschwinden. Dieser Befund geht, so die Annahme, auf Einstellungen und Werthaltungen zurück, die nicht nur in die Freundesgruppen hineingetragen werden, sondern dort ebenso verfestigt werden, insbesondere dann, wenn sich die Mitglieder einer Gruppe in ihren Haltungen grundsätzlich sehr ähnlich sind. Ein Beispiel hierfür sind die Gewalt legitimierenden Männlichkeitsnormen, die von Jugendlichen nichtdeutscher Herkunft in höherem Maße befürwortet werden als von deutschen Jugendlichen (F-Wert einer einfaktoriellen Varianzanalyse= 66,438, p<.001). Um die Einstellungen der Jugendlichen zu diesen Normen zu erfassen, wurden diese gebeten, ihre Zustimmung u.a. zu Aussagen wie „Ein richtiger Mann ist stark und beschützt seine Familie", „Wenn eine Frau ihren Mann betrügt, darf der Mann sie schlagen" anzugeben (vgl. Enzmann/Brettfeld/Wetzels 2004). Die Items wurden zu einer Mittelwertsskala zusammengefasst. Der Skalenmittelwert der deutschen Jugendlichen beträgt 1.76, was bedeutet, dass den Aussagen im Mittel eher nicht zugestimmt wird. Die türkischen Befragten erreichen einen Mittelwert von 2.36 und befürworten damit in höchstem Maße diese Einstellungen (russische Jugendliche: 2.13, polnische Jugendliche: 1.93, andere: 1.99). Die Zustimmung zu solchen Aussagen fällt umso niedriger aus, je mehr deutsche Jugendliche im eigenen Netzwerk zu finden sind, was Hypothese 2 bestätigt (Pearson Korrelationskoeffizient = –.405, p<.001). Dieser Zusammenhang findet sich für alle unterschiedenen nichtdeutschen Gruppen. Deutsche Jugendliche im Freundesnetzwerk zu haben, beinhaltet also die Möglichkeit, mit alternativen Werteinstellungen in Kontakt zu kommen und Vorstellungen über Männlichkeit und Gewalt abzubauen. Nicht auszuschließen ist, dass sich Personen mit einer hohen Befürwortung dieser Normen eher Gruppen anschließen, in denen wenige deutsche Jugendliche und damit eher Personen, die in ähnlicher Weise denken, zu finden sind. Möglicherweise handelt es sich also um einen Selektionseffekt und weniger um eine tatsächliche Beeinflussung einer Person durch die Gruppe. Im Rahmen einer querschnittlich angelegten Untersuchung, wie der hier zugrunde liegenden Schülerbefragung, kann diese Frage allerdings nicht abschließend beantwortet werden.

Im letzten Modell V wird zusätzlich der Anteil an deutschen Jugendlichen im Stadtteil[12] aufgenommen, der allerdings keinen signifikanten Einfluss auf das Risiko gewalttätigen Verhaltens hat und nicht zur Reduktion ethnischer Unterschiede im Gewaltverhalten beiträgt. Insofern lässt sich Hypothese 4 nicht bestätigen.

---

12 Um den Anteil an deutschen Jugendlichen in einem Stadtteil abzubilden, wurden die Angaben aus den Schülerdaten über die Stadtteile aggregiert (M=53,0 %, Min=20,2 %, Max=82,9 %).

5.2. Stadtteileigenschaften und die Struktur von Freundschaftsnetzwerken

Da laut Aussagen der Jugendlichen im Durchschnitt etwa die Hälfte aller Freunde im eigenen Stadtteil lebt (50,3 %)[13], kann angenommen werden, dass die Kontaktmöglichkeiten zu Jugendlichen der gleichen oder einer anderen ethnischen Herkunft von der Zusammensetzung des Stadtteils, in dem Jugendliche wohnen, abhängen. Um diese Frage zu beantworten, wurden erneut Mehrebenenmodelle berechnet (Tabelle 2).

Tabelle 2: Einflussfaktoren auf den Anteil an deutschen Freunden im Netz werk (hierarchische lineare Regression, abgebildet: unstandardisierte Koeffizienten)

	Modell I	**Modell II**
Intercept (β_0)	0.619***	0.630***
Fixe Effekte – Individualebene		
Bildung der Eltern (max. Hauptschulabschluss)		0.014
Schulform (Ref. Hauptschule)		
Realschule		0.027
Gesamtschule		0.102**
Gymnasium/Waldorf		0.156***
Ethnische Herkunft (Ref. deutsch)		
türkisch		-0.488***
russisch		-0.474***
polnisch		-0.173***
andere		-0.284***
Fixe Effekte – Kontextebene		
Anteil deutscher Jugendlicher im Stadtteil [z]		0.261***
Zufällige Effekte		
Varianz auf Ebene 2	0.01511***	0.00102*
Varianz auf Ebene 1	0.13031	0.08810
N (Schüler/Stadtteile)	1691/40	1691/40
R^2	-	0.387

*** p<.001 **p<.01 *p<.05 † p<.10, [z] Variablen sind am grand-mean zentriert

13 Im Rahmen des bereits vorgestellten Netzwerkindikators sollten die Jugendlichen angeben, aus welchem Stadtteil der jeweilige Freund kommt. Der Anteil an Freunden aus dem gleichen Stadtteil variiert kaum zwischen den ethnischen Gruppen. Die türkischen Jugendlichen beziehen ihre Freunde am häufigsten aus dem eigenen Stadtviertel (58,5 %), die Jugendlichen einer anderen ethnischen Herkunft am seltensten (45,1 %). Die deutschen (50,1 %), russischen (51,2 %) und polnischen (50,3 %) Jugendlichen liegen dazwischen (F-Wert einer einfaktoriellen Varianzanalyse=3,969, p<.01).

Anhand des ersten Modells wird zunächst deutlich, dass die Regressionskonstanten signifikant zwischen den Kontexten variieren. Im zweiten Modell wird der Anteil an deutschen Jugendlichen im Stadtteil als erklärende Variable auf Kontextebene aufgenommen, wobei sich ein signifikant positiver Effekt auf die abhängige Variable zeigt. Je höher der Anteil an deutschen Jugendlichen im Stadtteil, d.h. je höher die strukturellen Gelegenheiten, im eigenen Stadtteil auf deutsche Personen zu treffen, umso größer ist der Anteil an deutschen Freunden im eigenen Netzwerk. Die dritte Hypothese kann somit als bestätigt gelten. Dieser Effekt bleibt auch dann bestehen, wenn die besuchte Schulform und die Bildung der Eltern kontrolliert werden. Gleichzeitig lässt sich an diesen Koeffizienten ablesen, dass mit dem Besuch einer Gesamtschule oder eines Gymnasiums bzw. einer Waldorfschule im Vergleich zur Hauptschule die Wahrscheinlichkeit von Freundschaften zu Deutschen steigt. Dies lässt sich damit erklären, dass deutsche Jugendliche im Vergleich zu den nichtdeutschen Gruppen häufiger diese Schulformen besuchen. Die Wahrscheinlichkeit des Kontakts zu deutschen Jugendlichen ist für nichtdeutsche Jugendliche demzufolge an solchen Schulformen größer als beispielsweise an einer Hauptschule. Darüber hinaus spiegelt dieser Effekt vermutlich auch das an höheren Schulformen geringer ausgeprägte Bedürfnis nach sozialer Distanz wider. Deutsche Schüler mit höherer Bildung erwidern Kontaktversuche eher positiv und nehmen auch selbst eher Kontakt zu Personen anderer Nationalitäten bzw. ethnischer Gruppen auf (Kecskes 2003: 72). Die Bildung der Eltern hat keinen Einfluss auf die Anzahl deutscher Freunde im Netzwerk. Dieses Ergebnis weicht von den Befunden der Untersuchung von Weiss und Strodl (2007) ab, die – vermittelt über eine traditionsbestimmte Lebensweise der Eltern – einen Zusammenhang zwischen elterlicher Bildung und dem Anteil an deutschen Freunden im Netzwerk finden. Mit dem Erklärungsmodell können insgesamt 38,7 % der Gesamtvarianz des Anteils an deutschen Personen im Netzwerk aufgeklärt werden, was daraufhin deutet, dass weitere Faktoren für die ethnische Zusammensetzung der Freundesgruppe relevant sind.

6. *Zusammenfassung und Ausblick*

Abschließend lässt sich festhalten, dass die Komposition der Freundesgruppe, d.h. der Anteil an deutschen Freunden im Netzwerk, einen Einfluss nicht nur auf das Risiko gewalttätigen Verhaltens hat, sondern auch auf ethnische Unterschiede im Gewaltverhalten. Unter Berücksichtigung dieses Merkmals findet sich bei Jugendlichen einer türkischen, russischen oder anderen ethnischen Herkunft keine höhere Gewaltbelastung mehr; bei polnischen Jugendlichen gibt es diese bereits in den bivariaten Auswertungen nicht. Mit zunehmendem Anteil an deutschen Jugendlichen im Stadtteil erhöhen sich weiterhin die Möglichkeiten, Kontakte zu deutschen Gleichaltrigen zu knüpfen. Ein direkter Einfluss dieses Merkmals auf das Gewaltverhalten ist jedoch nicht feststellbar. Insofern scheint die Freundesgruppe im Vergleich zu den Gegebenheiten im Stadtteil (speziell dem Anteil an deutschen Jugendlichen) der bedeutsamere Kontext für das Verhalten der Jugendlichen zu sein. Hypothese 4 wird als einzige empirisch nicht gestützt. Eine Erklärung hierfür könnte sein, dass Stadtteile einen sehr abstrakten, d.h. kaum unmittelbar verhaltensrelevanten Kontext darstellen. Eigenschaften von Schulen oder Nachbarschaften wären möglicherweise stärker mit jugendlichem Verhalten korreliert.

Vor dem Hintergrund der Bedeutung der (ethnischen) Zusammensetzung der Freundesgruppe für die Erklärung von Jugendgewalt erscheint es in präventiver Absicht notwendig, die Kontaktmöglichkeiten zwischen deutschen und nichtdeutschen Jugendlichen zu verbessern. Allerdings dürfen entsprechende Maßnahmen nicht erst im Jugendalter stattfinden, sondern bereits in der Grundschule und im Kindergarten. Eine frühe soziale Vernetzung beugt der Bildung von Vorurteilen vor, Kinder verschiedener Herkunft lernen sich beim Spielen kennen und über diese frühen Freundschaften begegnen sich eventuell auch die Eltern. Ein zentrales Problem dabei ist, dass Kindergärten und Grundschulen in Deutschland die sie besuchenden Kinder häufig nach Einzugsbereichen zugewiesen bekommen. Eine hohe Konzentration nichtdeutscher Familien in einem Stadtteil hat also zur Folge, dass Migranten in Kindergarten und Grundschule häufig auf ihresgleichen treffen. Sinnvoller wäre deshalb, eine möglichst gleichmäßige Verteilung von Migrantenkindern auf die Kindergärten eines ganzen Ortes anzustreben. Dies könnte z.B. dadurch geschehen, dass ein bestimmter Anteil an Kindergartenplätzen für Migrantenkinder frei zu halten ist (Pfeiffer/Windzio/Baier 2006).

Trotz dieser unmittelbar praxisrelevanten Folgerungen der vorgestellten Studie sollte an dieser Stelle auch auf eine zentrale Unzulänglichkeit hingewiesen werden: Es handelt sich nicht um eine Längsschnittstudie, die über die wiederholte Beobachtung ein und derselben Personen die Vorteile stärkerer sozialer Vernetzung nachweisen kann. Zahlreiche Untersuchungen, die sich dem Einfluss der Freundesgruppe auf delinquentes Verhalten im Rahmen von Querschnittsstudien widmen, stehen vor dem Problem, Ursache und Wirkung nicht exakt voneinander trennen zu können. Auch in der vorliegenden Analyse lässt sich deshalb nicht abschließend klären, ob gewalttätiges Verhalten eher die Folge der Einbindung in eine Gruppe ist, in der gewaltaffine Normen und Einstellungen herausgebildet und verstärkt werden (Ermöglichungsthese) oder ob bestimmte Jugendliche sich gezielt Gruppen suchen, in denen sie ihre Gewalteinstellungen ausleben können (Selektionsthese). Im Hinblick auf die Beziehung zwischen delinquenten Freunden als mögliche Ursache für delinquentes Verhalten konnten verschiedene Untersuchungen zeigen, dass vermutlich beide Prozesse wirksam sind, die Ermöglichungshypothese aber mehr empirische Unterstützung erfährt als die Selektionshypothese (vgl. u.a. Elliott

/Menard 1996, Thornberry et al. 2003). Sollte sich dies auch im Hinblick auf die hier im Mittelpunkt stehende Fragestellung der ethnischen Komposition der Jugendnetzwerke zeigen, so wäre dies ein starkes Argument, die Rahmenbedingungen, innerhalb derer sich Freundschaften im Kindes- und Jugendalter entwickeln, aktiv zu gestalten.

Literatur

Akers, Ronald L. (1998): Social Learning and Social Structure. A General Theory of Crime and Deviance. Boston.

Babka von Gostomski, Christian (2003): Gewalt als Reaktion auf Anerkennungsdefizite? Eine Analyse bei männlichen deutschen, türkischen und Aussiedler-Jugendlichen mit dem IKG-Jugendpanel 2001. In: Kölner Zeitschrift für Soziologie und Sozialpsychologie 55: 253-277.

Baier, Dirk; Bernhard Nauck (2006): Soziales Kapital – Konzeptionelle Überlegungen und Anwendung in der Jugendforschung. In: Ittel, Angela; Merkens, Hans (Hrsg.), Interdisziplinäre Jugendforschung. Jugendliche zwischen Familie, Freunden und Feinden. Wiesbaden. S. 49-71.

Baier, Dirk; Peter Wetzels (2006): Freizeitverhalten, Cliquenzugehörigkeit und Gewaltkriminalität: Ergebnisse und Folgerungen aus Schülerbefragungen. In: Dessecker, Axel (Hrsg.): Jugendarbeitslosigkeit und Kriminalität. Wiesbaden. S. 69-98.

Baier, Dirk; Christian Pfeiffer; Michael Windzio (2006): Ethnische Gruppen und Gewalt. Junge Migranten als Opfer und Täter. In: Heitmeyer, Wilhelm; Monika Schrötte (Hrsg.): Gewalt. Beschreibungen, Analysen, Prävention. Bonn. S. 240-268.

Baier, Dirk; Christian Pfeiffer et al. (2006): Schülerbefragung 2005: Gewalterfahrungen, Schulabsentismus und Medienkonsum von Kindern und Jugendlichen. Abschlussbericht über eine repräsentative Befragung von Schülerinnen und Schülern der 4. und 9. Jahrgangsstufe. KFN.

Baier, Dirk; Christian Pfeiffer (2007): Gewalttätigkeit bei deutschen und nichtdeutschen Jugendlichen – Befunde der Schülerbefragung 2005 und Folgerungen für die Prävention. KFN: Forschungsberichte Nr. 100.

Bourdieu, Pierre (1983): Ökonomisches, kulturelles, soziales Kapital. In: Kreckel, Reinhard (Hrsg.): Soziale Ungleichheiten. Soziale Welt, Sonderband. Göttingen: Schwartz. S. 183-198.

Coleman, James S. (1991): Grundlagen der Sozialtheorie. Band 1. München.

Drewniak, Regine (2004): „Ausländerkriminalität“ zwischen „kriminologischen Binsenweisheiten“ und „ideologischem Minenfeld“. In: Zeitschrift für Jugendkriminalrecht und Jugendhilfe 15: 372-378.

Elliott, Delbert S.; Scott Menard (1996): Delinquent friends and delinquent behavior: Temporal and developmental patterns. In: Hawkins, David J. (Hrsg.): Delinquency and crime: Current theories. Cambridge. S. 28-67.

Enzmann, Dirk; Katrin Brettfeld; Peter Wetzels (2004): Männlichkeitsnormen und die Kultur der Ehre. In: Oberwittler, Dietrich; Susanne Karstedt (Hrsg.): Soziologie der Kriminalität. Wiesbaden. S. 240-263.

Goldberg, Brigitta (2006): Freizeit und Kriminalität bei Achtklässlern mit und ohne Migrationshintergrund. In: Feltes, Thomas; Christian Pfeiffer; Gernot Steinhilper (Hrsg.): Kriminalpolitik und ihre wissenschaftlichen Grundlagen. Festschrift für Professor Dr. Hans- Dieter Schwind zum 70. Geburtstag. Heidelberg. S. 861-892.

Haug, Sonja (2003): Interethnische Freundschaftsbeziehungen und soziale Integration. Unterschiede in der Ausstattung mit sozialem Kapital bei jungen Deutschen und Immigranten. In: Kölner Zeitschrift für Soziologie und Sozialpsychologie 55: 716-736.

Haug, Sonja (1997): Soziales Kapital. Ein kritischer Überblick über den aktuellen Forschungsstand. Mannheim: Arbeitspapiere des Mannheimer Zentrums für Europäische Sozialforschung.

Haynie, Dana L. (2001): Delinquent Peers Revisited: Does Network Structure Matter? In: American Journal of Sociology 106: 1013-1057.

Kecskes, Robert (2003): Ethnische Homogenität in sozialen Netzwerken türkischer Jugendlicher. In: Zeitschrift für Soziologie der Erziehung und Sozialisation, 23: 68-84.

Köllisch, Tilman; Dietrich Oberwittler (2004): Wie ehrlich berichten Jugendliche über ihr delinquentes Verhalten? Ergebnisse einer externen Validierung selbstberichteter Delinquenz auf Individual- und Aggregatdatenebene. In: Kölner Zeitschrift für Soziologie und Sozialpsychologie 56: 708-735.

McNulty, Thomas L.; Paul E. Bellair (2003): Explaining Racial and Ethnic Differences in Serious Adolescent Violent Behavior. In: Criminology 41: 701-730.

Naplava, Thomas (2002): Delinquenz bei einheimischen und immigrierten Jugendlichen im Vergleich. Sekundäranalyse von Schülerbefragungen der Jahre 1995-2000. Arbeitspapiere aus dem Projekt „Soziale Probleme und Jugenddelinquenz im sozialökonomischen Kontext“ des Max-Planck-Instituts für ausländisches und internationales Strafrecht Freiburg i. Br.Nr.5. http://www.iuscrim.mpg.de/forsch/onlinepub/workingpaper5.pdf

Nonnenmacher, Alexandra (2007): Eignen sich Stadtteile für den Nachweis von Kontexteffekten? Eine empirische Analyse am Beispiel von Disorder und Kriminalitätsfurcht. In: Kölner Zeitschrift für Soziologie und Sozialpsychologie 59: 493-511.

Peeples, Faith; Rolf Loeber (1994): Do Individual Factors and Neighborhood Context Explain Ethnic Differences in Juvenile Delinquency? In: Journal of Quantitative Criminology, 10: 141-157.

Pfeiffer, Christian; Michael Windzio; Dirk Baier (2006): Zur Prävention der Gewalt durch junge Migranten. In: Heitmeyer, Wilhelm; Monika Schröttle (Hrsg.): Gewalt. Beschreibungen, Analysen, Prävention. Bonn.

Polizeiliche Kriminalstatistik (2006): http://www.bka.de/pks/pks2006/index2.html.

Rabold, Susann; Dirk Baier; Christian Pfeiffer (2008): Delinquentes Verhalten von Jugendlichen in Hannover. Ergebnisse einer Befragung von Schülerinnen und Schülern der 7. und 9. Jahrgangsstufe im Jahr 2006. KFN: Forschungsberichte Nr. 105.

Sampson, Robert J.; W. Byron Groves, (1989): Community Structure and Crime: Testing Social-Disorganization Theory. In: American Journal of Sociology 94: 774-802.

Sampson, Robert J.; John H. Laub (1993): Crime in the Making. Pathways and Turning Points Through Life (Second Edition). Harvard.

Shaw, Clifford R.; Henry D. McKay (1969): Juvenile Delinquency and Urban Areas: A Study of Rates of Delinquency in Relation to Differential Characteristics of Local Communities in American Cities. Chicago.

Snijders, Tom A.B.; Roel J. Bosker (1999): Multilevel Analysis. An Introduction to basic and advanced multilevel modelling. London.

Söhn, Janina; Karen Schönwalder (2007): Siedlungsstrukturen von Migranten und Migrantinnen in Deutschland. In: Verbundpartner „Zuwanderer in der Stadt" (Hrsg.): Handlungsfeld: Stadträumliche Integrationspolitik. Ergebnisse des Projekts „Zuwanderer in der Stadt". Darmstadt. S. 73-91.

Sutherland, Edwin H. (1968): Die Theorie der differentiellen Kontakte. In: Sack, Fritz; König, René (Hrsg.): Kriminalsoziologie. Frankfurt a.M. S. 395-399.

Thornberry, Terence P.; Marvin D. Krohn et al. (2003): Gangs and Delinquency in Developmental Perspective. Cambridge.

Weiss, Hilde; Robert Strodl, (2007): Soziale Kontakte und Milieus – ethnische Abschottung oder Öffnung? In: Weiss, Hilde (Hrsg.): Leben in zwei Welten. Zur sozialen Integration ausländischer Jugendlicher der zweiten Generation. Wiesbaden. S. 97-129.

Wetzels, Peter; Dirk Enzmann, (1999): Die Bedeutung der Zugehörigkeit zu devianten Cliquen und der Normen Gleichaltriger für die Erklärung jugendlichen Gewalthandelns. In: DVJJ-Journal, 164: 116-131.

Windzio, Michael; Dirk Baier, (2007): Soziale Netzwerke, Persönlichkeit und Jugendgewalt in der multi-ethnischen Gesellschaft: Wie einflussreich ist die informelle soziale Kontrolle gegenüber der „Kultur der Ehre" und der Selbstkontrolle? In: Lüdicke, Jörg; Martin Diewald, (Hrsg.): Soziale Netzwerke und soziale Ungleichheit. Wiesbaden. S. 163-200.

Die Autorinnen und Autoren

Christian Babka von Gostomski, Dr., geb. 1964; seit Feb. 2007 wiss. MA beim BAMF, Nürnberg. Forschungsschwerpunkte u.a.: Soziologie der Familie, Jugend und Migration, Vorurteilsforschung.

Dirk Baier, Dipl.-Soz., geb. 1976; seit Jan. 2005 wiss. MA am KFN, Hannover. Forschungsschwerpunkte u.a.: Deviantes Verhalten, Ausländerfeindlichkeit und Rechtsextremismus, Jugendsoziologie.

Andreas Farwick, PD Dr., geb. 1962; Akademischer Rat im Fachbereich Sozialwissenschaften, Institut für Geographie, Universität Bremen. Forschungsschwerpunkte u.a.: Stadt- und Regionalentwicklung, Migrationsforschung, Armut und Sozialpolitik, Wohnungsmarkt.

Jürgen Friedrichs, Prof. Dr., geb. 1938; seit 1991 Lehrstuhl für Soziologie an der Universität zu Köln, Wirtschafts- und Sozialwissenschaftliche Fakultät. Forschungsschwerpunkte: Stadtforschung, ethnische Segregation, Armutsforschung.

Markus Gamper, Dipl. Päd./M.A. Soz.; wiss. MA an der Allgemeinen Soziologie, Universität Trier. Forschungsschwerpunkte: Migrations-, Jugend- und Entwicklungssoziologie, Konflikt und Gewalt.

Birgit Glorius, Dr., geb. 1970; seit 1998 wiss. MA am Institut für Geowissenschaften, Martin-Luther-Universität Halle-Wittenberg. Forschungsschwerpunkte u.a.: Migrationstheorien, Transnationale Migration, Regionalentwicklung, Geographische Alternsforschung.

Andrea Hense (zus. mit Annette Stürmer, Christine Böer), wiss. MA im Institut für Soziologie, Universität Duisburg Essen. Forschungsschwerpunkte: Empirische Sozialstrukturanalyse, bes. Arbeit, Beruf und Organisation.

Felicitas Hillmann, Prof. Dr., geb. 1964; seit 2006 Prof. für Humangeographie mit dem Schwerpunkt Angewandte Geographie, Institut für Geographie, Universität Bremen. Forschungsschwerpunkte: Migration, Entwicklung, Arbeitsmarkt, Geschlecht, Stadt- und Regionalforschung.

Andreas Horr, seit 2006 wiss. MA am MZES, Mannheim. Forschungsschwerpunkte: Die europäischen Gesellschaften und ihre Integration.

Till Kathmann, Dipl.-Psych., seit 2006 wiss. MA an der GSSS, Universität Bremen. Forschungsschwerpunkte: Migration, Europäisierung, Kritische Theorie, Qualitative Methoden.

Stefanie Kley, Dipl.-Soz., geb. 1971; seit 2003 wiss. MA am EMPAS, Universität Bremen. Forschungsschwerpunkte: Migration und räumliche Mobilität, Stadtforschung, Sozialstrukturforschung.

Josef Kohlbacher, MMag. DDr., geb. 1958; stellv. Direktor und seit 1989 wiss. MA am ISR, Österreichische Akademie der Wissenschaften, Wien. Forschungsschwerpunkte u.a.: Migration, Arbeitsmarkt.

Steffen Mau, Prof. Dr., geb. 1968; seit 2005 Prof. der Politischen Soziologie und Vergleichenden Sozialforschung, GSSS, Universität Bremen. Forschungsschwerpunkte: Moderne Wohlfahrtsstaaten, Migration.

Alexandra Nonnenmacher, M.A. Soz., Psych., Phil.; seit Jan. 2005 wiss. MA am Institut für Angewandte Sozialforschung, Universität zu Köln. Forschungsschwerpunkte u.a.: Soziale Ungleichheit, Stadtsoziologie.

Edith Pichler, Dr., geb. 1960; seit 1997 Lehraufträge am Institut für Sozialwissenschaften, HU Berlin. Forschungsschwerpunkte: Migration, Integration, Migrationspolitik, Minderheiten, Mehrsprachigkeit.

Ayça Polat, Dr., geb. 1972; seit 2005 wiss. MA an der Carl von Ossietzky Universität in Oldenburg. Forschungsschwerpunkte: Migrations-, Bildungs-, Jugend- und Stadtsoziologie.

Susann Rabold, Soziologin, M.A., geb. 1982; seit 2006 Promotionsstipendiatin am KFN, Hannover. Forschungsschwerpunkte u.a.: Deviantes Verhalten Jugendlicher, Jugenddelinquenz aus sozialräumlicher Perspektive.

Ursula Reeger, Mag. Dr.; seit 1989 wiss. MA am ISR, Österreichische Akademie der Wissenschaften, Wien. Forschungsschwerpunkte u.a.: Migration, Integration, Wohnungs- und Arbeitsmarkt, Segregationsforschung.

Jenny Schmithals, Dipl.-Ing., M.A.; seit 2002 wiss. MA am nexus Institut für Kooperationsmanagement und interdisziplinäre Forschung, Berlin. Forschungsschwerpunkte u.a.: Sozialökologische Forschung, insb. in den Bereichen Mobilität und Konsum, Kooperationsmanagement.

Nana Seidel, Dipl.-Soz.wiss.; seit 2006 wiss. MA und Promotionsvorhaben, GSSS, Universität Bremen. Forschungsschwerpunkte: Europäische Integration, Soziale Ungleichheit, Migration, Kultur und Gesellschaft.

Anja Stichs, Dr.; wiss. MA im Referat „Migrations- und Integrationsforschung: Schwerpunkt Empirie“, BAMF, Nürnberg. Forschungsschwerpunkte: Stadtsoziologie, Migrationsforschung, empirische Sozialforschung.

Roland Verwiebe, Dr. Phil.; seit 2006 Juniorprof. am Institut für Soziologie, Universität Hamburg. Forschungsschwerpunkte u.a.: Vergleichende Mobilitäts- und Arbeitsmarktforschung, Migration, regionale Entwicklung, soziale Ungleichheit.

Lars Wiesemann, Dipl.-Geogr., geb. 1980; seit Jan. 2007 wiss. MA in der Arbeitsgruppe Stadt- und Regionalforschung, Geographisches Institut, Universität Bonn. Forschungsschwerpunkte: Stadt- und Bevölkerungsgeographie, bes. demographischer Wandel.

Michael Windzio, geb. 1970, Prof. Dr., ab Okt. 2006 Juniorprof., seit Aug. 2008 Prof. für Soziologie, Universität Bremen. Forschungsschwerpunkte: Migrations- und Stadtforschung, Sozialstruktur, Methoden.

Erol Yildiz, Prof. Dr., geb. 1960; seit 2008 Prof. am Institut für Erziehungswissenschaft und Bildungsforschung, Alpen-Adria Universität Klagenfurt. Forschungsschwerpunkte: Interkulturelle Bildungsprozesse, Migration, städtischer Multikulturalismus.

Migration und Arbeitsmarkt

Christine Färber
Nurcan Arslan
Manfred Köhnen
Renée Parlar
Migration, Geschlecht und Arbeit
Probleme und Potenziale von Migrantinnen auf dem Arbeitsmarkt

2008. 270 Seiten. Kart.
24,90 € (D), 25,60 € (A), 44,00 SFr
ISBN 978-3-940755-00-1

Wie stellt sich die Situation von Migrantinnen und Migranten auf dem Arbeitsmarkt dar? Die Autorinnen und Autoren untersuchen dies auf der Grundlage statistischer Analysen sowie durch Interviews mit Arbeitsmarktakteuren und Migrantinnen. Sie zeigen die Probleme, die sich Frauen aus verschiedenen Migrationsgruppen im Vergleich zu Männern stellen und arbeiten Chancen und Integrationsperspektiven heraus.

Aus dem Inhalt:

- Geschlecht, Migration und Arbeit
- Regionalanalyse der Daten zu Arbeitsmarkt, Geschlecht und Migration
- Arbeitsmarkt, Migration und Geschlecht aus der Sicht von Expertinnen und Experten
- Arbeitsmarktpolitische Perspektiven von Migrantinnen in Deutschland